書

年轻的霸主，神一般的男人
亚历山大大帝

战争是他的爱好 征服是他的信仰

ALEXANDER THE GREAT

瞬间崛起的世界之王

——亚历山大大帝

锦城/著

时事出版社

图书在版编目（CIP）数据

瞬间崛起的世界之王——亚历山大大帝 / 锦城著
. -- 北京：时事出版社，2015.3
ISBN 978-7-80232-822-8

Ⅰ. ①瞬…　Ⅱ. ①锦…　Ⅲ. ①亚历山大大帝（前356年－前323年）－传记　Ⅳ. ①K835.407=2

中国版本图书馆CIP数据核字(2015)第022917号

出版发行：时事出版社
地　　址：北京市海淀区万寿寺甲2号
邮　　编：100081
发行热线：(010)88547590　88547591
读者服务部：(010)88547595
传　　真：(010)88547592
电子邮箱：shishichubanshe@sina.com
网　　址：www.shishishe.com
印　　刷：北京市业和印务有限公司

开本：787×1092　1/16　印张：17　字数：177千字
2015年3月第1版　2015年3月第1次印刷
定价：29.50元

前言

preface

亚历山大大帝的一生，就像是一场浪漫而绚丽的梦。尽管那场梦非常短暂，但是它却以震撼人心的功绩和精彩绝伦的探险惊诧了世界，让人们不得不沉迷其中，想要一探究竟。然而，当慢慢靠近时，我们却迷惑了：这场华丽大梦的缔造者究竟是人还是神？

亚历山大大帝当然是人而不是神，一个有血有肉且充满传奇色彩的凡人。尽管如此，但是在这里，我们还是要把他的精彩人生推向神话的宝座。或者说，他的事迹亦可以称之为神迹。

他少年英雄，年仅20岁时，就已经继承了父亲的王位，成为马其顿和希腊世界的领袖。他的领袖之路当然不是一帆风顺，当希腊各城邦国趁机宣布独立的时候，这位刚刚继位的年轻领袖开始锋芒初露。他以过人的军事才干和强悍的政治手腕，快速地平息了叛乱，重新成为希腊世界的霸主。

这个良好的开始让他的精彩人生从此一发不可收拾。26岁时，他打败了曾经强大无比的波斯帝国，成为了波斯世界的统治者。30岁时，他的胜利之师已经打到了有人居住的世界尽头。可以说，在这个时候，他已经站在了人类世界的最高峰。如果没有突然死去，我们很难想象他究竟会走到什么地方。正如一位历史学家所言:“我们无法确定他的脑子里都有着怎样的计划，但可以肯定的是，它们绝不是些小打小闹的想法。就算将欧洲纳入亚洲版图，再将不列颠群岛纳入欧洲版图，他也不会停止自己征服的步伐。”亚历山大也许真的会这么做，或者更甚。

可是，历史中没有如果，那位历史学家的假设自然也不可能发生。32 岁时，他英年早逝，留下了一个庞大的帝国和无尽的传说。从 20 岁 ~32 岁，他仅仅用了 12 年，便达到了光耀万世的事业顶峰，而拿破仑则用了 3 倍的时间才完成他的丰功伟绩。从这个角度来看，说他是神，其实也不为过。

他的脑子里，有着无尽的探索欲望；他的血液里，有着无尽的征服欲望，他是一个欲望的混合体，他的一生都在追求欲望的极限。带着这些欲望，他以其雄才大略，率领军队东征西伐，驰骋亚欧非大陆，建立起一个西起希腊、马其顿，东到印度河流域上游的庞大帝国。我们始终无法确定，他欲望的终极到底在哪里，不过这些已经不重要了。

重要的是，他以凡人之躯，成了人类世界中的神。而他的故事，也在一代又一代的人中间流传，经久不衰。

目录

contents

第一章　希腊城邦时代

亚历山大是马其顿人，而马其顿人和希腊人同族、同宗。除了文化上比较落后以外，马其顿人和希腊人其实并没有什么不同。然而，在高高在上的希腊人眼中，马其顿人是不开化的民族。这种观念一直根深蒂固，甚至影响到了希腊和马其顿之间的关系。为什么会这样？要了解这些，我们必须从了解希腊开始。

第二章　腓力的梦

在文明发展的道路上，马其顿人比希腊人迟了一大步。但是，这并不影响马其顿人前进的脚步。马其顿的统治者们引入希腊的先进文化，使马其顿在悄然中变得强大起来。正当马其顿变得越来越强大时，内乱发生了。对于任何一个国家来说，内乱都是一件危险的事。然而对于腓力来说，内乱却是一个机会。

第三章　亚历山大

亚历山大的童年充满了幸与不幸。高贵的出身给了他幸运的资本，使他能够得到奶妈的疼爱，受到良好的教育。然而，高贵的出身也给他带来了不幸，父母不睦一直是他童年生活中的阴影。但是这一切，都无法阻碍他朝着伟大的方向发展。他的努力，使他具备了成就伟大事业的条件。

第四章　王的睿智

腓力遇刺身亡，年仅二十岁的亚历山大继承王位，成为马其顿的国王和希腊的霸主。可是，他那稚嫩的肩膀能挑起如此重任吗？能与不能，不是由别人来决定，而是由他自己决定的。他用睿智和果敢告诉了他的臣民，他有足够的能力成为马其顿和希腊的领袖。

第五章　出征波斯

亚历山大有着比腓力更大的野心，他想要打败波斯，成为亚洲的霸主。他还有着比腓力更为果决的性格，想到了就要去做。因此，在兵力弱于波斯兵力的情况下，他毅然决然地踏上了亚洲大陆。虽然背井离乡且缺兵少将，但是凭借智慧和勇气，他和他的马其顿勇士们，在亚洲留下了一个又一个战争神话。

第六章　重创大流士

毫无疑问，亚历山大是被神眷顾的人，因为他的对手是大流士三世。懦弱的大流士三世给了他机会，使他可以用极少的兵力，重创强大的波斯大军。可是，神为什么会眷顾他？因为他勇敢、智慧、坚毅、博学，他有着比大流士三世更优秀的品质。与其说他因幸运而成功，不如说他因成功而幸运。他的幸运，都是自己争取来的。

第七章　亚洲霸主

这场风云际会的亚洲争霸战终于结束了，亚历山大如愿以偿地打败了波斯，成了笑到最后的那个人。可是，当他看到大流士三世尸体的那一刻，他想到了什么？没有人知道。或许，他会感到一种英雄惜英雄的悲凉吧！不管怎样，他成为真正的亚洲霸主，离梦想的方向更进了一步。

第八章　远征印度

在波斯帝国臣服的那一刻，亚历山大的目光已经投向更远的地方，他要继续向东挺进，去征服遥远的印度。在这个神秘的国度里，有他从未见过的人种、动植物、武器、城市、文化，他将在这里遇到一生中最艰难的战役，走过最危险的路途。

第九章 突然逝世

亚历山大从未想过休息，在印度，他到达了心目中的世界边缘，又想要继续控制阿拉伯地区，而他帝国中的东西民族也在进一步融合。一切似乎都在他的计划之中，谁能够让亚历山大停止脚步？谁能击垮这位不败的巨人？也许只有死亡。

第一章

希腊城邦时代

亚历山大是马其顿人，而马其顿人和希腊人同族、同宗。除了文化上比较落后以外，马其顿人和希腊人其实并没有什么不同。然而，在高高在上的希腊人眼中，马其顿人是不开化的民族。这种观念一直根深蒂固，甚至影响到了希腊和马其顿之间的关系。为什么会这样？要了解这些，我们必须从了解希腊开始。

小男孩与战马

公元前 344 年的一天，马其顿国王腓力收到了一份特殊的礼物——一匹品种优良的高贵战马。腓力是马其顿历史上最伟大的君主之一，他有着优秀的军事才能，同时也有着扩张领土的雄心壮志。在他的统治下，马其顿的疆土越来越大。这样一位热衷于通过战争来扩张疆土的君主，自然对于战争的重要工具——战马，非常喜爱，尤其是品种优良的战马。

从第一眼起，腓力就喜欢上了这匹叫做布斯法鲁斯的战马。布斯法鲁斯是“牛头”的意思，这匹战马有着像牛头一样的巨首，由此可见它是多么的神隽健悍。腓力命令仆从将它带到王宫附近的一个公园里，然后和朝臣们一起前去观看。他希望自己能够骑着它，像闪电一样奔驰，像风一样去开疆拓土。可是，布斯法鲁斯却并不听话，它野性难驯，狂怒地跳跃奔跑，看上去完全不可控制。它是如此狂暴，以至于没有一位骑士能驾驭得了它。腓力的满腔喜悦化为乌有，他开始为收到这样一份礼物而感到生气，于是大吼道:“把这匹马牵走!”

这个时候，所有的旁观者都开始认为，这匹野性难驯的马将毫无用处。是的，一匹难以驾驭的战马，其价值还不如在田间耕地的耕牛。

朝臣们都在议论这匹马，并不断发出惋惜的声音。这时候，一个年仅 12 岁的孩子，却陷入了思考之中。此前，在骑士试图驯服这匹烈马的时候，他就已经在仔细观察了。他发现，这匹马狂躁是因为它处在新环境下感到很焦虑。另外，它被自己在地上投下的巨大的影子吓坏了。同时他还注意到，这匹马狂躁的情绪中还掺杂着兴奋的气息，它没有恶意，而是勇气、热情和高贵的天性驱使它这么做的。由此他得出结论，这绝对是一匹无可挑剔的好马。

仆从已经牵着马准备离开了，或许它会被送回来源地赛萨利。这个孩子不想失去这样一匹好马，于是他拦住了仆从。他对腓力说，这匹马之所以难以驯服，主要是因为骑士缺乏驯服它的勇气和技术，他想试着去驯服它。

围观的人群爆发出一阵大笑，腓力也在其中。所有人都认为，这个孩子太自以为是了，这么多优秀的骑士和马夫都驯服不了的烈马，他怎么可能做到。要知道，那些骑士和马夫，都是驯马的好手。腓力几乎没有考虑，就拒绝了孩子的要求。但是，他最终改变了主意，因为他发现孩子的眼睛里闪耀着自信的光芒。

孩子走近马，控制住缰绳，轻轻地拍着它的脖子，用柔和的声音来安慰它，并以轻松的态度来表明他并不害怕。他知道，这匹马极有灵性，如果是一个胆小谨慎的人靠近，它立刻会感知到，并会用轻视的态度来对待这个人，绝对不会服从命令。相反，如果一个骑手表现出冷静和勇敢的时候，高贵的天性会使它欣赏并服从他的指挥。这匹马的可贵之处就在这里，只是很可惜，骑手们面对它时都小心谨慎、战战兢兢。

奇迹发生了，在他的安慰下，狂躁的布斯法鲁斯慢慢地平静下来，接受了他的安抚。它任由他抚摸自己，甚至还会用牛首般的巨头亲昵地蹭他。时机来了！他调转马头，让它面向太阳，这样它就看不到自己的影子了。然后，他轻轻地跳上马背，开始策马向前奔跑。

他的判断非常准确，布斯法鲁斯的确是一匹好马。他给了它极大的自主权，不用刻意控制它的行为，它就能按照主人的意思，快速而平稳地奔驰。他骑着它朝着太阳奔去，耀眼的太阳在他们前面光芒万丈，金色的光芒笼罩了他们，无比神圣。腓力和朝臣们看着越跑越远的一人一马，最初的不屑和紧张消失了，而后转为欣赏和赞叹。这个时候，他们甚至忘记了，那匹烈马上的骑士只有 12 岁。

一阵奔跑之后，他骑着马酣畅淋漓地跑了回来了。烈马已经完全认可了小主人，显得异常温顺。腓力和朝臣们围绕上来，赞叹并祝贺他成功地驯服了这匹烈马。当然，最高兴的人是腓力，他高兴地说："我的儿子，找一个与你相称的王国吧。马其顿对你来说太小了！"

是的，从这件事中，眼光如炬的腓力发现，他的这个儿子绝非凡俗之辈。他甚至预感到，这个孩子将来一定会统治一个更大的王国。历史证明，他的预感完全正确。多年以后，这个孩子打倒了波斯帝国，建立了亚历山大帝国，更在 26 岁的时候，成为了埃及和西亚的皇帝，创造了人类历史上华丽的丰功伟绩。

这个孩子，自然就是亚历山大。

亚历山大是人类历史上的传奇。他 18 岁随父出征，20 岁继承王位，随后开始凭借卓越的军事天才建功立业。他的生命短暂，只活了 32 岁，但他却用继位后的短短 12 年时间，完成了卓越的功绩。那些功绩是如此震撼人心，如此浪漫；那些华丽的探险让整个世界都惊诧不已。后世也不乏一些军事天才，但是却没有一个人能够像他一样成功，即便是拿破仑，也用了长达他三倍的时间，才走到了和他相等的高度。他的故事，一代又一代地在世界上广为流传，经久不衰。

至于战马布斯法鲁斯，则成了亚历山大的坐骑。它聪明敏捷，适合作战，亚历山大拥有它很长时间，将之视为自己最心爱的战马。在亚历山大面前，它温顺驯服，对主人绝对服从。亚历山大需要上马的时候，它会前腿跪下来，以便主人更方便地上马。战马布斯法鲁斯的高贵品性在亚历山大身边得到很好的释放，当它在战争前披挂好的时候，会因为得意和开心而产生一种类似于骄傲的情绪，这时候除了亚历山大，谁也不能骑它。

亚历山大与布斯法鲁斯，一人一马，成了一对奇妙的组合。一些史学家说，亚历山大只比马年长 1 岁，他们差不多同龄。布斯法鲁斯成为亚历山大的坐骑之后，就一直形影不离地随着主人冲锋陷阵，直到 29 岁时才去世，比主人早走了 3 年。对于一匹马来说，这个年龄已经很大了。亚历山大隆重地埋葬了心爱的战马，并在那里建造了一座城市，城市的名字，就叫做布斯法鲁斯。

亚历山大时代的历史精彩如画，战马与小男孩的故事，只是这幅画卷中的一个掠影而已。虽然如此，但是这个瞬间，就已经让世人惊叹了。亚历山大思维敏捷，性格成熟，行事果断，充满活力，这些因素注定他会成为一个举世瞩目的成功人物。他创建了一个地跨欧、亚、非三大洲的庞大帝国，缔造了人类历史上的奇迹。历史上这个绝无仅有的庞大帝国，因他而辉煌，也因他生命的终结而终结。他的一生与战争密不可分，但却从未有过败绩，是位不折不扣的战神。面对这样一位伟大人物，我们应该如何去深入了解他？这需要从他所处的时代讲起。

希腊城邦的诞生

马其顿位于巴尔干半岛北部，境内山区称上马其顿，濒爱琴海地带称下马其顿。这里的居民主要是希腊人（多利安人）、色雷斯人和伊利里亚人。一直以来，这个民族并不为世人所知，直到公元前 700 年。那一时期，马其顿人在国王佩尔狄卡斯一世及其继承者的领导下，由阿利亚克蒙河畔向东推进。渐渐地，马其顿人进入了世界的视野。

马其顿紧挨希腊，与希腊关系密切。马其顿人被希腊人看做是蛮族。不过说到底，马其顿人和希腊人是同族，就连宗教信仰也一样。唯一的区别是，马其顿的文化要落后于希腊。这个时期的马其顿和希腊，虽然种族相同，但却相差太多。正因为如此，我们想要更清晰地认识和了解马其顿，就要从认识古希腊开始。

这一时期希腊最显著的标志是希腊城邦。

历史学家认为，希腊城邦是人类历史的奇迹，它的出现，不仅极大地影响了人类历史的进程，也使人类社会更加丰富多彩。为什么这么说呢？这是因为，希腊城邦是独特的人文地理环境的特殊产物。

古希腊由伸入地中海的巴尔干半岛南端的希腊半岛、爱琴海诸岛和爱奥尼亚群岛组成。另外，小亚细亚西部海岸和意大利南部也是希腊移民建立城邦之地。这些地理因素，使得古希腊处于埃及和两河流域两个古文明之间，并通过小亚细亚和两河流域连在一起，同时，爱琴海诸岛又和埃及面面相望。文明的影响，为希腊城邦的建立创造了基础条件。

另一方面，古希腊的地理得天独厚。它三面环海，拥有世界上最长的海岸线，境内又多山少河。古文明的诞生，往往都汇聚在大河流域，埃及如此，两河流域如此，印度和中国也是如此，但是古希腊却并非如此。古希腊的文明和大河没有关系，但却与大海密切相连。

最后，古希腊境内也没有大的平原，只有许多被山脉划分出来小块山地、谷地以及小平原。所有的这些因素，为古希腊众多城邦的建立创造了条件。山地可以放牧，而平原可以种庄稼，这些为城邦居民提供了生活所需。

在希腊人来到希腊地区之前，希腊地区曾经有过高度发达的文明。公元前 16 世纪，爱琴人创造了克里特文明的全盛时期。那一时期，手工业发达，商业繁荣，沿海有许多城市兴起，素有百城之称。不过，克里特文明并没有一直持续下去，它随着克里特国王远征西西里的兵败身死，而最终衰落了下来。

公元前 14 世纪，位于伯罗奔尼撒半岛上的迈锡尼兴盛起来，取代克里特成了这一地区的文明中心。迈锡尼王朝是早期希腊移民亚加亚人建立起来的，所以，迈锡尼文明取代克里特文明，意味着希腊人在逐步掌握这一地区的主动权。迈锡尼王朝全盛时期，不仅统治着整个伯罗奔尼撒半岛，还统治着阿提卡（雅典)、彼奥提亚、特萨利亚、优卑亚岛和爱琴那岛、爱奥尼亚诸岛和埃托利亚等地。

迈锡尼文明虽然昌盛一时，但持续的时间却很短暂，迈锡尼王朝很快就被另一股力量所毁灭。这股力量就是从北方不断南下的多利安人。多利安人是北方的希腊人，他们从公元前 15 世纪开始移居希腊。从民风上来讲，多利安人强悍、暴力、野蛮。他们移居希腊后，开始在希腊掀起一股强大的、野蛮的移民浪潮。他们征服了原有的爱琴文明，运用各种暴力手段，将原有文明下的繁华城市、宏伟宫殿等尽数销毁。他们认为，既然自己占领了这里，那么原来的一切都应该尽数毁灭。

多利安人的野蛮带来了极其严重的后果，随着多利安人的侵入，原来希腊地区的文明不见了，文字消失了，手工业和商业也衰落了。有些历史学家习惯称多利安人为野蛮人，因为他们是文明的破坏者。

除了造成原有文明的消失，多利安人的入侵还拉开了长达几个世纪之久的大移民。大量的希腊人南下希腊半岛和爱琴海诸岛，还有一些希腊人则侵入小亚细亚。大移民开始辐射更广的范围，有些爱琴人甚至逃亡到巴勒斯坦，在那里建立自己的国家。意大利半岛、西西里岛、西班牙东南岸以及尼罗河流域，都有希腊人的身影。在原有的文明被消灭之后，希腊人开始以另外一种顽强的姿态遍地开花。

大移民浪潮过后，就是慢慢的稳定。在迁徙过程中，希腊人各自找到了适合自己生活的地方，开始定居下来。希腊南部主要是多利安人，中部主要是爱奥尼亚人，北部主要是伊奥利亚人，而东北部则主要是马其顿人和色雷斯人。定居下来后，希腊人开始在各自的势力范围内建造房屋、开垦荒地、打猎或者放牧。

由放牧到定居，到村落的形成，再到贫富差距的产生，希腊的社会阶级出现了。随之而产生的是由村落联合而成的城市。无数个由村落联合而成的城市，最终形成了希腊城邦国家。由于特殊的地理因素，希腊的每一个城市都是独立的，自给自足的。也就是说，那一时期的希腊城邦国家，是由无数个很小的城市个体所组成的。在那些城市中，最小的只有几平方公里，稍大一些的有上百平方公里，至于上千平方公里的城市已经算是庞然大物了。

在世界历史中，希腊城邦国是一个奇特的存在。中国也曾出现过多个小国并存的情况，但无论小国怎样努力，都无法摆脱被大国兼并的命运。可是，希腊城邦国却并没有这样，希腊城邦始终没有统一过。至于为什么会这样，因素很多，但总的来说，地理和希腊城邦制度是很重要的原因。

希腊城邦国家中城邦的数量极多，而每一个城邦都是一个独立的个体，这使得希腊的城邦制度相当复杂。在众多城邦中，有贵族统治的、有民主共管的、也有寡头统治的。当然，选举产生统治者和世袭继承王位的也不在少数。

例如，在大多数城邦成为贵族共和国的时候，由多利安人建立的城邦斯巴达仍然实行一种特殊的双王制度，即有两个国王。两个国王权力相等，一般由抽签的方式从不同的家族中选出。而且，国王的权力也会受到监察官的监督。在希腊的诸城邦中，斯巴达曾经发动过兼并战争，因此面积比较大，是城邦中的佼佼者。斯巴达等级森严，大体上分为三个阶层：统治者是多利安人，又叫“斯巴提亚人”；没有政治权利的、早期被征服的自由民是第二阶层；最下层的是希洛人，他们是最后被征服的美塞尼亚地区的人民，是奴隶。斯巴提亚人人数极少，他们不需要劳动，完全靠希洛人供养。但是，他们却有一个特殊的身份——职业军人。男性斯巴提亚人从小就要生活在严峻的军营之中，接受最严酷的训练。因此，每一个成年的斯巴提亚男子都是最优秀的战士，他们共同组建了一支所向披靡的军队，负责镇压想要反叛的希洛人和不时进行的对外战争。斯巴提亚的女人也要从小接受精心安排的体育锻炼，以便将来有强健的身体生育优秀的孩子。这些奇特的制度，使得斯巴达拥有强悍的战斗力，创造了人类历史上以少量统治者统治大量奴隶的奇迹。

斯巴达的特殊之处在于：它的制度既非君主制，也非贵族共和制，甚至不是民主制，而是一个变种，独立于各种制度之外。由此我们可以看出，希腊城邦制度的复杂性。

当然，大多数城邦都有中规中矩的城邦制度，例如希腊名城雅典实行的则是民主制。

成长中的雅典

在希腊诸多城邦中，雅典的名气很大。

雅典所在的阿提卡半岛，面积有两千多平方公里，这个面积对于希腊诸城邦来说，已经很大了。当然，雅典的出众之处不在于面积，而在于其民主制所带来的繁荣。

成为城邦国之前，阿提卡由很多独立的小邦组成，这些小邦共同由一个国王统治。后来，由于手工业和商业的发展，各小邦联合起来，成立了“联合运动”，并开始逐渐聚集到雅典。于是，一个全新的雅典城邦出现了。雅典没有国王，除了奴隶之外，公民分成贵族、农民和手工业者几大阶层。同斯巴达相似，也只有贵族才有权力担任公职。完全由贵族组成的长老会，掌有审判、监察和决定国家大事的权力，从贵族中选出的执政官代替国王行使国家权力。不过，随着国家的发展，执政官的权力越来越小，最初的执政官是终身制，后来改为十年一任，再后来改为一年一任。而执政官的人数也由最初一人，变为后来的数人。执政官的权力越来越弱，而真正的权力则掌握在了长老会手中。可以说，长老会是雅典真正的统治集团。

由于权力过大，长老会的弊端也日益显露出来。那些贵族们开始利用自己手中的权力，贪赃枉法，侵占农民的土地，以增加自己的财富。据史料记载，那一时期的雅典，到处都树立着田产出售的标志。贫民们为了活下去，完全沦为富人的奴隶。他们日夜劳动，到头来却要把收成的六分之五交给富人。遇上年成不好，一旦交不起田租，他们和他们的家人就要被捕。如猛虎一般的社会制度使贫民和富人之间的矛盾越来越激化，而矛盾激化的结果则是越来越频繁的反抗。

在反抗的形式上，雅典和中国古代也有所不同。在中国封建社会，被统治者和统治者之间也经常会因矛盾而发生阶级斗争。不过，中国的阶级斗争从来没有以党派的形式进行过，结果往往是一个王朝结束，另一个新的王朝开始。然而，雅典和众多希腊城邦却并非如此，平民和贵族的斗争往往以党派的形式进行。于是斗争的结果，便不是像中国一样改朝换代了，而是平民的权利越来越受到尊重，其生活情况也越来越好，政治制度也越来越完善。因此，随着斗争的不断进行，希腊大部分城邦，包括雅典在内，在制度上都渐渐由贵族共和制转变为民主制。

城邦制度由贵族共和制转化为民主制，有利的一面，也有弊的一面。就雅典来说，表现得尤为明显。

公元前7世纪到公元前6世纪，雅典的手工业和商业有了很大的发展。那一时期，雅典最为著名的是制陶业，其精良的产品不仅被各城邦竞相抢购，而且还驰誉地中海地区。手工业的成熟，带来了商业的蓬勃发展，而商业的发展则使一些商人成了富人。这时，问题出现了，商人虽然富有，但手中却并没有权力，他们不甘心权力只掌握在贵族手中，于是便开始领导平民进行斗争。

平民斗争取得了一些成果，其中最为重要的是争取到了一部法典。这部法典非常严厉，规定犯法必须处以重刑，就算是偷窃蔬果这类的小过失，也要判处死刑。这部严厉的法典，是希腊城邦第一部成文的法典，对贵族起到了一定的限制作用。

另一方面，平民斗争使雅典平民享受的权利越来越大，这在一定程度上促进了工商业的发展。工商业的蓬勃发展，并没有使雅典成为现代意义上的大城市，农业依然是雅典人最重要的生活来源。可是，那些掌握大量土地的贵族阶级，受到了商业厚利的诱惑，开始把种植粮食的土地改种橄榄和葡萄，以期收入更多。结果是，雅典的粮食不再能够自给自足，雅典人只能向别的城邦购买粮食。虽然这种情形促进了粮食贸易，但也破坏了城邦自给自足的原则，对雅典以后的发展产生了极为重大的影响。

总而言之，随着雅典民主制的建立，雅典的发展更加蓬勃起来。不过，随着雅典与周围邦国交往的加深，矛盾和冲突也变得更加复杂起来。影响最大的是麦加拉商人占领了俯瞰雅典港的萨拉米斯岛。这个岛隶属阿提卡，对于雅典极为重要。如此重要地方的失守和贵族收复的失败，自然引起了雅典人强烈的愤怒。

在雅典的历史上，从来不缺乏爱国热情的英雄人物。萨拉米斯岛被占领，也引出了一个英雄人物，他叫梭伦。

梭伦出身于一个古老而破落的贵族家庭，这样的家庭在雅典是没有资格参与政治的。可是，梭伦却并不甘于平庸。他靠着多次海上商业冒险发了财，然后站在了平民的最前面。当雅典贵族收复萨拉米斯无果之后，他用激昂的诗歌唤醒了自己的同胞，号召他们奋起反抗。结果，他取得了成功。这使得他在平民中获得了极高的威信，深受雅典各阶层爱戴，声望空前高涨。因此，在公元前 594 年，他被选为雅典执政官。

之所以能够在雅典的历史中声名卓著，呼吁民众收复萨拉米斯只是一件小事，梭伦凭借的是他成为执政官后采取的一系列政治举措。梭伦的出身很有代表性，他是没落贵族家庭中的成员，原本只能游离在贵族高层之外，身份很是尴尬。可是，投身商界却使他获得了成功。所以，成为雅典的执政官后，他代表了新兴的工商业富有阶层的利益。正因如此，上任之后，他开始为改善农民的恶劣环境，为满足新兴的富有阶层的政治、经济要求，而进行改革。梭伦声名卓著之处就在于，他带领雅典进行了一系列富有成效的改革。

他废除了债务奴役制，规定不得以土地作为抵押，债主更不得因债务而奴役公民。同时，他还宣布限制贵族可以占有土地的数额，这样贵族就不能无限制地侵占土地了。虽然这些制度还存在着一定的局限性（废除债务奴役制仅限于雅典公民，并不包括奴隶），但是对于那个时代来说，却无疑很先进了。至少，雅典公民的生活得到了很大的改善。

除了这些措施之外，在政治上，他还出台了一系列法律法规，宣布所有的自由民在法庭上都有平等的权力。他甚至还建立了一个 400 人会议和公民陪审法庭，其主要职能是为公民大会准备议程，预审提交大会的重要议案。最重要的是，400 人会议的成员并不一定非得贵族，只要有一定的财产资格就可以。也就是说，他开始尝试让贵族之外的公民介入政治，这个举措很好地削弱了长老会的权力。

另一方面，他对雅典的工商业也采取了一系列改革措施。对于那些有手艺的外国工匠，他出台政策鼓励他们来到雅典生活。他颁布法令，使农作物的种植条件得到改善。同时，他还限制谷物的出口，使得雅典粮食紧张的情况得到了缓解。

他的改革非常成功，雅典原本日益尖锐的阶级矛盾开始缓和，人民安居乐业。由此，他的地位愈发高涨，越来越受到民众的爱戴。这个时候，他的朋友开始劝他，希望他能成为“僭主”。所谓“僭主”，实际上也就是国王，没有国王之名，但有国王之实。依照他在国内的声望，他其实完全可以成为“僭主”，但他却并没有这样做，而是辞去了执政官之职，远离雅典到海外云游。他的作为被世人广为称赞。

不过，虽然梭伦不愿意成为“僭主”，但却并不意味着别人不愿意。梭伦离职后，雅典的很多问题开始再次显露。于是，在不断涌现的矛盾中，雅典陷入了长期混乱的党争之中。工商业者组成了“海滨派”，无地或少地的居民组成了“山地派”，占据平原土地的贵族组成“平原派”，各派系为了维护自身的利益，开始了激烈的争斗。而争斗的最终结果，是山地派领袖庇西特拉图获得了胜利。他于公元前 541 年发动政变，控制了雅典城邦，成为雅典历史上第一个“僭主”。

虽然雅典人对于“僭主”这一身份并不喜欢，但庇西特拉图却凭借强而有力的政治改革，渐渐赢得了人民的认同。他没收逃亡贵族的土地，分给贫民；建立农贷制，使贫民能够借到政府的钱而进行葡萄和橄榄种植。他本是山地派领袖，深知平民百姓的疾苦，所以采取的施政措施也多从平民的角度考虑。在他的带领下，雅典空前繁荣。

遗憾的是，他死之后，他的继承者，即他的儿子，却没有治国的雄才大略。他的大儿子心胸狭窄，总是疑心雅典百姓想要赶自己下台，于是便采取暴虐手段统治雅典。事实上，雅典人确实无法忍受被庸才统治，庇西特拉图的次子便是被雅典爱国青年刺杀而亡的。

庇西特拉图长子的暴虐统治，激起了雅典民众的强烈反抗。很快，他就失去了“僭主”的优势，在民众的讨伐声中逃到了国外。

伴随着旧权力的消失，往往是新权力的诞生。庇西特拉图长子的逃亡，意味着雅典“僭主”制度的结束。而这个时候，另一个人登上了雅典的政治舞台，他叫克里斯提尼。

克里斯提尼执政之后，开始进行改革。他先是扩大了人民的权力，进一步削弱了贵族的势力。随后，他又将原本按血缘关系划分的部落，改成按地区划分的部落，进一步使贵族更加分散。他又将每个部落划分几个区，每个区划分成若干个村社，村社也设立了行政机构。如此一来，整个雅典的政治机构更加完善。

除此之外，他还对原来的400人会议进行了改革，使其在管理国事上更加有效和完善。他不愿意雅典再走“僭主”之路，因此别出心裁地想出了“陶片流放制”，以防止“僭主”的产生。所谓“陶片流放制”，其实就是让公民投票选出已经危害或者有可能危害城邦安全的人，将其流放。因为公民在投票时，会在碎陶片上写上所要放逐之人的名字，所以叫“陶片流放制”。

一系列改革措施，使得雅典的民主制最终确定下来。经过漫长的演变和发展，直到这个时候，雅典才最终完成了具有历史意义的重大变革。同时，这也标志着希腊城邦制度的最后完成。

民主制度的日趋完善，使得雅典无论在经济上还是在军事上，都逐渐成为城邦之首。希腊各城邦眼见如此，便纷纷效仿雅典，民主制度之花开始在希腊竞相开放。这使得在此后的希波战争中，以雅典为首的希腊有了对抗的底蕴。

波斯帝国的野心

在世界历史中，古希腊是一个独特的存在。

希腊人虽然有很多分支，但却是一个种族。他们有着共同的宗教信仰，有着共同的风俗和传统，有着共同的源于腓尼基字母的希腊文字，甚至还有着共同参与的体育赛事——奥林匹克运动会。所有的希腊人都有一种民族联合情结，他们认为自己是赫楞的后代，因此称自己为“海拉斯”。无论从哪方面来看，希腊都应该是一个统一的、团结的国度。

但是事实却并非如此。

虽然经历了漫长的演变历程，但是在政治上，希腊完全没有联合的倾向。各城邦之间纠纷不断，战争不断，每个城邦都有着强烈的排他性。中国历史上的小国也有排他性，但最终会被大国所兼并，可是希腊城邦国却一直有着无数的小城邦同时存在。而且，希腊的城邦不同于中国古时的城市，每个城邦都会把外来者看做是敌人。据史料显示，就算是商人，到了别的城邦生命安全也无法得到保障，因为没有一个城邦制定了保护外来者的法律。在中国古时，就算两国交战，商人也依然有生存的空间。这一切，都是由希腊各城邦强烈的排他性造成的。

如果没有外来侵犯，那么希腊城邦这种散而不乱的现状或许并无不妥。可是，当外来力量汹涌来犯的时候，希腊城邦分散的弊端就开始暴露出来了。

公元前 6 世纪中叶，在亚洲兴起了一个强大的帝国——波斯帝国。波斯帝国兴起的时候，雅典以及希腊诸城邦正在蓬勃发展之中。可是，希腊城邦发展的速度，却远远不及波斯崛起的速度。波斯帝国以滚雪球一样的速度膨胀，成了希腊城邦最强有力的对手。

追根溯源，波斯人应该是伊朗人部落的一支。波斯人原本籍籍无名，他们的崛起也要归功于一个人，这个人就是居鲁士。公元前 6 世纪中叶，居鲁士是波斯的国王。这个人雄才大略，而且极具野心，波斯在他的带领下开始走上强盛之路。为了攻城略地，他甚至训练出一支战斗力强悍的、由弓箭手组成的军队。在那个时代，由弓箭手组成的军队，有着一般军队无法比拟的远程进攻优势。

强大的军事力量，使得波斯军队打了很多胜仗。他们先后灭亡了吕底亚王国，占领了小亚细亚南部海岸，后来又把触角伸向了希腊城邦。不断吞噬的结果就是，波斯王国从一个名不见经传的小国，变成了东方世界的一个霸主。

霸主的野心就是不断地征服和扩张，就算是居鲁士在战斗中身亡，波斯向外扩张的步伐也没有停止。从巴比伦到迦勒底王国，再到埃及，波斯帝国一直马不停蹄，居鲁士的儿子冈比西斯继承了父亲的王位，也继承了父亲的野心，他试图将波斯版图无限扩大。直到占领埃及之后，波斯帝国扩张的脚步才稍微放慢。因为这个时候，一个巨无霸般的强大帝国已经震惊了世界。这个时候的波斯帝国，其领土西边从尼罗河三角洲开始，环绕整个地中海东端直到爱琴海，东边几乎延伸到了印度。而这一切，波斯帝国仅用了 25 年的时间就完成了。

初具规模的波斯帝国，显然同中国古代王朝很类似。波斯实行的是君主制，全国上下都只听从国王的命令。国王把全国分成诸多省份，他亲自指派每个省份的行政长官。这样一来，所有的权力便被紧握在国王一个人的手中。权力的集中，使得波斯国王扩张起来更加得心应手。

希腊虽然是邦国，但也算是一个大国。自古以来，大国与大国的交集，往往都会以战争开始，希腊与波斯自然也不例外。波斯的扩张本性，对于希腊原本就是致命的威胁。

公元前 520 年，虎视眈眈的波斯向希腊展开了攻势。波斯国王大流士率军横渡赫勒斯滂（即达达尼尔）海峡，向黑海北岸的斯基台人部落进攻。由于地理因素，波斯帝国的这次侵略战争并不顺利，仅仅夺取了爱琴海北岸的色雷斯和马其顿，离预定目标相去甚远。不过，这也引起了雅典的恐慌。而且，这一地区恰好是雅典通向黑海的商路，雅典购买的粮食需要借由此处运回。这也就是说，雅典的生命线受到了严重的威胁。于是，争夺战不可避免地爆发了。

公元前 499 年，雅典得到了反击波斯的机会。原来，被波斯占领的小亚细亚希腊城邦不甘心失去自由，便在波斯帝国四处征伐的时候举行了反抗起义。不过，相对于波斯帝国，小亚细亚希腊城邦的力量太过薄弱。为了能够增加胜算，起义领袖派出使者前往希腊本土求救。当时，希腊城邦中最强的两个邦国，斯巴达和雅典，只有雅典愿意派战船前去小亚细亚救援自己的同胞。由于力量悬殊，雅典和起义城邦的这场战争打得极为辛苦，坚持了六年之后，最终还是败给了波斯。

这场战争是导火索，随后，波斯国王大流士便以雅典帮助了起义者为由，率领大军侵略欧洲。而希腊，则是他最重要的目标。

第一次进攻希腊，大流士的波斯军队在爱琴海上遭遇了险恶的风暴，损失惨重，无奈之下，不得不下令撤兵。

第二次出兵希腊，大流士准备充分。他改变了原来的行军路线，率领一支由运输船和战舰运载的波斯大军，驶过爱琴海中路，向雅典发起了进攻。

对于威名赫赫的波斯大军，希腊人一直心存畏惧。波斯大军连年征伐，有着极其强悍的作战能力。相对于以城邦为个体的希腊人来说，它简直就是不可战胜。大流士也知道希腊人的这些心理弱点，于是在出发前就派人出使希腊，希望各个城邦能够投降。

然而，大流士还是小看了希腊人热爱独立和自由的决心。虽然波斯大军屠杀小亚细亚同胞的行径让他们心悸，但他们依然不屈不挠，誓要与侵略者抗战到底。

波斯大军的登陆地点是在雅典东北的马拉松海峡，随后，在距离雅典不远的地方驻扎下来。情况非常不妙！虽然雅典军队由富有谋略的米尔提亚斯将军率领，但人数上的劣势却难以弥补——雅典军队人数不及波斯大军的一半。这仗怎么打？在僵持期间，有一支人数不多的普拉提亚援军及时赶到，使得雅典军队士气大振。

战斗一开始，雅典军队就爆发出了惊人的战斗力。雅典士兵为了保家卫国，每一个人都奋勇杀敌，肉搏上阵。结果，雅典军队以少胜多，打败了来势汹汹的波斯军队。获胜后，雅典将领立即派一名士兵前去雅典城报捷。这个士兵为了尽快把消息传回去，一口气从马拉松跑到雅典城内，说了一句“雅典得救了”之后就倒地而亡。这个故事就是今天马拉松赛跑的由来。

这次战争的胜利，使希腊人欢欣鼓舞。在庆贺胜利的同时，希腊人也认识到了自己的弱点，那就是海上的防御力量太过薄弱，希腊甚至没有一支像样的海军。为了对抗下一次的侵略战争，希腊人在战后火速组建了一支海上舰队。

没有终结的波希之战

公元前 485 年，波斯帝国国王大流士病亡。这个变故，使波斯大军侵略的步伐为之一滞，为希腊提供了宝贵的缓冲时间。不过，波斯帝国的继承人同其父一样，也有着强烈的扩张野心，这决定了波希战争必然会继续进行下去。

公元前480年，大流士之子薛西斯率领波斯大军，再一次发动了对希腊的入侵。为了完成父亲的遗志，薛西斯这次做足了准备。据史书记载，他动员了全国各个兵种共计500多万投入到了这场战争之中。如此大规模的战斗，在世界历史中并不多见，由此可见薛西斯征服希腊的决心。

薛西斯认为，他的父亲大流士第一次兵败希腊，完全是由于恶劣的海上天气所造成的。由于海上的天气变化具有偶然性，所以完全可以沿袭第一次的出兵路线。于是，他取道赫勒斯滂，水陆并进。

得知波斯大军将要来犯的消息，希腊各城邦召开了紧急会议，共同商议抵御对策。会议讨论的最终结果是：希腊各城邦派出军队组成联军，以斯巴达为联军首领负责陆上战事，雅典海军负责海上战事。希腊联军摩拳擦掌，静待波斯大军到来。

希腊联军很快同第一批到达的波斯军队接触了，双方在温泉关隘展开了激战。虽然这一批的波斯军队仅有20多万，而且在海上遭遇风暴时损失了数百艘战舰，但这股兵力对于希腊联军来说，依然是个噩梦。据史料记载，在温泉关阻击波斯军队的希腊联军，只有斯巴达国王列奥尼达斯率领的5000余人。以几千人的兵力阻挡十几万大军，无异于以卵击石，自寻死路。可是，列奥尼达斯率领联军英勇奋战，居然守了温泉关一天。直到第二天，一支波斯军队翻过大山，从背后进攻，才重创了联军。这一役，包括列奥尼达斯在内的5000余名希腊战士无一生还，尽数战死，温泉关失守。

与此同时，希腊的一支海上舰队也同波斯舰队展开了战斗。虽然希腊海军英勇无畏，拼死杀敌，但力量悬殊太大了。这导致希腊海军在同波斯海军进行了一场惨烈的战斗后，不得不撤退到萨拉米斯湾。

在战略的运用上，雅典人无疑非常聪明。雅典人知道无法战胜波斯海军，便果断地放弃了阿提卡，把老弱妇孺以及钱财粮食转移到了萨拉米斯岛，从而有效地保存了实力。同时，雅典海军还仗着对地形的熟悉，不断地游走偷袭波斯军队，使得波斯军队疲于奔命。萨拉米斯水域狭窄，不利于波斯海军庞大的舰队活动，而利于非常灵活的希腊小舰。凭借这一有利条件，以雅典人为首的希腊海军，在重创波斯舰队的同时，力量也得以迅速增强。

按照战争惯例，力量薄弱的一方，往往只能处于被动防守的位置。但是，雅典统帅地米斯托克利却认为，被动防守只会导致失败，应该主动出击，才有可能获得胜利。希腊人支持地米斯托克利的策略，开始主动出击，用计谋同波斯军队周旋。结果，希腊联军重创了波斯大军。尤其是地米斯托克利，他使用计谋将薛西斯的波斯舰队骗进了狭窄的萨拉米斯海湾，将其打得溃不成军。最后，波斯海军几乎全军覆没，而雅典海军则成为了新的海上霸主。

萨拉米斯海上战役，是这次希波战争的转折点。因为这场战争，奠定了希腊海军海上霸主的地位。从波斯到达希腊，海上是重要的战略要道。也就是说，失去海权的波斯人，已经无法打赢这场战争了。所剩的，只是时间问题而已。

事实上，薛西斯也知道大势已去，于是非常狼狈地带着残余退回了亚洲。不过，他并不甘心自己的失败，临走之时在希腊境内留下了一支约 5 万人的军队。他企图用这支小股军队逐步蚕食希腊，以便大军卷土重来。可是，他的这种美梦却被团结的希腊人打破了。这支滞留在希腊境内的军队，最终被希腊联军无情地剿灭。

最后一场具有历史意义的战争发生在公元前 478 年。雅典海军以压倒性的军事力量，夺取了赫勒斯滂海峡重镇塞斯图斯，重新掌握了欧洲到黑海的通道。至此，这一次希波战争全面结束，希腊人捍卫了自己的主权，解放了全希腊。

古代文明，不管是埃及文明、两河流域、中国文明还是印度文明，都建立在君主制的基础之上。这几乎是全人类的发展主流，无可替代。但是，希腊城邦制的兴起，却打破了这一主流，向世界展示了另一种制度。更为重要的是，这种制度并不比东方的君主制落后，反而尤有过之。希波战争的胜利，其实就已经证明了希腊城邦制度比东方君主制度优越。

希腊人认为，希腊的自由民主制度，要比东方的君主制度好。因为，君主靠专制权力、靠鞭子使人们服从，而民主制则靠辩论和劝说使人们认可，这两种制度之间有着天壤之别。高昂的爱国热情和制度的优越感，使得希腊空前团结，而正是这种团结，使得希腊各城邦之间可以摒弃前嫌，暂时放弃争夺和仇恨，联合在一起共同抗击波斯人的侵略。而希波战争的胜利，则更好地印证了这一点。遗憾的是，希腊城邦的团结，只在战争中发展到了巅峰，战争结束后，这种团结的局面再也没有出现过。战后的希腊城邦不仅团结不再，各城邦之间甚至为了争夺霸主地位，陷入了疯狂的争斗之中。

在这场希波战争中，一些优秀的城邦脱颖而出，比如雅典。事实上，在整场战争中，雅典功不可没。雅典在战争中赢得了巨大的威信，拥有了强大的海军，因此成为与斯巴达并列的希腊最强城邦之一。更为重要的是，雅典人拥有无与伦比的爱国热情。这些因素导致雅典在战后担负起了保家卫国的重任。

公元前478年，雅典组织了一个新的同盟。因为同盟国家开会、集合的地点设在爱琴海上的提洛岛，所以这个同盟叫做提洛同盟。提洛同盟的任务是什么呢？很简单，雅典希望希腊能够保有一股强大的力量，以便应对外来危机和解决内部隐患，于是组织了这个同盟。参加同盟的有爱琴海上的所有岛屿，赫勒斯滂海峡以及亚洲所有的希腊城邦。据史料显示，这个组织发展到鼎盛时期，成员国居然达到了近300个。

提洛同盟沿袭了希腊的民主制，各成员国之间平等自由。需要解决问题时，各成员国在同盟会议上发言商讨，共同决定。提洛同盟着重发展海军，因此，参加同盟的城邦按国力的大小，要为同盟提供一定数额的船只和人员。当然了，如果这个城邦国非常有钱，也可以用金钱来代替。在希波战争中，雅典海军已经发展得极为庞大，提洛同盟成立后，希腊的这支海军力量更为庞大，已经完全压制住了波斯。

不过，希腊城邦国各自为政的局面导致了这个组织无法长久。随着时间的推移和波斯威胁的日近，一些城邦国看到空子，便纷纷要求退盟。可是在一些城邦国退盟的时候，雅典表现出了强势的一面。原来，提洛同盟成立的时候，雅典投入的军事力量最为强大，雅典海军几乎占了同盟军的一半。也就是说，雅典成了希腊实际上的领导者，甚至一些不愿意提供船只和人员的城邦国所交纳的金钱，也尽数由雅典决定。可以说，提洛同盟给雅典带来了无与伦比的好处。因此，雅典不愿意任何一个城邦国退盟。于是，在强大武力的支持下，雅典向退盟的城邦国提出了条件：凡退盟者，不仅要交出舰队，而且还要交纳一笔贡赋。如果不交，雅典就会出兵镇压。其实发展到这个时候，提洛同盟的本质已经改变，雅典推动着自由同盟向独裁同盟转变。

为了加强管理，雅典甚至把提洛同盟的金库从提洛岛转移到了雅典，更将同盟国之间的纷争交由雅典法庭审理。这些变化表明，提洛同盟已经彻底变成了雅典帝国。没错，一个新的雅典帝国形成了。这个帝国强盛一时，是由近 300 个大小不等的城邦形成的。

不过，这个雅典帝国却和波斯帝国等君主制国家不一样。说到底，雅典帝国只是希腊城邦国的进化形式。雅典仍然是一个城邦，希腊各个城邦也依然是自给自足的城邦，它们还是有独立处理内部事务的政府和法律。只是这些城邦的对外政策，却集中到了雅典手中。各城邦国必须为雅典提供船只、人员或者交纳钱款。雅典已经成为希腊名副其实的中心。

雅典帝国的形成，不仅没有削弱民主制，反而使民主制向着更先进的方向发展。因此，希腊城邦发展的脚步没有因此而滞缓，而是慢慢步入了极盛时代。雅典不是靠个人，而是靠公民集体来进行统治的，雅典公民的权力越来越大，甚至可以流放得不到支持的掌权者。发展到伯里克利当政时，雅典的民主达到了真正的极盛时代，也是希腊城邦制的极盛时代。最有代表性的是，由贵族组成的元老院的政治权力消失殆尽，只保留了审判谋杀案和解决宗教问题的权力。取而代之的是 500 人议事会、审判法庭和公民大会。权力的重心已经完全转移到公民手中。雅典人不仅在政治上享有较大的民主，能直接参与国事活动，而且在文化生活中也享有民主，可以参与自己最喜欢的文化活动。这一切，使得雅典更加繁荣昌盛起来。

三足鼎立

雅典的繁荣和强大，带动了整个希腊帝国发展。但是，并不是所有的城邦都服从和感激雅典，斯巴达就是其中之一。斯巴达嫉恨雅典。

当然，斯巴达的嫉恨是有原因的。在希腊诸多城邦国中，原本以斯巴达最为强大。斯巴达人能征善战，在希腊打下了赫赫威名。因为军事力量强大，所以在希波战争中，它当之无愧地成为了希腊联军的统帅。事实上，在抵御波斯大军时，斯巴达功不可没。按理说，斯巴达应该成为希腊的领袖。但是，由于希腊本土全部解放之后，斯巴达不愿意出兵海外，从而退出了战争，这使得它也丧失了在希腊的领导地位。雅典取而代之，领导希腊人民彻底打败了波斯大军，因此最后雅典成了希腊的领袖。可以说，如果没有雅典，那么斯巴达在希腊的领导地位就不会改变。因为这个缘故，斯巴达视雅典为仇敌。

斯巴达向来以军事力量强大称雄希腊，它虽然失去了在希腊的领导地位，但强大的军事力量还在，这决定了它不会甘于沉默。它要与雅典展开较量。另一方面，雅典早就有称霸希腊乃至称霸世界的野心，而要称霸就必须压制斯巴达。这些都表明，雅典与斯巴达之间的矛盾不可调和，两者必然会发生碰撞。

所谓的碰撞，自然就是战争。

公元前 431 年，以雅典为首的提洛同盟和以斯巴达为首的伯罗奔尼撒同盟之间终于爆发了战争。这场战争与希波战争不同，希波战争是希腊人民反抗波斯侵略的战争，而这场战争则属于纯粹的内战，暴露了希腊城邦无法克服的缺陷。

在历史上，内战往往要比对外战争更加残酷，这场战争也是如此。从公元前 431 年开始，战争断断续续，一直打到公元前 404 年才结束，前后持续了近30年。战火几乎燃遍了希腊的每一个角落，双方都付出了惨重的代价。到了最后，双方比拼的已经不再是武装力量，而是人力和财力的消耗。谁的人力和财力的消耗能够多支持一些时间，谁就是最终的胜利者。

结果，斯巴达赢得了这场战争。

这似乎是一个不可能会出现的结果，至少完全出乎了雅典人的意料。雅典之所以不惜和斯巴达一战，一个很重要的原因就是：雅典不仅有强大的海上军事力量，而且财力物力都远远超过了斯巴达。可是，为什么会失败呢？

雅典的失败，一方面来自于内部领导的混乱。雅典首席将军伯里克利为雅典制定的战略是，把自己当成海上居民，放弃土地和房屋，不再守卫阿提卡，而是保卫海疆和城市。对于雅典来说，这个战略无疑非常有用。雅典是海上霸主，扬己之长避己之短，确实可以最大限度地发挥自身优势。可是，这个战略却引起了雅典人的反感。雅典主动放弃了阿提卡，使得斯巴达军毫无阻碍地侵入了阿提卡，并四处镇压阿提卡的乡村和市镇。这对雅典人来说是一种耻辱，他们开始责怪伯里克利。

一般来说，遇到这种情况，雅典会召开公民大会，共同商讨大事。可是，伯里克利却害怕公民会因愤怒而做出错误的决定，因此并没有召开公民大会，而是企图独自解决这件事。雅典非常民主，任何事情都不能由个人做决定，而是要由大家共同商讨决定。很显然，伯里克利的做法触及了雅典人的底线，他的领导地位开始受到质疑。更糟糕的是，雅典过分民主的制度，导致战争中什么事都要通过公民大会决定，这反而使雅典军处处受到掣肘。

雅典战败的另一个因素，来自于一场可怕的瘟疫。在紧要关头，一场突如其来的瘟疫使得雅典军民大量死亡。天灾使雅典军民人心惶惶，很多人又把这场灾难也归罪于伯里克利。虽然伯里克利本人也死于瘟疫，但是雅典民心却动荡不安，团结的局面出现了裂痕。当然，如果伯里克利的继任者很出色，那么雅典也许还不会失败，毕竟雅典的底蕴并非斯巴达所能相比。但是很遗憾，雅典的继任者并没有出色的领导才能，这导致雅典彻底陷入了混乱之中。一些不满雅典领导的城邦，也趁乱举起了反叛的大旗，还有些甚至投入了斯巴达阵营。

雅典对西西里岛远征的失败，更是把已经伤痕累累的雅典推向了万劫不复的境地。原本，远征军的指挥者是亚西比德和尼西亚斯，可是公民大会却突然决定让亚西比德从西西里回雅典接受审判，这致使亚西比德投奔了斯巴达。战斗还未开始，雅典就已经失去了一位指挥官，这对战争的影响可想而知。在此之后，雅典远征军又接二连三地出现失误，致使最终惨败。远征军的惨败，使得雅典雪上加霜，军力受损严重。

斯巴达军抓住这个机会，长驱直入进攻阿提卡，将雅典远征军失败的影响扩大到最大。在这个关键时刻，一直对雅典不满的贵族们却找到了攻击平民统治的借口，趁机发动了政变，企图夺取政权。雅典周围的一些国家看到机会，也与斯巴达结成了同盟，对抗雅典。

内忧外患之下，原本赢面很高的雅典，最终走向了失败。

公元前 404 年，雅典向斯巴达投降，希腊发生了天翻地覆的变化，斯巴达重新成为希腊世界的霸主。但是，斯巴达却无法成为一个合格的霸主。

除了军事力量强大之外，无论在经济、政治上还是文化上，斯巴达都无法同雅典相比。斯巴达在很多地方都强制实行寡头政治，这与希腊人热衷的“自由”格格不入；斯巴达在陆地上强悍，但却从未学会如何在海外行事。最重要的是，斯巴达只愿意成为希腊的霸主，却从来没有想过把全希腊联合起来。这些原因，使得斯巴达满足不了希腊各城邦。于是，刚刚成为霸主不久，斯巴达同希腊城邦之间的矛盾就爆发了。

公元前 395 年，一些不满斯巴达领导的城邦结成联盟，反抗斯巴达。当然，反对斯巴达的城邦还是以雅典为首。此时的雅典，已经有能力重新建立一支舰队。雅典凭借这股新生力量，同斯巴达展开了战斗。不过，这场战争并没有取得预想的效果，虽然雅典以及诸多城邦获得了完全自治的权力，但斯巴达依然是希腊的霸主。

然而，这场战争却造成了另外一种结果，并且对希腊产生了深远影响。这场战争之后，雅典城又开始复兴，另一城邦底比斯也开始崛起，而斯巴达仍然实力雄厚。希腊开始形成三足鼎立之势。

底比斯的崛起，主要是因为出现了一个天才领袖伊巴密浓达。他极具政治才能和军事才能，使得底比斯在很短时间里，有了和斯巴达抗衡的力量。斯巴达曾经把所有的城邦国召集到斯巴达，企图把希腊联合成一个国家。但是，这种提议却遭到了底比斯的抵制，因为底比斯有打败斯巴达人的方法，而方法自然是伊巴密浓达研究出来的。

公元前 371 年，伊巴密浓达率领一支军队，采用这种新的战术，打败了不可一世的斯巴达，结束了希腊被斯巴达统治长达三十多年的局面。

底比斯也想把希腊团结起来组成一个国家，甚至为之付出了很大的努力。打败了斯巴达之后，底比斯建立了一支海军，有了和雅典竞争的资本。但是，辉煌一时的底比斯最终还是未能如愿，原因就是伊巴密浓达死了。这个天才人物的诞生给底比斯带来了希望和辉煌，但他的死亡却让底比斯的希望随之破灭。

为了能够让希腊城邦组成一个国家，雅典努力过，斯巴达努力过，底比斯也努力过。可是，这三个城邦国却都没有成功。为什么会这样?

历史学家发现，古希腊完全有希望成为一个强大的国家。希腊人在政治、经济和文化各个领域，都取得了令人惊叹的成就。在政治上，希腊创造的民主制优于同一时代的君主制；在经济上，希腊不逊于任何一个国家，达到了当时的最高水平；在文化上，希腊人尤其是雅典人，无论是在文学、艺术领域或者是在思想领域，都取得了无与伦比的成就。当然，希腊的军事力量也不弱，曾经击退了威名赫赫的波斯帝国。可以说，希腊完全有机会成为和波斯帝国相差无几的庞大帝国。但是直到最终，希腊也没有完成到国家的蜕变。希腊城邦制度的理想境界是每个公民都应该参与城邦的所有行动和事务，这种理想境界阻止了希腊发展成为一个强大的国家。

战争给希腊带来了希望，似乎在战争中希腊有望成为一个强大的帝国。但是，这种愿望不仅没有实现，长期的战争反而带来了希腊的贫富两极分化。希腊出现了前所未有的大商人和大奴隶主，更有很多人因为战争流离失所，苦不堪言。战争还使得原有的城邦制度无法维持公民的利益，社会矛盾激化，各城邦暴力事件不断。这一切，使得希腊各城邦像爱琴海一样暗潮汹涌。

希腊的动荡，除了给希腊各城邦造成困扰之外，也给了一些城邦国暗示和鼓励。没错，老虎生病的时候威胁最小，谁能冲上来，谁就能够占到这只病虎的便宜。虽然马其顿是希腊人眼中的“蛮族”，而且不被认可，但是它已经悄悄积攒了力量。对于它来说，希腊这只沉疴缠身的病虎，威胁性已经越来越小了。下一步，吞食病虎。

第二章

腓力的梦

在文明发展的道路上，马其顿人比希腊人迟了一大步。但是，这并不影响马其顿前进的脚步。马其顿的统治者们引入希腊的先进文化，使马其顿在悄然中变得强大起来。正当马其顿变得越来越强大时，内乱发生了。对于任何一个国家来说，内乱都是一件危险的事。然而对于腓力来说，内乱却是一个机会。

机遇

虽然一直被希腊认为是“蛮夷”，但是马其顿始终以一种快节奏的步伐向前发展。

马其顿位于希腊半岛北部，领土面积大概相当于整个希腊南部城邦的总和。马其顿在希腊人眼中的地位有些尴尬，能有如此之大的领土面积着实不易。马其顿境内的阿克修斯河下游冲积平原土地肥沃，适合农业种植；中上游崇山峻岭包围着河谷丘陵，适合畜牧业。这些自然条件，为马其顿的崛起提供了物质基础。

最早的时候，马其顿地区的居民是来自巴尔干半岛东北部的色雷斯人。公元前 10 世纪左右，希腊人分支多利安人进入这一地区，同当地人通婚而形成了后来的马其顿人。色雷斯人身材高大，肤色很浅，金发碧眼，同希腊人的体貌差别很大。因此，继承了色雷斯人和多利安人特点的马其顿人，无论是体貌或者是生活方式，都同希腊人有很大的区别。正是因为这些原因，注重血统的希腊人认为马其顿人是“蛮夷”，而马其顿也从来不是希腊城邦同盟的成员。

本是同源，但马其顿人和希腊人却分别流进了两条不同的河道，各自向前发展。不过，各方面都占据优势的希腊，始终奔跑在马其顿的前面。无论是从经济上、文化上，还是从军事上，希腊都一直优于马其顿。但是，马其顿也有自己的优势，那就是不像希腊那样混乱。

大约公元前 8 世纪，马其顿王国形成。在政体上，希腊一直实行的是城邦制，城邦国各自为政。马其顿同希腊相似，但却又不同，其政体一直是部落联盟。马其顿有 8 个小王国，虽然这些小王国也各自为政，但在名义上向马其顿国王效忠。这样的政体，使得马其顿各小国将力量团结在一起成为可能。

希波战争期间，马其顿出现了一位明君——亚历山大一世。他对内巩固中央集权，对外加强与希腊城邦的联系，这一系列施政措施，使得马其顿的发展骤然快了起来。

在加速马其顿发展的同时，亚历山大还致力于将马其顿向希腊靠拢。希波战争期间，亚历山大一世曾不顾个人安危，把波斯军事情报偷偷地告知希腊人。那个时候，希腊已经岌岌可危，他为什么要这么做？希罗多德在其《历史》一书中，记述了亚历山大一世的真实想法。亚历山大一世说，他为希腊做了这样一件不顾性命的事情，是因为他的远祖是希腊人，他决不愿意看见自由的希腊受到奴役。

亚历山大一世的远祖的确是希腊人，这一点史学家已经考证。但是，亚历山大一世所说的远祖，却并非史学家考证里的多利安人，而是希腊神话传说中最伟大的英雄赫拉克勒斯。传说中，赫拉克勒斯是天神宙斯和底比斯王后阿尔克墨涅的儿子。如果马其顿人是赫拉克勒斯的后代，那么这足以说明，他们不仅是希腊人，而且血统高贵。亚历山大一世和马其顿人已经在想办法融入希腊。

公元前 496 年，亚历山大一世首次接到邀请参加奥林匹克运动会。原本，只有希腊人才有资格参加运动会，马其顿能够被邀请，这说明希腊人已经开始接纳马其顿人了。从这一时期开始，马其顿和希腊开始慢慢交汇。马其顿王国地主式的贵族和农民自由民，开始参与希腊事务。联系的密切，使得希腊文明逐渐过渡到马其顿，进而使马其顿也逐渐文明起来。

当然，同大多数王国发展历程一样，马其顿的发展也并非一直顺风顺水。在外部发展迅猛的同时，其内部开始出现了动荡。

公元前 364 年，马其顿国王阿契拉宣布退位，把王位传给了自己的儿子。但是，这次的传位却有些特殊。他把马其顿王国一分为二，分为上马其顿和下马其顿，他的长子和次子分别为下马其顿国王和上马其顿国王。一个王国被一分为二，自然不是什么好事，马其顿内乱发展到顶峰。

据史料记载，阿契拉把马其顿一分为二实非本愿，而是在长子佩尔狄卡斯的强制手段下不得不为之的无奈之举。但无论如何，重新陷入分裂之中的马其顿，注定将无法平静。

下马其顿位于沿海平原地区，自然条件非常优越，居民生活富足。佩尔狄卡斯成为下马其顿国王之后，运用其出色的外交手段，加强了下马其顿同希腊人的往来，赢得了更多的发展机会。他的努力，使得下马其顿发展更为迅速起来。与此相反，上马其顿的发展却极为缓慢。

上马其顿境内多山地，原本就比较闭塞落后，而国王阿明塔斯本人又昏庸无能，不思进取，这使得上马其顿更加落后。

佩尔狄卡斯是一个很有野心的人，他看到弟弟如此昏庸无能，便萌生了吞并上马其顿的想法。很快，佩尔狄卡斯便率领大军，对上马其顿展开了雷霆攻势。阿明塔斯眼睁睁地看着哥哥的大军兵临城下，却没有丝毫反抗之力。结果，阿明塔斯成了俘虏，而佩尔狄卡斯则统一了马其顿。

阿明塔斯虽然无能，但却不傻，他早就看出了哥哥的野心，为了以防万一，早在佩尔狄卡斯攻来之前，他就将小儿子腓力送到了底比斯做人质。他是想通过这种方式，使自己的儿子免受破城之厄。

新的马其顿王国成立之后，局势并不稳定。虽然阿明塔斯被俘，但是其许多旧部仍然藏匿在山区深处，组织山地居民继续反抗。在这些力量的侵扰下，上马其顿动荡不安。

其实不只是上马其顿，下马其顿也不太平。周边的伊利里亚人和卡俄尼亚人看到马其顿国内混乱，便趁机侵袭下马其顿，想要分一杯羹。

这一时期的马其顿，虽然国力仍然强盛，但内部却乱成了一锅粥。这种局面，需要一位有魄力、有手段的领导者来改变。事实上，在马其顿的历史上，这个人出现了，他就是阿明塔斯的小儿子腓力。

如果马其顿没有分裂，没有内乱，那么无论阿明塔斯能否成为国王，腓力都不可能成为王位继承人。即便是在上马其顿，腓力也只是一个不被父亲喜欢的孩子，而他的哥哥则是名正言顺的太子。但这些因素，却让他成为人质，在底比斯躲过了一劫。从 15 岁开始，他整整做了 3 年的人质。但就是这3年的人质生活，却使他的一生发生了天翻地覆的变化。

腓力在底比斯当人质时，恰逢底比斯鼎盛时期，这给其提供了极好的学习环境和学习条件。而腓力本人，又是一个有远见、有抱负的青年。于是，人质生活变成了腓力的“学习生活”，他如饥似渴地学习、汲取希腊文明，并将其转化为自己的东西。

当然了，在来到底比斯之前，腓力也一直在接受比较规范的马其顿宫廷教育。马其顿宫廷也非常重视学习和培育希腊文化，虽然与底比斯相比还有差距，但却也为腓力打下了良好的底子。正因为如此，在底比斯的腓力成长很快，悄然从一个山区王子变成了一个眼光远大、才能出众的人。

曙光初现

腓力单骑从底比斯逃回了马其顿。

不过在回到家乡之后，他却发现上马其顿已经不复存在，父亲和家人也不知去向。惊慌过后，他逐渐冷静下来，并弄清楚了事情的真相。原来，下马其顿吞并了上马其顿，他的父亲阿明塔斯成了下马其顿的俘虏，而他的哥哥则逃亡到了色雷斯。他开始思索如何救出亲人，重建国家。

凭借王子的身份，他在山区召集了一支几百人的队伍，同伯父展开了斗争。他有着精明的头脑和出色的军事才干，知道这一小股武装力量根本无法同伯父的大军抗衡。因此，他带领士兵在山谷里选择了一块儿隐蔽的地方，建立了根据地并招兵买马。同时，他派人四散传播消息，将自己回来的事情在上马其顿地区广而告之。结果，很多阿明塔斯旧部前来归附。腓力的兵力越来越强，慢慢有了同佩尔狄卡斯抗衡的资本。

除了越来越多的战士，腓力还有一个最大的优势，那就是知识。在底比斯的时候，他曾师从伊巴密浓达，学到不少先进的军事知识。他把这些知识运用到士兵训练中，起到了良好的效果，成功训练出了一支骑兵、重装步兵和轻装步兵相互配合作战的队伍。他特别重视骑兵，将队伍中骑兵的力量运用到了极致。自然，他训练出来的队伍在战争中立下赫赫功绩。

虽然兵力日渐强盛，但是腓力的力量终归不能和底蕴丰厚的佩尔狄卡斯相比。面对伯父大军的围剿，腓力聪明地避其锋芒，没有和敌人正面硬拼，而是率领大军南下另辟新的根据地。一路上，他展开各种手段同伯父周旋，既保存了原有的军力，同时还不断吸收新成员，壮大队伍。到达新根据地塞新尼替斯湖畔时，他的队伍已经从原来的几千人壮大到一万多人了。

在新根据地上，腓力大军和佩尔狄卡斯大军终于正式相遇，双方展开了激战。虽然腓力有着出色的军事才能，但因兵力悬殊使他处处掣肘。腓力旗下仅有一万多人，而且其中还有很多老弱病残，以及刚刚加入的新兵。但是，佩尔狄卡斯大军却有三四万之众，且训练有素，久经沙场。

这仗怎么打?

果不其然，佩尔狄卡斯指挥大军，以迅雷不及掩耳之势包围了腓力，想要不战而屈人之兵。腓力指挥军队突围，但却屡次受阻，万般无奈之际，他只好派人突围去向色雷斯或附近其他城邦求救。与此同时，他还率军同佩尔狄卡斯展开了几次交锋，以骑兵突袭敌军，打得对方措手不及。但是，他的大军始终无法冲出敌人的包围圈。

另一方面，腓力派出去送信的士兵也陆续返回，但却没有带回有利的消息。周围国家的国王们眼见腓力的军事力量弱小，便都以各种借口搪塞，拒绝出兵救援。这其中，就连逃亡到色雷斯的腓力的亲哥哥，也拒绝帮助弟弟。腓力似乎穷途末路。

但是，倔强的天性使他没有向困难屈服，而是想方设法同佩尔狄卡斯周旋。同时，他继续拉拢人马，扩充自己的力量。在他的努力下，奇迹发生了，他的队伍虽被围困，但却依然有很多人马前来投奔。他的队伍规模像滚雪球一样越滚越大。两年之后，湖区根据地的部队人数已经从原来的一万多人激增至四万多人。他完全有了同佩尔狄卡斯抗衡的资本。

与此相反，佩尔狄卡斯的势力却江河日下。原因是，他统一马其顿之后，开始纵情声色、恣意享受，且懒理朝政。在征剿腓力这件事上，他也不怎么用心。他认为腓力的父母在自己的掌控之中，就一定可以威逼其投降。他甚至用奢侈的生活来软化阿明塔斯，希望他能说服腓力投降。不过，他的计谋没有得逞，腓力拒不投降。

随后，佩尔狄卡斯又设计用阿明塔斯引来腓力，想要将其杀死，但依然没有成功，只是将其重伤。

腓力伤好之后，进一步加紧建设根据地和训练军队。他知道佩尔狄卡斯不会放过自己，最后的决战必将来临。为了增加胜利筹码，他派人四处发招贤告示，广纳人才。这一系列的施政手段，使得他的军队人数激增，有能力的将领更是不计其数。不久之后，他就成功控制了马其顿三分之一的地区，与佩尔狄卡斯遥相对峙。

但是，腓力敏锐地发觉，他还是与佩尔狄卡斯有一定的差距，原因就出在海军上：他没有海军，而对手却有一支精锐的海军力量。并奇迹般地扳回了多次必败之战。腓力意识到，要想彻底打败佩尔狄卡斯，就一定要建立一支属于自己的海军队伍。

他把自己的想法告诉了在底比斯结交的好支尼阿丘斯。没想到，好友立即变卖了在小亚细亚做生意时赚下的全部家产，为他组建了一支小型海军。这支队伍成为腓力海军的原始力量，驻扎在距斯特赖梦湾不远的雷姆诺斯岛。斯特赖梦湾位于马其顿和色雷斯沿海地区，地理位置十分重要，历来是兵家必争之地。不仅腓力和佩尔狄卡斯想要占领这块地方，就连波斯、雅典和色雷斯，都十分垂涎这里。因此，这一地区战云密布。战事发展到这里，已经非常微妙了，腓力大军和佩尔狄卡斯大军之战一触即发。而且，周围还有各种势力虎视眈眈。

在这个关键时刻，腓力拉拢了伊庇鲁斯。伊庇鲁斯国王布隆多姆率领大军会同腓力大军一起向佩尔狄卡斯发动攻击。与此同时，色雷斯王国也出兵压向佩尔狄卡斯，以期可以分一杯羹。多方势力压境，佩尔狄卡斯陷入了四面楚歌的境地，覆灭已在旦夕之间。佩尔狄卡斯知道大势已去，斗志全无，便将王位传给儿子阿基拉斯。他抱着侥幸的心态，希望新的国王能够激起士兵的斗志，挽回败局。

只可惜，他又失望了。马其顿新王阿基拉斯不仅没有率兵出征，反而大搞登基庆贺活动。这对战局不仅没有一点儿帮助，反而使得军心更加涣散。佩尔狄卡斯和他苦心经营的王国，已经如同高山危石，随时都有滚落的危险。但是，他却不愿意就此放弃，他还要做最后的挣扎。他派心腹大将桑达西斯率重兵驻守美敦尼，希望能够以此保全国都培拉。美敦尼是培拉的门户，只要能够守住，败局就会出现转机。

在美敦尼的战斗中，布隆多姆由于轻敌，不等腓力大军到来，就先行进攻美敦尼。结果，他率领的一万多人被桑达西斯堵在了美敦尼城中，随时都有被剿灭的危险。在这个紧要关头，布隆多姆的女儿奥林匹娅斯挺身而出，带领几名士兵趁着夜色，冒着大雨，潜出包围圈找到了腓力大军。腓力知晓后不敢怠慢，遂率领大军紧急驰援，胜败在此一举。

经过一天的急行军，在第二天深夜，腓力大军终于赶到美敦尼城，救下了所剩无几的布隆多姆残余。双方里应外合，大败桑达西斯，夺取了美敦尼城。这次战争，奠定了腓力攻取培拉的基础。

当然，这次战争还有一个戏剧性的结果，那就是产生了一对恋人。腓力在战火中结识了布隆多姆机智、勇敢、美丽的女儿奥林匹娅斯，并为之心动不已，而奥林匹娅斯也对勇敢多智的腓力暗生情愫。后来，腓力与奥林匹娅斯结成夫妇，而他们的儿子，就是大名鼎鼎的亚历山大大帝。

上天的眷顾

对于腓力来说，另外一个重要战场是斯特赖梦湾，那里的重要性不亚于美敦尼。所以美敦尼战役结束后，他立即率军赶赴斯特赖梦湾。不过，他所面临的对手已经不再是佩尔狄卡斯或者阿基拉斯，而是变成了雅典。

原来，斯特赖梦湾的爱昂城曾经是提洛同盟的成员。虽然此时是马其顿的重镇，但却有很大一部分军事力量来自于希腊，包括驻军统帅也是来自于希腊的雇佣军首领托力斯斐尼。当马其顿燃起战火的时候，托力斯斐尼就已经看出，各种想要控制斯特赖梦湾的势力都必定先要夺取爱昂城，而单凭驻军的力量根本无法抵御。无奈之际，他向雅典发出了求援信号。对于雅典来说，这恰好是一个控制斯特赖梦湾的最好契机，于是便派出海军支援爱昂城。不过，支援爱昂城的雅典将领因害怕会陷入各方势力的合围之中，便率领大军驻扎在爱昂城外围，这为腓力提供了机会。

腓力分兵两路，一路由帕米尼欧率领 2 万轻骑兵和步兵，从塞新尼替斯湖西南的培加城出发，直奔斯特赖梦河。一路上，帕米尼欧招摇过市，唯恐别人不知，吸引了对手的注意力。这其实是腓力的疑兵之计，用来掩盖他的真实目的。他亲率一支队伍，从美敦尼火速赶赴博尔布湖波密斯卡和奥隆等地，并在那里汇聚了一支数量可观的海军力量。他的真实目的，是以这种海军配合骑兵队伍，以迅雷不及掩耳之势夺取爱昂城。

不过，他的计划还是失败了，雅典人发现并剿灭了他的海军。对于腓力来说，这次失败是一个沉重的打击，因为建立海军花费了他大量的心血。而且，失去了海军，他夺取爱昂城的机会变得十分渺茫。他该怎么办?

然而，上天似乎特别眷顾腓力，在他一筹莫展之际适时送来了机会。腓力海军覆灭不久，色雷斯国王西塔尔西斯按捺不住，开始发兵攻打爱昂城。之所以如此急不可待，是因为西塔尔西斯打了一个如意算盘：夺取爱昂城，立阿明塔斯的长子为马其顿国王，自己从而控制马其顿。说到底，阿明塔斯的长子、腓力的哥哥是他真正的底牌。毕竟，阿明塔斯的长子才是上马其顿名义上的继承人。正因如此，西塔尔西斯才一心想要夺取爱昂城。不过，他却忽略了爱昂城守军的凶猛。

他指挥大军一次又一次地进攻爱昂城，但却一次又一次地被托力斯斐尼打退。在激烈的厮杀中，双方军力消耗很快。更奇妙的是，在双方交战的第二天，爱昂城忽然起了遮天蔽日的浓雾，战斗变得更加混乱了。

腓力知道，这正是一个天赐良机。于是，他率领3万大军，在浓雾的掩护下，悄悄来到了斯特赖梦河口。只要大军能够过河，就可奇兵突袭，攻破河对岸的爱昂城。可是，大军怎么过河?这成了一个难题。很显然，如果大军无法过河，那么腓力将错失良机。

在这个关键时刻，尼阿丘斯来了，并带来了驻扎在雷姆诺斯岛的小型舰队。虽然这支海军人数不多，但却有一批战船，正好解了腓力的燃眉之急。于是腓力指挥大军，利用这些战船很快渡过河口，来到了爱昂城下，紧接着向爱昂城发起了进攻。

爱昂城虽然腹背受敌，同时遭遇几股势力的攻击，但守军仍然在顽强抵抗。托力斯斐尼是身经百战的老将，他见援军迟迟不至，便预料到城池难以坚守，因此设下了引水援城之计。腓力大军来势汹汹地攻城，托力斯斐尼眼见不敌，便命令士兵开闸放水。爱昂城壕沟又深又宽，海水引入可由闸门调节，所以没过多久，城周围便一片汪洋。腓力大军正在奋勇攻城，忽然海水淹来，便不免心慌意乱，很多士兵中箭落入水中。腓力大惊，忙和尼阿丘斯一起用船只把落入水中的士兵运到较高的山坡上。这一次攻城，腓力大军损失惨重，但却依然无法攻克爱昂城。

稍稍整顿兵马之后，腓力就又下了备战的命令。他意识到，自己的士兵伤亡惨重且又累又乏，爱昂城中的士兵必然也是如此。所以不能给敌人喘息的机会，必须一鼓作气，拿下爱昂城。于是在当天晚上，他率领大军，又一次向爱昂城发起了进攻。

这次攻城异常顺利。爱昂城守军连日作战，疲惫不堪，加之日间刚刚击退了腓力大军，以为对方也需要修整，因此便疏于防范。这使得腓力大军一拥而入，很顺利地登上了城墙，打开了大门。等到其余守军发觉，集结起来抵御时，大势已去。更巧的是，西塔尔西斯也在这个时间段对爱昂城发起了进攻。这一下爱昂城又上演了腹背受敌的一幕，正可谓前有狼后有虎，怎样都无法逃脱被吃掉的厄运。

托力斯斐尼也明白，再坚守下去毫无意义。他原本希望能够得到母邦雅典的救援，但是援军迟迟不至，这个希望也落空了。他开始考虑投降，只有投降才有出路。但问题是，向谁投降？是投降腓力还是投降西塔尔西斯？托力斯斐尼最终投降了腓力，因为在他看来，这位年轻有为的马其顿王子，一定能成就大业。

托力斯斐尼的投降，确定了爱昂城的归属。虽然腓力夺得了爱昂城，但是守在城外的西塔尔西斯却不肯罢休，又开始了攻城。毕竟对于西塔尔西斯来说，放弃爱昂城这块到嘴的肥肉，实在是太可惜了。

腓力只好和托力斯斐尼合兵一处，共同抗击西塔尔西斯。

为了能够赶走腓力，夺得爱昂城，西塔尔西斯把随军而来的腓力的哥哥推到了阵前，希望能以此让腓力退兵。他授意阿明塔斯的太子，务必劝说腓力撤兵，放弃爱昂城。但是出乎西塔尔西斯的意料，一向软弱的太子突然强硬起来，宁愿自杀于阵前，也不愿意成为弟弟的绊脚石。看到哥哥被西塔尔西斯逼死，腓力悲痛欲绝，失声痛哭。他建立军队的目的，本就是为了夺回马其顿，救出亲人。可是夺回马其顿的愿望不仅没有实现，亲人也接二连三地死去。在此之前，他的母亲就因为不愿意做佩尔狄卡斯的人质死在了他面前。

西塔尔西斯眼见计谋没有得逞，便命令大军强攻，而腓力也组织军队进行反击。哥哥的死更是刺激了他，无论如何也要守住爱昂城，统一马其顿。他采纳了托力斯斐尼的计谋，再次开闸放水对付西塔尔西斯大军。结果，突如其来的大水使得西塔尔西斯军心大乱，士兵们纷纷溃逃，无心恋战。腓力趁机追剿，打得西塔尔西斯的军队溃不成军。

成功夺得爱昂城之后，腓力并没有急于进攻培拉城。他认为，既然培拉城为下马其顿国都，那么防御力量肯定更为强大，因此必须做好万全准备。为了能够一举成功，他陆续调集军队到爱昂城，进行集中训练。同时，他让好友尼阿丘斯再次筹建海军，力求建立一支强大的、能与雅典海军相抗衡的海上兵团。各项准备工作有条不紊地进行着，距离进攻培拉城的日子越来越近了。

不过，让腓力始料未及的是，培拉城之战并没有如期到来。原来，一直沉湎于享乐的下马其顿新王阿基拉斯，根本就没有抵抗的勇气。他眼见腓力结兵爱昂，知道最后的时刻终要来临，索性不再做殊死挣扎，而是命令培拉臣民打开城门投降。原本应该是一场惨烈的战争，却以这种近乎滑稽的方式走向了终点，可笑亦复可叹。城破之后，阿基拉斯被他的仆从所杀。

腓力二世

夺回培拉城，腓力基本上已经统一了马其顿。

公元前 359 年，腓力登基成为马其顿国王，称腓力二世。当时，这位年轻的君主只有 23 岁。他是马其顿历史上最为杰出的君主之一，拥有杰出的军事才能和政治才能，且野心勃勃。对于他来说，统一马其顿远远不够，他有着更为远大的梦想。什么样的梦想？他想要统一混乱的希腊。

他将首都设在了培拉，那里曾经是下马其顿的国都，其繁华程度远远超出了上马其顿。培拉成为首都，其实已经暴露了他的野心——他要带领马其顿人走出落后，走向繁华。

登基大典十分隆重。马其顿周边的许多国家和城邦，都派出使节前来祝贺，这其中有小亚细亚城邦伊萨斯、特洛伊、以弗所、米利等；有马其顿邻国色雷斯、伊庇鲁斯等；有希腊城邦国家特斯匹伊、凯洛尼亚等。甚至，就连波斯帝国也派出使者祝贺马其顿新君登基。总而言之，这场登基大典盛大到了极致，腓力正是要以此告诉世人：马其顿从此又统一了。

统一之后的马其顿，开始渐渐从落后走向强大。因为这个时候的马其顿，拥有一位杰出的君主。历史证明，一位杰出的君主，往往能够为国家带来翻天覆地的变化。

分裂之前的马其顿虽然军事力量不弱，但毕竟算不上强大。多年的分裂以及内乱，更使其元气大伤。因此，腓力登基后的马其顿，实际上已是千疮百孔，内忧外患。这个时候的马其顿，西北边境正在遭受伊利里亚部落的侵袭；周边邻国也都虎视眈眈，随时准备群起而分之；希腊三大霸主雅典、斯巴达和底比斯也都对其持仇视态度，极有可能起兵征伐。当然，这些只是外部因素。最糟糕的是，马其顿自身的军力在内乱中多有损耗，并不强大，而且还缺乏一支强大的海军。这些都表明马其顿的前景并不乐观，甚至是崎岖坎坷。

不过，伊利里亚部落没有想到，色雷斯没有想到，雅典、底比斯和斯巴达也都没有想到，一个有才干且雄心勃勃的君主，能够拥有如此巨大的能力。虽然刚刚统一的马其顿有着诸多问题，但在腓力的统治下，这些看似很难解决的问题，居然在一点一点地消失，取而代之的是马其顿一点一点地富足和强大起来。

除了出色的政治才能和军事才能，腓力还是一个非常勤奋的人，这也是他和马其顿前几任国王最大的不同。当然，这个“不同”的代价异常沉重。十几岁的时候，腓力就被送到底比斯当人质，一下子从一个被父母疼爱、被奴仆侍奉的天潢贵胄，变成了一个远离父母、被人轻视且失去自由的下人，其心灵所经受的磨炼可想而知。中国古时也经常会出现王子到异国当人质的现象，一般情况下王子虽然没有自由，但是生活上往往能够得到保障。腓力不一样，他不仅是人质，而且还得在底比斯干仆人的工作，端茶倒水，送信跑腿，什么重活累活都干。这些遭遇不仅锻炼了他的意志，更使他养成了勤奋的习惯。一个有才干的君王或许并不如何出色，但一个有才干且够勤奋的君王，往往会十分出色。因为才干需要用勤奋来做支撑。

登基后，腓力很快对马其顿进行了整顿，在军事、行政和财政方面进行了一系列重大改革。在政治上，通过改革，他架空了马其顿贵族会议和公民大会的权力，将权力集中在自己手中，进一步加强了王权统治；在财政上，他针对当时希腊各邦国用银币和波斯用金币的情况，采用金银复本位制，金币和银币都用。这项改革，大大方便了马其顿同希腊、波斯等国之间的贸易往来；在军事上，他建立常备兵制，组织起一支装备精良，由重装骑兵、重装步兵和轻装步兵组成的永久性军队。他甚至亲自训练这支军队，把自己融会贯通的军事知识传授给军队，力图建立一支马其顿历史上最强的武装力量。

改革，永远是促进发展的最强助力。腓力通过一系列改革，大大加强了马其顿的国力，使得马其顿在战火的余烬中快速重生起来。而且，逐渐强大起来的马其顿同希腊城邦不同，它的一切财力、物力以及军事力量，完完全全掌握在腓力一个人手中。这个时候的马其顿，其实是腓力驾驭的一头雄狮，它开始对周边国家构成威胁。

马其顿确实慢慢对周边国家产生了威胁，因为随着国力的增强，腓力的野心越来越大，他最终的目的，是要称霸世界。

对于腓力来说，想要称霸世界，第一步是统一马其顿。这一步，他已经做到了。第二步，是结束希腊各国的内战，实现统一，建立一个马其顿领衔的大帝国。不过，他要实现这个理想，必须克服三大障碍。

第一，必须为马其顿人摘掉“蛮夷”的帽子。这一点很重要，虽然希腊人也承认和马其顿人的同宗关系，但对马其顿是“蛮夷”的认识，会使希腊人对马其顿人缺乏文化认同感，进而会将马其顿人的统一视作异族统治。

第二，希腊人虽然同文同种，但特别注重血统和家族，且地方思想严重。这些从希腊一直是以城邦国为主体就可以看出。这导致希腊很难统一，对中央集权的帝国政体尤其厌恶。

第三，也是最重要的一点，希腊城邦的武装力量很强大。尤其是雅典、斯巴达和底比斯这三大霸主，每一个都不比马其顿弱。因此，腓力想要征服希腊，至少在武力上要强于这些城邦国。

想要克服这三个方面的困难，应该说是非常不容易的。不过这些对于腓力的野心来说，却又不值一提了。他很聪明地采取一系列措施来解决这些困难。比如，他为了改变马其顿人文化落后的形象，专门重金聘请希腊知名人士到马其顿讲学。这其中包括亚里士多德，亚后来成为亚历山大的老师。同时，他还下了一道命令，让马其顿贵族学说雅典口音的希腊语。这些措施非常有用，使得马其顿人从文化上和语言上靠近希腊人，更容易获得认同感。

关于第二个障碍，腓力也得到了很好的解决。不过这个解决方案，却有天时作为助力。原来，雅典著名学者、演说家伊索克拉底对希腊城邦无休无止的内战十分厌恶，他在公元前 380 年提出了“泛希腊主义”的理念。他号召希腊人停止自相残杀，团结起来跟随一位强有力的统帅，同仇敌忾向最强大的对手波斯帝国开战。他认为，如果希腊不改变现状，那么迟早会被他人所亡，只有团结起来才能征服亚洲大量殖民地，解决希腊贫民没有出路的社会问题。伊索克拉底提出的理念很有时代意义，但问题是，如何才能找到一位统帅？正当伊索克拉底一筹莫展之际，一位天才统帅横空出世，那个人自然就是腓力。

公元前346年，伊索克拉底发表了一次意义非凡的演说，呼吁腓力将整个希腊当作自己的祖国，担当起振兴祖国的重任。他甚至为腓力勾勒了一幅希腊未来蓝图——推翻波斯帝国之后，建立一个希腊人和平共处、繁荣富强的国家。伊索克拉底固然是在为希腊的未来着想，但却也将腓力推向了制高点，而这个位置，则正是腓力需要的。

至于第三个障碍，腓力早就有了解决方法。马其顿统一伊始，他就在着手整备军队，强化骑兵步兵，建立强大的海军，所有的工作都在有条不紊地进行着。这个时候，他所需要的，仅是等待军队强大的时间而已。事实上这个时间并不长，随着腓力的锐意改革，马其顿的军事力量以一日千里的态势强大起来。

腓力建立了一支常备军。这支常备军，不同于希腊城邦民兵性质的公民军队，而是实实在在的职业军队。职业军队的好处就是，在训练和纪律方面有了保障，这样就能够发展出复杂的战术。而在很多战争中，战术是获胜的关键。除了原有的战术，腓力对希腊密集阵战术思想进行了改革，设计了更为坚实和强大的马其顿密集阵。这样的战阵冲击力非常强劲，正面攻势锐不可当，在后来的征伐战争中为腓力立下了赫赫功绩。

蚕食希腊

万事已备，战争终于拉开了序幕。这是一场称霸战争。

公元前 358 年，腓力派帕米尼欧率领一支约 2 万人的军队征讨培奥尼亚。其时培奥尼亚人同伊利里亚人正在争夺王位，于是腓力抓住这个机会，先是利诱培奥尼亚人，然后集中优势兵力进攻伊利里亚人。最后，腓力大败伊利里亚王阿尔高斯，平定了北方隐患。一直以来，凶悍的伊利里亚人都在不断滋扰马其顿边境，这次大战的胜利为腓力肃清了北部边界的威胁，巩固了后方。当然，最主要的是这也为腓力称霸希腊打下了坚实的基础。

一年以后，也就是公元前 357 年，腓力同伊庇鲁斯的摩罗西亚人公主奥林匹娅斯成婚。抛开腓力对奥林匹娅斯的欣赏和爱慕，这场婚姻还有另外一层政治含义。那就是，腓力用这场婚姻，轻而易举地得到了一次政治结盟的机会，使马其顿西部边界得到巩固。当然这场婚姻对于马其顿来说，对于希腊来说，却还有一个影响巨大的后续意义，那就是奥林匹娅斯后来生下了一个天才人物亚历山大。

腓力所做的一系列准备工作，最终目的就是为了统一希腊。如果马其顿是一只狮子，那么希腊就是一群狼，狮子再厉害，始终也不能是一群狼的对手。但是希腊这个狼群并不团结，如同一盘散沙，这就给了狮子逐个击破的机会。一只狮子对付一只狼，谁胜谁败，就显而易见了。

腓力的第一个目标，是希腊属地卡尔息狄斯半岛。这是马其顿王国向外扩张的第一站，腓力十分重视，遂亲率4万大军征讨。卡尔息狄斯半岛上的安菲波利斯是进入潘高斯山金矿区的门户，也是马其顿南下的必经之路，战略位置十分重要。马其顿内乱时，腓力因为自身实力不够，曾经与希腊秘密签下协定，表示放弃安菲波利斯的主权要求。不过，这个时候的马其顿早已今非昔比，腓力夺取安菲波利斯，显示出其征服希腊的决心。当然，这场战争根本就没有任何悬念，腓力大军以绝对的优势，很快就攻下了安菲波利斯城。随后，腓力又指挥大军，以迅雷不及掩耳之势攻下了皮德那和波提狄亚。也就是说，希腊北部、色雷斯沿海地区和卡尔息狄斯半岛西南部的狭长地带，已经成为马其顿领土。这样的扩张速度，在希腊历史上是十分罕见的。当然，腓力的儿子亚历山大除外。

马其顿的强势扩张，自然是引起了周边邻国，尤其是希腊各邦国的恐慌。各城邦国都知道，马其顿王国其志不小。可是，知道又有什么办法呢？希腊本来就是一盘散沙，虽然危机迫在眉睫，但城邦国之间还是很难真正团结起来。雅典是希腊霸主，在慌乱中组织了一个反马其顿同盟。但是，同盟联军在马其顿铁骑面前根本就不堪一击。或许就连腓力也不曾想到，希腊如此好“欺负”。整个希腊在马其顿大军面前，开始节节溃败。

希腊的不团结，不仅表现在各城邦国心怀鬼胎、消极抵抗上，还表现在内乱上。中希腊的“神圣战争”，就是最好的例子。公元前 355 年，中希腊的福基思贵族以武力占有了特尔斐神庙的土地和金库，由此引发了两大阵营的矛盾。在希腊，特尔斐是太阳神阿波罗的奉祀地，是神圣不可侵犯的，希腊很多事情都是由此地的神谕来决定的。福基思人的这种做法，使得以底比斯为首的一些城邦国十分愤怒，纷纷要求福基思人缴纳罚金。另一方面，福基思人因为有雅典、斯巴达等城邦国的支持，所以底气十足，拒交罚金。于是，这两大阵营之间便爆发了战争，这场战争便是“神圣战争”。

公元前 352 年，腓力也介入到这场战争中。他所帮扶的对象是底比斯人，并应底比斯人的请求，打败了福基思人。随后，他趁机指挥大军占领了整个中希腊。

马其顿的极速扩张，使得雅典无比恐惧。雅典方面立即派出最强军力组成远征军，占领了温泉关，准备与马其顿大军一决高低。这个时候，腓力显示出其超凡的军事天才。他权衡利弊，认为马其顿大军孤军深入，补给困难，实在不应该和雅典精锐发生冲突。于是，他出人意料地率领大军退回了马其顿。

虽然腓力又退回了马其顿，但是他的野心却毫无遮掩地展现在希腊人面前。于是，希腊人沸腾了，有人欢喜有人愁。有人反对他的扩张政策，认为那将是赤裸裸的侵略。雅典演说家德摩斯梯尼猛烈抨击腓力，强调马其顿是希腊各城邦国的大敌。他认为，马其顿人不是希腊人，甚至不是一个来自体面国家的野蛮人。因此，一个这样的种族，无法领导高贵的希腊人。德摩斯梯尼的言论代表了大部分希腊人的心声，但是也有一部分希腊人持反对意见。希腊人已经无法靠自己的力量来解决错综复杂的邦国问题，只能依靠一个出色的领导者将希腊联合起来。于是，这部分希腊人把希望寄托在腓力身上，把腓力看成是可以结束希腊混乱的伟大的领袖。但是，腓力真正能结束希腊混乱吗？没有人能说得出来。

希腊的混乱现象越来越严重，腓力有了再次出兵的契机。

公元前 349 年，腓力再次出兵卡尔息狄斯半岛，并指挥大军进攻奥林托斯市。这一次，雅典公民大会决定派兵救援奥林托斯市。不过，腓力早已预料到雅典会派兵救援奥林托斯，于是便精心策划了一场优卑亚人与雅典人的战争，使雅典人无法及时派出援兵。这样，腓力大军便轻松攻下了奥林托斯城。由于在战争中奥林托斯城民众积极抵御马其顿大军，这使得腓力极为愤怒。因此破城之后，他下令将整个城市夷为平地。同时，他将原城市公民卖为奴隶，公民财产则全部没收。他的铁血政策无非是在告诉希腊人：胆敢反抗，就是这样的下场！

为了更好地统一希腊，腓力改变做法，采取了远交近攻的策略。一方面，他向雅典人表示了和谈的愿望；另一方面，他开始加强对色雷斯人的控制，同时积极备战。他企图由近及远，一点点蚕食希腊。

雅典正头痛马其顿的入侵，忽然听到马其顿愿意和谈，自然非常乐意。公元前 346 年，雅典派出代表团前往马其顿，双方签订了和约。由于和约的条件是菲洛克拉底提出来的，故此和约又叫《菲洛克拉底和约》。菲洛克拉底虽然是雅典人，却是一个不折不扣的亲马其顿分子，因此，这个和约对马其顿多有偏袒。根据这个和约，雅典人将保留齐尔松尼斯等北方的居民点，并同意马其顿人占有安菲波利斯和对卡俄尼亚的保护。同时，雅典人不能继续支持福斯思人。很明显，这个和约不公平。但是，这也从一个侧面显示了马其顿对希腊城邦国的震慑力。就算马其顿打着称霸的旗号，希腊城邦国也不得不承认。

两国交兵，对于强势的一方来说，和约并没有太大的约束力。马其顿刚同希腊签订完和约，便转而再次进攻中希腊门户提尔莫皮莱，并很快拿下了提尔莫皮莱。这等于希腊又有一大半城邦被马其顿占领，而雅典不得不再次出兵，准备抵御马其顿的南下入侵。

但是在这个时候，腓力又意外地停止了继续南下。他开始着手整顿已经占领的城邦，以巩固自己在北方的统治。他很清楚，相对于马其顿而言，希腊无疑是一个大胖子，自己很难一口吞下。因此唯有稳扎稳打，渐次巩固自己，才能一步步将其蚕食。

腓力的做法无疑非常聪明。先是依靠马其顿强大的军事力量，占领希腊一些重要城邦，然后以此为根据地，继续壮大自己，以图后进。这一切，为马其顿继续扩张奠定了坚实的基础。另一方面，面对马其顿的强势扩张，希腊始终没有形成统一的意见，反对者有之，拥护者亦有之。波希战争期间，希腊之所以能够获胜，最根本的原因是各城邦之间紧紧团结起来，众志成城，万众一心。但是这个时候，那种团结的局面却始终不曾出现。

称霸希腊

公元前 340 年，雅典联合墨加拉、科林斯等城邦，结成了反马其顿联盟。在马其顿铁骑面前，这些城邦开始意识到：任何单独的力量都已经无法战胜马其顿，唯有联合。为了增加胜算，反马其顿联盟居然拉拢了宿敌波斯。

雅典还派人联络了拜占庭，希望也能得到对方的支持。此时，腓力也派人前往拜占庭等城邦国求援。出于对腓力野心的提防，拜占庭和帕瑞达斯拒绝了腓力的请求。腓力勃然大怒，先是发兵进攻帕瑞达斯，后又进攻拜占庭。而雅典和波斯则趁机联合起来援助帕瑞达斯和拜占庭以对抗马其顿军队。

反马其顿联盟的军事力量，加上波斯军队，最终对马其顿产生了巨大威胁。腓力审时度势，自知马其顿不是反马联盟的对手，只得撤兵，再次返回马其顿。这是公元前 339 年，这次撤军，是马其顿扩张路上的重大挫折。

但是，腓力这个人天生有一股韧性，挫折反而激起了其继续扩张的野心。反马其顿联盟的虎视眈眈、波斯帝国的强横插手，并没有使腓力放慢征服希腊的步伐。退回马其顿后不久，他便又迅速出击，利用希腊各城邦之间的冲突和矛盾，继续寻找扩张的机会。

希腊内部矛盾和争斗此起彼伏，对于腓力来说，这些都是可以利用的机会。果然，他借着中部希腊的又一次神圣战争，出兵占领了厄拉忒亚。这个地方，是进入喀罗尼亚的咽喉。他总是能很好地选择地方，知道需要率先占领哪里。

希腊城邦国害怕了，整个希腊似乎都在马其顿铁骑面前瑟瑟发抖。而此时，正打得不可开交的雅典和底比斯也感到了威胁，于是他们果断停下争斗，建立起一支反马其顿联军，希望能够以此打败马其顿大军。其他一些城邦国也纷纷派出军队加入联军，一时间联军声势大振。

公元前338年，希腊联军和马其顿军队在喀罗尼亚城进行了一次大战。双方投入了大量兵力，战斗进行得非常惨烈。这是一场决定胜负的战争。结果，马其顿军队打败了希腊联军。这个结果可以预料，马其顿大军训练有素，装备精良；希腊联军却不够团结，各自为战。值得一提的是，腓力18岁的儿子亚历山大也参加了战斗，且大出风头。他率领一支军队，战胜了联军精锐的底比斯神圣军团。要知道，腓力的战术技巧来源于底比斯，而亚历山大一直在跟随腓力学习，可是亚历山大却用那些来自于底比斯的战术技巧战胜了底比斯精锐，这实在可以说是青出于蓝。这场战争，是希腊失败的开始，也是亚历山大闪耀历史的开始。

喀罗尼亚之战获胜后，腓力又挥军南下，陆续占领希腊各个城邦国。到了后来，除了斯巴达，希腊南部也尽归马其顿统治。可以说，马其顿已经成为希腊无可争议的霸主。腓力是一个睿智的领导者，他知道用武

希腊在腓力手中已经变成了最强的武器，他要借此展开称霸世界的下一个目标——击败波斯帝国。

是的，腓力已经有些迫不及待了，他仿佛听到了命运的召唤，让他尽快击败波斯帝国。于是，他很快又开始了行动。

公元前 337 年，腓力在科林斯举行的希腊联盟理事会上，以波斯人亵渎希腊神庙为借口，宣布了自己对波斯的作战计划。波斯同希腊算是宿敌，所以并没有多少城邦反对这个计划。事实上，希腊城邦也无法反对，因为在希腊联盟理事会中，腓力拥有绝对的话语权。会议通过了腓力的提议后，很快便推选出了战争期间的最高统帅，这个人自然还是腓力。

一切顺理成章，腓力终于要开始他的称霸大业了。

公元前 336 年，腓力的老将帕米尼欧率领一支马其顿精锐，开始了征服波斯计划。帕米尼欧率领军队在小亚细亚西部建立了桥头阵地，准备待大军到来以后，率领精锐进攻波斯帝国。一切似乎妥妥当当，毫无纰漏。腓力也兴致勃勃地准备御驾亲征，以实现自己多年的梦想。

可是在这个时候，希腊诸神却开了一个天大的玩笑——腓力被刺身亡。

这场计划已久的战争还能打吗？显然不能！腓力是马其顿和希腊联盟的绝对领袖，他的死令整个希腊陷入动荡，更毋庸说一场还没有爆发的战争了。于是，这场还没有来得及开始的战争，因为腓力的死而匆匆结束。

不过，也许希腊诸神另有安排，他们想把这场战争留给一个更伟大的人物。那个人就是亚历山大，他创造了更伟大的奇迹，甚至远远超越了他的父亲，尽管他的父亲也很伟大。

第三章

亚历山大

亚历山大的童年充满了幸与不幸。高贵的出身给了他幸运的资本，使他能够得到奶妈的疼爱，受到良好的教育。然而，高贵的出身也给他带来了不幸，父母不睦一直是他童年生活中的阴影。但是这一切，都无法阻碍他朝着伟大的方向发展。他的努力，使他具备了成就伟大事业的条件。

童年

公元前356年，亚历山大诞生。

史料中并没有明确记载亚历山大出生的具体时间，只是含糊地提到他出生于百牛大祭期中的第6日。还原成月份，大概就是7月到8月之间。

这个时候，腓力正远离故土，率领大军攻陷了希腊城市安菲波利斯。奥林匹娅斯产子的消息传来，让刚获得胜利的他更加开心，这已经算得上是锦上添花了。然而好消息还不止这些，与此同时，腓力又收到了另外两个喜讯：一是他的骑士在四年一度的奥林匹克竞技会上一举夺魁；二是他的老将帕米尼欧率领大军在同伊利里亚人的交战中也取得了胜利。喜讯接二连三地传来，让他心情大好，于是他找来了占卜师进行占卜。占卜师认为，一个小生命的降生带来了诸多胜利，说明这个小生命注定不凡，将来一定能够战无不胜。腓力很喜欢这个解释，也认为自己的儿子是真神化身，将来能够让马其顿光辉灿烂。

不过，亚历山大降生时也有不好的消息传来。

史料提到，在那一天，以弗所的阿耳特弥斯神庙发生大火，被烧成了平地。阿耳特弥斯是古希腊最重要的神之一，是阿波罗的孪生姐姐，也是丰产女神、分娩女神。这样重要的一个神庙失火，无疑是一场大灾难，以弗所的人们都吓坏了，全城一片混乱。可是，这一天却又是马其顿国王腓力喜得贵子的大日子。该怎样解释两者之间的冲突呢？于是，善于奉承的人就说，阿耳特弥斯神庙失火，象征着在世界上的某一地方，已经点燃一支火炬，有一天会把整个欧洲烧掉。

当然，这只是一些奉承之词，但谁也没有料到，这些话会演变成真实的历史。亚历山大这支“火炬”，后来竟然真的烧遍欧洲。

亚历山大有一位天才父亲和一位出色的母亲。腓力的伟大是毋庸置疑的，他以没落王子的身份起家，凭借自己的聪明和才智，最终统一了希腊。奥林匹娅斯是伊庇鲁斯的公主，其祖先据说就是英雄阿喀琉斯。从各个方面看，她都是一个充满野性、聪明、智慧的女人。亚历山大很好地继承了父亲和母亲的优点，并加以优化放大。这为他的不平凡打下了良好的基础。

当然，仅仅凭借父母的优秀遗传基因，很难真正造就一个不平凡的人。人类历史上不乏这样一种现象：一个原本聪慧绝伦的人，因为后天没有被好好地教育培养，结果沦为一个一无是处的平凡人。对于教育和培养亚历山大，奥林匹娅斯倾注了不少心血。幼时的亚历山大在奥林匹娅斯身边呆过一阵子，深受她的影响。腓力很忙，他虽然很关心儿子的教育，但却常年在外征战，很少回家。

亚历山大有着很多优秀的品质。他积极向上，对于所做的事情有着超乎寻常的热情，总是能够坚持不懈地去追求。他能够仔细考虑自己的所作所为产生的结果与影响，谋定而后动。他交友广泛，身边总有一大群朋友，并且对他们细心照顾。他爱憎分明，对待朋友无比忠诚，对待敌人立场坚定却不失慷慨。他的这些优秀品质，有些就是来自于母亲奥林匹娅斯。当然，这也为他后来的辉煌打下了坚实的基础。

不过，亚历山大也并非什么都向母亲看齐。比如，他虽然也崇拜母亲的祖先阿喀琉斯，但是却选择父亲的祖先赫拉克勒斯当作模范。这说明他从小就有主见，并早就树立了“成为一位为人类福祉而努力的英雄”的宏愿。

关于亚历山大的童年，历史记载中并没有太多的笔墨描述。因为，他那位出色的父亲已经为他营造了一个安逸、舒适的生活环境。他的王子生活，比当年腓力的王子生活优越太多了。他生活富足，可以享用到最好的资源，周围没有争斗，也没有苦难，就像是生活在大花园里的鸟儿，可以尽情地享受，尽情地学习。

童年时，他主要是在培拉的宫殿内或附近的地方度过。经常与他在一起的人，除了母亲和乳母，还有妹妹克娄巴特拉。他深爱着这位妹妹，对她的照顾无微不至。兄妹俩一起嬉戏的画面，是他童年最快乐的记忆。因为他虽然有很多伙伴，但可以尽情游戏的时间并不多，大多数时间他要用来学习。

腓力虽然经常不在家，但却依然记挂着儿子。为了使儿子真的成为自己的合格接班人和好帮手，在儿子的教育安排上，腓力极尽能事。他在希腊卡尔息狄斯半岛的战场，为儿子的教育发出了第一道命令：所有与亚历山大同日出生的男孩，都必须送到王宫，由国家统一培养教育，他们的父母家人也将由国家统一安置。这道命令，在极短的时间内像风一样席卷了全国。于是，很多孩子由此成了亚历山大的“同学”。大量的孩子和亚历山大一起接受教育，他们之间既可以相互交流，彼此竞争，又可以一起享受学习之余的快乐时光。当然，在这个孩子组成的群体之中，亚历山大是真正的领袖。在中国古代，很多帝王也采取过类似的教子方式，不过他们最多为皇子们挑选几个孩子做伴读，却没有人像腓力一样，把这项工作的范围扩大到了全国。毫无疑问，这是非常高明和富有创造性的一种教子方式。

有志不在年少

腓力是一个军事天才，在他的领导下，马其顿国力日盛。但在取得辉煌成就的同时，他同奥林匹娅斯的夫妻关系却越来越紧张。

在历史上，任何一位君主都很难做到只专情于一位妻子，腓力也不例外。他是马其顿历史上最优秀的君主，而且还长年征战在外，需要有更多的女人陪伴在侧。他有了新欢，很快就把奥林匹娅斯抛到了脑后。另一方面，奥林匹娅斯也不是一般的女性，她个性很强，任性泼辣，而且有些善妒，从不愿意对任何人、任何事情妥协，包括丈夫腓力在内。如此，他们之间的感情变得越来越淡薄，婚姻关系几近破裂。

腓力从战场上返回见到儿子之后，很快又针对儿子的教育做了一个安排。他把亚历山大从母亲奥林匹娅斯身边带离，交给亚历山大的奶妈南尼丝抚养。他固执地认为，奥林匹娅斯的“不良”性格会影响亚历山大的成长，孩子不能和她太过亲近。无论奥林匹娅斯有多强势，她都只是国王的妻子，对于国王的决定她无能为力。于是，亚历山大便跟奶妈南尼丝生活在了一起。

除了母亲之外，童年的亚历山大一直由南尼丝抚养成长。南尼丝是一个称职的奶妈，她尽量增强他的体质，并善良温和地对待他。虽然不能和母亲生活在一起，但亚历山大却从南尼丝那里得到了强烈的母爱。当然，长大以后，他没有忘记回报这份沉甸甸的母爱。他把南尼丝当成自己的第二个母亲来看待，同时也把她的亲人看成是自己的亲人。

据史料记载，多年以后，南尼丝的儿子们都成了亚历山大忠实的追随者，其中克雷图斯更是成为亚历山大最亲信的大将，并救过其性命。似乎从幼年开始，他就开始建立自己的亲信班底，这很符合一个上位者的标准。当然，这也从另一方面显示了他无与伦比的人格魅力。

亚历山大的第一个老师，是品学超群的底比斯才女杜波菲娅。杜波菲娅有着很高的希腊文化修养，而且性格恬静温柔，很适合教育孩子。她还有一个特殊的身份——腓力的情人，她深爱着这位马其顿国王。因此，她尽心尽力地教育亚历山大，从来不曾有过一丝放松。在她的悉心教育下，亚历山大从小就受到希腊文化的良好熏陶，对学习有着浓厚的兴趣，并养成了健康的心智。

除了杜波菲娅，腓力还为亚历山大物色了一些学识渊博的老师，教授其各种知识。这其中有利奥纳图斯、莱克默西斯等，他们教会了亚历山大很多东西，为亚历山大的健康成长打下了坚实的基础，他开始慢慢朝着父亲腓力预期的目标靠近。

那个时代没有印刷版的书籍，只有羊皮卷供年轻学者们学习。那些羊皮卷“书籍”中，记载了很多东西，有哲学性的文章、浪漫的爱情故事、英雄的光辉事迹等。亚历山大很喜欢读杰出作家荷马的史诗，并深深地为史诗中记录的特洛伊战争中一些著名人物的事迹而着迷。在他看来，那些优美而富有感染力的故事，把英雄们真实地带到了他的身边，使他可以清晰地看到他们浪漫的冒险经历，并了解到他们高贵的品质。这一切，都为他提供了学习的榜样。羊皮卷“书籍”就像一把把光灿灿的金钥匙，不断地为他开启更多的大门。

父母是孩子最好的老师。腓力和奥林匹娅斯虽然不常在亚历山大身边，但他们对他的重要意义却不言而喻。实际上，亚历山大还是从父母身上学到了很多东西，有优点也有缺点。他从父亲身上继承了优秀的军事才能和出色的解决实际问题的能力，从母亲身上也继承了很多优点。

但无可避免的，他也继承了父母身上的缺点，比如奥林匹娅斯的火爆脾气等。这些缺点，同样影响着他以后的人生。

亚历山大的童年生活丰富多彩而又充满乐趣。他有许多良师，可以向他们学习各种知识；他有很多益友，可以和他们一起学习一起游戏。虽然父母经常不在身边，但他的身边有奶妈南尼丝，所以也从不缺少温暖。唯一不足的是，偶尔同父母相聚，他发现他们总是吵架，这在他的幼小心灵上留下了很大的阴影。

亚历山大就这样一天一天长大了，像一棵茁壮的松树，长得非常茂盛。虽然他身份高贵，但是却一点儿也没有贵族子弟的纨绔习气，既不奢侈也不文弱。在当时的马其顿人心中，奢侈和文弱是无法让人接受的。奢侈是毁灭的象征，而文弱的人则无法成为英勇的战士，马其顿人推崇力量。

他相貌俊美，皮肤细白，眼睛大而明亮，头发金黄，非常讨人喜欢。在同龄孩子中，他的身材不是很高，只能算得上中等，但体格比例却极佳，有着竞技者的体型。他腿脚敏捷，跑起来像是一阵风，速度很快。有人曾经问他，是否打算在奥林匹克竞技场上与人较量一番，他回答说："是的，假如我的对手都是国王的话。"他只是一个年幼的王子，却说出了这样的豪言壮语，不可一世的傲气显露无遗。从这里不难看出，从孩提时代起，他就野心勃勃，甚至目空一切。

不过，他很好地把握住了"目空一切"的度。他是腓力最喜欢的儿子，所有人都知道他将在腓力去世之后继承王位，并因此给予他很多的关心与重视，说他“集万千宠爱于一身”其实一点也不为过。可是，他却并没有因此而高高在上，摆出上位者的姿态。相反，他对自己的小伙伴非常友好和平等。他的这种性格特点，获得了伙伴们的喜欢和拥戴，很多小伙伴成了他日后的得力助手。

他的野心随着年龄的增长与日俱增，但他的性格却越来越沉稳内敛。他的父亲不断地发动战争，征服了很多国家，虽然没有到达亚洲，但马其顿的领土面积却在极速扩张。有一次，当腓力又打了一次胜仗的消息传回马其顿时，全国人民都为之欢呼庆祝。但是，他却走到一边沉思了很久，并且看上去很失望。有人问他原因，他抱怨说：“父亲不能这样做！他把所有的国家都征服了，我去征服什么呢？”这是一个孩子不切实际的幻想，还是一个有理想的年轻人的梦想？无论从哪方面来看，他的野心都震惊了所有人。

师从亚里士多德

公元前343年，亚历山大13岁。从这一年起，亚历山大的人生开始迈入一个全新的发展阶段。当然，促成这次转变的主导者依然是腓力。

看到儿子身体强健且又勤奋好学，腓力十分欣慰。但很快，他就凭借军事家的敏锐发现了问题：在老师那里，亚历山大几乎很难学到新的知识了。这是怎么回事？原因很简单，那些老师已经没有什么东西可以教给这个聪明的学生了。这并不难理解，在那个时代，老师们所掌握的知识量远不如现代丰富，捉襟见肘实属正常。

既然发现问题，那么解决起来就很容易了。恰巧在这个时候，亚历山大的启蒙老师杜波菲娅也向腓力提出了请辞。杜波菲娅告诉腓力，她所知道的已悉数传授给亚历山大。因此，为了不耽误王子的教育，她建议腓力请一个更高明的老师。

毫无疑问，杜波菲娅是一个非常称职的老师。她对孩提时期的亚历山大倾囊相授，发现不能继续胜任时赶紧抽身而退，以免影响孩子的未来。她那高贵的品质，赢得了亚历山大的崇拜和热爱。多年以后，即使亚历山大拥有了过人的才华，并且成为一位伟大的君主，但他对于这位启蒙老师还是非常尊敬，那是一种从小养成的、发自内心的敬重。其实从这里可以看出，杜波菲娅对亚历山大人生的重要意义。

对于杜波菲娅的提议，腓力自然是十分赞赏。他立即决定，要为儿子请一个更高明的、学问更渊博的新老师。可是，请谁呢？极有远见的腓力认为，孩子的老师一定不能是一般学者，因为那样的学者教不了太多的东西。只有全希腊知识最为渊博的人，才配成为希腊未来君主的老师。最后，他选中了当时希腊最负盛名的学者、思想家亚里士多德。

其实，腓力选亚里士多德作为亚历山大的老师还有另外一个原因。

亚里士多德出生于卡尔息狄斯半岛上的希腊城市斯塔吉罗斯，他的父亲尼科马霍斯是腓力的父亲阿明塔斯二世的御医。因为这个身份，所以尼科马霍斯得以经常出入阿明塔斯的王宫，而亚里士多德也成了王宫里的常客。就这样，亚里士多德和腓力两个人，自幼相识，前者比后者仅仅大了两岁，算是同龄人，相处得还算融洽。

亚里士多德一心向学。17 岁时，他独自到雅典，就读于柏拉图开办的“学园”，刻苦钻研各种知识达 20 年之久。在同类学者中，他是佼佼者，声名远播，就连柏拉图都称赞他为“学园的精英”。

公元前 347 年，柏拉图去世，亚里士多德离开学校自成一家。他在小亚细亚的阿索斯城住了下来，一直埋首钻研自然科学。城主赫尔麦伊阿斯爱好哲学，政治上也比较开明，为他的学术活动提供了很多方便。另一方面，阿索斯和附近的阿塔罗那乌斯都是在贝鲁美尼亚国王辖下。贝鲁美尼亚国王崇尚学术，礼贤下士，网罗各种学术人才，希望能够在学者们的齐心协力之下，缔造一个理想的学术王国。因此，对于颇有声望的亚里士多德，贝鲁美尼亚国王十分看重，并和其成为极好的朋友。后来，他甚至把自己的养女嫁给了亚里士多德。可以说，贝鲁美尼亚国王和亚里士多德亦君亦臣、亦师亦友。而亚里士多德也不负众望，以自己的学术成就，吸引了一大批学者云集于此。三年后，亚里士多德移居列斯博斯岛的米提列涅城。

亚里士多德的栖身之地，虽然在学术上朝气蓬勃，但还是无可避免地陷入了政治漩涡中。当时，腓力大军已经兵临黑海沿岸，为了经济上的目的，腓力希望能够尽快占领谷仓地区，并对雅典进行海上封锁。为了实现这一目的，他制定了一系列计划。他认为，武力强攻并不是最好的方法，而恩威并用才是占领希腊世界的最好策略。只要对某些国家杀鸡儆猴，让别的国家心怀畏惧就行了。他更愿意对大部分的希腊国家采取怀柔政策。在对雅典的问题上，他的计划是让大军深入博斯普鲁斯海峡，占领小亚细亚。如果占领了这块地方，那么很多问题，就会迎刃而解了。而这块地方的掌控者，正是贝鲁美尼亚国王。

为了防止希腊和波斯联手对付马其顿，公元前 343 年，腓力同波斯国王大流士三世缔结了和平友好条约，双方言明互不干涉。另一方面，他又秘密地和贝鲁美尼亚国王签订了军事同盟密约，企图借此对付雅典。不过，这项密约很快就被波斯知道，并引起了波斯政府的紧张。这也难怪，由于波斯西部的属州相继叛离，波斯政府早就草木皆兵，十分敏感。因为这个缘故，波斯政府下令逮捕并处死了贝鲁美尼亚国王。这一举动，使得波斯和马其顿的关系又变得微妙起来，反马其顿联盟似乎又有了成立的可能。在这种情形下，腓力需要一个缓冲来平息这个隐患，而学术就是一个很好的突破口。当然，学术人才的重要性就不言而喻了。

公元前 343 年，亚里士多德应老朋友腓力之邀，来到马其顿王国的首都培拉，担任亚历山大的老师。亚里士多德之所以愿意接受这个邀请，一是考虑到自己的家族同马其顿王室有千丝万缕的关系，二是无法拒绝腓力开出的“丰厚”条件。腓力许诺，愿意为其提供进行学术研究工作所需要的一切条件。这一点亚里士多德根本无法拒绝，同时他也信任腓力。历史证明，亚里士多德的这个决定非常正确。为此，他不仅成了一位最伟大的军事天才的老师，还在腓力和亚历山大的帮助下，完成了许多学术研究工作，成为古希腊最出色的学者。

无论如何，亚历山大和亚里士多德相遇了。这是命运的安排，虽说里面可能隐藏着一连串的政治阴谋，但是谁也不能否定这场相遇所带来的历史意义，它加速了一个伟大人物的成长。这个时候，亚里士多德正当壮年，精力充沛，他不仅学识渊博，而且教学经验极为丰富。毫不夸张地说，他是当时最优秀的老师。他不仅继承和发扬了从苏格拉底到柏拉图的学术研究传统，而且青出于蓝。同时，他也继承了他们卓有成效的教育传统。因此，他有着一套行之有效的教育方式。

他认为，人不仅有理性，而且也有欲望，因此不能因理性而使感情受到压抑，也不能因感情的宣泄而牺牲理性。那么人到底应该怎样做呢？人应该具备德性，人的德性在于使理性、感情和欲望保持适当的关系。如此，人的能力才能得到全面发展。可以说，在当时的社会，他的这种教育思想非常先进，远远超过了他的老师柏拉图。

军事类的书籍，但他不是这样，他什么书都读，包括幼里庇底斯、索福克利斯和爱斯奇里斯的悲剧作品。

在亚里士多德的影响下，亚历山大逐渐产生了这样一种信念：除了希腊人能够享受自由外，其他民族天生都是野蛮人，只能当奴隶，只能受到西方文明人的统治。这种观点贯穿了亚历山大一生，是他立志称霸世界、统治所有野蛮人的基础。亚历山大还从亚里士多德那里继承了一种思想：有些人天生就应该服从，有些人天生就应该统治，而对那些不愿意接受统治的野蛮人发起的战争，自然是正义的战争。正是这种思想，让亚历山大在后来统治了一个庞大的帝国。

就像当年受母亲的影响，却并不完全照搬一样，亚历山大虽然受亚里士多德影响很大，但也并不是凡事都向亚里士多德看齐，他同老师的政治观点就有不同。亚里士多德认为，城邦制是最好的制度，但亚历山大则认为君主制是最好的。不过，政治观点的差异并不影响两人之间的关系，他们仍然如故，一个教得认真，一个学得认真。

早在幼年时，亚历山大就有一个宏伟的帝国梦想。不过在那个时候，他更多是受父亲腓力的影响。腓力热衷扩张，并且不断通过扩张来夺得土地和财富。他一直想要凭借武力征服希腊、波斯乃至全世界，然后获得更多的权力、土地和财富。亚历山大也梦想着征服全世界，不过，他那时并不知晓征服世界的意义。在亚里士多德的影响下，他逐渐明晰了自己征服全世界的目的。他想要通过战争，强行推广希腊文明，建立一个统一的文明世界。而他自己，要成为传说中的祖先阿喀琉斯和赫拉克勒斯一样的英雄。这些才是他称霸全世界的最终目的。

目标往往能决定一个人能走多远。为了实现心中那个伟大的梦想，亚历山大付出了很多努力。他率领军队四处征战，并在战斗中身先士卒，不畏生死。很多次，他徘徊在死亡边缘，险象环生。为此，他放弃了爱情，出于政治目的结过两次婚。除此之外，他不近女色，不醉心酒宴。大权在握，有谁能像他一样，做帝王做得如此辛苦？为了实现理想，他以惊人的勇敢和超凡的自控力做到了这一切。当然，他这种为理想而付出的牺牲精神，也与亚里士多德的教导息息相关。

日子在悄无声息中慢慢流逝。后来，亚里士多德干脆带着他的学生们走出了嘈杂的培拉，来到培拉西南的山林水泽女神神殿。那是一个好地方，附近丘陵起伏，牛羊遍野，果实累累，玫瑰盛放。亚里士多德认为，这样安静的好地方更有利于学生学习。

三年的时光，亚历山大愈发成熟起来，逐渐成为一个俊美的青年。他处理任何事情都游刃有余，完全具备了独当一面的能力。同他一起学习的伙伴们也都成长起来，很多人成了他日后的好友，其中包括赫斐斯申，成为埃及国王的托勒密，大将巴门尼欧的儿子桑德洛斯等。当然，这些人也为他的霸业提供了支持。

腓力一直在关注着儿子的成长，他认为，16 岁的亚历山大已经长大了，学习应该告一段落。于是，他便任命儿子为地方长官，希望他能够在实际工作中学习和锻炼。为此，亚历山大不得不从亚里士多德身边离开，虽然不舍，但他却知道，这将是一个新的开始。

父与子

其实，腓力很早就开始锻炼亚历山大的实际能力了。从 10 岁起，亚历山大就在腓力的安排下，在外事活动中频频亮相，从事简单的接待工作。随着参加活动的次数越来越多，他的知识和能力与日俱增。因此，对于 16 岁的他来说，成为地方长官虽然是个挑战，但难度绝对不大。

亚历山大的性格逐渐成熟，他就像悄然长大的青松，不经意间褪去了柔弱的外表，开始像成年男子一样行事。他接手一些政务的时候，腓力正在对外征战驰骋。这是一个很好的机会，他可以尝试独自处理政事，在实践中学习。虽然地位高高在上，但他却并不骄傲，而是以谦虚的态度来处事，甚至能够设身处地地为下属考虑。自然，他的这种行事风格赢得了好感，很多高级官员愿意帮助和教导他。

能力越强，亚历山大从父亲手中接过的工作也越来越重要。慢慢地，他开始从琐碎的工作转移到重要的工作上。他曾随父远征，在途中腓力曾多次让他代理事务。有一次，他负责接待波斯使臣。很显然，这是一项责任重大的工作，因为波斯和马其顿的关系非常敏感。在接见中，亚历山大的友善态度和礼貌提问，使得对方心悦诚服。他饶有兴趣地询问波斯国王的用兵才能和胆略，以及波斯国内道路的长度，而不是好奇波斯国王的服饰等。这其中的意味，已经非常明显了。一位老臣非常激动地说:“这个孩子真是一个伟大的君主!”

这个时候，他当然还不是一个真正的君主，但在很多大臣心目中，他的地位却已经和腓力不相上下了。其实不止是大臣们把他视为真正的君主，就连见过他的外国人，也为他的思想和能力惊叹不已。可以说，亚历山大完全实现了腓力的愿望，成为一个超合格的接班人。

因此对于亚历山大，腓力极为满意。为了使亚历山大更加完美，腓力决定让其接受更为严格的训练，到战场上去接受战火的考验。古希腊人崇尚英雄，只有战场上的勇士才能得到人们的认可和尊敬。

从 16 岁起，除了协助腓力处理日常政务外，亚历山大也经常驰骋在战场上。那个时候，马其顿和希腊的关系十分紧张。从公元前 346 年以来，双方虽然一直勉强维持着和平的关系，但却已经做好了开战的准备。新的战争终于爆发了，腓力率领军队远征作战。而留守国内的亚历山大则迎来了自己人生的第一战。他击败了前来进攻的密迪人，并且夺得了一个军事基地。这场胜利让他极为欣喜，他把夺得的军事基地更名为“亚历山大城”，以此纪念首次大捷。

18 岁时，亚历山大开始随着腓力一起南征北战。在凯洛尼亚战役中，他负责指挥马其顿大军的右翼。这个位置极为重要，他能够成为右翼的指挥官，可见腓力对他的器重和信赖。亚历山大也不负重托，很好地完成了自己的使命。不仅如此，他还在战争中学会了如何部署军队，并且果断地实行了许多改革。他把骑兵部队和步兵部队的部署相互调换，把整个骑兵部队的攻击力集中在右翼，而把左翼布置成步兵部队。对于一个还不太成熟的指挥官来说，调整战略部署需要敏锐的眼光和极大的勇气，可能需要承担失败的后果。可是，亚历山大还是坚持这样做了。他是一个真正的军事天才，亲自率领骑兵部队，取得了决定性的胜利。

战争在继续。尽管亚历山大还是个大男孩，但他却勇敢、冷静、谨慎。在他的率领下，他麾下的马其顿大军捷报频传。腓力得到儿子屡屡获胜的消息，欣喜之余，不得不打起精神全力以赴地投入到战争之中。他热衷战争，不愿意就此被儿子比下去。

尽管亚历山大有着智慧和谨慎的特质，但不可否认，他身上也有一些缺点。他是一个非常优秀的人，而这样的人最容易目空一切。他不仅傲慢，而且固执，当他对一个人厌恶起来时，经常是情绪激动，很难控制。这样的性格特点，使他与父亲腓力之间产生了矛盾，并日益尖锐起来。

亚历山大和腓力之间的关系一直不睦，根本原因是奥林匹娅斯。作为腓力的妻子和亚历山大的母亲，奥林匹娅斯在这两个伟大男人的生活里扮演了重要角色。不可否认，奥林匹娅斯聪慧、美丽，这也是当年腓力被她吸引的原因之一。可是，她却有着一些不太好的性格特点，浮躁、善妒，后来又有一些邪恶，这些性格在她和腓力的婚姻生活中逐渐占据了主导地位，让腓力无法忍受。随着腓力的成就越来越高，这段婚姻的政治作用也消失殆尽，两人之间的矛盾越来越深。

如果没有亚历山大，那么这段婚姻也许早就结束了。奥林匹娅斯对宗教有着异乎寻常的热情。当时，有许多秘密而古老的宗教崇拜在各地流行，这些宗教经常举行秘密入教仪式和狂欢庆祝。这其中，有一些残忍、淫荡的仪式。奥林匹娅斯热衷于此，并把很多东西带到了王宫之中。比如，她会养蛇，房间里总是盘踞着数条看起来非常邪恶的蛇。这让腓力十分反感，但却又无法控制。

除此之外，奥林匹娅斯强烈的嫉妒心也让腓力非常恼火。奥林匹娅斯很有能力，是女子中的佼佼者，但她却还是总想压倒一切，包括压倒腓力。对于腓力的成功、声望和权力，她都心怀嫉妒。她甚至由妒生恨，慢慢开始仇视起丈夫来。最糟糕的是，她把这种嫉妒和仇视，都慢慢地传输给亚历山大。这种嫉妒心理，伴随了亚历山大一生。

据史料记载，每当腓力打了一个大胜仗或者是夺取了一个城市，举国欢庆时，亚历山大却似乎从来没有高兴过。他甚至担心，他的父亲不会留下什么事让他去做。这固然显示了他的野心，但也显示出他有着强烈的嫉妒心理。他在嫉妒父亲，而他的这种嫉妒，极有可能是受到奥林匹娅斯的教唆。

腓力另寻新欢之后，夫妻间的关系进一步恶化。强烈的妒忌心使奥林匹娅斯不甘落后，也找了新欢。奥林匹娅斯的出轨，使整个马其顿王宫都跟着动荡起来。她的风流韵事很快被人们知道了，于是，有人开始怀疑亚历山大的合法身份。对于高高在上的马其顿国王腓力来说，这简直是奇耻大辱。夫妻间的关系本就不好，这下更是雪上加霜。

作为对奥林匹娅斯的回应，腓力身边也总是美女如云。这个时候的腓力，已经走向了权力的巅峰，只要是他看上的美女，总要想尽办法搜罗到手。公元前337年，腓力准备出兵小亚细亚时，突然宣布要娶正与自己热恋的克里奥帕特拉为妻。对于腓力的这个决定，奥林匹娅斯不满自不必说，连亚历山大也反对起来。

在腓力和克里奥帕特拉的婚宴上，大家都喝了很多酒。新娘克里奥帕特拉的父亲借着酒劲儿，说他希望这个婚姻将产生一个孩子，使马其顿王国能有一个真正马其顿血统的继承人。这句话可谓指桑骂槐，暗示奥林匹娅斯行为不检点，生下的亚历山大不是腓力的亲生骨肉。这句话，让年轻气盛的亚历山大暴跳如雷，他跳了起来，把酒杯扔向了新娘的父亲。同时用手指着对方说："那么，我算什么人呢?"新娘的父亲也将自己手中的杯子扔向亚历山大作为回应。这么一闹，桌子上的客人都站了起来，随之而来的是喧哗混乱。庄严肃穆的婚礼，一下子变成了一场闹剧。

如此场面，让身为新郎的腓力愤怒异常。他拔出宝剑，冲向了亚历山大。由于喝了不少酒，在冲向亚历山大的时候，他不小心摔到在地板上。被父亲用剑指着，亚历山大再也无法控制自己的愤怒和忌恨，他用轻蔑的眼光看着自己的父亲说："希腊需要英雄，不是一个走在地板上就会摔倒的人。"说完之后，他转身离开了宫殿。一场婚宴就此不欢而散。

第二天，奥林匹娅斯回了伊庇鲁斯娘家。亚历山大担心遭父亲记恨，于是便独自去伊利里亚谋取发展。

腓力遇刺

奥林匹娅斯和亚历山大相继离开后，王宫里就只剩下腓力和他的新婚妻子克里奥帕特拉了。一段时间后，腓力冷静了下来。这个时候，他意识到自己犯了一个错误。他不仅娶了另外的女人，还用剑指向自己的儿子，无论是从丈夫的角度来看还是从父亲的角度来看，这都非常不应该。而且，他们离开的时候，他并没有想尽办法去挽留。

出于后悔，腓力向奥林匹娅斯母子提出了和解。既然要和解，就需拿出一定的诚意。腓力很有诚意，他一方面将自己与妃嫔所生的女儿格罗蒂嫁给奥林匹娅斯的弟弟即伊庇鲁斯的国王，另一方面将亚历山大确定为自己的继承人。虽然亚历山大早就被人们视为腓力的继承人，但他却一直缺少一个“合法”的身份。腓力“金口”一开，亚历山大继承人的合法地位算是正式确立下来了。可以说，为了能够和解，腓力给足了奥林匹娅斯母子面子。奥林匹娅斯母子也见好就收，趁机下台，返回了培拉。

一切似乎又回归正常。

这一时期，是腓力的黄金期。他的精力和地位都处于全盛时期；他的王国繁荣昌盛，在欧洲其他国家之中处于绝对的领先地位；他有一个出色的儿子，将来可以担起荣耀王国的重任；他又娶了一个年轻漂亮的妻子，夫妻恩爱。所有的一切，都以完美的姿态呈现在他的面前。为此，他欢欣鼓舞，期待着更高的成就。他安排好国事，在希腊各国之间建立起强有力的联盟。同时，他还建立了强大的军队，开始计划着一场对亚洲的远征。

如果腓力和亚历山大齐心协力，那么他们必将赢得辉煌的胜利。但是，世上并没有如果，腓力虽然走到了人生的黄金期，但很多事却并不像他预期的那般美好。他同奥林匹娅斯母子之间的矛盾并没有完全解决。相反，他同亚历山大之间的矛盾越来越深。因此，原本斗志昂扬的腓力开始变得有些意志消沉。他经常狂欢滥饮，甚至把东征的事也抛到了脑后。

尽管如此，腓力并没有对一切都置之不理。他把父爱倾注到了女儿格罗蒂身上，开始一心一意地为她操办婚事。格罗蒂仅比亚历山大小 3 岁，长得花容月貌，娇俏动人。她很懂事，亚历山大经常顶撞腓力，但是她却从来不会这样做，她懂得体贴和关怀父亲。因此，腓力非常喜欢这个女儿。随着女儿婚事的临近，腓力决定要不惜一切人力和财力，为爱女举办一场盛大的婚礼。

不可否认，这桩婚事仍然有着浓厚的政治意味。按照亲属关系，格罗蒂应该称奥林匹娅斯的弟弟伊庇鲁斯国王亚历山大为舅舅。虽然他们之间并没有血缘关系，但这显然有悖常理。更何况，格罗蒂是腓力心爱的女儿。说到底，这场婚姻其实是腓力对奥林匹娅斯母子的让步。腓力希望通过婚典，真正达成与奥林匹娅斯母子的和解，并和伊庇鲁斯王国建立更加良好的关系。除此之外，他还希望能够在这场盛大的婚礼中，授予王子和希腊其他各国将领以令人瞩目的荣誉。为了实现这些目的，他向远近有影响力的人物都发送了邀请函。在他的授意下，这场婚礼豪华盛大，旷古烁今。

然而，腓力无论如何也没有想到，这场繁华典礼到最后会出现一个悲惨的结局。

受腓力邀请，很多知名人士都参加了婚礼。他们极力恭维腓力，并送去祝贺和礼物，同时希望能为这场豪华的典礼出一份力。当然，他们这样做，是有私心的。身为马其顿王国的最高领袖，腓力的影响力和权力达到了巅峰。最重要的是，腓力大军远征在即，很快就要攻向亚洲了。在这个时候，众人都希望能够分享远征的荣誉，也都希望在其中得到尽可能多的权力与尽可能高的地位。因此，他们极力讨好腓力，在这种刻意下婚礼现场更显繁华。

公元前 336 年夏天，在马其顿的古都埃加，这场空前盛大的婚礼拉开了序幕。王宫里云集着全希腊的知名人士，广场上挤满了观看婚礼的人群。庆祝活动持续了好几天，鼓乐齐鸣，万人空巷，人们像是过节一样纵饮狂欢。在一片欢腾的海洋中，一组壮丽的雕像出现了。雕像一共有十三座，前十二座是奥林匹斯山的神祇，它们雕刻精美，高高伫立在基座上，基座下面放着香炉，燃着香料。第十三座雕像比前面所有的神像都要华丽，它是腓力的雕像。

古希腊有很多神祇，它们是更早时候的英雄或者国王，因为杰出的功绩而被冠以神的名号。腓力把自己神化，并同奥林匹斯众神并列，实际上是自认达到了英雄们的高度。这是他极度膨胀的表现，他想要成为全希腊的统治者，想要成为神一样的存在。虽然有很多人为腓力的雕像出现在众神之列而惊愕，但民众们却为之激动不已。他们崇敬自己的国王，早就将其看成了英雄，看成了神。因为雕像的出现，整个狂欢现场进入了高潮。

雕像队伍过去之后，游行队伍出现了。鼓乐齐鸣，旗帜在高高飘扬。军官们骑着战马，全副披挂，趾高气扬。队伍的中间，是各国王子、大使、将军和高级将领，他们身着盛装，随着队伍缓缓而行。腓力安排这场游行，其实是在为自己的出现做铺垫。他要让自己的出现更加引人注目，让自己在希腊各国的统治者中显得不同凡响。

腓力出现了。他身穿长袍，头上戴着华丽的王冠，英武不凡，面带笑容。在他身后，是一队队戎装卫兵。他趾高气扬地大踏步向前走，人们开始欢呼起来。这一刻，他似乎真的成为了希腊的神。

然而下一刻，突变却发生了。一个靠近他的卫兵忽然冲过来，拔出匕首，用力刺进了他的心窝。就这样，年仅 46 岁的马其顿国王，在壮年时死于非命。这位堪称有史以来最伟大的君主，这位已经改变了希腊政治面貌，而且正要进一步去改变世界更大面貌的伟大人物，就这样不明不白地死了。盛典突然变成了哀悼场所，亚历山大的命运和欧亚地区五十个国家的命运突然都发生了改变。

刺杀事件发生后，现场一片混乱。刺客是腓力的卫队统领、马其顿青年贵族鲍萨尼阿斯，他早就准备好了马匹，打算刺杀成功后策马而逃。但是很可惜，没跑多远，马脚就被野藤绊住了，他从马背上摔下来，被追赶过来的士兵乱剑刺死。如此一来，他刺杀腓力的动机就再也没有人知道了。刺杀行动是个人原因，还是受人指示？这也就成了千古之谜。

腓力遇刺身亡，留下了一个庞大的帝国、许多未竟的事业和一个悬空的王位。这一切，将何去何从？很快，重要智囊和政治家们匆匆召开了一个临时会议，并在会上宣布亚历山大继承王位。作为回应，亚历山大发表了一个演讲。他的这个演讲引起了人们极度的关注，人们都想看看，这个还不满 20 岁的大男孩究竟想说些什么。毕竟，这是一件关乎国家命运的大事。

可是，人们震惊了。在演讲中，这个男孩展示了他强烈的自信与过人的决断能力。他说，他会继承父亲的王位，并完成他的计划。他相信自己能够做到最好，国内所有的事情都会继续下去，唯一的变化只是国王的名字。他的这番言论，真正折服了一些将领们，使他们有理由相信，马其顿的强国梦想将会持续下去。

第四章

王的睿智

腓力遇刺身亡，年仅 20 岁的亚历山大继承王位，成为马其顿的国王和希腊的霸主。可是，他那稚嫩的肩膀能挑起如此重任吗？能与不能，不是由别人来决定，而是由他自己决定的。他用睿智和果敢告诉了他的臣民，他有足够的能力成为马其顿和希腊的领袖。

继位之后

腓力遇刺身亡，谁来继承王位就成了马其顿王国亟待解决的问题。虽然腓力早已宣布亚历山大是王位继承人，而亚历山大的才能也得到了许多人的认可，但是由他来继承王位显然并不顺利。腓力的几个握有重兵或大权的旧臣有着很大的发言权，他们要为自己的未来做打算，亚历山大并不是唯一的选择。

这些重臣中，有和腓力一起打拼的安提柯、尼阿丘斯，有掌管文牍的哲学家卡利斯瑟尼、方阵将领托勒密，有老将阿塔罗斯、培拉行政长官西塔尔等。还有一位老将帕米尼欧，他因为出征在外，所以无法参与这件事，但是他的态度仍然起着关键性的作用。这些人的意见产生了分歧，分成了两大阵营。以安提柯和尼阿丘斯为首的老臣认为，亚历山大是名正言顺的继承人，继承王位理所当然。但是，阿塔罗斯等人却认为，亚历山大过于年轻，根本无法担当起这个重任。他们想要让克里奥帕特拉的新生婴儿继位，然后由大臣辅佐。双方就这个问题争执不下，甚至相互攻击。

正在这个时候，手握重兵的托勒密明确表示，他拥护亚历山大。这位青年将领曾在喀罗尼亚战役中立下了赫赫功绩，在军队中有着很高的地位。他的表态，成了压倒这场争执的最后一根稻草。很快，卡利斯瑟尼和阿底曼图斯也表示支持亚历山大继位，随后越来越多的人都表明了这一立场。

事情发展到这里，已经确定亚历山大将继位成为马其顿王国的国王。自此以后，年轻的亚历山大便以一国之君的身份，活跃在历史的舞台上，成为政治界最耀眼的明星。在此后的十三年里，他以奇迹般的速度，马不停蹄地开创了一个庞大的亚历山大帝国。

亚历山大是一个谨慎的人。他知道这是一个关键性的时刻，所以部分重臣的拥护并未使他掉以轻心，他要扫清前进路上的一切障碍，才能没有后顾之忧地登上王位。他先是以雷霆手段处死了反对派代表阿塔罗斯，因为这个人曾经中伤过奥林匹娅斯。还有几个反对派，也被他下令处死了。当然，他并不是一味地冷酷杀伐，也饶恕了一些人，比如西塔尔。西塔尔因为过去的功劳，而被他宽大处理，仅被调到另外一个地方任行政长官。他的这种处事手段，赢得了重臣们的好感。

但是，他还有顾虑：正率领远征军在前线打仗的帕米尼欧会支持自己吗？他会不会趁机揭竿而起？帕米尼欧一直是腓力最为倚重的大将，也是深得将士们信赖的指挥官，他完全有能力左右局势。可是，帕米尼欧也是阿塔罗斯的岳父，他们两人的关系极为亲密。因此，亚历山大不敢肯定，帕米尼欧会不会站在自己一方。他只能先向帕米尼欧抛出橄榄枝，然后静静等待。这个等待，是一个艰难的过程。

好在没过多久，亚历山大就收到了还在远征的帕米尼欧表示效忠的亲笔信。他一直在等这封信，因为有了帕米尼欧的拥护，他才能有更加稳定的地位。现在，他终于可以放心继承王位了。

公元前 336 年，马其顿王国举行了隆重的新王登基典礼。从此以后，亚历山大正式成为马其顿国王，史称亚历山大三世。对于亚历山大来说，这是一种荣耀，是一个开始，也是一副重担。登基为王，并不意味着能够接过腓力所掌握的一切权力，他仍然责任重大。确实是这样。他只是成为了马其顿国王，而马其顿仅是腓力政治领域的一小部分。他能够完全继承父亲的政治权力，并完成对亚洲的征服计划吗？或者，他只能做一个小国的国王，安静地统治着他的马其顿？这一切，都取决于亚历山大自己。

事实上是，当时曾有谨慎的大臣试图告诫亚历山大，让他选择后者，先做一个安稳的国王。但是，这立即就被亚历山大否决了，他是一个有野心的人，甚至超越了腓力，又怎么可能将膨胀的野心限制在一个小范围内？他决定要完全继承父亲的权力，不仅仅是现有的，还包括那场计划中的远征。这才是真正的亚历山大。

登基以后，亚历山大真正挑起了马其顿乃至希腊的重担。这个王位他坐得并不轻松，因为腓力死后，马其顿人心浮动，整个希腊也都蠢蠢欲动，大有土崩瓦解之势。这对一个年仅 20 岁的年轻人来说，是一个极其巨大的考验。所幸在他的身边，有一群有威望的大臣拥戴和扶持，这才使他不至于举步维艰。

同所有的君主一样，登基之后，亚历山大很快也进行了一系列的清洗行动。他要巩固政权，就必须狠下心来铲除异己。更何况，他本就不是一个心慈手软的人。在这次清洗行动中，他的很多潜在对手，或被处死或被谋杀，都被一一清除掉了。这其中包括他同父异母的兄弟，甚至还有一些新生儿。亚历山大是一个果决狠辣的人，他的君王之路是一条血腥之路。可是，自古以来有成就的帝王莫不如此。

亚历山大做的第二件事，就是确立自己在希腊的霸主地位。他很清楚的是希腊人一直瞧不起马其顿人，认为马其顿人是蛮人。这种观念根深蒂固，就算他的父亲腓力以强大的军事力量成为希腊霸主、希腊联军的统帅，这种观念也不曾改变过。现在，他要做的是，比父亲更出色地统治希腊。很显然，这是一个无比艰巨的任务。

当腓力遇刺的消息传遍希腊世界时，希腊人民沸腾了，有些地方的希腊人甚至开始驱赶驻留的马其顿军队。腓力曾经辛苦建立起来的盟军，就此摇摇欲坠，有了瓦解的趋势。有些地方开始出现反叛，这其中就有雅典。亚历山大知道，如果雅典反叛成功，将会造成多么恶劣的影响。因此，他决定出兵征讨雅典。

这次战争，把亚历山大的统帅才能发挥得淋漓尽致。刚刚继位，他就亲自挂帅出征，以闪电般的行军速度开向了对手。公元前 335 年，他率领大军，出其不意地沿南部海岸进入了塞萨利。塞萨利守军也已反叛，他们在隘道上布置了重兵，打算以此抵御马其顿军队。可是，他们却低估了亚历山大，这位年轻的统帅从不按套路出牌。

亚历山大指挥大军绕过敌人重兵设防的阵地，从俄萨山临海的一面攀登，在敌人毫无防范的情况下深入到其后方。于是，富有戏剧性的一幕出现了。马其顿大军犹如神兵天降，忽然出现在塞萨利人的后面，让他们心惊胆战，再也生不出任何反抗之心。于是，亚历山大兵不血刃地夺得了一场胜利。

收复塞萨利之后，亚历山大一路急行军，很快南下至佛提俄斯、波俄提亚。这个时候，大军的前锋距离雅典只有四十里地了。有意思的是，此时一些希腊联邦的代表正聚集在雅典参加一个商讨会议。他们想要找到一个稳妥的办法，以摆脱马其顿的控制。大部分联邦代表都认为，此时正是一个千载难逢的机会，因为新君只是一个毛头小子。然而，他们无论如何也没有想到，那个毛头小子已经率领大军打了过来，而且近在咫尺。所有人都吓坏了，大会不得不暂时中断。

最后，雅典只好派出代表，向亚历山大请和。对此，亚历山大并没有拒绝，因为他需要的只是对希腊各城邦国的震慑，而不是剿灭。他知道，马其顿王国必须借助希腊的力量，才能对抗波斯，乃至称霸全世界。他把希腊各城邦的首脑人物召集起来，续签了公元前 338 年的盟约，而他自己则成为希腊联军的统帅。一切又恢复到了和以前一样，只是联军统帅从腓力变成了亚历山大。

成为马其顿国王后，亚历山大初次率军出征，就兵不血刃地平定了希腊叛乱，稳定了自己在希腊的领导地位。这既显示了一个杰出政治家的灵活手段，又展露了一个伟大统帅超凡的指挥才能。当然，这仅仅只是开始。

清除障碍

平定了希腊叛乱，接下来该怎样做呢？直接发兵远征亚洲？亚历山大当然不会这么做，虽然他的父亲腓力早已做好了东征的准备。他心思缜密，认为老国王所做的准备并不充分，而远征必须要做到万事俱备。因此，真正控制住希腊之后，他开始扫荡北部。在他看来，清除前进路上的障碍，是远征前必须要做的准备工作。

他的第一步，是要征服色雷斯人。

马其顿北部是巴尔干山系。这片山系从黑海一直蔓延到亚得里亚海，高耸险峻，人迹罕至。其中，有一条山脉叫做洛多皮山脉，它从整片山系的中部开始向南延伸。这条山脉把马其顿和另外一个强盛的国家分割开来，那个国家就是色雷斯。色雷斯王国占有卡尔狄息斯半岛以东、海岸线以北的广大地区。这个国家的人民，也是以骁勇善战而闻名。

很显然，对于这样一个彪悍的邻居，亚历山大并不放心。要东征亚洲，就必须集中优势兵力，谁也不敢保证色雷斯不会趁马其顿内部空虚的时候大肆进犯，他不能冒这个险。当然，他也没有想要将色雷斯并入马其顿版图，这样将不利于管理。他想要像对待希腊一样，让色雷斯臣服于马其顿，听从自己指挥就够了。如此，在东征亚洲的时候，他就没有后顾之忧了。

巴尔干山脉是马其顿和色雷斯的天然屏障，它的北部是一片广阔的土地，其中有着号称世上最肥沃的土地之一，那就是多瑙河山谷。当时多瑙河山谷正被希腊的野蛮人所占领，他们蒙昧而好战，属于未开化的民族。亚历山大计划以此为切入点，突袭色雷斯。

他先命令一支马其顿海军舰队从拜占庭出发，驶入黑海，然后沿多瑙河顺流而上，并在那里等待。这支海军是他隐藏的一招暗棋，将来大有作用。他自己则率领陆军部队，从安菲波利斯出发，正面侵入色雷斯。

从马其顿到达色雷斯，需要穿过巴尔干山脉的密林。亚历山大率领部队披荆斩棘，在深山老林里穿行了十多天，在到达希马斯山时，同色雷斯的小股部队相遇，双方发生了激战。色雷斯人早有防备，他们躲在密林深处，静候马其顿军队的到来。地利上的优势，使色雷斯人占尽了便宜。而且，色雷斯人还带领着其他北方国家的军队来攻击马其顿军队。他们占领了山上的制高点，并在阵地上布置了很多车辆。这么多车辆有什么用？当马其顿军队进攻的时候，他们就把车辆推下去。于是，那些车辆变成最为恐怖的武器。

这是亚历山大登基以来的第一场硬仗，考验的是他的勇气和指挥能力。面对敌人防守严密的阵地，他该怎样做？他让军队先暂时停止前进，然后带着护卫仔细勘察了地形。可是这一次他失望了，因为敌军镇守的地方是唯一的出口。作为一名优秀的指挥官，他不仅有着过人的智慧，而且还有着过人的勇气。既然无法取巧，那就勇闯吧！于是，他果断地下了一道命令：继续前进，拿下敌军阵地！

亚历山大的勇敢中，从来都不缺乏细腻。为了不让士兵在强攻中有更多无谓的伤亡，他令道：方阵不能拘泥于阵形，可随情况灵活变动。如果在平地上遇到滚车，队伍就左右分开，给车辆让出道来；如果在峡谷中遇到滚车无处可躲，方阵士兵要全体卧倒，以盾牌连成一片撑起滚车。他的这个方法非常有效，虽然在前进的过程中，还是有士兵被滚车砸死，但是队伍整体没有被打散。翻滚而下的车辆，并没有给马其顿军队造成多大的伤害。

滚车呼啸而过，马其顿军队因统帅的英明神武而士气大振，勇气大增，大声呼喊着向色雷斯人冲去。亚历山大身先士卒地冲在最前面，士兵们紧随其后。他们冲上山峰，用长矛攻击敌人，不畏生死。色雷斯人被马其顿战士们的强悍吓倒了，认为对手不可战胜，于是开始四散逃窜。战斗很快结束，亚历山大部队以极小的伤亡，获得了极大的胜利。这其中包括消灭敌人一千多人，俘虏了很多色雷斯妇女和小孩，缴获了大量的物资。在占据绝对优势的情形下，色雷斯人并未想过他们会打败仗。

经过短暂的修整，亚历山大率军继续向北行去。他们穿过希马斯山地，向提伯里安人处进军，再由这里去多瑙河。在这里，有一个叫做提伯里安的小国家，这个国家也以善战而闻名。确切地说，提伯里安应该是一个部落，因为它的规模很小。提伯里安国王得知亚历山大进军的消息，紧急转移了老弱妇孺，而将精锐部队布置在一个峡谷中，准备凭借地势抵御亚历山大的军队。

经过地形观察，亚历山大认为这次不宜强攻。如果强攻，那么极有可能会陷入敌人设置在峡谷中的埋伏，遭遇重创。不能强攻，那就智取，亚历山大很快就想到了对策。他派出一支军队，仅以投石和弓箭攻击敌人，故意示弱。他认为，有勇无谋的提伯里安人看到这种情况，肯定会冲出峡谷。果然，提伯里安人遭到箭石的攻击，认为亚历山大的军队不过如此，便冲出了峡谷，想要以肉搏战击垮对手。

可是，当提伯里安人冲到开阔地带时，迎接他们的，是亚历山大的骑兵和排成密集队伍的方阵兵。这个时候的战斗，就如同狼群遇到羊群，而提伯里安人变成了羊群。一次冲击过后，提伯里安人就开始四处溃逃。亚历山大指挥大军乘胜追击，总共消灭了三千多名提伯里安士兵。战后清点伤亡，亚历山大方面只牺牲了五十人。这是一次辉煌的成功，以极小的代价，换取了最大的胜利。

随后，亚历山大指挥大军继续前进，很快便到达了欧洲第一大河多瑙河。在这里，还隐藏着他的一支舰队。他想用这支舰队，从河的上游顺流而下，强攻提伯里安国王避难的庇斯岛。为了让这个计划能够获得成功，他命令士兵们找了所有能找到的船，以壮大舰队。可是，这个计划最后却并没有成功，因为水流太急了，不利于船只操控。而且，庇斯岛上的提伯里安人还不断地射箭和投射长矛。经过艰苦的战斗，亚历山大果断下令放弃登岛。他让士兵们在距岛很远的地方渡河，打算攻击盖塔人。盖塔人属于色雷斯人的一支。

渡河也很艰难。盖塔人在河对岸集结了一支约两万人的军队，准备阻击渡河的亚历山大军队。同时，他们还联络了提伯里安人，援军随时可至。而亚历山大方面，却有着庞大的军队和众多的马匹。

尽管困难重重，但亚历山大还是下定决心，必须要渡过多瑙河。因为在那个时代，让军事力量渡过多瑙河是一个伟大的标志。为了能够成功渡河，他做了精心准备。除了搜集到各种民间小船外，他还让人把兽皮的行军帐篷做成了皮筏，将其围绕在船只周围，可以增加浮力，让船只在湍急的河流中行驶得更稳。万事俱备，他便指挥军队，在夜色的掩护下开始悄悄渡河。一夜之间，近五千士兵和两千匹战马都成功地渡过了多瑙河。他们全都隐藏在河边的麦田里，神不知鬼不觉地紧靠河岸前进。

天亮了，亚历山大率领军队冲出麦田，对敌人发动突然袭击。盖塔人被这突如其来的攻击吓得目瞪口呆，完全失去了抵抗能力。他们万万没有想到，亚历山的军队能在一夜之间渡过这条大河，更没有想到他们的攻击会如此可怕。那些骑兵和方阵兵如同猛虎下山，势不可挡。在这种攻势下，仅仅一个冲锋，盖塔人就已开始溃散了。

亚历山大占领了盖塔人的居住地，夺取了大量的战利品。实际上，他并不想占领这些蛮荒地区，而是想要以武力震慑这一地区的其他部落，让他们害怕。这样的话，他率领军队东征的时候，这些小部落就不敢兴风作浪，有所异动了。因此，他在河边祭过河神，便带着战利品返回了多瑙河南岸。他的战利品，是一些小部落的协议以及人质。

多瑙河之战使亚历山大威名大振，很多部落都知道这位年轻的马其顿国王是一头凶猛的狮子。他们在马其顿强大的武力面前屈服了，再也不敢轻举妄动。提伯里安国王特意派遣使者向亚历山大致意，想要同马其顿修好，亚历山大当然不会拒绝，于是同提伯里安及那些示好的部落结成了同盟。

血的教训

希腊南方的城邦也开始蠢蠢欲动。其实，亚历山大继承王位时，希腊南方的一些城邦就不拥护，但那个时候，他们并没有公开发出反对声音。甚至亚历山大南行的时候，那些反对的城邦也纷纷保持了缄默。这并不是说他们就此妥协了，一些持反对意见的政治家一直在暗地里活动。

亚历山大率军渡过多瑙河，深入北方部落的消息传到希腊南方以后，很多人认为他很愚蠢。于是，公开的反抗行为开始出现。

最先出现的，是底比斯人的反抗。

为什么底比斯会最先跳出来，举起起义的大旗呢？原因有两个：

第一，当时有传言，说亚历山大死了。准确地说，底比斯人的反抗，并不是最早的反抗行为，最早的反抗来自于伊利亚。亚历山大从多瑙河撤军返回马其顿的途中，就传来了伊利亚人反叛的消息，这让他非常恼火。在这种情形下，他率领大军，直接攻向伊利亚，打得敌人完全丧失了斗志，从而平息了叛乱。不过，这场战斗却带来了一个流言，那就是亚历山大战死。这个消息，成了底比斯按捺不住的导火索。

第二，就来自于底比斯雄厚的底蕴了。一直以来，底比斯都是希腊最大的城邦之一。它和雅典、斯巴达是希腊最强的三个城邦，称霸希腊多年。因此，这样的城市是不甘心受马其顿统治的，它们渴望恢复往昔的辉煌。这是底比斯反抗的资本，它有这个资本。

但是，仅仅这两点还不够，这还需要有一个契机。正在这个时候，一些人秘密返回了底比斯，他们变成了这次起义的契机。这些人早年曾被腓力流放，因而痛恨马其顿，痛恨腓力，一直在寻找机会报复。现在机会终于来了，他们相信，底比斯人不会安于被别人统治。

他们猜测得很准确，底比斯人果然不甘受制于人。当他们提出诸如“解放”“自由”等口号时，底比斯人心动了。那些“要把马其顿多年来强加在底比斯人身上的枷锁甩掉”的话语，深深地迷惑了底比斯人。

于是，底比斯人不顾一切地起义了，他们杀害了两名马其顿官员，并组织军队围攻马其顿驻军，同时宣布底比斯重获自由。为了增加胜算，底比斯反抗者一方面派人去游说希腊其他城邦，一方面又和波斯勾结。他们高声呼喊：谁想推翻暴君的统治，谁就应该加入波斯和底比斯的行列。

这样的口号极具煽动性，有好几个希腊城邦跃跃欲试，准备联合起来反抗马斯顿。

消息传来，亚历山大震怒了，是真正的愤怒。一直以来，他都非常尊重希腊，他敬佩希腊高度发达的文明。他把希腊神话中的英雄作为自己的榜样，把宙斯之子赫拉克勒斯作为自己的祖先，这些都说明了，他一直都在以希腊人自居。马其顿是他的国家，希腊也是他的国家，他对希腊有着深厚的感情。腓力突然死于非命，希腊人奔走相告，大肆庆贺，许多城邦联合起来，想要反抗马其顿的统治。他虽然率军南下，镇压了反抗，但处理反抗的城邦时却极为宽大。除了重新签订盟约，确立自己的希腊联军统帅地位外，再没有提出其他要求。这些都是出于对祖国的爱护之心。

可是，底比斯人的反抗，却再次狠狠地伤了他的心，给了他重重一击。这就如同被最亲近的家人出卖，会有一种背叛的感觉。这样的感觉，让亚历山大在心痛的同时，愤怒异常。当然，更为严重的是，如果底比斯反抗成功，那么他远征波斯的计划就会落空。愤怒之火在熊熊燃烧并让他彻底清醒过来：在希腊人眼中，马其顿永远都只是蛮夷。他决定，要给希腊人一个难忘的教训。

亚历山大听到底比斯起义的消息时，正率领大军驻扎在皮公城，这个城市距离底比斯有三百英里之遥。这段距离当时来说非常遥远，大部分士兵都要靠步行赶路，更何况亚历山大率领的大军，刚刚才经历过连续的作战，是一支疲劳之师。这样的一支军队，能很快赶到底比斯吗?

冷静判断之后，亚历山大果断发出命令：不计一切代价，火速赶到底比斯。他不顾部队连续作战的疲劳，率领大军以每天二十英里的速度，在深山密林里急行军。仅仅用了两周，大军就到达底比斯。

对于从天而降的马其顿大军，底比斯人虽然吃惊，但却并未太过惊慌。他们还在认为，亚历山大已经战死，这支军队是由其他将领所率领的。在他们看来，没有亚历山大的马其顿军队，实在是不足为惧，于是他们集结军队，打算固守底比斯。

到了这个时候，亚历山大仍然不愿意赶尽杀绝，想再给底比斯人一个悔过的机会。他在底比斯城外扎营，没有立即攻城，而是选择了等待。他希望，底比斯人能在马其顿大军的威压之下屈服，派出使者来投降。这样的话，他就可以再赦免一次底比斯。

然而，他终归是失望了。底比斯使者没有出现，一支底比斯骑兵队伍却出现在了马其顿营地外围。随后，一支底比斯步兵队伍也出现了。他们开始用弓箭远距离攻击，使马其顿军队出现了一些伤亡。亚历山大立即组织队伍进行反击，打退了底比斯人的进攻。不过，他还是没有展开真正的攻势，只是把军队驻扎在离城更近的地方。他在打心理战，想要以此来迫使底比斯人投降。这种作战方式，跟他之前一贯的果断迅速的作风大不一样。归根结底，是他对希腊的这种深厚感情，不愿意看到太多的伤亡，想要兵不血刃地解决这次事件，即使他非常愤怒。

等待终于出现了一定的效果，有些底比斯人开始动摇。他们偷偷从城里跑出来，向亚历山大请罪，希望能够得到宽恕。同时，他们也替全体市民向亚历山大请罪，希望他能够饶恕他们这次造反。亚历山大答应了他们的请求，希望他们能联络到更多的人出城投降。很显然，这是一个好的开始，他有信心能够兵不血刃地平息这次叛乱。

底比斯人分成了两个阵营，一部分人决定投降，另一部分人决定要与亚历山大对抗到底。实际上，到了后来，对峙双方已经变成了亚历山大和那些底比斯顽固派。如果继续下去，战斗很可能会像亚历山大预料的一样，和平解决。但是，他的这个计划终于没能进行下去。他虽然能够沉着地等待，可是他那些彪悍的将领，却并不能像他一样有耐心。他们被底比斯人的负隅顽抗激怒了，想要好好给他们一个教训。

于是，马其顿军中一名叫做赫斐斯申的军官，在没有接到亚历山大命令的情形下，直接率领一支部队冲向了底比斯城。战争，就在毫无预料的情形下突然发生了。如果换一个指挥官遇到这种情况，可能会恼羞成怒地先处罚那个胆敢违反军令的军官，以示军威。但是，亚历山大是一个伟大的统帅，他有着清醒的头脑和敏锐的眼光。他知道，现在追究这一切已经毫无意义，唯一能做的，就是把这个坏结果最小化。于是他当机立断，立即下令全军攻城，并且一马当先，冲向了底比斯城。

马其顿大军的攻击力度何其强悍，底比斯人根本无法阻挡。虽然底比斯人占据了地理优势，但他们还是节节败退。很快，城被攻破，马其顿大军冲进了城里。到这个时候，战斗结果已经没有任何悬念了。

在以往的战斗中，亚历山大总是扮演一个睿智、仁慈的君主角色。他总是能够宽宏大量地赦免俘虏或者反叛者。但是这一次，底比斯顽固派的拒不投降，使他极为心冷。他一改宽厚仁慈的态度，露出了一副凶神恶煞的面目。他下令，对那些拒不投降的顽固派，一律格杀勿论。这是一道血淋淋的命令，这道命令让无数底比斯人成了刀下亡魂，其中有士兵、老人、妇女和孩子。一时间，整个底比斯城变成了人间炼狱，血流成河。据史料记载，大约有六千底比斯人被屠杀，还有三万多名幸存者被卖到马其顿军中成为奴隶。

就这样，底比斯，这个希腊文明的代表城市之一，这个狄奥尼索斯和赫拉克勒斯的诞生地，这个令人骄傲的文明古城，消失在了亚历山大的怒火中。赫拉克勒斯，是亚历山大的祖先。但是，因为这场血腥屠杀，整个希腊都在亚历山大脚下战栗起来。

东征的资本

毫无疑问，底比斯的鲜血代表了一种暴行，但有时候这种暴行却能起到很好的作用。亚历山大要的就是这个作用：杀一儆百，以儆效尤。在这种血腥的震慑下，亚历山大东征期间，希腊平安无事。

虽然对底比斯十分残酷，但是对于其他希腊城邦，亚历山大的怀柔政策并未改变。他深知，一味用强，只会引起更强烈的反弹，适可而止才是正好。对于同底比斯齐名的大城邦雅典，虽然它曾在暗中支持底比斯人，但亚历山大显然十分宽容。他不仅没有追究雅典的罪责，反而答应雅典赦免了几名反马其顿分子。而这些人的罪责，其实一点儿也不比底比斯叛乱分子轻。所有的这些，都显示了亚历山大高超的政治手腕。他通过震慑和安抚相结合的手段，彻底稳定了希腊的局势。这样的稳定局势，对东征非常重要。

随后，亚历山大在科林斯召开了同盟理事会，同希腊各城邦商讨东征事宜。当然，他是绝对的领导者，所有的计划都要由他来决定。他要求希腊各城邦共同出兵东征，以增加胜算。

一切安排妥当之后，公元前335年，亚历山大返回马其顿，开始做东征的最后准备。据史料记载，他在举行传统祭典的同时，还举办了奥林匹亚运动会，以及一些文艺竞赛。毫无疑问，这些都是出征前的动员。在古代，祭神是出征前一项必不可少的活动，可以使出征带上神意的色彩，激励战士。可是，运动会有什么作用呢？文艺演出又有什么作用呢？原来，运动会不仅可以激发人们的勇气和斗志，还可以营造一种快乐、良好的气氛，这些都是军队所需要的。至于文艺演出，则是在为亚历山大歌功颂德，使之成为士兵们崇拜的偶像，并激发他们惊人的战斗力。

总而言之，为了这次东征，亚历山大做足了准备，因为征服波斯是他的奋斗目标。或者也可以说，是他在完成父亲腓力未竟的心愿。虽然他和父亲之间矛盾很深，虽然他一直认为父亲只给了他生命，但他不得不承认，他的身体里流着父亲的血液，他的性格里也继承了父亲的特质，这些都无法抹杀。而征服波斯是父亲的心愿，所以他一定要完成。

当然，这只是其中的一个方面，另一方面则是因为亚历山大身上的英雄主义色彩。从小时候起，他就以希腊神话中的英雄为榜样，心中充满了建功立业的激情。他生在帝王之家，却对各种享乐没有太大的兴趣，最大的兴趣就是追求成功，实现自己的英雄梦想。他曾经因为害怕父亲把所有的事情做完而抱怨，害怕自己无法成为一个伟大的英雄。这些，其实应该是他出征波斯的最大动力。

性格特征也是他出征波斯的一个因素。他受亚里士多德影响，有着一种无止境的索求精神。不过，在实质上，他的这种索求精神和亚里士多德的索求精神并不相同。亚里士多德在学术上是个永不休止的索求者，而他则在军事和政治上是个永不休止的索求者。历史上不乏这样的人，他们往往是狂热的军事主义者。这种性格，导致亚历山大对远征波斯有着极大的兴趣。

马其顿的财政困难，也是亚历山大远征的重要原因。虽然亚历山大是马其顿和希腊的统治者，但是他并不富有，或者说马其顿并不富有。因为，马其顿强大的军事力量需要大量的钱财来维持，因此，他对波斯的财富垂涎三尺。而要获得波斯的财富，唯有征讨一条路。

种种原因，使得亚历山大东征波斯成了必需之举。

可是，波斯就这么好打吗？显然不是。波斯不仅是个文明古国，也是个十分强大的国家。如果单单拿马其顿和波斯相比，那么马其顿绝对处于劣势。无论在人力上还是物力上，马其顿都无法同庞大的波斯帝国相比。据史料记载，波斯有着广袤的国土和密集的人口，还有着无比丰富的财力资源。波斯国王的家族统治这片土地已有二百多年了，有着牢固的统治网。最重要的是，无论是平民、王公贵族或者各地实力派，同国王大流士三世的关系都还不错。也就是说，这个时候的波斯帝国是一个平稳、团结的国家。

波斯帝国还有着足够强大的军事力量。国王大流士三世不仅有一支纪律严明、训练有素的军队，而且还有着多支“杂牌军”。那些“杂牌军”的力量不容小觑，他们由山地居民和沙漠游牧民组成，战斗力非常强悍。据史料记载，波斯仅在小亚细亚的驻军，就有两万多彪悍的骑兵。这样一支军队，足以让任何入侵者胆寒。另外，大流士三世还有一支强悍的海军舰队。这支海军舰队牢牢地控制了地中海和爱琴海，是海上的霸主，远强于亚历山大的海军舰队。

很明显，亚历山大计划东征波斯，实际上是打算去啃一块硬骨头。无论从哪方面看，波斯帝国都是一个难缠的对手。

亚历山大是个优秀的军事家。他从小就立志要征服波斯，自然不会不去了解波斯。事实上，他对波斯的情况十分清楚。在了解波斯强大的情形下还要出兵波斯，这只能证明一件事，那就是他有着强大的自信，认为可以战胜波斯。自信是要有资本的，他在自信来自哪里？他有着当时世界上最强大的一支陆军部队。当然，这个比较要除去中国，因为当时中国的陆军力量更为强大。无论是从士兵素质还是军队装备上来看，这支队伍都非常强悍。而且，这支队伍兵种齐全，有骑兵、重装步兵、轻装步兵、弓箭手、投掷手和投枪手等，甚至还有工兵部队以及医疗队伍。因此，这支队伍几乎可以在任何情况下展开极高效的战斗。

亚历山大是一位最优秀的统帅，总是认真思考战术问题。他并不满足于军队的这种现状，认为战术就是动脑筋，只要多想想办法，部队的战斗力就能提升。于是，他运用自己的军事智慧，为部队增加了很多东西，使部队行动时更加灵活，作战时攻击力更加强悍。他把各种兵种组成了一个统一的整体，这样做，战时就既能充分发挥各兵种的特点和作用，又能相互配合。在骑兵的运用上，亚历山大是非常到位，他总是能够率领骑兵队伍，神出鬼没地出现在敌人面前。正面交锋，他率领的骑兵队伍往往以横扫千军之勇，把敌人冲得七零八落。他最喜欢的是将骑兵、步兵和武器部队联合运用于一切军事行动之中，神出鬼没地攻击敌人。有很多次，他就是靠着这种战术，取得了决定性的胜利。

古代战争，几乎都是依靠人海战术。也就是说，交战双方聚在一起，一阵猛冲猛打，一方把另一方击溃，也就取得了胜利。这是古代战争中的常规战法，但是亚历山大却从来不屑于这样去做，而是推陈出新地把排兵布阵运用于战争中。他有一个著名的战斗方阵，让敌人闻风丧胆。这个战斗方阵是由九千名马其顿步兵组成的，按照队列排成一定的阵形。队形排列不密集，甚至有些稀疏，每两个人之间的距离大约是三英尺，这样可以保持队伍的灵活性，不至于出现“扎堆”的情况。

如果说这些是精兵的话，那么亚历山大手下就还有一批良将。比如，全军副统帅帕米尼欧、负责海军的尼阿丘斯等，这些人早年曾跟随腓力南征北战，不仅经验丰富、能力卓绝，还十分忠心。还有一部分是他的朋友，比如，御林军队长赫斐斯申、帕米尼欧的儿子菲洛塔斯、他奶妈南尼丝的儿子弓箭手长官克雷图斯等。这些人几乎都是他童年的玩伴，感情深厚，忠心耿耿。当然，还有一些有名的将才，比如，方阵兵统帅托勒密、骑兵将领塞琉古等。这些人为他的雄才大略所折服，甘愿追随于他。可以说，如果在其他地方，这些人中的任何一个，都能够成为一方霸主。但是，他们如今却都甘心听从亚历山大调遣。良将是亚历山大的翅膀，助他飞向更广阔的天空。

除了良将之外，良臣也是一个伟大君主必须拥有的资本。亚历山大还有一个智囊团，为他提供各种谋略和建议。亚历山大博学多才，他这个智囊团的成员也都是一些饱学之士。智囊团可以说是亚历山大的另外一副大脑，为他解决了很多难题。他们为亚历山大提供了战争所需要的一些支持工作，比如敌国的兵力分布或者地形细节等。知己知彼方能百战不殆，智囊团更是让亚历山大如虎添翼。

但是，这个智囊团也不是无所不知。受当时知识的局限性，他和他的智囊团就不知道世界是什么样子。他们认为，人类居住的这个地方，就是世界，而世界是被大洋包围着的。他熟悉大西洋，但却一直不知道另外三边的大洋在什么地方。后来，他到达里海，便认为里海是北部海洋的一个海湾。又到达印度洋，便认为其是南部海洋的边缘。那么，东方的边缘在哪里？他一直很想知道，但却不得而知。为了找到这个答案，他曾率领大军一直向东方打去。可是，由于种种原因，他的这个愿望最终未能实现。一直到死去，他也不知道有中国的存在。

当然，除此之外，亚历山大还拥有各种专业人才，比如，创新和制造武器的能工巧匠，专门从事探险活动的探险队等。甚至，他还拥有植物学家队伍、地理学家队伍和诗人队伍。虽然这些看起来和战争并没有什么直接关系，但也都在有形或者无形之中，为远征做了一份贡献。比如说学者队伍，他们会把亚历山大远征时的情况记录下来，成为重要的资料。

所有的这一切，看起来极为复杂，但在亚历山大手里，却都能有条不紊地进行着，并转化为战争的助力。亚历山大不仅将他过人的智慧充分运用在作战上，也运用在了其他方面。无论是组织计划、后勤供应，还是外交宣传、行政管理，他都能管理得非常出色。如果一定要说他的优秀，那么只能说他是天然的战争领袖。这也说明，他完全有着与强大的波斯帝国一战的资本、信心和勇气。

他当然不会再继续等待。

第五章

出征波斯

亚历山大有着比腓力更大的野心，他想要打败波斯，成为亚洲的霸主。他还有着比腓力更为果决的性格，想到了就要去做。因此，在兵力弱于波斯兵力的情况下，他毅然决然地踏上了亚洲大陆。虽然背井离乡且缺兵少将，但是凭借智慧和勇气，他和他的马其顿勇士们，在亚洲留下了一个又一个战争神话。

登陆亚洲

出征前夕，亚历山大特意去了一次特尔斐神庙，他想要从神那里知道这次远征的吉凶。神庙里的女巫对他说，她必须保持沉默，因为冬季阿波罗神将远离特尔斐。可是，这却不是亚历山大想要的答案。他一言不发地把女巫拉到一个偏僻的地方，坚持要她说出一则预言。面对这位威严的君主，女巫战栗着说："孩子，你要知道，这是不可抗拒的。"什么是不可抗拒的？毫无疑问，女巫所指的，自然是阿波罗神不在，她必须保持沉默。可是亚历山大没有得到神谕，就很难向即将出征的士兵们交代。于是，他灵机一动，转而出去，把"神谕"传到了军队：神谕认为，我们的军队将"不可战胜"。"不可抗拒"变成了"不可战胜"，这个"神谕"让军队士气大振。一支不可战胜的军队，还担心什么呢？出发！

公元前 334 年春天，亚历山大任命安提柯留守马其顿，总管国内一切。而他自己则告别了母亲奥林匹娅斯和未婚妻西尔维亚，率领着一支由三万步兵和五千骑兵组成的大军浩浩荡荡地出发了。这一次，他的目标当然是波斯。

值得一提的是他和他的未婚妻。为什么，他会突然有个未婚妻呢？原来，这也是形势所迫。当他下定决心要东征时，曾无数次和官员们讨论过。虽然大部分官员都同意他的计划，但还是有一些反对的声音，这其中就有安提柯。这位老臣德高望重，曾经忠诚地辅佐过腓力，后又辅佐亚历山大，可以说是忠心耿耿。所以，他的意见亚历山大无法不听。

安提柯有什么意见呢？他指出，如果亚历山大出征亚洲，那么只会将马其顿置于危险境地。原因就是，亚历山大至今未婚，还没有子嗣。如果亚历山大死于战场，那么一个没有继承人的王朝，将会迅速爆发夺位之争，而这样的争夺会使整个国家四分五裂。基于这个原因，亚历山大不能出征波斯。他建议，亚历山大应暂缓东征，先从希腊各国的公主之中寻找一个妻子，完成传宗接代的任务，并花上几年的时间来治理国家。到了那个时候，再出征波斯也不迟。

可以说，这是一个万全之策。几年之后，如果亚历山大战胜了波斯，那么一切如常；如果亚历山大不幸战亡，那么马其顿也不会因为无人继承王位而陷入混乱。计策虽好，但是亚历山大却并不同意，他迫不及待地要开始这场伟大的远征。更何况，在他看来，自己战败的可能性微乎其微。不过，他不能完全忽视大臣的意见，这不符合他的处事风格。于是，他便采取了一种折中的方法，选择了一个未婚妻，以示尊重大臣。事实证明，安提柯等人的意见非常睿智而又充满远见，亚历山大后来确实死在了亚洲，在他死后，他广阔的王国真的四分五裂，陷入了长期的动乱和内战之中。

然而，这个时候的亚历山大当然不会预见到以后的事情，他最终固执地、意气风发地率领3.5万名士兵出征亚洲，直指波斯。对于这样一个伟大的行动来说，这3万多人其实是人数很少的一支军队。一百多年前，波斯国王大流士曾率领50万人入侵希腊，最终却战败回国。在这个时候，亚历山大却带着不到十分之一的人以复仇的名义出征亚洲。他能行吗?

至少在他看来能行，他有信心夺取胜利。他的信心，来自于这3.5万名精锐士兵。步兵方阵的厉害自不待言，而骑兵更是当时世界上最强悍的队伍之一。大部分骑兵来自于马其顿的赛萨利，那个地方盛产战马和骑士。在亚历山大手中，赛萨利骑兵的优势被更加充分地发挥出来，成了他克敌制胜的利器。因此，对于亚历山大来说，他率领的是一支无敌之师。

亚历山大的第一站，是赫勒斯滂海峡旁的城市塞斯塔斯。他来到这里的实际意义只有一个，那就是向一座古墓献祭。是谁能让亚历山大亲自献祭？这里埋葬着一位战将，这个人曾在特洛伊战争中希腊统帅阿伽门农麾下率领一支军队。他本人是一位英雄，最重要的是，他还是第一个登上亚洲土地的希腊人。后者才是亚历山大最为看重的，向这位战将献祭，可以表明他是特洛伊战争中英雄的继承者。当然，亚历山大也相信，英魂会保佑自己出师顺利。

赫勒斯滂海峡的另一边，就是亚洲的土地。亚历山大在海边同由水路过来的尼阿丘斯会合。尼阿丘斯率领着一支由一百六十多艘战船组成的船队，将护送亚历山大军队渡过海峡。在海中航行时，虽然风急浪高，但亚历山大却斗志昂扬。他甚至亲自掌舵，驾船乘风破浪地冲向亚洲土地。那里，他已经向往了很久。

波斯军队并未在海中发动阻击，这让亚历山大很容易就渡过了海峡。登陆时，他第一个跳下船，站在亚洲的土地上，掷出了手中的长矛。按照希腊的传统，谁把手中的矛掷入敌方的土地里，就表示要统治敌国。对于他来说，这是梦想实现的第一步，他早就想要统治这片土地了。

依常理来看，登上亚洲土地后，亚历山大最先要做的事情，就是指挥军队展开战斗，击溃波斯军队。可是，他却一反常规，并没有这样做，而只是派遣帕米尼欧率领主力部队开向有波斯驻军的格拉尼库斯河。至于他自己，则带领少量的兵力直奔特洛伊古城遗址上的伊利亚新城。他想要去干什么？难道是想在伊利亚新城拉开战争序幕吗？不，他的目的简直让人目瞪口呆，非常不可思议。他去伊利亚新城，是为了瞻仰荷马在其史诗中赞美过的特洛伊王之城。真的是这么简单吗？如果真是这么简单，那么他就不会是聪明睿智的马其顿王和希腊霸主了，而是一个只凭冲动行事的愣头青。虽然他从小受希腊文化的熏陶，后又师从亚里士多德，深受荷马史诗的影响；虽然他仰慕那些祖先曾经战斗过的地方，但他显然不会为了满足那点崇拜心理而置大局于不顾。他当然有着更深层的意义。

实际上，他去伊利亚新城的主要目的，是为了侦察敌情。伊利亚新城位于希腊主力的侧翼，他想要知道这里到底有没有伏兵，以策万全。

当然，他还有一个目的，那就是通过联系近一千年前的特洛伊之战，鼓舞士兵们的士气。在他看来，士气是取得胜利的最关键因素。

既然来到特洛伊古战场，那就少不了祭祀活动。他到宙斯神庙中，向勇敢的特洛伊王子普瑞亚献祭，乞求不要对阿喀琉斯的后裔降灾。随后，他又祭祀了阿喀琉斯的坟墓。据说，为了表示虔诚，他不顾士兵的劝阻，脱光衣服跳进冰冷的河水中，沐浴之后才一丝不挂地站在了阿喀琉斯的墓前。他向祖先祷告，让其庇佑自己此行顺利。他的举动，感动了周围的士兵。可以说，他借着神和祖先的光芒，再次进行了一次军队动员。

那么接下来，就该真正拉开战争的序幕了。

达格拉尼库斯河之战

返回军中之后，亚历山大立即率领军队赶到了达格拉尼库斯河西岸。这个时候，波斯大军已经在河对岸严阵以待了。

波斯军方面，以骑兵统帅阿萨米斯、行省总督阿西提斯和雇佣军首领迈农为主。迈农是希腊人，他以丰富的作战经验闻名。他率领着一支大多由希腊人组成的雇佣军，服务于波斯帝国。在认真分析过亚历山大军队的实际情况之后，迈农提出了一个非常实用的焦土政策——避敌锋芒，消耗敌军。他认为，马其顿的步兵要比波斯的步兵更为强悍，而且亚历山大御驾亲征，又使军队士气旺盛。所以，在这种情况下，和马其顿大军正面碰撞显然并不明智。那怎么办呢？波斯大军可以避开马其顿大军，向后撤军，同时烧毁庄稼、村舍甚至是城池。这样，远离国土的马其顿大军无法得到供养补给。不用太长时间，波斯方面就可以不费一兵一卒，耗死马其顿大军了。

这实在是一个好建议，足以让亚历山大的东征大计很快夭折。只是很可惜，这个建议是迈农这个希腊人提出的。亚历山大正代表希腊人入侵波斯帝国的土地，波斯人又怎么会听从一个希腊人的建议呢？于是，迈农的这个建议，几乎遭到了所有波斯将领的反对。阿西提斯甚至嘲笑迈农说，他决不会让自己人的房子有一间被烧。甚至还有人当面质疑迈农，问他是否在故意拖延战争。

在波斯人眼中，马其顿人仍然是蛮夷，马其顿王国是一个低等国家。所以，他们根本不会、也不屑去选择撤退焚城的策略。大流士国王甚至认为，这场战争只是马其顿人在闹一个笑话，他们很快就会滚回马其顿老家。所以，他根本就不出来主持这场战争。波斯将领们和他们的国王一样，认为这场战争很快就将结束。

正是这种观念，使波斯将领们采取了一个最为简单的御敌策略，那就是正面抗敌。他们认为，要堂堂正正地将亚历山大打败，才能不失波斯帝国的威严。

可是，亚历山大真的这么容易被打败吗？如果波斯人能够实施迈农提出的焦土战略，亚历山大或许真的很快就会被打败。可是波斯人高傲自大，不愿意采取迈农的策略。于是，他们必须得为自己犯下的错误付出代价。

波斯人在达格拉尼库斯河东岸列起了战阵。他们大约有两万骑兵和一些步兵，装备精良。从兵力分布上看，波斯人比马其顿军强大了很多，单是骑兵的数量，就是马其顿骑兵的四倍。这也是波斯人自信的理由。达格拉尼库斯河东岸高于西岸，波斯人为了把这个地理优势更好地利用起来，便让数量较多的骑兵站在了最前面，沿河岸排成了一个拉长的方阵。自然而然，步兵就排在了骑兵后面。这个战阵看似不错，但却出现了一个致命的问题，那就是骑兵挡住了步兵，而步兵则困住了骑兵。这使得当亚历山大大军攻过来的时候，骑兵失去了机动灵活性，而步兵也发挥不了最大的作用。

亚历山大在河西岸也摆开了阵势，准备展开进攻。排兵列阵是亚历山大的强项，这点毋庸置疑。他把方阵兵排在了中间，便于碾压敌军；把近卫步兵和弓箭手排在了右翼，便于从侧面攻击敌人；把最勇猛的骑兵排在左翼，便于冲击敌人。他的布阵无懈可击，但却面临一个最重要的问题，那就是如何渡河。不要忘了，马其顿大军和波斯大军之间，还隔着一条达格拉尼库斯河。如何顺利地冲到河的对岸，才是最为关键的地方。

老将帕米尼欧认为，大军应该先在河边安营扎寨，养精蓄锐，等到天亮时再行渡河。波斯军必然不敢驻扎在河边，出其不意地渡河会更加容易。如果是现在渡河，那么必然会遭遇敌人最强烈的反抗，定将出现重大伤亡。

亚历山大认同意帕米尼欧的话，但认为不必等到天亮才渡河，那样会错失良机。他让大军先原地休整了一会儿，然后突然发起了进攻的命令。他不仅是最优秀的统帅，也是最勇敢的战士。冲锋的时候，他命令托勒密率领一支骑兵队伍为前锋，阿明塔斯率领近卫步兵为左翼，一起冲向河对岸的波斯军队。而他自己则一马当先，率领一支精锐向波斯大军中央冲去。在他的率领之下，整个马其顿大军沸腾起来，士兵们纷纷奋不顾身地冲进河里，向对岸的波斯大军奔去。一时间，杀声震天。

另一面，波斯大军也是斗志昂扬，骄傲的波斯人打算一鼓作气，把亚历山大和他的马其顿大军一举歼灭在河岸。双方如此碰撞，使得战斗立刻胶着起来，战况惨烈。波斯大军的箭矢和标枪像雨点一样从高处飞来，马其顿士兵在呼喊中纷纷倒在水中。可是，一波倒下，另一波很快又补了上来，他们也把手中的武器掷向了波斯军队。骑兵们行动迅速，他们很快厮杀在了一起，不断有战死的士兵落下马。没过多久，死伤的士兵使河水也变得猩红起来。

经过一番昏天黑地的厮杀，战况很快清晰起来。无论是在兵力上还是在地利上都占据劣势的马其顿人明显不支，他们伤亡惨重，很多士兵被急流冲走。还有一些士兵好不容易冲到了河对岸，却又死在了波斯的铁骑之下。眼看着，这些好不容易冲过来的马其顿士兵，就要尽数丧生在波斯人手中。在这个危急关头，亚历山大率领精锐骑兵冲了过来。亚历山大身先士卒，挥舞着长剑杀入敌阵，勇猛地砍杀着敌人。他身后的骑兵精锐，也都以一当十，在波斯军中左冲右突，收割着敌人。在亚历山大和马其顿骑兵们的拖延下，越来越多的马其顿士兵成功过河，加入战斗。

慢慢地，形势开始发生逆转，马其顿士兵逐渐占了上风。他们的英勇，终于带来了胜利的曙光。波斯人也惊恐地发现了这一点，可是却无力改变这种局面。危急中，几个波斯将领突然发现了正在厮杀中头戴白羽毛头盔的亚历山大。机会来了！

在古代，无论是希腊还是波斯，人们都非常崇拜英雄。一个统帅要想让士兵们真心服从，就必须先在战场上成为一个英雄。亚历山大在军中的威望，其实很大程度上来自于他在战场上的表现。这个时候，他正战斗在最激烈的地方，周围都是敌人，他正在尽情地冲杀。但是，他同时也成了波斯将领眼中的希望。谁都明白，如果能将亚历山大斩杀，那么这场战争的形势就会再次逆转。这完全可行，因为最高统帅就是军队的灵魂，失去了这个灵魂，军队自然土崩瓦解。

亚历山大的形势陡然危险起来，他的周围聚集了越来越多想要他命的敌人。但是，他的勇敢却救了他的性命。在敌人的围攻中，他挥舞着长剑，奋力抵抗。长剑砍断了，他就接过卫士手中的长矛，继续战斗。长矛折断了，他就另换一支。他砍倒了一个又一个的波斯将领，甚至刺死了大流士国王的女婿，却没有一点疲惫和力气不济。似乎，他就是神山上的战神。

当然，他其实只是一个凡人，不可能在围攻中毫发无损。事实上，他也是危险丛生。有一位波斯将领甚至差点劈中了他的脑袋，是他幼时的伙伴、奶妈南尼丝的儿子克雷图斯在危急中砍掉了敌人的手臂，才救了他一命。

就这样，他冲出了波斯人的围攻，返回到马其顿的大军之中。这也宣告，波斯人斩首计划的破产。到了这个时候，波斯人的战败已成定局。他们不仅损失了大量骑兵，而且还被亚历山大一连斩杀了好几个将领，已经再也无法支撑了。在这种情形下，波斯军队开始全线溃败。兵败如山倒，波斯骑兵们开始四散逃跑。可是，他们却被后面的步兵挡住了，所有士兵乱成一团，甚至还发生了踩踏。

自然，这给了亚历山大大军乘胜追击的机会。据史料显示，这次交锋，大约有两千名波斯骑兵死在了混战中。对于希腊同胞、迈农所率领的雇佣军，亚历山大非常痛恨。他下令，让马其顿骑兵包围这批雇佣军，力求全歼。最后，两千多名希腊雇佣军被俘虏，其余大多都死于战乱，只有迈农和几个亲信逃了出去。而亚历山大的马其顿大军，则仅仅阵亡了一百多人。

亚历山大和波斯人的初次交锋，就这样以亚历山大的大获全胜而告终。

奇怪的战争

格拉尼库斯河战役之后，亚历山大开始着手接管战利品——所获得的波斯土地。他任命马其顿将领卡拉斯，接替已逃走的波斯人阿西提斯为总督。这是他任命的亚洲占领区的第一位官员，有着划时代的意义。值得一提的是，他没有沿用马其顿和希腊的官衔制度，而是保留了波斯的官衔制度。这其实正是亚历山大的聪明之处，他是在用这种方式安抚波斯百姓——我们不会让这里发生任何变化。他不仅是位杰出的统帅，也是位出色的政治家，有着老练的政治手碗。

毫无疑问，格拉尼库斯河战役有着决定性的意义。它不仅让亚历山大在亚洲有了立足之地，更为他打开了通往小亚细亚的门户。还有一点，初战告捷，让马其顿将士对追随亚历山大获取胜利有了更大的信心。在很多时候，信心和勇气往往是赢得战争胜利的关键。

不过，从另一个角度来看，亚历山大和他所率领的大军，前途还并不怎么光明。他在波斯王国的土地上，打败的只是波斯军力中的极小一部分而已。波斯还有着更强大的陆军力量，而且海面上还有着一支强大无比的海军舰队。如果波斯方面指挥得当，那么极有可能会两面夹击形成包围之势，一步步将这3万多马其顿士兵消灭殆尽。

这些问题，亚历山大自然很清楚。他明白，想要夺取最后的胜利，只有一条路可走，那就是解除来自后方波斯海军和迈农率领的希腊雇佣军的威胁。这两股力量，就像跟在他身后随时会爆发的投石器，让他无法安心率军继续深入。然而，希腊雇佣军容易对付，可怎样对付波斯海军呢？很显然，他不可能直接冲到海上去与波斯海军作战。很快，他就有了计策，那就是攻占波斯海军设立在沿海城市的根据地。

在亚历山大看来，南下攻取沿海城市将会是连番的苦战，因为那些城市的防守力量并不十分薄弱。可是，他却没有料到事实上会如此容易。他指挥大军刚一开到吕底亚首府萨狄斯，那里的波斯军队便不战而降，并献出了城堡和财富。随后，他又率领大军来到了以弗所。这里的波斯守军没有投降，因为他们早就逃跑了。当地百姓打开城门，迎接马其顿大军进城。这些胜利的得来看似偶然，但实则却是必然。原因是，这里的人也知道亚历山大的威名，尤其是他对待底比斯的血腥手段。当然，另一方面，也是因为亚历山大高明的政治手段。对待投降的波斯人，他十分友善，让城市保持原貌，对百姓秋毫无犯。更重要的是，他接管城市以后，实行了较民主的制度，让百姓感觉更胜从前。于是，大多波斯民众并不愿反抗这位入侵者。

这样的战争，简直就是一个奇迹。亚历山大一路向南，那些沿海的城市，不是波斯将领逃往内地，就是他们打开城门投降，原本应该发生的战争变成了交接仪式。就这样，他手中掌握的城市越来越多。这其中虽然也遇到了抵抗，但很快就消亡在马其顿大军的铁骑之下。战争发展到这里，亚历山大和他的马其顿大军已经有了立足波斯的基础。

众所周知，波斯在海上有着一支强大的海军舰队。这支舰队，本应该是这场战争的决定性力量。可是，波斯人却并没有好好利用。他们既没有用这支舰队去阻止亚历山大横渡赫勒斯滂海峡，也没有用它来抵抗亚历山大的南下入侵。可是，等到亚历山大已占据大量城市的时候，他们才想着发动一场战争了。波斯海军想在海上战胜马其顿大军，他们甚至向亚历山大发起了邀战。

马其顿是一个骁勇善战的民族，面对挑战，将士们都不愿退缩，这其中包括老将帕米尼欧。帕米尼欧认为，既然波斯人想要在海上战胜马其顿军队，那不如就在海上大战一场。如果能就此击溃威名赫赫的波斯海军，那将更加鼓舞军心。即便战败了，损失也不会太大，因为海上本就是波斯海军的地盘。他的这种想法，得到了很多马其顿将领的支持，但亚历山大却并不赞同。他认为，以己之短去攻敌之长，根本就是一种愚蠢的做法。暂且不说马其顿海军战舰的数量较少，就是从海军士兵的素质上来说，马其顿海军也弱于波斯海军。因此，海上之战的胜败已经注定。既然如此，那么为什么不在陆地上打败波斯海军呢?

他的意思再明确不过，通过占领沿海城市，让波斯海军失去给养，这样根本就不用下海，波斯海军自然不攻自溃了。为了让这个计划更加顺利地实施，他干脆解散了马其顿海军。在他看来，这个时候的马其顿海军，实际上已经成为一种负担，他们打不过波斯海军，只能在海上消耗军需。而且，如果双方在海上相遇，发生了战斗，那么在战败的情况下，谁敢保证马其顿海军不会倒戈相向？要知道，这支马其顿海军的成员，大多是由希腊人组成的。战争发展到这里，已经容不下陡生变故了。出于这种考虑，马其顿海军被解散了。如此一来，既解决了财政的紧缺问题，又可以及时补充马其顿的陆军力量。

军力大增的马其顿军队，气势汹汹地开向了波斯海军的最后供养基地，那就是卡里亚首府哈利卡纳苏斯。如果说亚历山大之前攻下的沿海城市只是小鱼小虾的话，那么哈利卡纳苏斯就是一条大鱼。当然，这是最后的一条大鱼。

哈利卡纳苏斯是波斯帝国从小亚细亚到爱琴海南部通道上最重要的海军基地，有着十分重要的战略地位。因为重要，所以它的城池防御十分坚固，易守难攻。主城外是一条宽阔的护城河。主城通向陆地的一面，还有三个卫城，它们也有着坚固的防御工事。当然，这些只是外部防御工事，战争最主要的因素还是人。哈利卡纳苏斯城里驻扎着大量的波斯军队，还有大量的希腊雇佣军。而且，守城的指挥官正是亚历山大的老熟人，雇佣军首领迈农。他被大流士任命为哈利卡纳苏斯城的最高指挥官。迈农可不同于那些波斯将领，他非常难对付。

亚历山大率领大军来到哈利卡纳苏斯城下，在观察过地形之后，他命令军队开始安营扎寨。他知道，硬仗来了，这座城市不像其他城市那样容易攻取。他必须想一个万全之策。

可是，面对防守得像铁桶一样的主城，还能有什么好的办法呢？他想不到，于是只能采取一种最直接的夺取方式，那就是强攻。他命令士兵们用土在护城河里填出一条路来，这样就能直接来到城墙脚下，然后在城下竖起了攻城塔。可是，还没等马其顿士兵攻进城里，攻城塔就被波斯士兵放火烧毁了。无奈之下，亚历山大只好再想别的策略。波斯军队和马其顿军队，一方想拼命守住城里，另一方则想拼命守住城池，双方战斗激烈。投石器投出的巨大石块在城墙上飞来飞去，飞箭如雨，死伤无数。

这场激烈的战斗持续了好几天，双方都损失惨重。亚历山大方面牺牲的士兵人数虽然相对少一些，但却也牺牲了几名颇有才干的将领。波斯方面损失更大，大约损失了一千名士兵。这个时候，出现了一个变故——在石块的不断冲击下，一面城墙倒塌了。也就是说，哈利卡纳苏斯最后的屏障已经没有了。

迈农和几个将领紧急商议，最后决定先撤退到一块高地上。在撤退之前，他下令放火焚烧了军械库，为的是不给亚历山大留下军需物资。可是，这场大火却因为风势烧着了周围的民房，而且形成了连锁反应，越来越多的民房被熊熊大火所覆盖。

在这个紧急关头，亚历山大命令军队立即进城救火，抢救被困在大火中的老百姓。他的这一举动，使得城中百姓感激涕零。当然，这为他后来的一些战争打下了不错的民众基础。

哈利卡纳苏斯城就这样在激战中被亚历山大夺取，但是亚历山大却发现，这座残城已经没有任何意义了。于是，他只留下少量的部队驻守残城和卡里亚地区，便又率领军队出发了。

戈尔迪之结

这是公元前 334 年的秋天，亚历山大已经在波斯境内取得了辉煌的战果。

从进入波斯境内起，大军就一直在连番作战，所以他决定要整修部队。他下了一道很简单、却很人性化的命令，那就是让一些新婚不久的将士返回马其顿与妻子团聚，等到春天的时候再归队。这道命令，让那些年轻的将士感恩戴德，并对他誓死效忠。客观地说，亚历山大很会收买人心，这其实是他治军的一项怀柔手段。

为了保证那些返回马其顿的将士们的安全，他派出了皇家警卫队沿途护送。当然，他也没有忘记告诉那些将士们，让他们在春天归队的时候，沿途召集更多的士兵。战争消耗了大量的士兵，需要补充一些新鲜血液进来。

亚历山大的修整，并不是原地待命。在他看来，如果不能主动出击，那么就是给敌人一个喘息的机会。于是，他派遣帕米尼欧率领一支军队向弗里吉亚进军，而他自己则率领一支队伍向莱西亚和潘利亚进军。像上次一样，他率领着大军一路走来，所到之处，城池纷纷投降。在很多地方，老百姓甚至夹道欢迎马其顿大军的到来，因此，他不费一兵一卒，就夺取了莱西亚和弗西利斯等地区。在处理好这些地方的行政事务之后，他开始挥军北上，向弗里吉亚挺进。一路上仍然没有遇到什么有效抵抗，他就成功地接管了弗里吉亚。整个冬天，亚历山大大军没有遭遇几场战争，却占领了波斯大片的土地。

公元前 333 年春，亚历山大同帕米尼欧在戈尔迪乌姆胜利会师。同时，还有一支生力军也赶到了戈尔迪乌姆，那是那些返回马其顿探亲的年轻军官带来的队伍，大约有 4000 人。这样一来，亚历山大麾下的士兵人数，甚至超越了刚来波斯时的人数。几路大军会合，军心振奋到了极点。

这个时候，在戈尔迪乌姆城发生了一件事，这件事更加振奋人心。

事情是这样的：戈尔迪乌姆城有一个卫城，在卫城上，有戈尔迪和他儿子迈达斯的宫殿。在宫殿里，有一辆战车，车上拴着一个永远也无法解开的绳结。相传，戈尔迪以前是个穷人，以耕田度日。有一天，他在劳作时，发现一只老鹰落在了他的牛轭上，而且久久不肯离去。为什么会这样呢？为了求得答案，他便到处找人释疑，并碰到了一位姑娘。那位姑娘告诉他，让他回到现场向宙斯献祭，就可得到答案了。于是，他和那位姑娘一起到田里向宙斯献祭。之后，他同那位姑娘成婚，并生下了迈达斯。

弗里吉亚内战时，人们渴望过上平安的生活，便向神庙问取神意。神意称，将有一辆战车会为他们载来一位国王，这位国王能够平息内乱。恰巧这个时候，迈达斯和他的父母驾着战车来到了这里。于是，迈达斯就成了弗里吉亚的国王，并平息了内战。为了纪念这场战役，迈达斯命人把那辆战车放在了卫城上。也就是从那时候起，关于那辆战车逐渐流传出来一个故事，谁要是能解开那个绳结，谁就是亚洲的霸主。

亚历山大本身就是一个求知欲很强的人，自然不肯放过这个机会。当然，他也是一个很自信的人，认为自己一定可以解开这个绳结。于是，他在众目睽睽之下，来到了那辆战车前面，开始思索解开绳结的方法。然而，他还是低估了绳结解开的难度，或者那根本就是一个死结，所以迄今无人能解。他思索了良久，还是没有找到任何解开绳结的办法。怎么办呢？他如果当众宣告自己解不开，那肯定会影响士气。要知道，传说中称，解开绳结的人将是亚洲霸主，他不能在士兵面前“宣称”自己不能成为亚洲霸主。

他当机立断，拔出宝剑，一下子就把绳结劈开了。同时，他还大喊一声：“我把它解开了！”解开了，确实是解开了，这一剑，把他当机立断的个性发挥得淋漓尽致。一时间，人们欢声雷动，认为他一定会成为亚洲的霸主，并因此士气大振。据说，当天晚上，恰巧雷电交加，人们更加认定，神灵选择了亚历山大，这个消息像洪水一样，传遍了四方。

在很多时候，幸运往往和智慧相伴而生。亚历山大挥剑斩断戈尔迪之结，不正是如此吗？这件事产生了轰动效应，但如果没有亚历山大过人的智慧，又会出现什么样的情形？肯定还是和以前一样，绳结无法解开，他悻悻离去。如果是那样，他在将士以及人们心目中的地位，便不会像如今这样了。亚洲的主人，他的亚洲之战，忽然一下子就变成了神的安排。

趁着士气大振，亚历山大指挥大军继续向安卡拉前进，经卡帕多基亚，直奔西里西亚门。这一路上，那些城镇还是像以前一样纷纷投降。而亚历山大，兵力雄厚，本人又是神谕的“亚洲霸主”，号召力自然非同小可。不过，大军行至塔尔苏斯时，却又发生了一件意外之事。这场意外之事，差点终结了他的事业。

由于一路急行军，亚历山大非常疲惫，再加上时值夏日，天气燥热，因此，当他看到一条河时，就动了洗个澡的念头。出征在外，遇到河流洗一个澡，本就是一件很平常的事，更何况亚历山大还是一个体育爱好者，非常喜欢游泳。可是，所有人都没有想到，这条名为基得努斯河的河水竟会如此冰冷。这条河应该是从当地的一座高山上流下来的，因此河水的温度与当地的气温不符。从很热到很冷，几乎要了亚历山大的命，虽然他体格强健，但是当他被士兵们从河里捞上来的时候，已经陷入了昏迷。很多人都认为，这一次他是要死了。

军中有一个老御医叫菲利普，他认为亚历山大吃猛药大泻，才有治愈的可能。可是，谁敢在这个时候给军中最高统帅吃泻药？恰巧这个时候，亚历山大从昏昏沉沉中醒来，听到了老御医的话，同意了这个提议。

药很快就准备好了。可是，正当亚历山大准备服药时，却有人递过一张帕米尼欧写的条子，上面写着，菲利普已经被大流士以重金收买了，要毒死他。如果是别的君主遇到这种情况会怎样做？肯定是暴跳如雷，把那个老御医抓起来，然后一查到底。可是，亚历山大却没有这样做，他一只手拿着这张条子念着，另一只手拿过装药的杯子，念完后就把条子交给菲利普念。而在菲利普念条子的时候，他就把药喝了下去。

知人善任，用人不疑，这就是亚历山大的过人之处。他有着一颗宽广的胸怀，里面装着的，不仅是天下，还有对朋友的信任。当然，如果从另一个方面来看，亚历山大对老御医的信任，其实更多来自于自己的聪明和果敢。他从菲利普念条子时的神情，已经判断出药并没有毒，因此他果断地喝了下去。让下属死心塌地忠于自己，永远是他克敌制胜的法宝。

第六章

重创大流士

毫无疑问，亚历山大是被神眷顾的人，因为他的对手是大流士三世。懦弱的大流士三世给了他机会，使他可以用极少的兵力，重创强大的波斯大军。可是，神为什么会眷顾他？因为他勇敢、智慧、坚毅、博学，他有着比大流士三世更优秀的品质。与其说他因幸运而成功，不如说他因成功而幸运。他的幸运，都是自己争取来的。

苏伊斯之战

公元前 333 年，亚历山大在波斯境内取得了辉煌的胜利，一路上占领多处城池，并在这些地方采取了不同的统治方式。在他的有效管理下，这些地方成了他在波斯的大后方。可以说，这个时候，他在波斯境内已经有了一席之地。

可是，就总体来说，他的情形仍然并不乐观。为什么这样说呢？这要从波斯的整体情况来看。

波斯陆军虽然频频受创，但一直没有受到致命的打击。马其顿大军杀伤和俘虏的波斯士兵人数有限，在波斯境内，还有数十万大军听从大流士三世的指挥。另外，就整个波斯领土面积来说，亚历山大所占领的实在有限，最多只有 10%。这也就是说，还有 90% 的土地掌握在大流士三世的手中。更不用说，大流三世手中还掌握了无数的财富。这些财富，足以维持庞大的军队开销。

另外，波斯的海军还完好无损，而且在这个时候开始发力，他们频频向沿海亚历山大辖下的地方发起进攻，并夺回了多处城镇和岛屿。同时，波斯海军还和希腊一些反亚历山大的城邦联合起来，一起对付亚历山大，比如斯巴达。

波斯国王大流士三世以前太轻敌了，这一次，他下定决心要动用一切力量，将亚历山大从波斯土地上赶出去。

如何才能扭转这种局面？亚历山大认为，波斯凭借强大的海军力量，四处袭击已经属于己方的城镇，使得大军后方极不稳定。因此，当务之急，是要打败波斯海军。可是，怎样才能打败波斯海军呢？很显然，这需要一支强大的海军力量。所以在这个时候，亚历山大打算建立起一支强大的海军。

问题是，要建立这样一支能够抗衡波斯海军的海军部队，需要大量的金钱投入，亚历山大有钱吗？他当然没有钱。事实上，以亚历山大在马其顿和希腊的地位，他完全能拥有大量财富，但是这些都被用了出去。另外，从欧洲把钱运到亚洲，显然不是明智之举。鉴于这种情况，亚历山大决定，就从波斯境内筹集资金。

波斯最有钱的人，当属波斯国王大流士三世，因此他决定向大流士三世“要”钱。当时传说，波斯的中心城市波斯波利斯和苏萨的大流士宝库中，藏有价值二十多万金塔伦特的钱币，还有很多金子。这些宝库，成了亚历山大的目标。

亚历山大在塔尔苏斯生过一次病，差点死掉，后经老御医菲利普精心治疗好了起来。但是，在他的授意下，传出去的消息却是：亚历山大的病还很严重。这显然是一种迷惑敌人的计策，亚历山大希望大流士三世因此而放松警惕。

公元前 333 年 10 月，大流士三世率领数十万大军，来到了索契，准备在这里拦下亚历山大的大军。之所以选择索契，大流士三世是经过深思熟虑的，因为这里是最理想的阻击和围歼之地。在索契的西面，是南北走向的阿马努斯山，地势非常险峻，军队难以穿越。而索契却在一块极为辽阔的平原之上，适合大部队作战。大流士三世麾下兵多将广，十分需要这样一块开阔的战场。

令人奇怪的是，亚历山大率军来到距离索契只有三十英里的地方，却竟然不知道波斯大军的存在。而且这个时候，亚历山大正在苦苦寻找大流士三世，想要奇袭波斯军队。更有意思的是，大流士三世也不知道自己距离亚历山大很近。他等在索契，就是想要给亚历山大来个迎头痛击。

更让人觉得不可思议的事还在后面，正在亚历山大为寻找大流士三世而努力翻越马努斯山的当天夜里，大流士三世也刚好率领军队从另一个地方翻越这条山脉。只不过，他们方向刚好相反。双方相距这么近，却没有发现对方，这确实匪夷所思。

事情发展到这里，已经非常奇怪了。大流士三世辛辛苦苦地翻山越岭，攻占了伊苏斯后才知道，亚历山大已经越过马努斯山脉，向南进军了。这个发现，让大流士三世勃然大怒，他下令处死了留在伊苏斯养伤的马其顿伤兵，然后又追了回来。只不过，追到马努斯山脉前面，他却再也不想追赶了。原因是，他实在不想再受翻越马努斯山脉之苦。多年的帝王生活，使得大流士三世安于享受。据史料记载，他随军带了许多妃子、仆从，甚至包括乐师、舞女和厨师。说到底，他并没有把这次战争当作一次生死存亡的考验，他太小看亚历山大了。他对亚历山大的轻视，注定要付出代价。

和大流士三世不同，亚历山大得到大流士三世在自己后面的消息时十分兴奋。他派人返回伊苏斯侦察敌情，确定情报属实后，迅速召开了军事会议。他对将士们说，这实在是天赐良机，大流士三世放弃了开阔的平原，却把自己的大部队关在了一个狭窄的地形之中，这根本就是自寻死路。波斯军队虽然人数众多，但斗志不强，尤其是希腊雇佣军，更是在为钱卖命，而马其顿人则是为正义而战。因此，大流士三世必败无疑。

亚历山大的一番分析，让马其顿将士热血沸腾。所有的人都欢呼起来，表示要立刻前往，同波斯人决一死战。于是，亚历山大开始率军按原路返回，来到了距离伊苏斯城不远的比拉鲁斯河畔。河的对岸，就是人头密集的波斯大军。

许多年后，人们对这场大战仍然津津乐道，因为这实在是一场以少胜多的奇迹。就兵力上来说，波斯的总兵力超越了十万，甚至有传言说有五十万之众。到底有没有五十万，史料上没有确切的记载，但总而言之，波斯兵力要比马其顿强大太多。史料上明确记载，在伊苏斯战役中，马其顿总共有两万步兵和五千骑兵参加了战斗。

兵力如此悬殊，这仗还怎么打？亚历山大还怎样获胜？更何况，大流士三士也颇有才干。这位波斯帝王治国多年，也经历过一些战争，有着一批忠诚的部下。而且，他所率领的军队，有着最为精良的装备。直到这个时候，大流士三世也有信心一举击溃马其顿大军，石头和鸡蛋相碰撞，根本就不会出现意外。

战斗很快打响，大流士三世在全军中央指挥战斗。他让希腊雇佣军在阵前开路，让弓箭手和骑兵分布在队伍左右两侧，不紧不慢地向亚历山大军队冲去。而亚历山大仍像以往一样，把方阵放在全军中央，两翼是轻装步兵和骑兵。双方缓慢靠拢，大战一触即发。

当波斯军队进入弓箭手射程时，亚历山大突然下令，全速进攻。而他自己，则率领着一支骑兵队伍，飞速向波斯军队扑去。一直以来，亚历山大都认为速度是战争获胜的先决条件，他绝不容许己方在战场上慢过敌人。在扑向敌人的那一刻，他的身份变了，从指挥官变成了战士，英勇杀敌。他身后的将士们受到感染，纷纷像狼一样冲了上来。

另一方面，大流士三世也丝毫无惧。他在波斯大军的中央，站在战车上指挥着战斗。所有靠近他的马其顿士兵，都被他身边的警卫消灭得干干净净。在激战中，亚历山大发现了大流士三世的身影，便奋不顾身地向其冲去，但是刚一近前，就被大流士三世的警卫拦了下来。战况异常惨烈，无论是波斯士兵还是马其顿士兵，都在进行着殊死搏斗，很多士兵死的时候，全身几乎没有完好的地方。

在激战中，神勇的亚历山大也险象环生，他被一名波斯士兵砍中了腿部，鲜血直流。大流士三世也不好过，他身边的警卫越来越少，而马其顿士兵则越靠越近。突然，大流士三世驾车的战马受伤狂乱起来，差点将其摔下战车。虽然最终在近卫军的努力下，战车稳住了，但大流士三世却开始害怕起来。他毕竟不是亚历山大，不能像亚历山大一样神勇无畏。他害怕落入马其顿士兵手中，便萌生了退意。于是，他驾车拼命逃跑了。他的身后，是正在浴血奋战的波斯士兵。

这个时候，波斯大军其实比马其顿军队更占优势，原因只有一个，那就是人多势众。凭借数量上的优势，虽然伤亡惨重，但波斯军队的情况要比马其顿军队的情况好上很多。如果激战再持续一段时间，恐怕马其顿方面就要败退了。可是，历史上永远没有如果。大流士三世的懦弱逃亡，引起了波斯人的恐慌，大军全线溃散，人人争相逃命。原本势均力敌的厮杀，转眼变成了马其顿人单方面的追杀。毫无疑问，波斯人败了。

据史料记载，这场战役，波斯死了几千名士兵，而马其顿则仅仅牺牲了不到一千人。

拒绝和谈

打败大流士三世，亚历山大获得了大量财富。据说，在返回伊苏斯后，他被大流士三世帐篷里的华丽陈设以及各种珍宝惊呆了。即便在马其顿和希腊，他的地位和大流士三世相若，却从来没有享受过如此奢华的生活和拥有如此之多的财富。大流士三世的帐篷里，金制品随处可见，珠宝到处都是，珍贵香料的气味弥漫着整个帐篷。

大流士三世逃亡时，抛掉了他的母亲、妻子和女儿。对于这些俘虏，亚历山大非常宽大，他允许她们保留皇家的地位和一切皇家特有的东西。他的看法是，他和大流士三世之间并没有什么深仇大恨，他们只是在为亚洲的主权而战。亚历山大一直对大流士三世的家眷非常照顾，甚至在数年之后，他还娶了大流士三世的一个女儿为妻。只不过，那是他的第二个妻子。亚历山大是一个伟大的统治者，他所做的一切，都是出于政治目的，娶大流士三世的女儿为妻，也是为了巩固自己的统治地位，减少波斯人的敌对情绪。他从来就不好女色，一生都在忙忙碌碌地处理政事。

这场战役之后，亚历山大成功地拿到了大流士三世金库里的财富。这些财富，已经足够他建立起一支庞大的海军舰队了。可以说，有了这些财富，他更多了一些称霸亚洲的资本。

其实，这场战役带给亚历山大的，不仅仅是庞大的财富，还有足够高的政治和军事地位。他打败大流士三世，无疑给那些已经或者想要同波斯合作的希腊城邦国敲响了警钟。谁也不敢保证，有一天亚历山大统治亚洲后，会不会拿那些胆敢同波斯合作的国家开刀。这个险没有人敢冒，包括一向自诩强大的斯巴达。斯巴达王紧急停止了同波斯人的合作，选择了观望。一直以来，亚历山大所面临的危机，终于开始慢慢解除。

从踏入亚洲的土地开始，到这时成功打败大流士三世，亚历山大仅仅用了一年多的时间。可就是在这一年多的时间里，他做了太多常人无法想象的事情：大败波斯军队、夺取沿海城市、收服无数山区部落、建立完整的行政管理机构等。这个时候，他在亚洲所占领的土地面积，已经不亚于一个小型国家了。仅仅十八个月，他便将父亲腓力一生想要完成，但却一直未能实现的梦想完成了一半。他的这些辉煌成就，已经完全可以书写一个传奇了。但是他想要的，却并非只有这些。

于是，当大流士三世想要同他和谈时，他断然拒绝了。

大流士三世是以书信的形式向亚历山大提出和谈要求的。虽然说是和谈，但在字里行间，他却没有表露出一丝真心想要“和”的意思。他措辞强硬，要求亚历山大将他的家眷归还，但却不愿意拿出任何条件交换。相反，他还在言辞中颇有怨言，指责亚历山大和腓力屡屡挑起事端，把战火带到了亚洲，给波斯人民造成了极大的危害。至于刚刚发生过的战争，大流士三世则认为那是保家卫国的正义之战，他是迫不得已而为之。而现在，他不愿意让战火再继续燃烧，所以提出和谈，希望两国罢兵，重修旧好。

这根本是一份没有任何意义的和谈声明，如果亚历山大同意，那么他的东征也就变得毫无意义了。双方休战，再回到从前，可能吗？显然不可能！因为，亚历山大不同意。

很快，亚历山大便给大流士三世回了一封信。在信中，他义正词严地说：“在历史上，马其顿和希腊从来没有主动侵略过波斯。相反，波斯人却侵略过希腊和马其顿，并对这些地方的民众造成极大的伤害。现在，我是受马其顿人民和希腊人民的托付，来为祖先报仇雪恨。就算抛开祖先之间的仇恨不说，你大流士三世也并不安分，一直在利用各种机会挑起希腊内部的争端。你鼓励色雷斯人反对马其顿并引发战争，用金钱贿赂希腊人站在马其顿的对立面。更过分的是，你还指使别人刺杀腓力。你做了这么多事情，难道还想说自己无辜吗？你难道不知道，我也是在忍无可忍的情况下，才出兵亚洲的吗？我们马其顿人能打胜仗，说明天意是在我们一边。你现在已经是天怒人怨了，还敢提出和谈的要求，凭什么？因此，你应当尊我为亚洲霸主，向我朝拜。你放心，你向我朝拜的时候，我不会为难你，还会立即归还你的家眷，包括你的财富。只要你提出的要求合理，我都能满足你。你还要记得，尊我为亚洲霸主之后，无论什么时候，你对我都要行君臣之礼。如果你答应我所说的，再来领回你的家眷吧！”

与其说这是一封回信，不如说这是亚历山大对大流士三世下的最后通牒。亚历山大的意思很明确，那就是要称霸亚洲，成为真正的亚洲之王。至于波斯，他已经将之看成是自己的囊中之物了。他甚至赤裸裸地威胁大流士三世：“你要为你的国家而战可以，但千万不能跑。因为，无论你跑到什么地方，我都要追！”

好一个狂妄嚣张的亚历山大！实际上，他也有这个资本。他的心，因为这些辉煌的战果，已经膨胀得满满的，他要占领整个亚洲。至少就目前来说，这已经不是什么不切实际的梦想了。他的世界霸主梦，已经近在咫尺。

毫无疑问，他的这封信彻底粉碎了大流士三世和谈的梦想。摆在大流士三世面前的路只有两条：一是降，二是战。在这种情形之下，大流士三世又一次派出代表求见亚历山大。这一次，他是以战败者的身份，向亚历山大请求赎回自己的家眷。既然是赎回家眷，那么就需要付出一定的赎金了，大流士三世给出的赎金是一万塔伦特，这在当时来说已经很高了。除此之外，他还提出，以幼发拉底河为界线，把河以西直到爱琴海的所有亚洲地区，全部割让给亚历山大。割地求和，是大流士三世最后的筹码了。

这是一个极具诱惑力的条件，亚历山大很难拒绝。但是，他却并没有同意，而是沉思了起来。其实他完全用不着沉思，因为他的目光不在这里，而是在更远的地方，那里有一个庞大的帝国，散发着万丈光芒。他之所以沉思，之所以没有立即拒绝，是因为他的部下动心了。以帕米尼欧为首的一众将领，在听到这个消息后，都已经两眼放光了。他们出生入死地跟着亚历山大南征北战，打下了偌大的地盘。现在有机会可以不打仗了，可以回家享乐了，为什么不同意呢？更何况，大流士三世愿意割让的地盘，他们之前想都没有想过。因此，他们都希望亚历山大能够同意。

帕米尼欧看到亚历山大没有表态，甚至站出来提醒亚历山大。他说，大流士三世虽然败了，但其麾下的军事力量还是不容小觑，陆军力量大半还在，海军舰队完好无损。因此，他提出的这个条件，是最好的结果。如果坚持不同意，那么最后结果如何，就很难预料了。帕米尼欧甚至很直白地对亚历山大说："如果我是你，就会同意这些条件，停止战争，不再冒险。”

亚历山大终于不再保持沉默了，他接过帕米尼欧的话，反驳道：“如果我是你，我当然也会同意这些条件。”言下之意是，我之所以能够走到今天，是因为我有着比你更为卓越的战略眼光。忍无可忍之下，他已经开始出言讥讽帕米尼欧了。亚历山大和部下的关系一向很好，他们之间几乎没有君臣礼节，而是称兄道弟。可是现在，当他想要朝着更高山巅攀去的时候，他的部下开始不理解了。战争本来可以结束，他还想要做什么？

在给大流士三世的回信中，他说出了自己的相法。他以一种居高临下的口吻对大流士三世说：“我不需要你的钱，也不需要你国土的一部分。你的一切都是我的，包括你所有的钱财和国土。至于你的女儿，我也可以娶，就算你不想给我也可以娶。你现在已经没有选择的权利了。”

没有谁愿意被别人踩在脚下，更何况是高高在上的波斯国国王。看到这封信后，大流士三世已经明白，和谈是不可能的了。臣服吗？不可能，因为他手中还有无数的兵力。打吗？看来，似乎只有这一条路可走了。打败亚历山大，他将仍然是波斯王国至高无上的王。

南下计划

虽然很坚定地拒绝了大流士三世的和谈，但是亚历山大却知道，要想彻底打败这位战败的波斯国王并不容易。原因就是，大流士三世麾下仍然有着强大的战斗力。

伊苏斯之战，看似给了大流士三世重创，但实际上波斯军的损失并不大。大部分波斯骑兵都撤到了波斯统治区内，并在当地招兵买马。要知道，那些波斯统治区可并不像小亚细亚等地，当地居民不属于希腊城邦，而是土生土长的波斯人，他们不会受亚历山大“民主”、“复仇”等口号的蛊惑，进而欢迎马其顿军入城。没有人愿意自己的国家被其他民族侵入，因此他们仇恨马其顿人。所以在这里，波斯军方很容易就能召集到一支强大的军队。

这样强大的军事力量，亚历山大也没有十足的把握能将之彻底击溃。所以，即便十分傲慢地拒绝了和谈，亚历山大在进行下一步计划的时候，还是小心翼翼、步步为营。这个时候的问题就是，下一步应该如何去走。按理说，应该乘胜追击，东进剿灭大流士三世。可是，对方军事力量强大是一个障碍，更何况如果深入腹地作战，补给就成了一个很大的问题，当地百姓可不像小亚细亚百姓，能热情地为其提供粮草。当然，粮草可以从占领区运送过去，但是这中间却有一个致命威胁，那就是波斯海军。波斯海军一直完好无损，这也是亚历山大最为头痛的问题。

这一切都表明，东进追击大流士三世，将会困难重重，而且还会面临危险。于是，亚历山大做了一个大胆的决定：放弃追击大流士三世，顺腓尼基沿岸南下，占据沿岸城市，打击并摧毁波斯海军。

之前，亚历山大已经采取过一系列针对波斯海军的作战计划。他率领大军，攻占了小亚细亚沿海的一些城镇，取得了很大的成功，限制了波斯海军。可是，那些还不够，波斯海军仍然可以威胁到马其顿军的大后方，因为腓尼基沿海还在波斯人手中。甚至，波斯海军可以驶入爱琴海，趁亚历山大在亚洲作战的时机，袭击希腊。这些是亚历山大不愿意看到的。所以，他必须要将这些威胁完全解除，才能继续深入波斯，消灭大流士三世。

亚历山大一直想要组建一支强大的海军舰队，用以和波斯舰队相抗衡。但是，由于战事吃紧，他一直没有时间去组建一支这样的舰队。现在面对波斯的腓尼基舰队，他采取的策略还是同以前一样，先攻占腓尼基诸城。只要夺取了这支舰队的大本营和补给基地，那么这支舰队也就被成功瓦解了。他要在陆地上战胜一支强大的海军。他的决心很大，沿腓尼基沿岸南下，一直推到埃及。如此整个东地中海，便都在他的控制之下了。

妥善安排好驻地事宜之后，亚历山大便率领大军，向腓尼基进发了。

在波斯王国，腓尼基是一个很特殊的存在。它有沿海城市有二十多个，每一个城市都是一个独立的小王国，这一点同希腊城邦国很像。当然，这些小王国是臣服于波斯帝国的，它们需要为波斯帝国提供财富和物资上的支持。因为是沿海城市，故而腓尼基人的商业和航海业都十分发达，可以说每一个城市都是一个贸易中心。因此，腓尼基沿岸的这一片区域，是波斯帝国最繁华的区域之一。不过，独立小国太多，也有着很多弊端，这些小王国彼此之间充满了矛盾和竞争。而这些，也为亚历山大逐个击破提供了有利条件。

这些城市中，有两个地方非常重要，那就是西顿和推罗，它们是波斯帝国舰队的重要基地和港口。

亚历山大率领大军来到腓尼基沿岸，没费吹灰之力，就取得了非常不错的成效。不少城市知道大军前来的消息后，便打开城门迎接亚历山大。这些城市的统治者为什么会这么做？原因有两点：一是它们经常受到大流士三世的压迫；二是它们无法统一有效抵抗马其顿的大军，更不用说单打独斗了。

这根本就是一场算不上战争的战争，亚历山大率领大军一路南下，一路接收归降的腓尼基城市，就连西顿和推罗也都主动归降。这让亚历山大非常高兴。

可是很快，有一件事却让亚历山大不高兴了。这件事的源头，在推罗这座城市。推罗人不欢迎波斯人，因为他们经常受波斯人的压迫。可是，他们也不欢迎马其顿人。在他们看来，波斯人是狼，而马其顿人则是虎，本质相同。最重要的是，推罗人有着抵抗外敌的光荣传统。很多年前，巴比伦国王尼布甲尼撒曾率领大军围攻推罗城十四年，却始终攻而不破，这是推罗人的骄傲。所以，推罗人有着天然的铮铮傲骨，他们不愿意向任何强敌屈服。同时，他们也坚信，就算是亚历山大，也无法攻破推罗坚固的城墙。更重要的是，他们还有一支强大的海军和许多精良的作战器械。

这些因素，使推罗人虽然归降亚历山大，但却拒绝马其顿人入城。他们派出代表告诉亚历山大：我们可以接受你们的一切命令，但是决不允许你们或者波斯人入城。这个时候，亚历山大正兴致勃勃地打算进城，向和其祖先同名的神祇赫拉克勒斯献祭。说到底，推罗人并不是真心归降亚历山大，他们只是采取了一种折中的办法，想将任何别有用心的人拒之门外。可他们没有想到的是，他们的这种做法激怒了亚历山大。

亚历山大当然也不是真的想要去向赫拉克勒斯献祭，这个神祇虽然和其祖先同名，但两者却一点关系都没有。他真正想要做的，是率军进入推罗城，占领推罗这个腓尼基最重要的港口。因此，对于推罗人的拒绝，他非常恼火。他的怒火，当然需要用战争来平息。他对部下说："我们要想安全地进军埃及，就必须破坏波斯人的制海权。可是现在，推罗这种暧昧的态度，分明不是诚心归顺。可想而知，如果我们绕过推罗，把它留在身后，会是一件多么危险的事情；如果我们去追击大流士三世的时候，腓尼基沿海城市再发生变故，会是一件多么可怕的事情。所以，我们必须战胜推罗。只有这样，我们才能占据整个腓尼基，才能把波斯海军中最精锐的力量转移到我方。到那时候，我们就可以很轻松地控制海面。而后，我们再远征埃及就没有任何后顾之忧了。再想得长远一些，那时国内安定，我们的军力和威望又日益增长，再去远征巴比伦就是轻而易举的事了。"

这就是亚历山大的一连串计划，环环相扣，目标远大。他现在已经在考虑以后，乃至将来的事情了。简单来说，他就是要从占领腓尼基沿海城市开始，摧毁波斯海军，掌握制海权，稳定后方。在这个基础上，率领大军远征巴比伦，追击大流士三世。只不过，眼下他必须先要解决推罗这个难题。

推罗之战

很显然，推罗城是一块难啃的骨头，这从巴比伦国王尼布甲尼撒率军围攻十四年而无法攻破就可以看出。更何况，这个时候推罗城的强大也更胜往昔。面对这样一个固若金汤的城池，亚历山大真的可以一举破城吗?

推罗城由大陆沿岸地带和一个小岛组成，地理因素使其更添几分险峻。自然，这也给亚历山大的攻城造成了更大的困难。在观察过地形后，亚历山大决定，先修筑一条从陆地通向推罗主城的长堤。只有这样，陆军攻城的优势才能充分发挥出来。

命令很快就被传达下去，全军将士成了“筑路工”，开始修筑长堤。亚历山大更是亲临现场，对每一个环节每一个步骤，都进行指导。他知道，这条长堤将是夺取推罗城的关键。

他清楚这一点，推罗人自然也很清楚。随着长堤越来越靠近推罗城，城内的守军开始了激烈的反攻。这个时候，水已经很深了，马其顿士兵筑堤的速度很慢，而城上的推罗守军则不断地将箭射下来，同时还夹杂着大量的石块。马其顿士兵一边修筑长堤，一边还要不停地防御，十分艰难。更糟糕的是，一部分推罗海军驾驶着小型战船，也在不断地攻击长堤。推罗人很聪明，他们在每只小型战船的船头都装上一个大金属撞锤，专门朝着马其顿士兵的工事撞去。结果，修筑长堤的进度很慢。

亚历山大的很多作战计划，都是临场发挥的，他非常善于动脑筋。看到这种情况，他灵机一动，想到了一个办法。他命令士兵在已经筑好的长堤上建起两座塔楼，塔楼的高度同推罗城的城墙高度差不多。塔楼外面被防火的材料蒙着，这样可以不怕推罗人的火箭。而马其顿弓箭手就藏在塔楼的最高顶端，向推罗城的守军和小型战船上的敌军射击。这个方法很有效，一时间双方势均力敌，战况十分激烈。

很快，推罗人也想出了应对策略。他们找来许多空船，并在上面装满了干柴、沥青、硫黄等易燃物。同时，又在船头竖起两根桅杆，上面挂着一口大锅，里面也装满了易燃物。然后，他们的战船拖着装满易燃物的空船，将空船点燃，并趁着风起的时候，向着亚历山大长堤上的塔楼冲去。火船很快就撞向了塔楼，大锅内的易燃物泼在了塔楼上，熊熊大火燃烧起来。转眼间，长堤上起了大火，亚历山大的计划破产了。

怎么办？亚历山大意识到，即便是加宽长堤，重新筑起塔楼，这个计划也很难取得成功。原因是，海面上的推罗舰队机动灵活，他们可以随时随地发起进攻或者进行破坏，而马其顿士兵却无法追击。如果想要扭转战局，马其顿方面就必须拥有一支可以同推罗舰队抗衡的海军。想到这里，他开始着手实现这个计划。一方面，他让人加宽长堤，再次建起更多的塔楼。另一方面，他亲自带人去同那些已经归降的腓尼基城池协商，想要集合他们的船队。

应该说，亚历山大还是很有号召力的。虽然他的号召力更多是来自于战胜大流士三世所积下的赫赫威名，但毫无疑问，很多腓尼基城池只能响应他的号召，不管愿意还是不愿意。亚历山大表露出自己的意思后，很多城池的舰队纷纷离开波斯舰队，向他靠拢。据史料记载，在很短的时间内，他就组建了一支有近 200 艘战舰的海军队伍。虽然这些战舰来自各大城池，大小不一，良莠不齐，但数量还是非常可观的。

当然，仅仅这些还不能使亚历山大满意，他认为战舰的数量和质量还有待提升。为了实现这个目标，他亲自率领一支队伍开进山里，采伐树木建造战舰。经过一段时间的努力，他麾下的战舰数量远远超过了 2

艘。到这个时候，他终于实现了自己的目标，建立了一支庞大的海军舰队。这支舰队完全可以同波斯人一决雌雄。

当这支密集的舰队出现在推罗城附近的海面上时，推罗人完全惊呆了。他们没有料到，在如此短暂的时间里，亚历山大居然真的组建了一支庞大的海军舰队。这样一来，他们的海面优势已经荡然无存。在恐惧中，他们撤回舰队，拒绝出海作战，战舰全部聚集在海港中，同时封锁了海港。另一方面，他们加固了城墙，开始固守城池。这仿佛又回到了很多年前的那场战斗，其实固守才是他们最拿手的作战方式。可是这一次，他们还能像先辈们一样，守住城池吗?

显然不能！因为围攻他们的不再是巴比伦国王，而是即将成为亚洲之王的亚历山大。

亚历山大命令，一部分海军封锁推罗城的两个港口，困死推罗舰队，另一部分海军则向城墙发起进攻。当然，长堤还是要继续筑下去，以配合舰队攻城。推罗人的反抗也十分激烈，他们用火箭远距离攻击，并将大石块推进海里，用以阻挡攻城船只的靠近。这一招十分厉害，亚历山大的船无法靠近城墙，攻城也就更困难了。

亚历山大勇敢的个性在这时体现无疑，他命令马其顿勇士潜进水中，用绳子拴住那些石块，然后用船把石块拉走。这是一项十分繁琐和危险的工程，但是马其顿人却毫不畏惧，他们先是用绳子，后用铁索，硬是运走石块，清理出了一条海路。发起总攻的时刻到了。

马其顿的海军舰队直接驶到了推罗城跟前，骁勇的马其顿人在城墙下的海面上搭起了浮桥，然后在浮桥上架起登城的器械，向城墙攀去。眼看破城在即，推罗人也疯狂了，他们用一种叫做铁蒺藜的武器攻击马其顿士兵，那种兵器全身都是尖刺，杀伤力很大。同时，他们还把锋利的刀子绑在长竿子上，远距离割掉那些攀城的绳索。甚至，他们还把滚烫的沙子从城头上洒下去，灼伤马其顿士兵裸露的皮肤。这是一场怎样的战争啊！海面上到处都是尸体，惨叫声在上空回荡，城池周围的海水都已经变了颜色。从将领到士兵，每一个人都变得疯狂，脑子里只有杀戮。

终于，推罗城墙被马其顿人用撞锤轰开了一个大口子，城破了。亚历山大立即率领舰队驶到缺口处，从船上放下搭板，通到了城墙上。就这样，亚历山大率领马其顿士兵登上了推罗城墙，实现了一个伟大的突破。陆地上作战和海中作战是两个完全不同的概念，在陆地上，亚历山大和他的勇士们从来没有输给过任何人。这一次，当然也不例外。当城墙被破开的那一刻，推罗人大势已去。亚历山大率领军队把城墙上的推罗守军驱逐下去，随后也进入市区，开始四处追击敌人。

与此同时，马其顿海军舰队也分别攻入两个港口，对港口内的推罗海军进行了清剿。投降者生，反抗者死，没用太长时间，港口的控制权也掌握在了马其顿人手中。战争进行到这里，可以说已经到了尾声，接下来亚历山大要做的，就是在城内四处消灭推罗的残兵败将。

在波斯境内，亚历山大一向恪守仁政，这是他获取民心最关键的一步。所以，每每攻破一座城市，他都会采取一些和平的手段，极力安抚民心。但是，也有例外，比如在对待推罗的问题上。由于在攻城时，推罗人进行了顽强的抵抗，致使马其顿官兵久攻不下，而且伤亡惨重。因此，马其顿官兵包括亚历山大在内，都对推罗人十分怨恨。正是因为这个缘故，所以在攻城后，马其顿官兵狂性大发，见人就杀。据史料记载，在那场战役前后，大约有八千名推罗人被杀，三万多名推罗人沦为奴隶。而马其顿方面，则仅仅只有四百多人战亡。亚历山大并没有赶尽杀绝，他赦免了推罗城的国王。这显示了他的睿智，以免其他城池的城主拼死反抗。

历时七个多月的推罗之战终于结束了，亚历山大的计划又朝前推进了一大步。这一年，是公元前 332 年 7 月。

悲剧和喜剧

应该说，推罗战役结束后，亚历山大南下的目的就已经达到了。这个时候，他已经拥有了一支强大的海军舰队，甚至控制了东地中海地区。更为重要的是，波斯海军经过这次打击，已经雄风不在，还失去了供养补给基地。此时，如果亚历山大想要深入波斯腹地追击大流士三世，完全没有问题了。

可是，亚历山大却不想就此罢手。他是一个追求完美的人，即便是对待战争也不例外。他认为，必须占领埃及，因为只有这样，东地中海才算完全控制在他的手中。在这一点上，他不想有任何纰漏。这或许可以算是一个理由，但他心中还有一个无法言明的理由，那就是他很向往埃及那块有着古老文明的地方。对于一切未知事物，他都有着强烈的好奇心。

公元前 332 年冬，亚历山大率领大军从推罗出发，向南挺进。一路上，亚历山大率军南来的消息传出来后，很多国家或城镇纷纷归降。推罗之战，将亚历山大的威名推到了极致，那些国家的掌控者明白，归降才是最好的应对策略。试问，谁能认为自己可以强过推罗?

尽管如此，亚历山大的前路仍是困难重重。在叙利亚南部的边境加沙，马其顿军受到一支队伍的顽强抵抗。这支军队，是波斯总督巴提斯率领的一支阿拉伯雇佣军。亚历山大的威名不仅深入一些小王国，就连波斯帝国对其也十分畏惧。巴提斯也畏惧亚历山大，考虑再三，他才慎重地选择了这样一块易守难攻之地。在他看来，凭借天险，就算不能消灭亚历山大，自己也能全身而退。

加沙确实是一个易守难攻的地方。它是通往埃及的必经之路，有着十分重要的战略地位。它坐落在一个距离海岸只有一英里远的高岗上，四周围墙坚固。不过这不是重点，坚固如推罗城墙都能被亚历山大攻破，更何况这样一个地方呢。重点是，城墙外围有很深的沙土，城对面的海边有许多水坑。这种奇特的地貌，造成了加沙城的“难攻”。巴提斯正是想凭借这一天险，阻击亚历山大。他只要不让亚历山大攻破城池，便已经成功了。

可是，这座城池又应该如何攻取呢？擂石机用不上，因为高岗太高。为了解决这个难题，亚历山大命令士兵绕着加沙城修筑了一道土岗，把擂石机放在土岗上攻城。这个战术，有点类似于推罗之战了。只不过那时是筑堤，这时候是修岗，都是为了攻城方便。其实，从这里很容易看出亚历山大的作战风格，只有一个字，那就是“活”。他每一项灵活的奇思妙想，都能在战争中发挥巨大的作用。

加沙守军远比亚历山大想象的更加聪明。他们趁马其顿官兵修好土岗，安装擂石机的时刻，突然大举出击，疯狂地展开了攻击。由于这场攻击来得太突然，事先没有一点征兆，再加之加沙守军占据较高地势，因此，在如雨的飞箭和冰雹似的飞石中，马其顿官兵伤亡惨重。亚历山大在狂怒中拔出长剑冲了上去，却不小心被一颗石弹打中了肩膀。

主帅受伤，马其顿官兵只好撤退。亚历山大这次的伤势并不是很严重，修养了一段时间后，就完全康复了。接下来，他开始重新思考攻城策略，想要尽快攻下加沙。命令很快传达下去，在之前的基础上，他加高加宽加固了土岗，这样可以让擂石机发挥更大的优势。同时，他还组织了一批善于挖掘地道的士兵，从地下朝城墙挖去。养病期间，他仔细考察过加沙城周围的土地，发现沙土疏松，很容易挖掘，这才有了挖掘地道的策略。这次双管齐下，他决心一举拿下加沙城。

一切准备好之后，亚历山大下令发起了总攻。一时间，弓箭像蝗虫一样朝加沙城内飞去，大块的石弹也不断地轰击着城墙。这一次，马其顿军队不再处于劣势，双方势均力敌，展开了激烈的对攻。加沙城毕竟不是推罗城，在马其顿石弹的猛烈攻击下，城墙很快就变得伤痕累累。这个时候，马其顿方面挖掘的地道也起了作用。由于城墙下被掏空了，有些地方的城墙开始下沉，在石弹的袭击下，那些下沉的城墙开始出现倒塌。

城破将会出现什么情况，加沙守军都很清楚，亚历山大对待顽固的敌人一向残酷。因为害怕，加沙守军更加拼命地坚守残城，他们一连顶住了马其顿大军的三次冲锋。亚历山大见状，再也按捺不住了，于是亲自率领方阵兵冲了上去。后面的马其顿将士看见主帅冲了上去，也奋不顾身地向加沙城冲去。终于，马其顿官兵的第四次冲锋，在亚历山大的亲自率领下获得了成功。大批的马其顿战士沿着破损的缺口登上了城墙，冲到了城里。门被打开了，马其顿战士长驱直入。这一场战争，又以马其顿人大获全胜而告终。

加沙人猜测的很准确，对于顽抗到底的敌人，亚历山大一向很残酷。同对待推罗城一样，在亚历山大的默许下，马其顿战士在加沙也进行了疯狂的屠城。成年男子一个不留，老弱妇孺被卖为奴隶。据说，杀到最后，偌大的加沙城居然成了一座空城。亚历山大正是要用这种铁血政策告诉他的对手：这就是顽抗者的下场。

清理完加沙反抗者之后，亚历山大下令，让加沙城周边的部落到这里居住。而新的加沙城，则成为他的另一个据点。

这一年是公元前 332 年，是亚历山大在亚洲土地上最重要的一年。这一年，也让后人记住了亚历山大，知道他不仅能够施行仁政，也能够制造惨剧。推罗城的惨剧，血流成河，无数推罗人沦为奴隶。两个月之后的加沙城，同样也是这个命运。亚历山大到底是神还是魔？当然都不是。他只是一个人，一个伟大而聪明的统帅。他并不嗜杀，而只是采取了一种最有效的方式，去驾驭一片难以驯服的土地。

加沙城战役之后，亚历山大率军包围了犹太人的圣地耶路撒冷。他为什么要包围耶路撒冷？难道耶路撒冷也像加沙城一样，反抗他了吗？耶路撒冷没有反抗亚历山大，但却在他攻打推罗城期间，暗中给推罗城资助过一些粮食。而这是亚历山大不能饶恕的。因此，他决定给耶路撒冷一些教训。

耶路撒冷如何敢与亚历山大对抗。面对马其顿大军的包围，耶路撒冷人是叫天天不应，叫地地不灵。该怎样化解这场危机呢？万般无奈之下，耶路撒冷人只好求助耶和华神殿的大祭司，希望他能求得神灵的帮助。这位大祭司是个迂腐的人，他想不出任何有效的办法，只好把自己和整个耶路撒冷人的命运交给神。他告诉全体市民，说已经想到了解决的办法，耶路撒冷人可以得救了。

是什么办法呢？他率领神庙里所有的祭司，穿戴得整整齐齐，向城外的马其顿大军走去。然后，他以十分虔诚的态度仰天祷告："万能的神啊！耶路撒冷人求您保佑这位年轻的马其顿国王吧……"这就是他的办法，让神洗去亚历山大的罪孽，撤回军队，不要为难耶路撒冷人。耶路撒冷人听到这位大祭司的祷告，都大惊失色，发起抖来。谁都知道，大祭司面前的这个人非同一般，他曾经一怒之下血洗了两个城市。

然而，出人意料的是，听了大祭司的话之后，亚历山大不仅没有生气，反而扑通一声跪了下来，垂手抚胸，说了一句感谢的话。这个颇有戏剧性的变故，一下子化解了一场将要到来的杀戮。耶路撒冷人终于幸免于难。亚历山大为什么会这么做？当时很多人都不理解，帕米尼欧甚至要求亚历山大做出解释。

亚历山大当然做出了“解释”，他对帕米尼欧说：“在这次远征之前，那时候我还在马其顿。每天，我都在思考着征服亚洲的事情。忽然有一天晚上，我做了一个奇怪的梦，一个祭司出现在了我的梦里。是的，就是这个祭司，他就穿着现在穿的衣服，鼓励我克服所有的恐惧，勇敢地渡过赫勒斯滂海峡到达亚洲。他告诉我，神会赐予我胜利，那情景就和现在一样。因为他的鼓励，我才能一步步走到这里。所以，我向他所信奉的神表示感谢。”

虽然这个理由有些牵强，但却足以给将士们一个交代了。那么，到底是不是只因为他做了一个梦，就免去了一场可能要发生的屠杀？当然不是。后世学者推测，亚历山大之所以会这么做，只是很巧妙地找到一个既能警告耶路撒冷人，又能放过耶路撒冷人的机会。这很容易理解，如果放过耶路撒冷人，他的威严就会受到挑衅；可是如果惩罚耶路撒冷人，那么流血事件就必然会发生。他不是一个嗜杀成性的人，因此选择了这种不战而屈人之兵的解决方式。这一跪，也让他在后人心目中的形象更加鲜活起来。

进军埃及

在非洲大陆的东北角上，埃及正静静地盘踞在那里，仿佛在等待亚历山大的到来。

埃及是古代文明的发源地之一，历史十分悠久。从文明的角度来看，尼罗河孕育的埃及文化对世界文明的发展有着巨大的影响。可是，文明永远抵抗不了战火的侵袭。公元前525年，波斯人凭借强大的军事力量征服了埃及。自此以后，埃及就变成了波斯帝国的一个行省。

可以说，埃及人十分痛恨波斯帝国。自从成为波斯帝国的一部分之后，埃及人就不得不忍受来自波斯人的高压统治、掠夺政策、苛政重赋等。波斯人把埃及人当成了奴隶和制造财富的工具，不停地压榨。为了重获自由，埃及人爆发了一次又一次的起义。虽然大多数起义都最终流产了，但波斯人也始终无法牢牢地控制住埃及。大流士三世继位以后，波斯同埃及的关系继续恶化，波斯人在埃及的统治已经有名无实。

另一方面，希腊人同埃及的关系非常不错。很早的时候，希腊人就和埃及人有了相当频繁的交往，他们在文化上互相影响，在贸易上互通有无。因此，在很小的时候，亚历山大就通过书籍对埃及有了一定的了解。他对埃及的古老和神秘很感兴趣，也对埃及的宗教怀有一种敬畏之情，他想要实现儿时的梦想，对这个充满神秘色彩的地方进一次征服和探险。所以，他坚持要来到埃及。

公元前 332 年冬，亚历山大率领大军从加沙出发，同时命令海军从腓尼基起航，水陆两路大军共向埃及挺进。加沙离埃及不算太远，很快，马其顿大军就到达了位于尼罗河东口的埃及边境要塞柏路西亚。对于埃及的情况，亚历山大虽然有所了解，但却无法做出准确的判断。因此，他下令全军戒备，随时准备迎接敌人的到来。

不过，他显然低估了埃及人对波斯统治者的痛恨程度。埃及人把波斯统治者当成恶魔，自然把亚历山大的大军当成了王者之师，当成了解放者。因此，当亚历山大的大军来到埃及时，埃及人民是夹道欢迎。波斯的埃及总督马扎西斯早就来到了柏路西亚，不过他不是来迎战，而是来迎接亚历山大的。可是，为什么波斯的埃及总督也会如此呢？原来，虽然相隔遥远，但马扎西斯也早已得知大流士三世兵败伊苏斯，更是知道了腓尼基、叙利亚和阿拉伯的大部分地区也落入亚历山大手中。这代表了什么，他心里非常清楚。更何况，他手中并没有多少波斯军队，即便想要抵抗，也无从谈起。

鉴于这种现实，他便客客气气地将亚历山大和马其顿大军迎进了埃及。

不费一兵一卒，就进入了埃及，这让亚历山大非常惊讶。在他的计划里，有一些硬仗要打，他认为即便埃及人不愿意抵抗，也会在波斯驻军的压迫下采取一些抵御措施。可是现在，埃及不战而降，这简直是喜从天降。在享受过波斯驻埃及总督和埃及人民举行的隆重而热烈的接待仪式后，亚历山大几乎没有在柏路西亚停留，只留下一支部队驻守，他便率领水陆两路大军，直奔古都孟斐斯而去。

一路上，大军所到之处，沿途城镇纷纷前来归顺。即便有些城池内有波斯人驻守，也没有任何一个胆敢对马其顿大军发起攻击。这是铁血带来的效果，亚历山大对待敌人的残酷，已经深入人心。这是一场没有硝烟的战争，亚历山大率领大军，很快就到达了目的地孟斐斯。在这里，为了表示对当地宗教信仰的尊重，亚历山大特地向当地主神阿皮斯献祭。

除此之外，他还号召举行了一些文艺和体育比赛。与其说亚历山大喜欢这些文艺和体育比赛，倒不如说他善于抓住人心。他把一场原本应该发生的战争装扮成了文化艺术活动，并依靠这些活动走进了当地人的心里，赢得了当地人的好感。他的这些做法，完全不同于波斯人，波斯人不仅捣毁了当地的神庙，更是没有举办一次类似的活动。他政治手段的高明之处，由此可见一斑。据载，他把这些活动办得非常隆重，就连希腊的一些著名艺术家也赶来参加。

出于对亚历山大的拥护，埃及人也给了他极大的荣誉，他被授予法老称号，地位等同于国王。在埃及，法老也是至高无上的神。对于法老这个称号，亚历山大极为乐意接受。因为这个称号本身就有一层神圣的光环，而他则喜欢被神圣的光环笼罩。从另一个方面来看，这也代表了埃及人的认可，说明埃及人承认他是他们合法的统治者。大流士三世统治埃及多年，却一直没有获得这个称号，就是因为埃及人不认可他。

接下来，亚历山大在埃及度过了一段轻松惬意的生活。他几乎没有动用一兵一卒，便拿下了整个埃及。在这个新的领地中，他就是神的象征，不需要再去费心劳力地打仗。很多时候，他会带着亲信四处游荡，去尽情探索这块他很久以前就向往的神奇之地。

公元前331年的某一天，他带着警卫和智囊团乘船来到了尼罗河三角洲。站在船头，他望着前方那片广袤的土地，忽然间豪情万丈。他想到这几年的南征北伐浴血奋战，想到曾经遥远的梦想现在近在咫尺，想到那些远在马其顿的亲人朋友，想到了很多很多。他忽然觉得，他应该在这里留下些什么。留下什么呢？这个时候，他萌生了要在这里建造一座城市的想法。

亚历山大是一个当机立断的人，想到了就要立刻去做。他在随行智囊团的帮助下，很快就选定了一个非常不错的地方，位于尼罗河最西端河口以西有一块富饶的地方，完全适合建立一座伟大的城市。同其他事一样，他也不愿意把这件事完全交给下属处理。他是一个喜欢动脑筋且充满热情的人，关于城市的建造，他投入了很大的精力，亲自为城市设计草图。如果说之前他是一位伟大的政治家和军事家，那么这个时候，他就是一名优秀的建筑设计师，他在认真地构思一个惊世之作。

这座名为亚历山大城的新城市，处处显露出亚历山大的心血。城市是按照希腊模式建的，同时也吸收了一些埃及风格。这表明，亚历山大不仅要使他的帝国成为希腊文化的传播者，同时也要广泛地融合埃及的文化。对于一个统治者来说，他能够考虑到这些，已经非常难得。按照他的设想，这座处于东地中海中心地带，紧靠埃及，东邻腓尼基的新城市，将来肯定要发挥巨大的作用。如果能最终战胜大流士三世，完全称霸亚洲，那么以此为大帝国的首都也未尝不可。出于这种考虑，在亚历山大城的建造上，他竭尽所能，投入了大量的人力、物力和财力。

事实上，这座城市后来确实成了一座庞大、繁华的港口城市。它虽然没能成为亚历山大帝国的都城，但却成为一个工商业中心和科学文化中心，居民人口很快就增加到一百万。

亚历山大做的任何事情，都是深思熟虑的结果，建造这座亚历山大城也是如此。虽然战争还未结束，但是这个时候，他就已经在考虑建设大帝国了。因此，在埃及兴建这座亚历山大城并不突兀。事实上，在此之前，他就已经建了好几座亚历山大城，只不过规模没有埃及的这座大而已。而且在以后，他又陆续在亚洲的所到之处建立城池。据说，他在那些战略要地建立的城市，总共有七十多座。这是一个相当庞大的数字了。

朝拜阿蒙神

亚历山大常常有一些惊人之举，让人摸不清头脑。比如说，这个时候，他仍然没有去追击大流士三世。

按理说，一切应该都在他的掌控之中了。他轻而易举地占领了埃及，并且在埃及得到了至高的荣誉，波斯海军被消灭了，爱琴海成了马其顿海军的天下。可以说，如果此时他去追击大流士三世，时机已经完全成熟。

可是，他偏偏又转移了方向。他要去做什么？他率领了一支卫队，带着智囊团开向了利比亚，他要去朝拜阿蒙神庙。

阿蒙神庙坐落在利比亚沙漠中的锡瓦绿洲，是希腊人心中的圣地。而且，它远离希腊，就更蒙上了一层神秘的色彩。传说中，希腊的大力神赫拉克勒斯曾到过阿蒙神庙问卜。赫拉克勒斯是亚历山大的祖先，想要朝拜祖先问卜过的地方，这就是亚历山大此行的目的。他想要祈求阿蒙神的庇佑，同时问问自己能否成为亚洲真正的霸主。当然他也知道，这次行动会让埃及人更加信任他，有利于他在埃及的统治。

可是，他无论如何也没有想到，这次阿蒙神庙之行，差点让他葬身沙漠。对他造成死亡威胁的不是人而是自然，是那神秘莫测的沙漠环境。很早以前，波斯国王冈比西和其率领的波斯大军，就曾消失在这广袤的沙漠中，没有一人生还。

亚历山大一行人刚一走进沙漠，就迷失了方向，连向导也不知道该怎么走。通往阿蒙神庙的路向导原本知道，可是却没料到恶劣的自然环境已将这里变得面目全非。目之所及，除了沙漠，还是沙漠，什么都没有。白天的时候，太阳像火球一样炙烤着沙漠，使沙子变成了火炭，似乎要把人烤焦；晚上的时候，冰冷的寒气直往人的身体里钻，似乎又要把人冻僵。亚历山大和他的禁卫们虽然不畏惧战争，不害怕死亡，但是在这又热又冷、又渴又饿、又疲又乏的多重折磨下，也逐渐支持不住了。一些人开始生病、倒下甚者死亡。最要命的是，他们没有方向，不知道该向哪里走。阿蒙神庙吗？为什么要跑去阿蒙神庙？这是大部分士兵想不明白的地方。支持他们走下去的唯一理由是，他们的国王也和他们一起，正经历着生与死的考验。

走到最后，干粮吃完了，他们便开始杀马充饥，马杀完了再杀骆驼。死亡的阴影开始笼罩在每个人的身上，连亚历山大都有些绝望了。难道这就是神的旨意吗？

他们最终还是走出了绝境，来到了阿蒙神庙。据史书中记载，帮助他们走出困境的，是两条大毒蛇。当时，他们都快要绝望了，两条大毒蛇突然出现在他们的面前，并向他们发出声音。亚历山大精神一振，便命令向导跟着蛇走。最后，蛇把他们带到了阿蒙神庙。这当然只是一个传说，或许正是亚历山大杜撰的故事。他之所以要这么说，就是为了要把他到阿蒙神庙说成是神的旨意。神的旨意，世人又怎敢违背呢?

在阿蒙神庙，祭司们以法老的礼仪隆重地接待了亚历山大。而亚历山大在向阿蒙神献祭的时候，也答应保护祭司的各种权利。最后，祭司们在神庙里为亚历山大举行了授名仪式，这是埃及历代法老都必须接受的仪式。完成这个仪式之后，亚历山大法老的称号，就真正变成神授的了。而这项荣誉，是他最想得到的。

亚历山大在阿蒙神庙住了下来，他经常和祭司进行交谈。据说，祭司曾称他是神的儿子。到底祭司有没有这样说过，后人不得而知，但这样的说法确实是亚历山大所需要的。所以不久之后，亚历山大是神的儿子的这种说法，开始在亚洲和欧洲范围内流传。

毫无疑问，亚历山大是神的儿子这一身份，可以使他在埃及人面前树立一个合法且至高无上的地位。在古代，尤其是在埃及这样一个宗教色彩极为浓郁的地方，一个统治者要想更好地进行统治，确实需要一个像“神的儿子”这样一个高贵的身份。在此之后，亚历山大便一直以神之子自居。他甚至让人把自己戴着阿蒙神的公牛角的头像铸在银币上，公开让大家奉自己为神之子。他声称自己在阿蒙神庙获得了神谕，至于神谕的内容却秘而不宣。他曾经给母亲写信，说想要将神谕告诉她。只是很可惜，他后来一直在外征战，至死也没能告诉她。自然，后人也无从知道神谕的内容了。

在锡瓦绿洲这个地方，亚历山大继续待了很长一段时间，这也是他难得的休闲时光。他和当地一位名叫普萨蒙的哲学家进行了交谈，两人相谈甚欢。普萨蒙认为，既然王权和统治都是由神赐予，那么全人类都必须服从神的统治。因此，全世界的人应该没有民族之分，所有人都是神的子民；各民族的神也没有什么不同，只是神的不同化身而已。他的这种观点，和亚历山大统治全世界的想法不谋而合。高兴之余，亚历山大补充说，神可以预见未来，告诉人们应该怎样去做，因此，希腊人和埃及人都受到神的保护。

可以说，亚历山大的阿蒙神庙之行，是非常圆满的。他不仅再次赢得了埃及人的好感，而且也达到了自己的目的，顺利地成为“神之子”。有了这个身份，他在亚洲的军事行动将会顺利得多。

从阿蒙神庙返回孟斐斯以后，亚历山大开始着手整顿埃及。他将埃及分成两个行省，每个行省设一个总督。同时，他又在柏路西亚和孟斐斯各留下一支大军，军队的最高长官是驻军司令，可以统领埃及境内的一切军务。另外，西部的利比亚和东部阿拉伯也各设一个总督。对于地方的政务管理，亚历山大一向非常开明，他指示地方官员可以用他们惯用的方法管理自己的辖区。意思是说，他们可以酌情处理，根据当地的实际情况采取相应的施政手段。当然，他们必须按时缴纳贡赋。鉴于波斯海军曾经称霸东地中海的情况，他还留下了一支海军舰队，以防止类似的情况再次发生。

处理完这一切后，他知道，该回波斯了。

第七章

亚洲霸主

这场风云际会的亚洲争霸战终于结束了，亚历山大如愿以偿地打败了波斯，成了笑到最后的那个人。可是，当他看到大流士三世尸体的那一刻，他想到了什么？没有人知道。或许，他会感到一种英雄惜英雄的悲凉吧！不管怎样，他成为真正的亚洲霸主，离梦想的方向更进了一步。

决战前夕

公元前 331 年春，亚历山大率领大军离开埃及，返回腓尼基，从而结束了他长达四个多月的埃及之行。至此，他一直深以为虑的大后方完全稳固下来，已经再也没有任何后顾之忧了。也就是说，他可以放心地追击大流士三世了。

在推罗城，亚历山大进行了短暂的修整。之所以选择在推罗城修整，除了推罗城重要的战略地位外，还可能有另外一个原因。这个原因他没有说，但却默默地用行动表达出来了。他再一次向赫拉克勒斯献祭，并举行了一系列的体育和文化活动，鼓励全民参与。或许，那一次的屠杀，也让他心中隐隐不安吧！

当然，他在推罗城做的事情远远不止这些。他以推罗城为中心，对整个腓尼基地区和小亚细亚地区进行了财税管理改革。他让菲罗克森那斯负责小亚细亚地区的税务，让科伊拉偌斯负责腓尼基地区的税务。为什么要在这两个地区新设税务官？很简单，亚历山大给了这两个地区极大的自由，允许这两个地区的城邦国按照各自的特点实现自治。因此，这两个地区并不隶属总督管辖。虽然如此，但亚历山大不可能完全对这两个地区不闻不问，那样的话占领也就失去了意义。因此，他设了两个税务官，目的就是为了监督这两个地区的捐税和贡品缴纳。战争还在继续，而打仗最需要的就是财富，这里就是财富的来源。

公元前331年夏天，亚历山大率领大军开始了准备已久的追剿大流士三世之行。他从推罗出发，到幼发拉底河同帕米尼欧的部队会合，两方合兵一处，向波斯腹地挺去。这个时候的亚历山大，已经完全具有了同大流士三世决一死战的资本。当他听说大流士三世正率领一支大部队在底格里斯河等着和他决战时，便放弃了原本进攻巴比伦的计划，转而向底格里斯河开去。大流士三世想要找他决战，他也想找大流士三世一决高下，他认为只有正面击败大流士三世，才算真正赢得了亚洲。

可是，他却扑了一个空，大流士三世并不在底格里斯河。凑巧的是，这一天正好出现了月全食。同中国古代一样，那个时代的人也认为月亮不见是不祥之兆。亚历山大虽然学识丰富，但毕竟不能打破时代的局限，因此他也相信这一点。可他是主帅，就必须要安抚军心，否则后果不堪设想。为了消除官兵的恐慌情绪，他向月亮、太阳和大地献祭。最后，军队里的占卜师宣称，这次月亮不见是一种暗示，表明这个月一定会发生一场大战，而战斗的结果是马其顿大军将会获胜。这次占卜，使部队消除了恐慌情绪，且士气大振。

有意思的是，亚历山大和他的大军渡过底格里斯河的第四天，果真

样只会导致失败。他命令部队按照战斗序列部署就地扎营，而他则亲自率领侦察兵，对战场做了一番细致而周密的侦察。这个时候，他对如何展开这场声势浩大的战斗，已经有了初步的计划。波斯大军的强大，他已经看在眼里，虽然如此，他还是对己方有着无比强大的信心。

这一次，将一战定乾坤。

决战高加米拉

公元前 331 年 10 月 1 日，高加米拉的天气格外清爽。这一天，看起来与以往并无太大区别，但是这一天却注定要被载入史册。

在这个难得的好天气里，亚历山大一改往日的勤奋，意外地睡了个懒觉。天已经亮了好一会儿，可他却还在帐篷里呼呼大睡，似乎全然忘记了将要发生的大战。帕米尼欧再也坐不住了，他走进亚里山大的帐篷，将他叫醒并责问他为什么到这个时候还在睡觉，因为一场最大的战役马上就要打响了。亚里山大笑了，他对帕米尼欧说："胜利已经在握，我为什么不能睡个懒觉呢?"不管他是不是真的胜券在握，至少这个时候，他表现出了一个伟大统帅应有的镇定和自信。

可以说，这场战争是有史以来亚历山大投入兵力最多的一场战争。据史料记载，他总共投入了四万步兵和七千骑兵。排兵布阵，他还是按照以往的习惯：方阵居于中央，右翼是他亲自率领的骑兵精锐，左翼是帕米尼欧率领的希腊盟军。考虑到这次波斯军中增加了数百辆战车，亚历山大稍稍调整了一下部队排列的顺序，将弓箭手和标枪手等远程攻击队伍摆在了最前面。由于波斯士兵比马其顿士兵多了很多，所以亚历山大不得不考虑一个问题，那就是如何摆脱对方的围攻。他在每一翼的后面，又另派了一支兵力，这样波斯人就不能轻易形成包围之势了。亚历山大考虑周详，几乎每一个细节他都要反复推敲。当然，这也是他战无不胜的关键所在。

在气势上，波斯大军一点也不比马其顿方面弱。从兵力上来看，波斯军队的兵力几乎是马其顿的两倍，虽然士兵数量并不能决定战争的胜负，但毫无疑问这是一个极大的优势，而大流士三世正是想用这个优势击垮亚历山大。在武器装备上，波斯大军显然也占了上风，无论怎样看，那二百辆带着弯刀的战车，都会让人心惊胆战。大流士三世仍和过去一样，在阵中央，高高地坐于战车之上，这是他一贯的出征方式。在他的周围，密密匝匝地围满了近卫军，有步兵和骑兵，同时还有大量的希腊雇佣兵。

在苏伊斯战役中，大流士三世曾因生命受到威胁而落荒而逃，所以，这一次他不会再允许类似的事情发生。波斯大军的左翼是由巴克特里亚人和萨卡人组成的骑兵精锐，指挥官是巴克特里亚王子比修斯。

右翼的指挥官是波斯人马扎亚斯，他这一支队伍里有着大量的战车。波斯大军中，最非同一般的地方就是战车队伍和战象队伍，这是大流士三世的杀手锏。能否战胜亚历山大，就全靠它们了。

决战的时刻到了，亚历山大跨上战马，高举起了右手。他抬起头，默默地向诸神祈祷，希望他们保佑马其顿人和希腊人能旗开得胜。这个时候，一只雄鹰在亚历山大头顶上盘旋着，向着波斯大军的方向飞去。所有的马其顿士兵和希腊士兵都看到了这个奇异的景象，他们勇气大增，斗志昂扬。亚历山大的右手适时落下，发起了冲锋的命令。

亚历山大大军潮水般向波斯大军涌去，翻涌起雄壮的浪花。对面，大流士三世的波斯大军也行动了，士兵们簇拥着威武的大象，寒光闪闪的战车隆隆地向前开动。这一场战斗，注定是强者的终极对决。亚历山大率领骑兵精锐，向着波斯大军的左翼逼进。大流士三世见状，忙指挥左翼迎了上去。同时，他还派出了一队骑兵，企图拦截亚历山大的去路。大流士三世知道，如果能出其不意地留下亚历山大，那么这场战争的胜负就没有悬念了。

可是，亚历山大真的会这么容易被留下吗？骁勇的马其顿骑兵冲散了包围过来的波斯骑兵，亚历山大根本就没有受到任何影响，仍然率领军队继续向前逼进。大流士三世继续派兵阻截，可是根本就没有办法拦住这支杀气腾腾的队伍。前方，是一片高低不平的丘陵地带。如果亚历山大的大军进入了丘陵地带，那么战局就会立刻发生变化，因为波斯大军的战车根本无法在丘陵地带发挥作用。这一点，大流士三世明白，亚历山大也很清楚。于是，他们双方都鼓足了劲儿，一方勇猛地向前冲，另一方则拼命地阻截。双方来回冲杀，场面一片混乱，不断有士兵在惨叫中丧生。

对于大流士三世来说，情况十分紧急。很有可能，他的战车将来不及发挥出最大的作用就全军覆没。他大声吼叫着，指挥着战车队伍向亚历山大冲去。一辆辆由四匹马拉的战车，刀光闪闪地向马其顿大军冲去，声势如雷，让人胆战心惊。可是亚历山大却早有准备，他指挥弓箭手和标枪兵发动了大规模的攻击。他的目的很明确：你有战车，我就远距离攻击，让你的战车发挥不了作用。

事实再次证明，亚历山大的策略很正确，在弓箭和标枪的远距离攻击下，拉战车的战马和车上的士兵纷纷倒下，很多战车成了毫无用处的空车。即便有些战车冲了上来，战车上的波斯战士也很快被马其顿轻装骑兵射杀。大流士三世费尽心力发明的战车队伍，就这么被亚历山大轻松击溃了。

这场战斗中，战车队伍是波斯大军的主力军，也是波斯战士的主心骨。因此，战车冲锋的失利，瞬间使很多波斯战士失去了信心。一支波斯骑兵队伍正向亚历山大奔去，打算途中截击，但是看到战车队伍的惨状后，为了躲避马其顿的标枪和箭矢，他们便向一旁跑了过去。这样一来，波斯军正面的军力严重不足，成为一个缺口。

亚历山大一向善于捕捉机会，又怎么会让这个战机白白溜走？他迅速把近卫骑兵和近卫步兵组成了一个临时战队，快速向着那个缺口冲去。

他们的速度太快，在大流士三世还没有反应过来的时候，已经冲到缺口处。大流士三世的近卫军慌忙抵挡，两支队伍在这个地方展开了异常激烈的厮杀，一时间杀声震天，血流成河。这个时候，任何一个变故，都将影响整个战局。

这个变故，是马其顿的方阵。在这个关键时刻，马其顿方阵冲了上来。他们手持长矛，排着整齐的阵形，杀声震天地冲到了缺口处。这是亚历山大的王牌力量，大流士三世的近卫军又如何能够抵挡？只一会儿工夫，波斯士兵便倒了一地，眼看着马其顿士兵就要攻破缺口。

大流士三世身上一直有一个致命的缺陷，那就是胆小懦弱。伊苏斯战役中，因为他的落荒而逃，导致了那场战争中波斯大军的失败。这个时候，他又犯了一个同样的错误。看着亚历山大率领骑兵队伍越冲越近，他放弃了指挥责任，丢下了他的士兵，驾着战车往回逃去。他的弃甲而逃，再次宣告了波斯大军的失败。

当然，这时正在奋勇冲锋的波斯将士们，根本不知道他们的国王已经逃跑。比修斯率领波斯骑兵与亚历山大的一支骑兵队伍展开了激战。另一面，马扎亚斯也率领一支波斯队伍，拦住了帕米尼欧所率领的骑兵。场面非常混乱，一些波斯骑兵趁乱冲到了马其顿大军的后方，杀死了许多马其顿步兵。后方是马其顿大军的关键所在，那里不仅有大量的军用物资，还关押着大流士三世的家眷。如果波斯骑兵截走了物资，或者救走了大流士三世的家眷，那么马其顿将士的斗志就会大受挫伤。应该说，虽然大流士三世逃跑了，但马其顿大军的形势仍然十分危急。

关键时刻，亚历山大率领骑兵队伍赶到。他接到帕米尼欧的求救信号，来不及追赶大流士三世，便火速赶了回来。还好他来得及时，后方没有受到太大损失。

这个时候，大流士三世逃跑的消息已经传遍了整个战场，波斯大军军心动荡，将士们无心恋战，开始争相逃命。相反，马其顿官兵听到这个消息，人心振奋，士气高昂。到这里，战争的结果已然有了分晓。大流士三世的懦弱，再次使波斯大军陷入了败局。他逃跑的时候，双方大军势均力敌，正打得难解难分。如果他没有逃跑，那么胜败就很难预料了。毕竟，波斯大军占据了兵力优势。可是，战场上没有如果。

接下来，事情就很简单了。亚历山大指挥大军追击大流士三世，一直追了三十多英里，可是始终没有追上。在逃跑上，大流士三世显然更胜亚历山大一筹。人虽然没有追上，但是波斯军队遗留在战场上的大量物资，却成了亚历山大的战利品。

对于大流士三世来说，这是一场惨重的失败。据史料记载，在这场战役中，波斯军队伤亡惨重，而且还有大量的波斯士兵成了亚历山大的俘虏。在此之前，大流士三世一直没有伤筋动骨，但是这一次，他的损失就太大了。可以说，这一次的失败，是他彻底的失败，他再也没有了东山再起的希望。他一路狂奔，沿途汇集残兵败将，只聚起了大约两千人的队伍。可是，他该去向何方呢？他不敢去巴比伦，也不敢去首都苏萨，因为他知道，用不了多久，亚历山大一定会去那两个地方。万般无奈之下，他只好带着残兵逃到了米底亚。

对于亚历山大来说，这场战役的胜利，意味着波斯王国已经尽在他的掌握之中。虽然他还没有完全消灭大流士三世的残余力量，但那已经不足为惧。现在的他，已经是波斯的国王，亚洲的主人，真正的亚洲之王了。

波斯帝国的灭亡

高加米拉大捷之后，亚历山大进行了短暂的修整。在那场战役中，虽然马其顿人和希腊人大获全胜，但损失也很大，需要一段时间的休养生息。这个时候的亚历山大，已经是名副其实的亚洲之王了，他不需要再急着去追大流士三世。

因此，他一边处理高加米拉地区的政务，一边又建立起了两座城市。他已经养成了习惯，在每一个重要的地方都建起一座亚历山大城。这既是战略上的需要，也是他功绩的体现。不紧不慢地做完这一切后，他率领大军开始向巴比伦进发。

在当时，巴比伦是两河流域政治文化的中心。它虽然几经兴废，但却一直保留着独特的地位，是两河流域文明的象征。可以说，它是当时波斯比较重要的一座城市。除此之外，巴比伦城还是一座规模宏大且固若金汤的城池。据说，它的城墙几乎高达九米，墙体是用砖砌和油漆浇筑而成的，十分坚固。在城墙外，还有一条很深的护城河，把整座城池牢牢地保护起来。幼发拉底河穿城而过，使得这座城市灵动而富饶。这座城市，是当时巴比伦国王尼布甲尼撒建立的，他想要建立一座牢不可破的城市。那么，这座城市能挡住亚历山大的大军吗?

事实证明，它挡不住。亚历山大率领大军还没有到达巴比伦城，守城的波斯将领马扎亚斯、巴比伦政府官员、神职人员和居民便大开城门，欢迎大军的到来。

波斯将领马扎亚斯同亚历山大是老相识了，他们不久前才在高加米拉交过手。战败以后，马扎亚斯一路逃到了巴比伦，希望能够找到一块栖身之地。他深知亚历山大的厉害，已经没有丝毫斗志。因此，当亚历山大率领大军出现在巴比伦城外时，他的第一反应就是投降。另一方面，巴比伦其他官员经过考虑，也认为没有抵抗亚历山大的必要。更何况，他们也不认为凭借巴比伦城，就能够阻挡得住骁勇善战的马其顿大军。因此，巴比伦城在第一时间里选择了投降。

很显然，他们的选择是正确的。入城以后，亚历山大没有把巴比伦人当成被征服者看待，而是尽一切可能去安抚他们。他下令重修被波斯国王破坏掉的巴比伦神庙，并按照当地的宗教仪式向神庙献祭。在行政上，他任命波斯人马扎西斯为总督，统领巴比伦一切的事务。虽然马扎西斯曾经在战场上杀害了无数马其顿人，但是亚历山大既往不咎且委以重任，显示了他政治家的宽广胸怀。他的这一系列做法，赢得了巴比伦人的好感。无论是官员还是平民，都非常拥戴这位伟大的国王。

这座魅力十足的文化中心，深深地吸引了亚历山大，以至于他和他的部队在这里整整停留了一个月。当然，在这期间，他对巴比伦的优秀文化有了更深层次的了解和认识。

公元前 331 年 11 月，亚历山大率领大军从巴比伦出发，向苏萨进军。其实苏萨才是亚历山大此行的最主要目标，因为它是波斯帝国的首都，历经几代君主，城里储藏着无数的珍宝。他需要用这笔丰富的宝藏，来支持庞大的军政开销。

在亚历山大看来，既然苏萨是波斯王国的都城，那么肯定不会轻而易举地就被夺取，他认为至少有一场硬仗要打。可是，这场战争最终没有到来。同巴比伦一样，他的大军还在途中，就受到了苏萨总督之子的迎接。苏萨总督之子代表了苏萨城全体军民的意思——愿意归降，并献上全部的财宝。波斯帝国的都城苏萨，就这样被亚历山大占领了。

几天之后，亚历山大率领大军进入苏萨城，同样也受到波斯官员、贵族、神职人员和当地居民的热烈欢迎。这是一个历史性的时刻，苏萨城是波斯帝国最后的象征，它的归降代表着波斯时代的结束。当亚历山大接受了所有的皇家宝藏时，当他接过那些储藏在皇宫深处的一罐罐尼罗河水和多瑙河水时，他等于接过了波斯王国。从那一刻起，波斯帝国的全部权力，都已经转移到了他的手中。

苏萨城的皇家宝库里，有两座珍贵的铜像。这两座铜像是当年波斯国王薛西斯从希腊手中掠夺而来的。两座铜像从希腊辗转来到波斯的苏萨城，代表了希腊被波斯侵略的那段屈辱岁月。如今在亚历山大的领导下，那段岁月已经成为过去。亚历山大派人把这两座铜像送回了希腊，他要让希腊人记住那段岁月，记住今天的光辉。

每到一个地方，亚历山大在处理政事的同时，还会找时间举行一些体育活动。他喜欢举行这样的活动，不仅可以娱乐将士，还可以把希腊人的生活方式介绍给当地人。在他看来，这是一件非常有意义的事，他把自己看成是希腊文明的传播者。

他在苏萨城并未停留太久，便又率领大军开向了下一个城市。可以说，这个时候的波斯，已经完全属于他了。因此，在收复那些零散的城市时，马其顿大军几乎都没有遇到什么抵抗。

当然，抵抗也还有。比如他在收复波斯波利斯时，就曾遇到波斯军队的抵抗。可是，那些抵抗已经对他构不成任何威胁了。他逐一收复波斯城市，慢慢地完成了最后的一步。这个时候，他只剩下一个心愿了，那就是抓住大流士三世。

此时，在米地亚首府埃克巴塔纳，大流士三世正过着惊弓之鸟般的生活。高加米拉战役后，他就对战胜亚历山大完全失去了信心。他从高加米拉一路狂奔，直到这里，才敢停下来喘口气。他害怕亚历山大继续追击，一直派人盯着对方的动静，打算一有风吹草动就继续逃亡，甚至逃到遥远的巴克特里亚也行。所幸，亚历山大并没有立即追来，这让他有了喘息的机会。他收集残兵败将，慢慢聚集了一支大约万人的队伍。当然，他并不是打算用这支队伍来对抗亚历山大，他考虑的是如何才能逃出生天。

亚历山大在得知大流士三世的消息后，便迅速从波斯波利斯发兵，快速北上，直奔埃克巴塔纳城。他想以迅雷不及掩耳之势，将大流士三世歼灭在那里。可是当他赶到的时候，大流士三世又已经跑掉了。他想继续追击，但是这个时候，他的部下开始提出了反对意见。他的部下认为，波斯帝国的都城都被占领了，这说明波斯帝国已经灭亡。既然如此，还去追那个前任国王有什么意义呢？征战多年，背井离乡，与其做这些没有意义的事，不如返回老家，享受生活。这是他很多部属的真实想法，毕竟，他和他们不一样，他们永远不会有他的远见卓识。

分歧已经产生，矛盾越来越大，亚历山大只能着手解决。他的解决方式让人惊讶，他居然就此解散了希腊盟军。也就是说，从这个时候起，他已经不再是希腊盟军的统帅了。是的，希腊的复仇战争已经结束，还需要盟军做什么？他要建立起庞大的亚历山大帝国，以后他统领的，只是帝国的大军了。

送走了一部分希腊战士后，他顶着将士们的不满，又开始了追击。他与大流士三世之间似乎出现了一个死结，至死方休。为了能够追上大流士三世，他用尽了各种方法。他命令帕米尼欧率领一支色雷斯骑兵队伍，从一条危险的近路追击。而他自己，则率领皇家卫队和方阵兵，继续沿着大流士三世逃跑的方向追去。他从来没有进行过如此快速的行动，许多马匹累倒了，许多士兵掉队了，可是他却仍然没有放慢速度，只是为了能够追上大流士三世。可是，风驰电掣般地追赶了十一天，他始终也没能追上大流士三世。

最后，他率众追到了人烟稀少的帕提亚行省，并在那里得到了大流士三世的行踪。原来，大流士三世已经被巴克特里亚总督比修斯等人挟持，并被剥夺了王权。这是一个好消息，亚历山大应该放松才对。可是得到这个消息后，他立即挑选一支精兵队伍，以更快的速度开始了追击。又追了一天一夜，他才最终追上了大流士三世。

此时的大流士三世已经成为阶下之囚，被比修斯等人用作和亚历山大谈判的筹码。他们想用大流士三世从亚历山大那里换取对自己有利的条件。可是，比修斯等人的愿望最终未能实现。他们看到亚历山大率领一队骑兵出现，顿时慌了手脚，向深山里四散逃去。比修斯和那巴赞司见无法继续携大流士三世逃走，便狠狠地刺了其一刀，然后转身逃跑。

那一刀要了大流士三世的命。等亚历山大赶到的时候，这位曾经叱咤风云的万王之王就只剩下一口气了。他说，感谢亚历山大善待他的家小，说完便闭上了眼睛。历经千辛万苦终于追到了大流士三世，却只看到了尸体，这让亚历山大既失望又遗憾。但是，他还是很同情这位前波斯国王。他命人将大流士三世的尸体运回波斯波利斯，以国王的礼仪将其厚葬。

大流士三世之死，无疑是一种无声的宣告：那个统治亚洲二百多年的大帝国灭亡了，那个时代一去不返，新的时代已经到来。世界的主人，将是亚历山大，一个最伟大的君王。

第八章

远征印度

在波斯帝国臣服的那一刻，亚历山大的目光已经投向更远的地方，他要继续向东挺进，去征服遥远的印度。在这个神秘的国度里，有他从未见过的人种、动植物、武器、城市、文化，他将在这里遇到一生中最艰难的战役，走过最危险的路途。

无休止的征服

波斯的富饶和美丽并没有让亚历山大产生歇脚的打算，他是一位天生的征服者，一旦一块土地臣服在他的脚下，他的目光便会投向下一个地方。公元前327年春天，亚历山大决定再次出兵，这一次他的目标是印度河，他的矛头对准了神秘的东方国度——印度。

即使出征的号角已经吹响，包括亚历山大在内的马其顿人依然不知道他们即将要去一个什么样的地方。普通士兵根本没听说过印度，一些有见识的人也只知道印度是波斯最东边的一个行省，在亚历山大充满豪情的战前鼓舞中，士兵们将它想象成一个广袤又充满财富的地方，而且，那里就是世界的边缘。

事实上，亚历山大对印度的印象是不全面的，甚至是错误的。他的征服目标并不是南亚次大陆，而仅仅是印度河流域的印度部落。这些松散的部落或占据一块土地，或占据一个山头，或围出一座简陋的城池，也没有经过专业训练的军队，当他们需要作战时，常常在附近招募闲散游民，或到邻近的部落请求帮助。也许正因为如此，一些后人常常质疑亚历山大的军事才能，认为他的军事目标是落后的乌合之众，他的优势太过明显。

亚历山大的目标并不是单纯地打败敌人，他那颗被亚里士多德教育、熏陶过的心灵，始终想要到达世界的尽头，这更接近一种求知欲。此外，他对希腊英雄传说的迷恋，又让他时刻激励自己建功立业，征服更多土地。于是，求知欲和英雄情结相结合，就成了无休止的扩张欲望，征服下一块地、一座城，将自己的帝国版图扩大到世界边缘：世界的最东端的城市和最南端的大海，都在印度！

亚历山大对这次出征充满了信心。一位名叫太克西利斯的印度首领派出使者，表示愿意臣服于亚历山大。同时，他和亚历山大约定，只要亚历山大能帮助他消灭自己的仇敌——一个叫波鲁斯的印度首领，他愿意奉上更多的东西。为此，他主动割让了一座城市，并为亚历山大准备了军队和印度特有的战争武器——战象。

亚历山大命3500名骑兵留守在巴克特里亚，他率领着一支将近3万人的军队，向地球的另一边——“世界河流”进发。这支军队的构成很有意思：它不只包括马其顿人，还有不少亚洲面孔，也包括亚历山大刚刚征服的波斯人。亚历山大慷慨的许诺和英勇的气概，让欧洲人和亚洲人都愿意跟随他进行这一次冒险。

除了士兵，队伍里还有不少官员以及技术人员，还有一些想要趁机发财的商人，亚历山大甚至想到，他们将要在印度河与敌人作战，那么他必须有一批工匠及时为自己建造船只，于是，一批船匠也出现在队伍之中。这就是亚历山大想要的队伍：不论走到哪里，他都有可以依赖的行政人员，随时对征伐地进行管理；士兵负责作战；工匠负责制造武器。他将帝国核心带在身边，以保证不论他走到哪里，他都是帝国的重心。

这支庞大的队伍首先用十天的时间翻越了高加索山，到达亚历山大城。这座城市是当年亚历山大第一次进军巴克特里亚时建立的。亚历山大发现，这座城的总督滥用职权，根本没有好好地维持统治，一气之下撤换了总督，并命令部队中那些超过服役年限、不适合继续作战的老兵在这里定居。这也是亚历山大建立世界大帝国的策略之一，他希望尽可能地让欧洲人与亚洲人融合在一起，以方便他的统治。

大部队继续向前，在尼塞阿，亚历山大向战争女神雅典娜献祭。他们很快到了科芬河。在这里，与亚历山大有过约定的太克西利斯出现了，一起出现的还有几个印度头目，他们向亚历山大进贡了二十头战象。亚历山大向他们详细询问了附近的地形、人口、头目等各种情况，以便做出周详的部署。

最后他决定兵分两路：一路由赫斐斯申和坡狄卡斯带领，要将科芬河右岸地区全部占领，并在到达印度河之后提前做好渡河的全部准备。亚历山大还命令了解敌情的太克西利斯跟随他们一起作战；另一路由亚历山大亲自带领，他将扫荡科芬河左岸地区。两路大军将在印度河会师，一齐渡河。

亚历山大沿着科芬河河岸崎岖的山路进军。一支800人组成的骑兵队在大军之前开道。听说亚历山大来袭的消息，这一带的部族或者逃跑，或者躲进临近的城池里，不敢与亚历山大交锋。马其顿军没费吹灰之力就围住了经过的第一座城市，亚历山大又一次身先士卒，在最前线冲杀，他被一支箭射中肩膀，他的亲信托勒密也在这一战负了伤。

伤亡从来不能阻止亚历山大的决心，更何况他受的并非致命伤。第二天，亚历山大带伤上阵，士兵们将城市围得水泄不通。印度人从未经历过这样的阵势：他们闻所未闻的各类攻城武器，从四面八方向城中投掷石块，本就不牢固的土城被搭上一架又一架长梯，亚历山大的军队很快冲进城中，抵抗者四下奔逃。

因为肩头的伤，亚历山大命部下杀掉全部抵抗者，并将整个城市夷为平地。而在另一座叫安达卡的城市，亚历山大却收起了野蛮的獠牙，这座城市的首领恭顺地向亚历山大表达投诚的愿望，得到了亚历山大的优待。而附近不愿屈服的城市，则被亚历山大的部队全部摧毁。这条流血的征服之路，让前方的敌人闻风丧胆，更多部落选择逃跑或是投降。

亚历山大的军队遇到的反抗是激烈的，但杀伤力并不强，毕竟，当时的印度土著的武器装备远远落后于欧洲的骑兵：马其顿人有战马、头盔、胸甲、尖利的铸造武器、战车、攻城工具；而印度人还穿着最简单的衣物，甚至有些人披着兽皮，拿着并不锋利的长枪长矛，他们很难抵抗一群突然到来的征服者。

亚历山大的下一个目标是攸阿斯普拉河，他想抓获与自己为敌的阿斯帕西亚总督，而对方听说亚历山大要来，已经躲到山里。亚历山大命人穷追不舍，特别是托勒密，他带着骑兵队、弓箭手四处搜索阿斯帕西亚，终于在一座山头看到阿斯帕西亚。山路陡峭，托勒密带的人数不多，但他英勇地舍弃了马匹，带着军队追击敌人。他与阿斯帕西亚交战，阿斯帕西亚用长矛刺进他的胸甲，他的长枪则戳进了对方的大腿。

密实的胸甲让托勒密免于一死，阿斯帕西亚却被长枪挑落，紧接着，尖锐的枪头刺进了他的心脏。敌军看到首领被杀，大受刺激，他们将托勒密的军队团团围住，想要为首领报仇。托勒密和他的手下拼死抵抗，在危急关头，正带兵巡视的亚历山大听到了喊杀声，率大队人马冲过来，救下了托勒密。一番血战之后，终于将敌人赶跑。

亚历山大继续行进，他一路都在思索如何征服、巩固他的大帝国。例如，他到了一个叫阿瑞迦亚斯的空城，这里的百姓害怕侵略者，早就跑得不见踪影。一座空城似乎没有意义，但亚历山大认为它的位置很不错，适合当一个小型根据地。于是，阿瑞迦亚斯多了一座坚固的城墙，是亚历山大命人建的，他还命人去附近号召印度人回城中居住。同时，他又一次发挥了他的“世界意识”，将超过服役年龄的欧洲人安置在这座城中。

继续前进，一座大山挡住了亚历山大的去路。勇敢的托勒密带人上前探路。托勒密是个胆大心细的将领，他留心查看敌军营地里生火做饭留下的烟灰，并判断出烟灰的数量比马其顿营地的烟灰更多。亚历山大却有自己的判断，他认为烟灰不过是这里的部落首领耍的小把戏，想要大军知难而退。亚历山大兵分三路，向那座高山挺进。三路大军凭借丰富的作战经验，将印度人赶下山，并得到了大量战利品。

稍事休息后，亚历山大马不停蹄，向阿萨西尼亚人占领的地区挺进。负责探路的小股部队很快传来消息，阿萨西尼亚人已经集合了两千名骑兵，超过三万名步兵和近四十头战象，准备与亚历山大一决雌雄。但亚历山大的声势无可抵挡。在古拉亚斯河，河水湍急，河底全都是光滑的鹅卵石，人脚和马蹄踩进去都会打滑，这本是阿萨西尼亚人伏击的好地点，但他们太害怕亚历山大，根本不敢做出大规模的抵抗，反而各自结成小队撤回自己的家乡。亚历山大的大军从容地渡过这段险要的河滩，到达该地区最大的城市马萨伽。

在马萨伽，大战即将开始。马萨伽的首领已经调来七千名印度雇佣兵，他们都是有作战经验的士兵，和亚历山大一路遇到的土著完全不同。雇佣兵趁着马其顿部队安营扎寨的机会，冲出马萨伽搞突袭。亚历山大见敌人不但有作战经验，还有地利优势，他们依仗着坚固的马萨伽城，想出来的时候就出来冲杀一气，即使失败了，也可以马上逃回城里。这种情况对己很不利。于是，精明的亚历山大决定将敌人引到离城市较远的地方决战。

在亚历山大的布置下，马其顿的军队静待敌人的到来。当雇佣兵冲过来时，马其顿人慌慌张张地逃跑，印度人紧追不舍，等到了远离城市的一座山头，亚历山大突然杀了个回马枪，命令部队掉头反击，正在兴头上的印度雇佣兵们没想到会遇到这样的反击，连忙逃跑，一路上被消灭掉 200 多人，损失不小。

上了一次当的雇佣兵们不敢再轻易冒险，他们干脆躲在城里打起了攻防战。马萨伽城城墙坚固，即使亚历山大使用了擂石器，也只能轰掉一小段城墙，即使轰出了缺口，也有大军迅速阻止马其顿人对城中的攻势。就连亚历山大自己都在冲锋中受伤。

亚历山大作战一向灵活，他又命人在城外架起一座座木塔，木塔上，弓箭手不断向城中的守军射箭，士兵就趁机在木塔和城市的缺口间搭桥，想要从桥上进入城中。没想到，亚历山大的士兵们立功心切，一窝蜂地冲到桥上，结果木制的桥被压断，印度人倒捡到了便宜，趁机杀出城来，亚历山大只好命令大军撤退。

激烈的战斗到了第四天，擂石器、木塔、木桥轮番出动，马其顿人越战越勇，在战斗中，马萨伽的首领被一颗石弹击中，当即身亡。群龙无首，马萨伽人一下子失去了斗志，亚历山大不肯错过这个机会，一批又一批士兵潮水一样涌向城墙，马萨伽人的尸体越来越多，他们的意志终于被击垮，一位代表宣布停战，要与亚历山大讲和。

亚历山大是个懂得怀柔的征服者，前一秒还发誓要杀光城中的人，后一秒听到对方要投降，就变得和颜悦色。何况，他从心底里欣赏勇士，印度雇佣兵们的善战给他留下了深刻的印象，他欢迎这批人加入自己的部队。不过这只是亚历山大的一厢情愿，雇佣兵并不愿意跟随亚历山大去攻打自己的同胞，他们趁着天黑偷偷溜走，想要回到自己的部族中。亚历山大对背叛者从不宽容，还没等印度兵们启程，马其顿大军就将他们围住，一个不剩地杀掉。

马萨伽城也被纳入亚历山大庞大帝国的版图之中，亚历山大的军队吹嘘自己的实力，说在这次危险的攻防战中，己方只损失了二十五名士兵。这是随军士兵记录下来的数字，后来的研究者没有一个相信这匪夷所思的数据，但这种不切实际的吹嘘在当时普遍存在，亚历山大每次被记录下来的战役都有确切的伤亡数字，敌方的损失数以万计，己方的损失却只有几十、几百人，也许亚历山大就是需要这样一种舆论，让他的士兵、他的敌人相信他的威力。在这种声势下，亚历山大又下令进军巴济拉城，城中的居民闻风而逃。

亚历山大的军队风头正劲，但在一连串的胜利中，亚历山大也听到了不和谐的声音。

阿尔诺斯和奈萨

亚历山大敏锐地发现，他的军队出现了一些变化。胜利给亚历山大带来不小的满足，但士兵们却没有以往那么高兴。他们面对的是一个完全陌生的国度，炎热的气候，艰难的行军环境，动不动就到来的季风雨，水土不服和毒虫的侵扰，都让他们丧失斗志。他们没有发现更多的财宝，而是不断死亡的同伴，尽管亚历山大的随行人员一再吹嘘己方的胜利，谎报伤亡人数，但士兵们心里有数，他们渐渐对战争产生了反感，甚至开始怀疑继续前进的意义：除了完成首领亚历山大那狂妄的梦想，他们能得到什么？

这种怠战情绪并非第一天产生，也符合人的心理。最初，马其顿人在腓力、亚历山大的号召下，从事的是反抗侵略者、扩大本族地盘的战争，这关系到他们的切身利益，他们愿意为此拿起武器；后来，对荣誉、对财富的渴望让他们跟随亚历山大东征西讨，他们也的确得到了想要的东西。但常年的战争使他们身心俱疲，他们也希望能在长久的征伐之后，真正地休息下来，而不是每天都在行军、杀人、应对新环境。从前，出于对亚历山大的忠诚，他们按捺住了这种情绪，但到了印度，他们很难继续忍耐。

久经沙场的亚历山大最明白士气的重要，一支士气如虹的军队能够以少克多，化不可能为可能；相反，一支没有进攻欲望的军队，即使面对唾手可得的城池，也懒得前进一步。亚历山大迫切需要一个继续进兵的理由，哪怕是一个欺骗性的口号，来遏制军中即将蔓延的怠战情绪。幸运女神似乎站在亚历山大这一边，他遇到了两个关卡——阿尔诺斯和奈萨。

阿尔诺斯是一座险峻的高山，高达7100英尺，另有一条500英尺的峭壁直下印度河。山上有广袤的林木和耕地，可以供上千人在此耕种，山中还有一口泉眼提供水资源。不少巴济拉城的居民逃到了这座山上，因为这座山极其陡峭，只有一条人工开凿的通道能够过人。

关于这座山有一个传说：希腊人崇敬的英雄、大力神赫拉克勒斯曾经到过这座山，但以他的勇力却未能征服这座山峰。一个上古希腊英雄曾经到过印度，这种无稽之谈却可以让希腊人传为美谈，因为他们就是一个信仰英雄、渴望英雄的民族，《荷马史诗》记载的种种传说是他们的精神源泉，亚历山大也利用这个机会重振军心。

亚历山大对他的支持者们表示，这是一座连赫拉克勒斯也未曾征服的大山，这个任务理应由他们这些英雄后代来完成。而在亚历山大心中，他也笃信这条传说的真实性，甚至产生了和他祖先一较高低的好胜心。他下令把已经臣服的马萨伽和另一座叫欧拉的城市建成驻军要塞，想要以此为根据地，让他的征伐更顺利。他攻陷了附近的小城镇，并储备了充足的粮草，为的是能够长期作战，拖垮阿尔诺斯山上的敌军。

在亚历山大巧妙的煽动下，马其顿军队又一次振作起来，信心百倍地准备攻打敌人。这时候，几个了解山里情况的印度人偷偷溜来投降，亚历山大派托勒密带了一小股军队跟随这几个投诚者上山。托勒密经过一条几乎无法行走的羊肠小道，神不知鬼不觉地占领了一个小据点，并在据点周围掘土筑墙，挖出壕沟，修建工事，以便与亚历山大里应外合。

接到托勒密的进军信号，亚历山大率众攻山，印度人依仗山势险要，屡次打退马其顿军队。印度人不但挫败了亚历山大，还发现了托勒密的小动作，他们一次次捣毁托勒密竖起的栅栏，托勒密率领部下坚守阵地，双方使用弓箭和投石器互相攻击，谁也没占到便宜。见托勒密顽强抵抗，印度人只好暂时撤军。

硬攻行不通，亚历山大随即又生一计，趁着夜深人静，他派人给托勒密送了一封密信，命令托勒密在他攻打的时候也从高地冲下来，从背后攻击敌人。第二天一大早，亚历山大就率兵到达托勒密上山的那个斜坡上，发动攻击。印度人一次次抵抗，马其顿人一个批次一个批次地有计划地攻击，又有托勒密带着军队从上至下协助，直到黄昏，印度人才不得不放弃这个斜坡，亚历山大与托勒密终于会师。

马其顿士兵们休息了一个晚上，第二天一早就被亚历山大叫醒，命令他们伐木，每个人都要砍一百根木桩。接下来，他们从宿营地开始筑起一条大土岗，一直修到敌人的山寨边缘，亚历山大认为有了土岗，他就可以使用擂石器。他骑着马监视士兵们干活，对勤快的士兵赞不绝口，又惩罚了几个偷懒的士兵，不到一天工夫，土岗就遍布山顶。

在山寨里的印度人从未见过这种强大攻势，当擂石器将巨大的石弹从他们头顶发射过来时，他们心惊胆战。先进的武器又一次发挥了它的威慑力，一名印度军官前来投降，说只要亚历山大答应他们的条件，他们就愿意交出这座山。亚历山大知道这只是缓兵之计，山里的人一定计划借此拖延时间逃跑。

亚历山大假装答应了军官的要求，撤走了山寨附近的巡逻队，他亲自带领 700 名士兵占领了山寨，然后发出了进攻信号。大军立刻对正在撤退的印度人发动攻击，一些印度人被杀，一些人在慌张中失足，跌进了悬崖。马其顿军队终于占领了这座赫拉克勒斯也无法征服的大山，一时间皆大欢喜，亚历山大趁机鼓动士兵们与他一起继续进军，向一个叫奈萨的城市进发。

选择奈萨城作为下一个目标，亚历山大也是用心良苦。这座城也有一个传说：奈萨城是狄俄尼索斯征服印度后建立的城市。狄俄尼索斯是希腊神话中的酒神，也是希腊人最喜爱献祭的神，古希腊著名的戏剧就是起源于对他的祭祀。酒神是否到过印度，究竟是谁建立了这座城市，其实无从考证，但亚历山大将这个传说大大宣扬了一番，他的征讨，自然也就成了继承希腊英雄遗志的先进事业，部下们没有理由提出反对。

酒神之城的居民听说亚历山大到来后并没有慌张，而是做好了迎接的准备。奈萨城的首领阿卡菲斯是一个非常有智慧的人，他带着本城的三十个头面人物来到亚历山大的帐前请求谒见。当他们看到亚历山大坐在帐篷中央，身披铠甲，手持长矛，威风凛凛的样子时，全部跪在地上，连大气都不敢出。亚历山大则温和地命令部下扶起他们，让他们随意发言。

阿卡菲斯对亚历山大说："尊敬的国王，请允许我代表奈萨城的全体居民向您表示无上的敬意。我们这座城市是狄俄尼索斯征服印度之后建立的，为的是让那些年老的、无法跟随他凯旋的士兵有一个居住的地方，并纪念他光荣的远征。就像您曾在高加索与埃及各建了一座亚历山大城。我们都知道，您今后会在各个国家建立这样的城池，以证明您的功绩比狄俄尼索斯更加辉煌。当年，狄俄尼索斯将这座城命名为奈萨，是因为他的奶妈名字就叫奈萨，而这座有纪念意义的城市里的每一个居民一直享有自由，希望您能够让我们保持这一份荣耀，继续安居乐业。"

听了这样一番话，亚历山大很高兴，他命人将这番话传遍整个军队，以证明他们这支军队已经走到了当年狄俄尼索斯征服的地方。也因为阿卡菲斯的吹捧和恳求，他答应让奈萨城继续保持独立地位，但他要求奈萨必须交给他一百名官员和三百名骑兵，跟随他继续作战。智慧的阿卡菲斯对他说:“尊敬的国王，抽走一百名优秀官员，这座城就无人继续治理，又怎么能保持它的繁盛呢？但是，承蒙您对奈萨人的信任，我们一定将三百名骑手献给您！”

亚历山大又一次显示了他对投诚者的宽容，答应了阿卡菲斯。阿卡菲斯的请求感激他的厚待，精心挑选了骑手，还让他的儿子和外甥加入这支骑兵队，以示他对亚历山大的尊敬和臣服。此外，他还安排亚历山大的部队去欣赏奈萨城的特产——一种别处没有的常春藤。马其顿的士兵们很高兴，割下藤条编成花环，戴在头上，并唱起了对酒神狄俄尼索斯的赞歌。他们在阿卡菲斯的招待下开怀畅饮，又对酒神献祭，热闹非凡。

通过对阿尔诺斯和奈萨的征服，亚历山大的军队似乎有理由相信，他们进行的是一项伟大的事业，他们精神百倍地前往印度河，准备下一次激烈的战斗。

海达斯佩斯河会战

公元前326年春天，在科芬河与亚历山大分兵的赫斐斯申，终于在印度河等到他的主帅的到来。赫斐斯申和坡狄卡斯进军科芬河右岸的军队很有效率，他们几乎没有遇到特别顽强的抵抗，只在朴西劳提斯地区遇到了一座不愿投降的城池。赫斐斯申用了一个月才攻下这座城市，杀掉了不听话的头目。他们顺利到达印度河，终于和亚历山大会师。

两支部队重新整合在一起，赫斐斯申也做好了渡河的准备。关于亚历山大的大军如何渡过宽广的印度河有各种猜测，最靠谱的一条是利用大量船只搭建一座浮桥，士兵、从军人员、马匹在浮桥上通过，那场面一定热闹无比。大军顺利渡河后，就按照计划向太克西拉城前进，那是印度河与海达斯佩斯河之间最大的一座城市，那里的总督，正是太克西利斯。

在太克西拉，亚历山大首先举行了祭神仪式，和马其顿人喜爱的体育竞赛。他受到太克西利斯的款待，又接受附近山区头目的谒见，还收到了很多礼物。受到这样的欢迎，亚历山大并没有懈怠下来，他在这座城市安置了一批伤兵，又派一位亲信管理这一地区，接下来，他迫不及待地想要迎战海达斯佩斯河东岸的王国。

这个王国的首领叫做波鲁斯，是太克西利斯的死对头，太克西利斯之所以臣服于亚历山大，正是希望借亚历山大之手除掉波鲁斯。波鲁斯个性强硬，他根本没有考虑过向亚历山大投降，而是准备了大军集结在海达斯佩斯河岸，等候马其顿军队的到来。与此同时，亚历山大的战船、士兵、物资也有秩序地从印度河运到海达斯佩斯河，做战前准备。完成这个任务的监督者是科纳斯，他在印度河将较小的船只拆卸，装在大车上运送到海达斯佩斯河，然后重新将船、船桨组装起来，这支组装舰队的规模很壮观。

公元前 326 年 6 月初，亚历山大在海达斯佩斯河西岸扎营，太克西利斯又亲自带领五千人马助战。有了太克西利斯对地形、对敌军的了解，这场战争又多了一些把握。6 月正是初夏，印度地区阴雨连连，高加索山脉的积雪在融化，河水暴涨，马其顿军根本无法渡河。就算能够侥幸过河，河对岸还有波鲁斯的重兵在守卫。波鲁斯亲自在岸边查看士兵的防备情况，隔着河流，马其顿人能够看到高大魁梧的波鲁斯，他经常骑在大象背上向对岸的敌人示威。

战象是印度特有的武器，波鲁斯拥有二百头战象，远多于亚历山大拥有的数量。但亚历山大并不看重这种笨重、缺乏机动性的动物，它们庞大的身体在冲向敌阵的时候固然会给敌人带来严重损伤，但它们同时也可能成为危害己方的踩踏利器。亚历山大对比的是双方的军队：波鲁斯有骑兵 4000 人，步兵 3 万人，还有 300 辆战车，亚历山大的军队数量与他不相上下，可以一战。

需要克服的问题不是人对大象的恐惧，而是马匹对这种巨型生物的下意识的畏惧。战马听不懂亚历山大豪迈的战前动员，当它们看到对面庞大的长鼻动物，听到它们巨大的嘶吼，闻到它们身上强烈的气味，就再也不肯听人的指挥，会从渡河的筏子上跳进水中，战斗还没开始，这些马匹就已经乱成一团，让马其顿人溃不成军。

亚历山大却没有在战马问题上大费脑筋，供应物资从后方不断运来，保证了亚历山大的部队可以在这里长期驻扎，他公开宣布等到冬季河水下落的时候，再集中发动攻势。这消息传到对岸波鲁斯的耳朵里。波鲁斯也不是等闲之辈，他认为这种公开性的声明只是为了麻痹他的警惕性，他反倒命令士兵们更加勤快地在河岸边执勤，以防止马其顿人偷袭。

一计不成，亚历山大又生一计。他命马其顿的士兵在夜间集结起来，大声呼喝，在河岸上来回奔跑，做出一副即将强行渡河的架势。波鲁斯那边则严阵以待，率领骑兵、步兵、象兵到喊叫的方向准备迎战。但马其顿人却没有渡河，而是转身收拾武器回营地休息。没多久，他们又一次冲出来喧哗吵闹，佯装过河，波鲁斯的军队被这种佯攻术拖得人困马乏，又不敢放松戒备，后来，不论亚历山大的军队如何喧哗，波鲁斯都不走出营地，大象也不再来回奔走，只是派哨兵沿着河岸侦察情况。

亚历山大知道自己的计策已然奏效，他早就看中海达斯佩斯河一处岬角，这个岬角状似一个半岛，河道在那里绕了一个大弯，树木茂密，人迹罕至，刚好可以掩护军队渡河。亚历山大沿河布下哨兵，每一个哨兵都在左右看得见的位置，方便传递号令。他亲自带领一万步兵，五千骑兵准备在岬角处渡河，又命太克西利斯率领步兵八千，骑兵三千，以及他手下的五千名印度人在原地吸引波鲁斯的视线，以掩盖大部队的真正动向。

亚历山大进一步吩咐，如果波鲁斯带兵攻击他而把大象留在营地，那就不要有任何行动；如果波鲁斯带着大象攻击他，就立刻分批渡河，这样就不用担心马匹被大象惊扰。

一番详细的布置之后，亚历山大就等待最佳渡河时机。恰巧这一晚阴云密布，大雨倾盆，轰隆隆的雷声压住了两岸的喧嚷，亚历山大立刻发布了渡河的命令。骑兵团、弓箭手、近卫队掩护着亚历山大，在大雨是秘密行进。之前，亚历山大已经命人偷偷将一些船只藏在树林之中，骑兵们登上皮筏，悄无声息地渡过暴雨中的河流。大雨导致河水涨高，亚历山大和士兵们顶着到肩头的河水，好不容易才渡过大河，这时候，对岸波鲁斯的哨兵才发现这伙突然冒出来的敌人，飞奔到营地去送信。

一踏到对岸，亚历山大就命手下骑兵全速前进，步兵紧随其后，此时波鲁斯的军队也已经赶了过来，双方第一次交手，波鲁斯派了一百二十辆装有尖刀的战车，这些平日杀伤力极强的武器，却因为暴雨带来的泥泞而运转不灵，反倒被马其顿的骑兵冲散。在一片混战中，波鲁斯的军队溃败，他的儿子也阵亡了。而亚历山大这一方也不是毫无损失，他本人受了轻伤，一直跟随他的心爱的战马布斯法鲁斯被刺死。

听到儿子战死的噩耗，波鲁斯决定亲自上阵，他带领骑兵、战车和大象以及三万步兵迎战亚历山大。在一块平坦的、便于调度和冲锋的沙地上，波鲁斯摆开阵势。他将二百头大象排在最前面，每隔一百米便有一头大象；在大象与大象之间，是精锐步兵，两翼则有他手下的骑兵。这条长长的战线看上去无懈可击：敌人的马匹看到大象就不敢走路，倘若敌人的步兵胆敢上前，大象会冲散并踩死他们。无论骑兵和步兵，都没法战胜这强大的阵势。

亚历山大毫不畏惧，他观察一番，立刻就找到这条阵线的破绽——战线太长。他命骑兵原地等待，等步兵到来后，才命军队避开大象，由科纳斯率领一部分骑兵去攻打敌人右翼，自己则带人攻打左翼，又命一批队伍原地待命。当亚历山大带着他的骑兵冲向波鲁斯的左翼，波鲁斯连忙调集人手迎战，这时，科纳斯的骑队向敌人背后冲去。

波鲁斯的阵线立刻出现了混乱，右翼空了，科纳斯勇猛地斩杀敌人，波鲁斯只好重新命令右翼军队回身迎战科纳斯。亚历山大看准时机，命令原地等待的那一队骑兵发起正面攻击，一时间，在各方猛攻之下，波鲁斯的骑兵们只好向大象靠拢，马其顿步兵趁机向大象射箭，大象被己方、敌方的士兵包围，又被从四面八方的箭雨乱射，早就辨不清敌友，也不再听人的指挥，它们横冲直撞，很多印度人被它们撞死或踩死，而马其顿人则一面远远躲着这些发疯的大象，一面在亚历山大的命令下形成一个包围圈，防止印度人逃窜。

海达斯佩斯河另一岸的太克西利斯见己方情况大好，河岸无人把守，下令全军火速渡河。亚历山大手下的军队此时已经疲惫不堪，太克西利斯的军队却精神饱满，士兵们个个奋勇，替下亚历山大的大军，去追击印度人的军队。尽管印度人还想依靠大象挽回局面，但马其顿人十分精明，大象来攻击，他们远远地退开；印度人带着大象逃跑，他们火速追上去，不少印度士兵和大象死在从背后投来的标枪之下。至此，波鲁斯再无还手之力，胜负已定。

这场残酷的战斗持续了整整八个小时，波鲁斯全军覆没。但波鲁斯却是一个勇士，他并不和士兵们一起逃跑，而是坚守阵地，直到他的右肩负伤的时候，他才调转了象头。这时亚历山大已经对他产生了极大的尊重，不忍心杀掉这样英勇的人。于是，他命太克西利斯前去招降。太克西利斯也没有借机报复，他忠诚地传达了亚历山大的命令，劝波鲁斯放弃抵抗，但波鲁斯一看到老对头带人追来，想也不想就把手中的长枪向太克西利斯投去。

太克西利斯命大，并没有被投中，他只好掉转马头将情况报告给亚历山大。亚历山大却不生气，接二连三地派人去找波鲁斯，最后，连波鲁斯的好朋友迈罗斯也被派去。这时波鲁斯才肯去见亚历山大。亚历山大带着几个手下亲自迎接他，只见战败的波鲁斯依然器宇轩昂，没有任何战败者所有的狼狈姿态，亚历山大不禁对他刮目相看。

亚历山大首先开口，他并没有摆出胜利者的高姿态，而是以朋友般的平等口吻问道："你希望我怎样对待你？"

波鲁斯从容不迫地回答："像一个国王那样！"

亚历山大听后很高兴，又问："在我这一方面，会像你希望的那样做，在你那方面，也提出你的要求吧！"

波鲁斯说："我的一切要求，都包含在这个要求之中。"

亚历山大更加高兴，他将波鲁斯的王权交还给他，还将他的管辖地扩大一些。这场惨烈的战争出人意料地以和平收尾，也正说明亚历山大是一个合格的政治家，尽管他始终依靠军事力量，但他也明白只凭军事无法统治庞大的帝国，他对那些愿意依附他、效忠他的首领给予格外的优待，为的就是以当地人来治理当地人，将这些地区以最和平的方法纳入他的囊中。

亚历山大居中调解波鲁斯和太克西利斯的矛盾，让他们放下彼此间深刻的敌对意识。波鲁斯仍然是国王，太克西利斯也被亚历山大升为一个独立的国王。波鲁斯钦佩亚历山大的勇气和大度，从那之后，他一直对亚历山大保持着臣子的忠诚。

海达斯佩斯河恢复了平静，在河流两岸，亚历山大各建了一座城池。一座叫做尼卡亚城，意为胜利之城；另一座叫做布斯法鲁斯城，毫无疑问，这是为了纪念那匹他少年时驯服、陪他征战四方的爱马。他还开了一场阵亡将士的追悼会，然后举行了感谢神明庇佑的祭典。随后，他再一次带领大军踏过波鲁斯的国界，向另一个印度部落进军。没有任何事、任何人能阻挡他继续征服的决心。

哗变

接下来的行军依然充满了艰难和胜利，但种种迹象表明，士兵们已经厌倦了战争。

离开海达斯佩斯河，亚历山大又开始渴望到达恒河，他认为那是世界最东面的河流，那应该是世界上最长最广的河流。他相信、并且宣扬自己的军队正踏着希腊人英勇的先辈们的足迹前进。大军一路向东，占领了三十七个城镇，亚历山大将这些地区全部划给波鲁斯管理，表达了他对这位新朋友的信任之情。也有不少总督亲自带着礼物前来投诚，亚历山大都亲切地接待他们，而对那些持观望态度的总督，亚历山大则派人严厉指责，威胁他们如果不能效忠自己，等待他们的将是大军压境。

亚历山大每天都很忙碌，他不仅要考虑接下来的行军路线，也要在马背上治理他的大帝国。有些地区臣服于亚历山大的统治，也有地区见亚历山大不在，就刺杀本地的总督，脱离帝国，对这些地区，亚历山大会立刻派亲信带兵镇压。各地区的总督都是亚历山大委派的，他们有的兢兢业业，恪守着对他的忠诚；有的却贪恋权势，称王称霸。但亚历山大管不了这些，他带着他的帝国核心集团到处征战，无法建立有效的监督机制，这也造成了这个横跨亚非拉的大帝国，名声很大，事实上非常松散。

松散的不只是帝国结构，还有士兵们的心理。这一天，他们又要渡过一条叫阿塞西尼斯的大河，这条河宽阔湍急，亚历山大认为用皮筏就能渡过。但他没想到这条河到处都有尖利的大石块，不少士兵的船撞到石块，被卷进大浪中丧生。而他们的统治者在过河之后却只想着尽快调来战争需要的物资，他要追击一个与波鲁斯同名的敌人。

这个敌人是波鲁斯的侄子，也叫波鲁斯，但却与其不和。当他知道亚历山大攻打自己的叔叔时，就派人对亚历山大说他支持这个举动，并愿意献出他的城市；等到亚历山大与他的叔叔交好，他因为害怕，就带着一些精猛的士兵逃跑。这一次，亚历山大最信任的朋友赫斐斯申前去追击小波鲁斯，并将他的领土抢到手中，这部分领土，依然被划在波鲁斯名下。然而之后，士兵们绝望地发现，亚历山大又盯上了一个叫卡萨亚的部落，他从来不打算休息。

卡萨亚部落顽强好战，首府桑加拉有坚固的城防，此外，他们联合附近的部落，发誓一起反抗亚历山大。卡萨亚人的军队在桑加拉前面的一座陡峭小山上建立了要塞，还把战车作为防线列在阵前。亚历山大立刻想到了对策，他命手下的弓箭手们冲上前去，来来回回从远距离射箭，他则在箭雨的掩护下部署军队的左右翼，骑兵居中，步兵加固，一个方阵成型后，他就亲自带人攻击印度人的战车。

卡萨亚人的防线有三重，第一重很快被亚历山大攻破，第二重也在亚历山大的凌厉攻势下撤退，第三重防线的守兵见战况不妙，便撤回了桑加拉城。这是一场混战，面对密集的防线，马其顿骑兵们只能在车辆与车辆中间寻找缝隙前进，亚历山大布置的阵形被打乱了，但卡萨亚人也害怕对方的威势，只想赶快逃跑。

亚历山大猜到卡萨亚人一定会逃跑，于是他便派士兵将城市围住。夜晚，卡萨亚人果然集结着想要逃走，却发现城墙外四面都有亚历山大布置的哨兵。他们又想通过城外的一个湖逃跑，没想到亚历山大像是清楚他们的出逃路线，重兵把守那片湖泊。当他们试图突围时，却发现在他们的去路上，有乱七八糟的栅栏，还有白天他们丢弃的战车，这些杂物挡住他们，后面马上就有马其顿人追上来砍杀。他们只好重新退回到城里。

卡萨亚人只能选择依靠坚固的城墙打持久战，但亚历山大不给他们这个机会。波鲁斯奉他的命令，带着他的战象和士兵赶来助阵，卡萨亚人再次体验到了敢于抵抗的印度人的绝望：当擂石器架起，当巨大石块飞进城中，当城墙坍塌，亚历山大的士兵潮水一样袭来时，投降已经来不及了，等待他们的只有死亡。而桑加拉也和所有抵抗城市一样，被亚历山大夷为平地。

但胜利已经不能带给士兵们喜悦的感觉，他们心中的不满在发酵。亚历山大又在谋划向东挺进的蓝图，他津津有味地听着印度人的汇报，了解恒河沿岸的风土人情，他兴致勃勃的表情和对部下下达的命令都昭示着另一次长途远征迫在眉睫。士兵们从犹豫、到厌恶、再到懈怠，他们还听说，恒河流域的印度人有更多的大象，有更矫健的体魄和坚毅的精神，这又让他们产生了畏惧。最后，他们干脆不执行亚历山大的命令。

亚历山大大吃一惊，他没想到自己的士兵竟然会抗命。而马其顿士兵并非对他们的首领有多大的意见，事实上，他们依然崇拜这位睿智、英勇的国王，他们反对的仅仅是亚历山大无止境的远征行为。这些远征除了让他们忍受艰苦的条件，看着同伴们不断减少外，并没有给他们带来多大益处。现在他们所有人都只有一个想法——回家。

亚历山大迅速召集所有的士兵，在他们面前做了一番慷慨激昂的演讲，想要凭借气势、富有煽动性的说辞重新激起他们东征的欲望。他竭尽所能地表现出诚恳和热情，他对所有人说："马其顿的同胞们，联军的朋友们，我发现，你们不愿意以当初跟随我的那种热情继续我们的事业，所以，我把你们召集在这里。我希望能说服你们跟随我继续前进，或者我将被你们说服，和你们一起向后转。各位，想想我们之前的经历，我从未有个人的不良动机，我们从赫勒斯滂海峡到高加索，从美索不达米亚到埃及，从塔内河彼岸到兴都库什山，这些土地被我们踩在脚下，我们还打败了从未臣服过的波斯帝国，印度河如今也已经是我们的国土。那么，究竟是什么阻止你们将恒河并入马其顿的版图呢？是害怕那些部落吗？事实很明显，他们不是在投降，就是在逃跑！"

"我认为，有志之士的奋斗不应该划出一条界线，尽管那些伟大的事业都有一个最终目标。如果你们要问：我们的最终目标在哪里？我可以明白地告诉你们：我们到恒河、到东海已经没有多少距离了！我向你们保证，你们将会发现东海与赫卡尼亚海相连，因为伟大的海洋包围着整个陆地！如果我们现在退缩，我们占领的地区还未巩固，那些好战的部族会卷土重来，让我们迄今为止的一切努力付之东流！到时候，我们就得从头再来，为此承受更多的劳累。所以，大家应该坚持到底！就像我们的祖先那样，只有不停止自己的脚步，才能获得无上的荣誉！各位，请你们仔细想想，如果我们当初只守着马其顿，我们会有今天这崇高而伟大的事业吗?”

“何况，假如你们在我的指挥下历尽艰辛，你们的领袖，也就是我，正在后方坐享其成，那么你们理所当然地应该感到厌恶，因为你们辛苦的劳动果实却由别人享受。但事实并非如此，我和你们有福同享有难同当，所占领的土地是你们的，所得到的财宝大多数也给了你们。等我们得到整个亚洲之后，我发誓，你们的所得将超过你们的想象，那时候，我将把所有想回家的人送回家乡，也许由我亲自带着他们回去；而那些愿意留下的，我会让他们受到那些回去的人的称羡！”

亚历山大的演讲是有激情的，有条理的，动人的，他曾经无数次地用这种口才鼓励他的士兵，他们也总是被他的话打动。但这一次，激动人心的呐喊并没有响起，那些喜欢附和他、追随他的士兵只是沉默地看着他，让他滔滔不绝的演说就像水一样流走，不留痕迹。他们依然敬爱这位领袖，但他的话已不能激起他们心中的涟漪。

演讲没有达到预期的效果，亚历山大并没有气馁，就像他面对战场上的失败，他会以最快的速度换一个方法，重新开始攻击。他话锋一转，对在场的人说:“如果你们谁有不同意见，请大胆地说出来!”依然没有人说话，他们凭借一种集体的反抗情绪与国王的命令作对，但没有谁敢于单独站出来，与他们的国王交涉一二。

在漫长的、令人窒息的沉默后，终于有一个人站了出来，他是在海达斯佩斯河立下战功的科纳斯，他语重心长地提出自己的建议，请求亚历山大一定要明白，马其顿人跟随他已有八年，很多人因此战死，他们的精力和体力，以及心理承受能力已经到达极限，让这样一支军队继续作战，对统治者本人不是一件好事。最后他说:“假如有一件事情是成功者必须知道的，那就是何时应该适可而止!好运气不会永远属于我们。”

科纳斯的话让士兵们大声叫好，甚至有很多人当即流下了激动的眼泪，这是他们一直想说的话。被这样当众反驳，却找不出更恰当的理由回击，亚历山大大为恼火，当即宣布不论如何，他都会继续前进，哪怕只有一个人。他怒气冲冲地解散了会议，一个人冲进帐篷生闷气，还对手下说着气话:“谁要回去就回去吧!回去告诉他们的亲人，他们将自己的国王留在异国他乡，被敌人包围!”

亚历山大在和他的士兵们较劲，但士兵们这一次打定了主意，不论亚历山大如何生气、发脾气，他们都一声不吭，什么也不做。最后，亚历山大毫无办法，只能选择屈服。他举行了一次为远征祈福的祭祀，而预言家们通过占卜，宣布继续前进不会有好结果，是凶兆。亚历山大找到了台阶，对大家宣布既然神谕如此，他只好班师回朝。

全军欢声雷动，人们激动地哭泣着，呐喊着，祝福他们的国王，在一片欢声中，亚历山大悲叹着夭折的远征计划，不能到达世界的最东端，让他非常遗憾；对部下的屈服，让他心有不甘。但亚历山大是个谋略家，他并没有因此放弃他庞大帝国的构想，他又有了新的扩张计划，所以，他并没有像旁人想象的那么沮丧。

这件事发生在公元前326年夏季，亚历山大停止东征，为了这几年他所取得的功绩，感谢众神的庇佑，他把军队分成十二部分，命他们修建了十二座大祭坛，为奥林匹斯山的十二位主神献祭，他亲自登坛，感谢神明保佑他战无不胜。然后，他将这一地区交给忠诚的波鲁斯管辖，自己带着部下返回海达斯佩斯河。

两种文明的交锋

作为亚里士多德的学生，亚历山大终身都保持着对未知世界的强大的好奇心，他的征伐行动，既是政治、军事的需要，也隐约带着一份求知者的执著。同时，亚历山大将自己当作希腊文明的传播人，渴望将希腊的文化传播到他的大帝国的每一个角落，让那里的人都知道希腊精神、希腊的英雄们、还有自己这个征服者的赫赫神威。

印度的一切都让亚历山大觉得新奇，那里的人们有异色的皮肤，因为剧烈的阳光，炎热的温度，他们甚至可以在大街上赤身裸体，但女人们却将自己包得严严实实。各种没见过的动物、植物、食物、建筑、风俗都让他兴奋，然而在这一切之后，是他在考虑如何将这个迥异的国度纳入自己的帝国，让他们接受希腊习俗，也让希腊接受他们。

但这无疑是一种妄想。印度社会自有一种完全不同于希腊文化的特质。当时世界有四种强大的、有生命力和影响力的文明：在爱琴海诞生的希腊文明；在尼罗河诞生的埃及文明；在黄河、长江流域诞生的中国文明；以及在恒河、印度河诞生的印度文明。亚历山大立足于希腊文明，征服了埃及，还有在当时影响很大的波斯帝国，但他还不知道中国的存在，印度，就是他所认定的世界边缘，他对这里的文化束手无策。

印度人主要信仰印度教，他们是虔诚的教徒，恪守着历代相传的种姓制度，他们有四个等级：第一等级是婆罗门，包括僧侣和贵族，他们拥有最高的智慧，能够解释那些历代传承下来的艰深的典籍；第二等级是刹帝利，他们是军事贵族和行政贵族，也是人民的管理者；第三等级是吠舍，他们是自由的平民，和雅典的平民不同，他们没有那么多的权利，而是要和第四等级的人一起供养一、二等级的人；第四等级是首陀罗，他们是社会下等人，从事低贱的职业。四个等级门户森严，不允许通婚，且世代如此。

亚历山大试图以文化上的宽容征服这个国家，但他遭遇的不外乎是敌视与轻视。甚至有一位叫卡兰努斯的智者公开对他说："亚历山大！每个人脚下都有一片土地，我们脚下也有一块儿，你却走遍了地球大部分地区，自己辛苦还伤害别人，你制造出的罪恶远大于你带来的文明！你已经30岁了，好自为之吧，你很快就会死去，你死后所占的土地也不过是你身体的大小！”

这番不吉利的预言并没有勾起亚历山大的怒火，他反倒殷勤地邀请这位婆罗门参加他的远征，卡兰努斯接受了邀请，但总是劝说亚历山大不要再在远征上耗费时间，而应该将自己的精力放在治理帝国上。亚历山大还想邀请更多有智慧的婆罗门加入自己的队伍，但他们却一心追求着自己的修行，追求着梵我合一的境界，根本不将亚历山大放在眼里。还有一些人会利用自己的地位煽动印度人反对亚历山大，他们德高望重，下等人都尊重他们的决定，亚历山大也不知道该拿这群人怎么办。

亚历山大不会与反抗者妥协，他也知道，婆罗门是印度智慧的代表者，只要他们能够屈服，治理印度不再是梦想。于是，他想了一个办法，他派人抓住十个最有智慧的婆罗门，给他们每个人都出一道难题，以证明他们并非有洞穿一切的智慧。这是一次刁钻的测验。征服者亚历山大兴致勃勃，他试图以自己机智的诘难挫败心高气傲的婆罗门智者。而这些赤身裸体的智者像是早已看穿了亚历山大的目的，他们毫无惧色。

测验就要开始了，亚历山大事先确定答题规则，他请其中一个最有名气的婆罗门做裁判，规定答错的人立即处死。他提了一些很有深度的问题，而印度智者们的回答则是意料之外的精彩，以致亚历山大不知该如何评判对错。十个问题是这样的：

第一个问题:“活着的人多，还是死了的人多?”

第一个智者回答:“活着的人多，因为死掉的人已经不复存在。”

第二个问题:“最大的兽是在陆地上还是海洋里?”

第二个智者回答:“陆地产大兽，海洋只是地球的一部分。”

第三个问题:“什么动物最狡猾?”

第三个智者回答:“人还没发现的动物。”

第四个问题:“你为什么煽动土王造反?”

第四个智者回答:“我希望他能活下去，或者死得更体面一些。”

第五个问题:“白天和黑夜哪个更长?”

第五个智者回答:“白天长，仅指一天而言。”

第六个问题:“一个人怎样才能真正被人敬爱?”

第六个智者回答:“威严，但不使人畏惧。”

第七个问题:“一个人怎样才能成为神?”

第七个智者回答:“做他人做不到的事。”

第八个问题:“生命和死亡哪个更坚强?”

第八个智者回答:“生命，因为需要忍受极多苦难。”

第九个问题:“人活多久最合适?”

第九个智者回答:“活到死亡比生命看上去更加合心意为止。”

最后，亚历山大问那个做裁判的智者:“他们回答的怎么样?”

第十个智者回答得依然让人摸不到头脑，他说:“一个比一个糟糕。”

亚历山大深深地为这些回答中所包含的机智与哲理折服，更佩服这些智者在统治者面前从容不迫的气度。于是，他没有处死任何一个人，反倒送给他们贵重的礼物，将他们客客气气地送回家。

亚历山大无疑是一个有智慧的人，即使他无法代表希腊的智者，却也有来自他们的气质，通过与婆罗门智者的交锋，亚历山大愈发明白一个道理：想通过军事上的征服让一个有智慧的民族彻底臣服，是一件艰难的事，而两种异质文化的融合不可能一蹴而就，从现状来看，他无法在短期内改变印度人根深蒂固、世代相传的观念，无法从文化上、思想上征服这个国度。

但这依然没有让亚历山大沮丧，反倒让他对印度文明有了更多的好奇和敬畏，他经常与卡兰努斯聊天，卡兰努斯也教导他如何做一个优秀的统治者。他不断思索着如何真正将庞大的帝国融为一体，让马其顿人、其他欧洲人、埃及人、波斯人、印度人产生共同的国家意识。在亚历山大的头脑里，有那么多未完成的宏伟计划，军事的、政治的、文化的，他相信尽管需要很多年时间，但这些计划并非天方夜谭。然而他却没有想过，幸运女神并不会永远眷顾于他，否则他不会被迫停止东征；上天也不会给一个天才太多的时间，即使他有无穷尽的野心。在他兴致勃勃地构思下一个计划时，死亡的阴影，已经悄悄接近。

第九章

突然逝世

亚历山大从未想过休息，在印度，他到达了心目中的世界边缘，又想要继续控制阿拉伯地区，而他帝国中的东西民族也在进一步融合。一切似乎都在他的计划之中，谁能够让亚历山大停止脚步？谁能击垮这位不败的巨人？也许只有死亡。

归途

马其顿人踏上了渴望已久的归途，但他们很快发现，他们被精明的领袖骗了。

亚历山大并没有选择原路返回，而是选择从水路离开印度。本来，马其顿人对来路上那些可怕的瘴气、毒虫、气温畏若蛇蝎，他们再也不想把这条路再走一遍，于是很支持从水路回去的做法。但他们没多久就意识到，亚历山大只是换了一条征服路线，他想要沿途作战，不断征服河流旁的部落，建立他的统治地位，并最终控制波斯湾。想到接下来仍然是没完没了的战争，士兵们又一次陷入情绪上的低迷。

但他们没有选择，毕竟，从不认输的亚历山大对他们低头了，这是亚历山大生平绝无仅有的举动，他们必须知道分寸。何况，除了亚历山大，还有谁能带领他们离开这个危险而陌生的地方，平安回到家乡？士兵们无奈地选择沉默，继续跟随着他们的领袖。海达斯佩斯河两岸已经备好了许多三十船桨的大船和一些小战船。对那个即将离开的国度，亚历山大也做出了适当的安排，他宣布波鲁斯为他征服的全部印度土地的国王，管理两千多个城镇。

公元前326年11月的一天，亚历山大在祭神之后下了返航命令，上千条船同时开动，号角声、喧闹声、两岸看热闹的人群的叫声以及印度人跳起的欢乐舞蹈，让场面热闹非凡。最初的旅途，对亚历山大而言是愉快的，他可以饱览两岸的风光，又可部署下一步的战略，还接见了沿途的使节并收下他们的礼物。

亚历山大的头脑里不只有两岸的山寨和城市，还有对世界的思考。当他在河中看见鳄鱼，并看到岸边的荷花，不禁想到了埃及，他走过那么多地方，只有在埃及看到过奇怪的鳄鱼，而埃及的荷花和印度的荷花也极其相似。于是，他认为埃及的尼罗河一定发源自印度。但他经过仔细的比较和调查，又发现印度河和尼罗河其实毫无关系，就改变了最初的猜想。

征服依然是旅途的主旋律，当亚历山大靠岸休息的时候，他就接见那些归顺的部族。也有一些部族不愿屈服，做好了战斗的准备，亚历山大就下令全力征讨。但士兵们却不愿意，他们不想节外生枝，只想赶快回家。而在宽广的河流上并不是没有危险，一些湍急的流域依然有让人丧生的陷阱，但亚历山大却一意孤行地要通过这些地方，为的是打败那些反抗的部族。亚历山大发现军队的厌战情绪比以前更甚，他只好又一次更改部署。

他将部队分为三个部分：一部分由忠诚的赫斐斯申带领，提前五天出发；另一部分交给勇敢的托勒密，比主力部队晚三天再出发，他带着主力部队居中。这样布置是为了防止士兵逃跑：如果主力部队的士兵向前跑，会被赫斐斯申抓获，向后，则有托勒密拦截。亚历山大精明的头脑已经不只是要对付敌人，还有自己人。

士兵们有些恼怒地发现，亚历山大洞穿了他们的意图，让他们无处可逃，而且，他还想要继续行军。他们通过一块缺水的区域，向自治的马利亚人进军。亚历山大事先命令士兵们用各种器皿装满饮用水，快速穿过这一区域，敌人完全没想到亚历山大会选择这样一条不可能的道路，顿时溃不成军。这座反抗的城市同样遭到了亚历山大的报复，居民被杀，城市被烧，亚历山大只给部下们一顿饭的休息时间，又下令追击逃跑的马利亚人。

部队连夜赶路，天刚亮就追上了正在渡河的马利亚人，这些人一部分被杀，一部分逃进一个坚固的防御工事里，但这个据点抵抗不了亚历山大的军队，很快沦陷。亚历山大还不知足，叫嚣着必须杀掉所有的马利亚人。听说有一些马利亚人逃进了波罗门城，他立刻率大军将那座城市团团围住。

这场战斗依然是激烈的，但马其顿人显然心不在焉，根本不愿意像以前一样，争先恐后地前进。亚历山大却精神百倍，斗志高昂，他第一个登上城墙，与敌人殊死搏斗，马其顿人看到他们的主帅如此冒险，突然觉得惭愧，连忙爬上城墙，方才攻下了这座城市。

亚历山大明显地感觉到，他的命令不再有力，甚至得不到执行。当他宣布继续追击马利亚人，士兵们只是无奈地跟着他。他们遇到一座座空城，居民们早就不知所踪。亚历山大对马利亚人紧追不舍，最后将他们逼进一座城市，这也是马利亚人最大的城市，亚历山大决定第二天发动总攻。

但到了第二天，亚历山大发现士兵们慢吞吞地搬着攻城的梯子，有气无力地拿着长矛，懒洋洋地骑在马上，毫无斗志。亚历山大又想要身先士卒地鼓励他们，他抢过梯子第一个爬上城墙，没有人跟随他，好不容易才有三个人跟他一起上了城墙。他们立刻成了敌人的目标，被围在当中。马其顿人终于意识到，再继续旁观下去，他们就会失去自己的国王，于是一窝蜂地想要登城援助，结果因为爬上梯子的人数太多，梯子从中折断。

当马其顿人终于冲进城中，亚历山大也已经身负重伤，尽管他身边的三名勇士近身护卫他，替他挡住四面八方的长枪和弓箭，亚历山大的胸甲仍然被一支长箭射穿，头部也被重击。马其顿人再次展现了他们势不可当的英勇以及野蛮，将这座城里所有印度人杀光，护卫着他们昏迷的国王回到营地，他们以为自己即将失去这位英明的领袖，不禁放声大哭。

亚历山大的情况十分危险，弓箭透过胸甲扎进了他的肺部，医生为他包扎止血，让他静养身体。亚历山大的亲密朋友们都直言他不该冒这么大的危险，这不是一个统帅应有的行为，但此时的亚历山大狂妄自大，根本不将他们的话放在心里。

马其顿的军营里丝毫没有胜利的氛围，士兵们以为他们的国王死了，顿时陷入了恐慌。一旦统帅死亡，军队中那些功劳不相上下的将军们无疑会为争权夺利而斗个不停，他们这些士兵更不知哪一个人能带领他们离开印度。没有了亚历山大，好战的印度人一定会集结起来围攻他们，前途一片渺茫。

亚历山大的亲信们只能不断驳斥这种谣言，甚至拿出亚历山大的亲笔信让大家传看，但士兵们都不相信。亚历山大只好命人将他抬到一条船上，那条船顺流而下，经过各个营地，他向沿岸的士兵挥手致意。士兵们看到那张熟悉的面孔，发出看到天神一般的欢呼声。当他下了船，人们从四面八方走来，摸他的衣服，为他祝福，将鲜花献给他，他们对亚历山大的敬爱发自内心，这也坚定了亚历山大继续征程的决心。

亚历山大执意要从印度河驶入大海，他那颗探索的心始终期待着远方。他将军队分开，拖着沉重攻城器械的队伍、年老体衰的士兵、受了伤的军人还有他一路得到的大象被分到一路，由他信任的将领克拉特拉斯带领，在陆上行走。而他自己则继续走水路，到达印度河三角洲。一路上只有空无一人的城镇，所有居民都惧怕亚历山大，听到他要来的消息四散逃窜。

亚历山大试图以温和的态度感化他们，他让士兵们追回这些居民，向他们保证一切照旧。为了表达友好，他还命人在附近的沙漠地区打井，方便居民们的生活。然而这些行为并没有换来居民们的感恩戴德，他们用怀疑的目光注视着这位以残暴著称的征服者，不知道他到底有什么打算。

亚历山大选择一座叫做帕塔拉的城市修建港口，他想要将这里建设为帝国最东南端的根据地，这个港口城市就位于印度河的入海口，亚历山大决定从这里驶入大海。尽管他将最有经验的水手召集起来，却找不到当地的领航员。他们很快就遇到了暴风雨，船只被大浪打翻，损失惨重。亚历山大只好在原地重新造船，他随身带着的工匠们派上了大用场。

一场从未经历过的暴风骤雨已经让马其顿人心惊胆战，接下来又有怪事发生，他们的船只在一片宽阔的河面停泊，不久后，他们发现河水消失了，船停在陆地上。又过了几个小时，河水重新出现了，船只又漂了起来。这潮汐一来一去，又掀翻了不少小船，也让马其顿人吃惊不已，他们从未见过这情形。

船只终于平稳地驶入了大海，亚历山大的本意是想看看海那边还有没有其他国家，但他只看到茫茫的海水。那时候的船只不足以渡过大洋，而在人们的认识里，所谓的远航也不需要那么长的时间，当亚历山大接连几天只看到海洋中的波浪，根本看不到陆地的影子时，他确信自己终于到达了世界的边界，他的愿望终于实现了！现在，他终于能够定下心考虑如何返航。他首先返回帕塔拉，开始计划下一步行动。这一次，他不打算再冒险。

但是，当他想选择一条安全的道路，并以为自己深思熟虑，信心百倍时，却不知道他正带着他的军队走向一生中最危险的旅程。

最危险的道路

亚历山大想在返航中另有一番作为，这一次他想的不是多争夺几块土地，而是在印度河到幼发拉底河、底格里斯河之间开辟一条崭新的道路。这也是他的治国思想的一部分。在庞大的帝国之间，如何连接那些松散的土地，加强他对每一个区域的控制，保证他的命令能够及时地传达到每一个总督那里？只能依靠交通。如果帝国之间能有通畅的海路、陆路交通，既方便行军，也利于各地方人民间的交流，他相信这是一件大有裨益的事。

打定了主意，亚历山大命赫斐斯申在这里又建了一座港口，做返航的准备，并下令征集四个月的给养。亚历山大的部下们大大地松了一口气，他们肯定，这一次国王真的下了回家的决心，即使他依然选择了让他们摸不到头脑的道路，但除非有国王的带领，他们根本没有走出这个倒霉国家的信心。他们兴奋起来，努力储备沿途需要的粮食和淡水。

这是公元前 325 年 9 月，河面刮着西南风，不适宜大船航行，有经验的水手说，需要等到初冬，西南季风转为东北季风，才有利于亚历山大的返航。亚历山大却等不及，他命尼阿丘斯带着庞大的舰队等待初冬的到来，然后再返航，他自己则带着一批士兵和随行人员，沿着河岸先行返回。他的这支队伍大约有一万五千人，包括他的官员、士兵，随军的商人、学者，甚至还有妇女和儿童。

在这条路上，有一个部族让亚历山大耿耿于怀，这个叫欧瑞坦的部落从未向亚历山大表示过友好，亚历山大想趁着回程的机会，带一批精兵去剿灭这群不听话的印度人。在阿拉比亚斯河，他命赫斐斯申留守，自己则带着一批骑兵穿过一片沙漠，扫荡欧瑞坦人的村庄。欧瑞坦人被这批神不知鬼不觉的侵略者杀伤大半。然后，亚历山大和赫斐斯申会合，到达一个叫拉木巴西亚的村庄，这也是欧瑞坦人建起的最大村庄。亚历山大考察了这里的地形，认为这里可以成为一个繁荣的战略要地，于是他命赫斐斯申在这里再建一座亚历山大城。

亚历山大继续前进，他遇到了欧瑞坦人和伽德罗西亚人的联合抵抗，他们在两个部族边界的峡谷处扎营，想要借地利之便伏击亚历山大。但亚历山大的名字让印度人闻风丧胆，亚历山大刚一逼进，伽德罗西亚人偷偷逃跑，欧瑞坦人则偷偷去跟亚历山大投降。亚历山大又表示出他对臣服者的大度，告诉欧瑞坦的头目尽管召集族人回到原地定居，他们再也不会被伤害。于是，这个地方也成了亚历山大的据点，他命手下在这里筑城、维持秩序。

亚历山大对臣服者宽容，却不会放过反抗者和逃跑者，他又带领军队向伽德罗西亚进军。这个决定是灾难性的，军队很快就陷入了叫天不应、叫地地不灵的困境中。他们经过一大片荒无人烟的沙漠，这沙漠长着许多没药树，也有一些马其顿人没见过的植物，有些植物的刺钩会钩住人的衣服，把人拖下马。但无人有心情欣赏这番奇异的景色，连好奇心、求知欲旺盛的亚历山大本人也是如此，因为他和所有人一样又饿又渴。只有随军的商人才有精力收集没药树的树胶和沙漠里的珍奇香料，考虑着它们的价值和能够带来的金钱。

亚历山大沿着河岸走，原本打算是沿途视察海港的情况，并打井征粮，为他的舰队准备好补给。没想到伽德罗西亚地区如此荒凉，他们连基本的淡水都找不到，很快，连最有头脑的商人也放弃采集那些植物，而是和士兵、马匹一样耷拉着脑袋，忍受着几乎要将人烤化的高温。亚历山大下令部队白天休息，晚上行动，以争取一点清凉。

食物越来越少，人们只能挖开砂石取出一点可怜的淡水。他们好不容易遇到一处有粮食的地方，亚历山大下令将这些食物包扎好并贴上封条，盖上了自己的印章，命人送到运输队，以运送到舰队处。但人们太饿了，士兵们拿到食物，不顾一切地打开吃掉。亚历山大无法惩罚这些饿昏了头的手下，只能命令士兵们尽可能多地收集粮食。

亚历山大继续向伽德罗西亚的首都进军。他们经过一个叫保拉的地区，他们在这个可怕的地方走了整整六十天。这里只有炎热的骄阳，滚烫的沙漠，士兵们叫苦不迭。他们以为来印度已经是他们有生以来最糟糕的一段回忆，而这六十天又让他们重新认识到什么才是真正的糟糕。他们头顶是热的，脚下是热的，找不到一滴水，有人走着走着就栽倒在地，再也起不来了。亚历山大又一次负起了鼓舞士气的责任，他听这里的人说，当年波斯的居鲁士大帝也曾走过这个地区，损失了大部分军队，他试图唤起士兵们超越居鲁士的雄心。

士兵们却知道，他们的国王又想要和那些已经死去的英雄们一较高下，他们不愿意听这些不知真假的传说，只想弄到更多食物。他们偷偷将运送重物的牲口杀掉，然后宣称这些动物是渴死的。亚历山大将一切看在眼里，却假装什么都不知道，因为他清楚，就算他下令禁止，士兵们依然会这么做，只能增加士兵对他的反感。

但牲口不断减少却带来了更大的问题，没有牲口拉车，车辆大多被废弃，那些受伤、生病的人更加没人照顾，也没有代步工具。他们只能倒在沙漠里，如果他们能醒过来，就沿着脚印继续走，赶上大部队，而大多数人就这样永远地“睡”在了沙漠中。他们每天都在饥渴之中行走，不知道这段地狱般的旅程何时才到尽头。

当他们渴到极点的时候，一条小溪突然出现了，士兵们大为兴奋，亚历山大也决定在这里过上一夜。这一路上，亚历山大和士兵们同甘共苦，没有享受任何统帅应有的优待，甚至当士兵们把好不容易淘到的一点水盛在头盔里，拿到亚历山大面前，亚历山大也仅仅是对那个人郑重道谢，然后接过头盔，把里边的水泼在地上，这行为引起了士兵们的欢呼，比起那些遥远的英雄传说，亚历山大的品德和毅力，真正地让士兵们振作起来。

他们在小溪边喝饱了水，想要美美地睡上一觉。万万没想到，深夜里，那条浅浅的小溪突然暴涨，所有人大吃一惊，他们甚至下意识地看看头顶的夜空，却没有一滴雨。谁也搞不清楚这奇特的气候，但小溪随即成了泛滥的洪水，不少帐篷和物资，甚至牲口和妇女们都被冲走，马其顿的勇士们拼命在洪水里寻找河岸，好不容易重新聚集起来，发现人数更少了。

那以后，亚历山大再也不敢在河边扎营，他害怕突如其来的洪水，他总是命人在离河水较远的地方搭建帐篷。他们很快又遇到了新的问题，负责带路的向导不能确定方向，他们只好像最远古的人类那样，靠着星星和太阳辨别方向。亚历山大亲自带人走在最前面寻找道路，这一走又是七个昼夜，最后向导终于找到了路，他们也终于到达了伽德罗西亚的首都。

走海路的尼阿丘斯的军队的遭遇也可以用惊心动魄来形容，但他们并没有遇到太多的危险，只是屡屡被巨大的鲸鱼惊吓，而在他们的航道上，鲸鱼经常出没，这些鲸鱼时不时喷出水柱撞翻小船，让马其顿人大惊失色。尼阿丘斯一看到鲸鱼的踪迹，就命人以战斗的架势吹着号角，投掷标枪。鲸鱼们未见过这样的阵势，也受了不小的惊吓，慌忙潜入大海深处。此外，尼阿丘斯也为粮食和淡水忧愁不已，负责补给的亚历山大陆上军队根本没有给他们送来任何东西，他们只能自给自足，不断上岸寻找物资，有时候吃海里打捞的生鱼。

而那个由老弱病残和大象组成的、克拉特拉斯所率领的陆上部队大概是运气最好的，他们一路也很辛苦，却没有多少伤亡，最先到达了此行的终点卡曼尼亚。亚历山大在伽德罗西亚首都休息一阵，又在该地任命了新的总督，这才带着他残存的部下来到卡曼尼亚。不久，尼阿丘斯也到了这里，报告他们的舰队已经平安到达了波斯湾，还对沿途的地理、人口、风俗做了详细的记录。

三路大军顺利会师，但这段旅途的代价太大了，至少有三分之一的士兵葬身于荒漠和大海中。劫后余生的人们欢呼着，庆祝着，亚历山大也在当地举行了盛大的祭神典礼，并有丰富的文艺、运动比赛。他还表彰了一批勇敢的马其顿军人。人们在寻欢作乐中感激神的恩典，不愿再回顾那段可怕的路程，只希望尽快忘掉那噩梦般的经历。

盛大的婚礼

接下来的行军变得轻松起来，亚历山大派赫斐斯申率领军队回波斯。冬天到了，波斯沿海阳光充裕，温度舒适，又有不少城市可以提供食物和水，士兵们终于找到了班师的感觉。亚历山大本人则带着一批军队在波斯境内巡视，他想要更深入地了解这个已经被他踩在脚下的东方国度，顺便也看看他选择的那些总督是否尽忠职守。

情况很糟糕，亚历山大征服波斯后，并没有多少时间考虑如何管理这个地盘，他迫不及待地为去印度做准备，并很快离开了波斯，留下了各地的总督们根本不知道该听谁的号令，于是各自为政。波斯境内的行政划分是大大小小的“省”，亚历山大命他信任的人管理各省，为了统治需要，他还会分割那些大一些的省，以免某个地区独大。亚历山大在治国问题上很用心，但这种用心是粗糙的、表面的，他始终以最大的热情投入远征事业。

总督们将各自的省治理得混乱不堪，他们之中有马其顿人，也有波斯人，此外，每个省都有一位马其顿将领坐镇掌管军事，以便镇压可能发生的起义。每省的总督最初负责税收和管理，后来为了便宜行事，亚历山大授予他们军权。等到亚历山大离开波斯，这些无人管束的总督和将领就开始任意征税，胡作非为。而且，不断有消息传来，说亚历山大已经死在了神秘而陌生的印度，这更让他们没有后顾之忧。

没想到亚历山大会突然返回，而且雷厉风行地巡察各省，亚历山大是残酷的，当他看到这些他任命的总督和将领辜负了他的信任，并不珍惜自己赐予的权力，只是滥用它满足私欲时，他立刻采取了令人恐惧的措施，就像对待那些不服从的印度部落一样，亚历山大杀掉了所有营私舞弊、欺压人民的官员。

帝国内部也一片混乱，他的好友哈帕鲁斯四处敛财，还为自己宠爱的女人修了庙宇，将这个女人当神一样供奉，他害怕亚历山大处罚他，干脆带着大量财宝逃回希腊；在埃及，那里的总督鱼肉百姓，人民怨声载道；在巴克特里亚，有士兵要发动暴动；在波斯，总督们彼此互相看不顺眼，甚至发生小规模的战争……对此，亚历山大雷厉风行地进行了惩处，迅速稳定了秩序。他又命人修建了一些新的城市。最后，他回到了苏萨。

亚历山大总是希望将希腊文明连同他的威名传播到他征服的地方。他在埃及、波斯、巴克特里亚、印度到处建造新城市，特别是以他名字命名的亚历山大城。他选择有战略意义的地点、交通要道、物产丰富的地区建造新城，以增加城市的吸引力，也让世世代代的居民都记住他是这里的统治者。这种文化输入是粗暴的、浅层的，但不得不承认，许多东西方通道经典他的征服而打开，亚洲人必须面对一种全新的文明，以他们不太情愿的方式。客观上，亚历山大的征服的确促进了文化的交流，希腊文明开始影响东方，更多的关于东方的知识、见闻也被带到西方。

亚历山大一直寻找、尝试着最恰当的统治方法，他要面对的不是一个小邦国，而是一个有无数土地、无数人口、各种文明的大帝国，他的臣民语言、风俗各有不同，开化程度也不一样，又因为文化的隔阂互相仇视。特别是欧洲人和亚洲人之间，思想的对立简直难以调和，就像他无论如何也无法让那些印度婆罗门听从他的号令一样。

想要帝国稳定发展，就必须打破这种隔阂，既要让那些怀念家乡的马其顿人喜欢上亚洲，又要让那些被征服的波斯人认同欧洲，何况，波斯曾是一个大国，如果没有有效的统治，波斯贵族很可能联合起来再生事端。想来想去，亚历山大又想到了联姻的方法，这不是他的第一次联姻了。公元前329年至前327年这两年间，他占领的波斯地区一片混乱，很多地区的反抗组织采用游击战术同他周旋。这样的零散战争使他疲于应付，为了尽快解决这些麻烦，他一方面派兵镇压，一方面又采取怀柔政策，这其中就包括联姻。他曾经娶巴克特里亚的罗克珊娜为妻，就是为了消除征服者与被征服地区的对立问题。

亚历山大决定再娶两个妻子，对于他这样的国王而言，所有婚姻都基于政治意义，这一次，他选择了大流士三世的女儿斯塔泰拉，和一位王室公主，为的是笼络仍然怀念大流士三世的波斯旧臣，他们忠心与否，对亚历山大能否顺利管理这个国家有重要意义。

公元前324年2月，亚历山大在苏萨举办了一场盛大的婚礼，他与斯塔泰拉以及另一位王室公主是这场婚礼的主角。此外，他将大流士三世的另一个女儿嫁给了好朋友赫斐斯申，因为他希望赫斐斯申的子女成为他的外甥或外甥女。这场婚礼还有八十对新人，新郎都是亚历山大的军官，新娘则是波斯贵族的千金们，没有记载表明这些东方佳丽是否愿意嫁给马其顿军人，而亚历山大一直鼓励马其顿人娶波斯女子，在波斯安家。

这是一场别开生面的婚礼，按照波斯习惯，新郎要坐在一个帐篷中，待新娘进去后坐在旁边。亚历山大命人造了一个巨大的帐篷，八十名新郎坐在里边，八十位佳丽穿着华丽的波斯服饰，以两位公主为首，鱼贯而入。这热闹的婚礼让马其顿人十分羡慕，在国王的带领下，很多马其顿人上行下效，也娶了亚洲女子，亚历山大向他们赠送了礼物。波斯贵族们也对这种联姻很满意，这将保证他们的利益。亚历山大正值盛年，也许还要统治波斯很长一段时间，他们也必须习惯这位雄心万丈的新国王。

亚历山大不但要拉拢波斯人，还必须安抚马其顿军人。在远征途中，这些士兵的军饷不能按时发放，如今，亚历山大以国王的名誉保证将偿还所有军饷。为了消除军人们不必要的担忧，他干脆将现款放在桌子上，士兵们只要拿着债券就可以取走他们的钱，根本不用登记姓名。亚历山大所做的一切，就是为了让所有人相信：在他的帝国，所有忠诚的人都能得到最好的报酬，不论是欧洲人还是亚洲人。

这时候发生了一件令亚历山大伤心的事，他在印度的向导，给他讲授了许许多多印度知识以及诸多帝王之道的印度婆罗门卡兰努斯即将不久于人世。从亚历山大远征印度开始，直到他又回到波斯，卡兰努斯就一直陪伴在他的身旁，两人之间可以说是亦师亦友。可是，自从到了波斯以后，卡兰努斯的身体就越来越差了。但是，他不接受治疗，而是请求亚历山大按照他希望的方式让他死去，否则他只能自尽。亚历山大苦劝无效，只好为他举办了盛大的火葬仪式。据记载，那一天亚历山大组织了一个庄严的仪仗队，军官们亲自添柴，卡兰努斯端坐在柴火上，神态自若，哼唱着旁人听不懂的印度歌谣，直到烈火将他完全吞没。

亚历山大的朋友们发现，他们的国王脾气越来越大，亚历山大的土地每扩大一块，他的脾气似乎也跟着涨了一分，他再也不愿听从别人的劝告，那些逆耳忠言只会让他面露不悦，甚至怀疑朋友们是想趁机背叛他。陆续有人离开他，留在他身边的人不得不忍受他日益骄横的个性。

亚历山大越来越喜欢波斯人，因为这些人习惯了恭敬地对待自己的君主，不断奉承，这些悦耳的言辞让亚历山大眉开眼笑。

一切都显示，亚历山大已经变了，他不再是从前那个国王，他的部下们都这样想。

再次哗变

就在婚礼后不久，一件最让马其顿人揪心的大事发生了。

在亚历山大新征服、建立的城市里，总督们到处招募青年人入伍，陆续有地方新军进入苏萨，最后，总数达到了三万人。这三万青年按照马其顿的编制组成军团，穿上了马其顿服装，又按照马其顿人的方式进行训练，但是，他们中没有一个是马其顿人！

亚历山大在改革他的军队，他希望军队有来自各地的新鲜血液，他希望自己能够真正拥有一支强大的世界军队。但这种行为令马其顿人不安，他们认为自己即将被国王抛弃，因为国王竟然把这三万青年叫做“继承人”！而且，亚历山大的近卫军也在国王的鼓励下，开始穿波斯服装，说波斯话，这一切都显示亚历山大正在远离马其顿。

亚历山大却没有察觉到士兵们的不满，他没想到他的“一视同仁”会给他带来麻烦。在印度，智慧的卡兰努斯曾经劝诫他说：“一个国王应该稳稳地居住在统治的中央。”但亚历山大最喜欢带着军队到处奔走，或征服、或镇压、或开辟、或建设、或探险，他无法长期留在任何一个地方，只有未知领域对他有吸引力。他很快离开苏萨，沿着波斯湾海岸去底格里斯河河口。在路途上，他考察米索不达米亚平原的运河和沟渠，最后到达欧皮斯城。

在欧皮斯城，亚历山大将马其顿部队召集起来，他宣布，那些超过年龄和受伤不能继续从军的人，今天就可以踏上返乡的道路，他会发给他们许多财宝，让乡亲们对他们投以羡慕的目光。亚历山大认为，以这样光荣、隆重的方式遣散这批军队，他们会在家乡宣扬他的功绩和慷慨，让更多的马其顿人前来为自己效力。

马其顿人却没有表现出感激，他们被激怒了！他们的国王如今穿着华贵的波斯服装，又将波斯人编入自己的禁卫军，还让他的“继承者”穿着马其顿人的服饰，这一切都让他们怀疑国王已经不再在乎马其顿老家，而是一心一意地讨好波斯人。他们只是一群没有文化的欧洲士兵，根本不能理解亚历山大想要融合东西方的宏大用心，他们伤心地认为：国王抛弃了他们，抛弃了随他征战四方、立下汗马功劳的同胞！

他们再一次表达了自己的不满，当即讽刺亚历山大，劝国王干脆将他们这群用不着的马其顿人全部赶回老家，带着亚洲人继续他伟大的事业，他们面带怒容，越说越气愤。亚历山大火冒三丈，他单纯地想要关怀这些士兵，而这些人也曾一而再、再而三地表示想要回到欧洲，如今他们却出尔反尔。他不能容忍部下们的不敬，立刻让人将为首的士兵拉下去处决。然后，亚历山大气冲冲地站在讲台上，又开始发挥他那雄辩的口才。

在演讲中，亚历山大首先提到了他伟大的父亲腓力，指出如果没有老国王的雄心与仁慈，在场的士兵们不过是一群放羊的流浪汉，还要被其他民族的人欺凌。而老国王让他们变成了勇敢的战士，制服了周边的民族，改变了屈辱的历史，这一切荣誉都是马其顿人的骄傲。接下来，他又陈述自己的远征和功绩，陈述他对士兵们的付出：给他们所有的金银财宝，不断提高他们的待遇，让他们当上地区的领导，当上军官。就连他们在家乡的亲人，也受到了崇敬，而且免除了一切劳役和赋税。

接下来，亚历山大以沉痛的声音说起自己，他认为自己得到的并没有比任何一个普通士兵更多，他所得到的只是一顶头上的王冠。他每天甚至比士兵们起的更早，就为了他们能够多睡一会儿。他和他们一样负伤，甚至受了更多的伤。最后，他解释了这次遣返马其顿人的初衷："我只是想要将那些不能再参加战斗的人送回家乡，让他们安享富裕又受人尊重的晚年，没想到你们竟然集体反对我，都要抛弃我。那么你们现在就走吧！回到家乡去！告诉乡亲们你们将自己的国王扔在了东方的野蛮部落里，你们走吧！"

说完，亚历山大气鼓鼓地冲进了他的王宫，一连两天都不出来，拒绝见任何一个人。第三天，他将一些波斯亲信召进宫里，和他们商量事务。有消息说，亚历山大即将建立一支全部由波斯人组成的军队。这下子马其顿人紧张起来，他们一直热爱亚历山大，他们生气也是因为亚历山大疏远了他们，并不是真的想要离开这位国王。于是他们聚集在王宫外哀求、哭泣，请亚历山大原谅，还说要把前几天搞骚乱的人抓起来任由国王处置。

亚历山大终于出现了，看到同胞们哀求的面孔，他也伤心地落下了眼泪，在感人的气氛中，马其顿人又一次诉说心中的不满。这次，他们不再抗议和讽刺，而是用悲痛的口吻和泪水，诉说他们担心亚历山大不再将他们当作最亲近的人，当他们看着那些波斯人亲吻亚历山大，他们非常气愤。亚历山大说："你们当然是我最亲近的人！你们也可以亲吻我！"于是，马其顿人都去亲吻亚历山大，一场风波终于在其乐融融中平息。

当晚，亚历山大举行了一次盛大宴会，他自己坐在最中央，命马其顿人坐在他的四周，然后由波斯人围着他们，再往外就是按照以往的功劳排列的其他民族的代表。亚历山大与他的部下们开怀畅饮，并祝福马其顿人和波斯人的友谊。这场宴会既安抚了马其顿人，也让波斯人满意，这表明在亚历山大的心中，亚洲人和马其顿人一样，是亚历山大的臣民，他并没有厚此薄彼，而且波斯人的地位正在逐步提高。

这是亚历山大遇到的又一次哗变，这次他没有退让，并以和平的方式将事情解决。最后，约有一万名马其顿老兵拿着亚历山大的奖赏，心甘情愿地返回故乡。亚历山大派克拉特拉斯护送他们返回，他按照亚历山大的命令，在回到马其顿后，亲自出任了希腊联盟的副盟主，并招募马其顿青年参军，以顶替那些返乡的老兵。

一切都在混乱中渐渐形成了一种新的秩序，这正是亚历山大的治国方向，他希望尽快解决帝国内部的矛盾，包括民族之间、将领之间、上下级之间和地区之间的各种矛盾，因为亚历山大又有了新的远征计划，他不愿在内政问题上花费过多的时间。

王者陨落

公元前 324 年秋季的一天，亚历山大正在埃克巴塔那观看一场激烈的体育竞赛，这是他难得的休息时间。前几日，他还曾与朋友一起喝酒，回忆他们的征途并谈及最近的局势。听说在苏萨和埃克巴塔那之间的区域，有一批不愿臣服的科萨亚人，亚历山大准备剿灭这个不听话的种族。一边看比赛，一边想着这些事，亚历山大显得很轻松，很自在。

这时，有人慌慌张张地跑到他身边，告诉他赫斐斯申重病昏迷，即将死去。亚历山大脸色大变，立刻跳上他的马匹，飞奔到赫斐斯申身边。然而，他看到的是一具冰冷的尸体。他的好友已经离世。对亚历山大来说，赫斐斯申是他最亲密的战友，他甚至将这个人当作自己的影子，他简直不能接受这个噩耗。

他长久地在好友的尸体旁哭泣，其他人甚至认为他有失一位国王的身份，他不吃东西，不愿离开赫斐斯申，连续三天一言不发，杀掉了为好友治疗的医生。他为好友举行了极尽奢华的葬礼，他不派任何人接替赫斐斯申的职务，为的是不让那些士兵忘记赫斐斯申的名字。他又举行了盛大的体育比赛纪念好友，他甚至想要将好友当作神来祭祀，不过被祭司理智地拒绝。但任何做法都不能缓解亚历山大的悲伤，他长久地消沉着。

直到冬天，亚历山大的状况才稍稍好转，他又开始率兵征伐。也许这不是好转，只是他想做一些事转移自己的注意力，他似乎将他所有的悲痛都迁怒于反抗的科萨亚人，将他们统统赶走。

然后，他决定去巴比伦，他要在那里着手他的新计划。巴比伦这个繁华又悠久的城市最适合当他的帝国首都，但是，在返回途中，他遇到了一群卡尔达亚预言家，其中一位预言家警告他不要进入巴比伦，否则，他一定会死在那里。

很难说亚历山大究竟相不相信预言，面临大事的时候，他和当时大多数人一样，总要占卜一番，听从神谕，他也不断地为他的出征、胜利举行盛大的祭神仪式。但对这一次的预言，他却没有放进心里，可以说，他一直是一个自我的人，他所做的一切并非来自神灵的指示，而是来自他天生的雄心与坚强的意志。

听到亚历山大的决定，这些预言家面露沮丧，其中一位又劝亚历山大:“请您不要朝西看，一直向东走，带着您的部队后转，向东。”亚历山大依然不予理会，反而用一位希腊戏剧家的台词对他们说:“预言家，预言家，预言最好的事，才叫预言家。”卡尔达亚人见他心意已决，只能忧心忡忡地退了下去。

公元前323年，亚历山大回到了巴比伦，各国派出使节恭贺他的凯旋，并称他为亚洲之王，为他献上王冠。亚历山大惊讶地发现，有很多人他根本不曾见过，很多国家他也未曾听说，他们因为仰慕他的声名前来归顺。有些人来到这里只是为了请伟大而英明的亚历山大为他们部族纠纷做一次仲裁。甚至，连罗马都派来了使节。

亚历山大可以自豪地宣布，他是那个时代唯一的王者，他掌管了所有他能够到达的疆土和海洋。尽管这并不符合事实，但亚历山大的确在力所能及的范围内，建立了举世瞩目的功勋。不论是谁，马其顿人、埃及人、波斯人、印度人，都将他当作神一样的存在。

亚历山大下一个目标是里海，他想去看看里海是不是跟黑海相连，他要征服那里，然后继续去征服阿拉伯半岛、埃塞俄比亚和利比亚，最后控制整个波斯湾和阿拉伯海。阿拉伯地区也有强大的敌人，他曾经试探性地派遣过一小批军队与他们交锋，结果大败而归。因为他忙着征服其他地区，就暂时忽略了那几次失败，现在，他可以全力以赴地对付这个地区，他不相信有什么人能阻挡他的大军。

军队又开始忙碌，他们在赫卡尼亚砍伐森林建造战船，又在巴比伦疏浚运河，修建港口。另外，还建造了新的城市。一批批探险队被提前派了出去，他们负有打探地形、了解敌情的重任，是大军的先导。亚历山大本人则带人在巴比伦附近的河道里巡视一番，又组建了新的军队，军队中有马其顿人，更多的是波斯人。对亚洲的征服给亚历山大带来的最直接的好处，就是他不必再为兵源担心，而且，经过在欧皮斯的那次畅饮，现在马其顿军人和波斯军人已经能够友爱相处，这无疑增加了这支混合军队的凝聚力。

尽管亚历山大饶有兴致地听他的探险队成员们不断汇报的关于阿拉伯的消息；尽管他看上去依然精力旺盛地组织军队、参与政事、参加酒宴；尽管他每天都在畅想将里海、黑海、阿拉伯海、印度河注入的大海连接起来，让自己的帝国成为名副其实的统一体；尽管他要做的事那样多……他还是无法挡住死神向他靠近的脚步。

一些不吉利的暗示出现在他的周围，这也可能是当时人的牵强附会，传说他的帽带被芦苇剐住，这种芦苇长在古代帝王的坟墓附近；传说有陌生人突然进入他的王宫，坐在他的王位上……这些离奇的事并能不说明什么，但亚历山大的确生病了，一向健康的他一病不起，然而他根本不将疾病放在眼里，依然饮酒作乐，部署行军和航行的事务，祭祀神灵。

所有人都知道亚历山大病了，从公元前 323 年 5 月 23 日起，他一直发高烧，却不愿耽误他的任何计划。医生们束手无策，只能看着国王的身体一天天衰弱，他的妻子和母亲守在他身边，焦急不已。甚至士兵们也紧张得不知如何是好，不断进入王宫看望他，而他依然保持着一位君主的风度，即使躺在床上，不能说话，也费力地抬起头向来者示意。

当所有的医疗手段都宣布无效，亚历山大的近卫官们只能将希望寄托于神灵，他们想将亚历山大抬到神庙进行祷告，但神庙的祭司经过占卜得到神谕，说最好让病人留在原处。他的亲人、朋友、部下乱成一团，然后又同时陷入了沉默，等待某个神圣的、悲伤的、无法阻止的时刻的到来。

那个时刻还是来了，公元前323年6月10日，亚历山大在巴比伦去世，年仅32岁。

谁也不知道亚历山大在高烧之中会不会想到死亡，因为他没有留下遗嘱，也许他始终相信自己很快就可以再次站起来，毕竟，他还那样年轻，还有那么多计划要完成，一个战无不胜的人怎么会被疾病打倒？而当初亚历山大进入巴比伦之前的那一番预言也导致了在他死后，人们的怀疑铺天盖地，他们相信那神奇的预言提前证实了亚历山大并非死于健康问题，而是卑鄙的阴谋。

关于亚历山大的死因众说纷纭：有人说他的身体在屡次的重伤、长年的征战中濒临极限；有人说他被投毒；有人说他死于宝石的长期辐射……这些说法只是证明谁也不愿相信亚历山大会无缘无故的死去，尽管历史上有无数英年早逝的例子。

亚历山大死后，他的帝国无以为继。部下们为他准备好盛大的葬礼，他们打造了一个华丽的金冠，里面放着亚历山大的王冠、权杖和武器。亚历山大曾对部下说，他所要的仅仅是头上的王冠，那么将他最需要的武器和王冠作为殉葬品，想必最合死者的心意。此外，他们又用黄金和不计其数的宝石打造了一架灵车，用六十四匹马拉着，这华美的车子将带领国王抵达他永远的栖身之所，但正如卡兰努斯说的那样，“你死后所占的土地也不过是你的身体的大小。”

但预想中的豪华葬礼并没有发生，将领们很快就陷入了不可避免的争权夺利之中，亚历山大的妻子、儿子也陆续丧生，刚刚建立的帝国四分五裂，甚至连他的尸体都不知被谁葬在了什么地方。最初，人们确定尸体运到了埃及亚历山大城，但随着时间的推移，坟墓地址再也无人知道，以致那些敬仰他的人不知该去哪里凭吊他。

他们只能在回忆中不断想起当年，12 岁的亚历山大在腓力惊讶的目光中，驯服了暴烈的骏马布斯法鲁斯；想起他 12 年零 8 个月的国王生涯，他的远征，他的大帝国，他的英勇、机智、慷慨，对荣誉的热爱，对知识的探索，永不满足的雄心，想起他如启明星般在欧亚大陆升起、又如流星般陨落的辉煌的生命。

后　记

公元前 323 年，亚历山大去世，留下他尚未完成的远征计划和尚未建立秩序的大帝国。

亚历山大留下了庞大的遗产，却没有指定继承人，也没有留下遗嘱。据说有人曾在病榻前问过由谁来继承，亚历山大说："留给最好的人。"这条模糊的遗言也许是那些想要争夺王位的人编造的。亚历山大的妻子罗克珊娜当时怀着身孕，她腹中的孩子似乎是毫无疑义的继承人，但一个小孩子无法管理大帝国，权力依旧会落在将领们手中。

亚历山大身边没有一个可以称为副手的将领，在他过于炫目的光辉下，其他将领即使勇敢，即使机智，也只能仰望他们的国王，沦为陪衬。而且，精明的亚历山大不会犯这种错误：在身边放一个可能威胁到自己地位的副领袖。他总是有意识地使各个将领地位相当，以免一人独大。也许去世的赫斐斯申会是亚历山大中意的摄政王人选，但上天似乎开了个玩笑，这位亚历山大最信任的将军比亚历山大走得还要早。而其他将领自然不愿意放弃争夺权利的机会，他们为今后帝国的走向争执不休。

最后各将领通过了一个暂时性的决定：由腓力二世的庶子接任国王的位置。据说，亚历山大死前将带有自己的印章的戒指交给了这位异母兄弟，但他的资质并不足以当一个国王，只能沦为将领们的傀儡。又过了两个月，罗克珊娜生了一个儿子，这是亚历山大的正统继承人，他被称之为亚历山大四世，是大家认同的合法人选，而国政暂时由亚历山大信任的将领坡狄卡斯主持。但这并非长久之计，因为小孩子并没有真正的权力，而坡狄卡斯也没有指挥其他将领的威信。

帝国的对外征伐彻底停止了，而战火并未熄灭，各地将领们开始互相攻击，在皇宫内部，亚历山大的母亲和妻子也在你争我夺，而且，亚历山大的亲人们一个接一个死亡，就连刚刚出生的皇子也死在皇室阴谋之中。这恐怕是亚历山大从未想到，也不愿看到的。他有时显得高瞻远瞩，有时又忽略一个国王很重要的责任，例如，尽快选定并培养一个合格的接班人，以防不测。也许在亚历山大自信甚至狂妄的头脑中，他永远不会倒下。

但他还是倒下了，他的帝国也随即坍塌。在这里不必描述将领们旷日持久的战争，那也只是证明他们始终怀有恶毒的野心，他们对亚历山大个人的臣服，并不能转化为他们对帝国的效忠。最后，各自为战的将领们在一片废墟上重新建立了三个大国和一些小国，安提柯割据了埃及和利比亚地区，塞琉古成了巴比伦总督，后来，托勒密又在埃及建立了托勒密王朝，安提柯则控制了爱琴海、东地中海地区。

混战一直持续，亚历山大的世界帝国犹如泡沫一样消失在世人面前，但冥冥之中，继承他破碎的王国的依然是马其顿人，对于治国，他们也想不出比亚历山大更有效的做法，所以他们只能沿承马其顿的传统，这又让亚历山大的影响能够持续下去，希腊化的风潮也没有随着亚历山大的死亡而消弭，而是更深入地渗透到马其顿人统治的地区。

几个世纪后，马其顿人也在历史的洪流中销声匿迹，而他们之中也再没产生过如亚历山大这样的伟人，甚至无法与亚历山大的父亲腓力比肩。显然，一个民族不会长久地受到上天的眷顾，即使他们总是虔诚地敬奉着神灵。但马其顿人的影响留了下来，因为继承者们的统治，也因为谁也无法忘记亚历山大。

关于亚历山大的研究持续至今，涵盖各个领域：历史学家试图从并不完整的史籍中归纳总结出他一生的意义；艺术家们从流传的故事中勾勒这个令他们无限向往的传奇人物；考古学者深入亚欧两洲，为的是找一座亚历山大经过的城市；社会学家们研究着他带来的影响；地理学家们从他的书信中得到当时人们对地形的认识；生物学家们甚至研究出他的死因是埃及的某种植物……一切都围绕着亚历山大这个名字，他的一生是短暂的，但他的光芒闪耀数个世纪。

亚历山大的征服究竟是野蛮的还是文明的，这引起了广泛的争论。从手段上来说，亚历山大无疑是个野蛮的征服者，他依靠军事力量，凭借战争手段，对不愿投降的人采取灭绝措施，这些行为并不值得称道，他的帝国之路是由血和牺牲奠定的，每一步都有无数人的尸体。而那些不得不奉他为国王的人，大多出于一种对强者的畏惧心理。

但他又是一位有心胸气度的君主，深谙权谋之道。他并非一味迷信武力，相反，他更推崇和平治国，所以他试着融合征服者与被征服者的矛盾，尊重他国文化，起用被征服地的官员管理当地，这些措施都收到了很好的效果，减少双方不必要的摩擦和冲突。能够意识到文化的融合只能渐进、不能一蹴而就，这说明他是一个有智慧的征服者。

随着时间的推移，被征服者的怨恨被历史掩盖，对强者的崇拜渐渐成为主流。人们对亚历山大有一种天然的，与正义性无关的感情。所以，“亚历山大大帝”这一称呼始终属于他，各国、各民族的后人们也心悦诚服。而在欧洲史上，“大帝”只属于寥寥的几个人，例如恺撒，拿破仑。而恺撒曾经在亚历山大城拜祭过亚历山大的坟墓，拿破仑则一直视亚历山大为榜样，这也许是另一种意义的“英雄惜英雄”。

上天并没有给亚历山大足够的时间，让他能够继续完成远征与治国。但即使有这样的时间，他的道路依然是可以预见的：他仍将把军事征服当作主要事业，他会走得更远，见识更多异域风情，也许会把这些地区全都囊括在他的版图之中；只要他不能安稳地停下来，他的帝国只能保持着松散的联系，全靠他的名声来维持。他死亡的那一刻，就是帝国终结的时刻。所以，也许人们惋惜的，只是没能看到一个天才的国王搭建好他全部的王国框架，但对那些被征服、或者被当作目标的地区，亚历山大的早逝，却使他们免遭战火的荼毒。

但历史又是多层面的，以致一个行为有多重意义，亚历山大的远征也是如此。亚历山大的死留下了混乱的局面，但事实上还有更多的东西。他所建造的城市继续繁荣，甚至带动了很多地区城市的繁荣，这种繁荣不是因为贸易，当时还没有那么多商路，而仅仅是因为文明和文明间的冲撞所产生的热度。

亚历山大曾立志将久远博大的希腊文化带到东方，将他的老师亚里士多德所传授的那些闪烁着光辉的爱琴文明传播到他的所到之处，他实现了这个愿望。在亚洲西部，希腊文明落地生根，在腓尼基、叙利亚等地产生了深刻的影响。

最后说说亚历山大这个人。

就像《亚历山大远征记》的作者阿里安所说的那样:“如果有人说亚历山大坏，那就请把他做的坏事指出来，将他做的所有事和盘托出。想一想亚历山大的成就何等辉煌，而那些说亚历山大坏的人呢? 他们不过是渺小的人物，两只眼睛整天只盯着渺小的事物，甚至连这些渺小的事物都搞不成功!”这足以说明，人们对亚历山大的兴趣、热爱、怀念发自内心，他们肯定亚历山大作为一个凡人，却到达了凡人的巅峰。

亚历山大生前死后，都是令人向往的传奇，这毋庸置疑。亚历山大死后，他的肖像被称为画家、雕刻家们最喜爱的题材，怀念他的人将这些作品放在家中，甚至罗马帝国兴起后，罗马市民们也有这个爱好。在庞贝城的废墟里，人们在火山灰中也发现了亚历山大的画像，可见其影响力的广泛和长远。

而且，作为一个曾经存于世间的凡人，亚历山大让人们看到一种超凡的力量，也可以说是一种榜样的力量，他身上的许多品质以及特质，都让后人在了解他的那一刻，找到了效仿的目标。抛开他那昙花一现的巨大功绩，仅就他的品性而言，也留给后人一份巨大的财富。力量与智慧、感性与理性、野蛮与文明、人性与神性的融合，就是亚历山大。

亚历山大永不满足的雄心，对荣誉的渴望超过一切。尽管亚历山大一再强调他要建立一个世界性的大帝国，但他的初衷并不是为了世界和平，或者向落后地区传入先进文化，而只是想要建立他个人的荣耀和权威，他最想要的不是世界性大帝国，而是做这个帝国的国王，让世界臣服在他的脚下。

很明显，亚历山大这种性格来自希腊神话的影响。希腊神话是远古希腊人留给希腊城邦、也是人类文明的重要遗产，诗人荷马的两部史实广泛流传在爱琴海地区，是那里的人们的启蒙教育。马其顿人相信他们是英雄的后代，亚历山大更是深信不疑。他总是想要超越他的先辈们的伟绩，他甚至希望自己也能够变成世人口中的神。而神话中的所有英雄，都以建立个人功勋，获得无上荣耀为自己的人生目的。倘若普通人的人生也有这样的目的，那他们显然不会甘于平庸，甚至会基于自尊，主动追求那些旁人看来极其遥远的事物。

也许我们还应说说他坚不可摧的意志。亚历山大的顽强曾让所有马其顿人钦佩不已。没有什么能阻挡他的决心，不论是横亘的山脉还是汹涌的河海，或是沙漠、强大的敌人、未知的危险，他并不是不知道畏惧，而是有足够的自信，相信自己能够克服一切。

他的求知欲与热情，与他的军事成就一样令人印象深刻。亚历山大是一个武力征服者，但他的身上又总是闪烁着智慧的光辉。他在远征中不断写信给他的老师亚里士多德，用简洁、充满概括力的文字叙述他的所见所闻。人类只有获取知识才能告别愚昧，亚历山大从小就浸染在智者的光辉之下，智慧给这个最喜欢骑射狩猎的孩子以另一种思维方式和生活方式，让他领会了诸多美德，并身体力行。

……

当我们用一部传记来讲述亚历山大的历史，我们所要做的并非只有铭记或赞美，正如一切探究历史的人并非仅仅想要知道某个时期究竟发生了什么。倘若我们不能从中得到心灵上的充实和性灵上的启迪，一切阅读都是徒劳的。正如古希腊的赛诺法涅斯写的两句诗："并非从开始诸神便教会人类一切，是经过长时间探索，他们发现了更好的事物。"

我们阅读亚历山大，正是为此。

识人识面要识心·用人用才更用德·管事管兵管好将
识别人才有慧眼·驾驭人才有能力·管理人才有方法

识人用人管人

吴广源◎编著

MANAGEMENT
WISDOM BOOK

时事出版社

图书在版编目（CIP）数据

识人用人管人 / 吴广源编著. -- 北京：时事出版社，2014.9
ISBN 978-7-80232-748-1

Ⅰ. ①识… Ⅱ. ①吴… Ⅲ. ①人才管理学–通俗读物
Ⅳ. ①C962-49

中国版本图书馆 CIP 数据核字(2014)第 161614 号

出 版 发 行：时事出版社
地　　址：北京市海淀区巨山村 375 号
邮　　编：100093
发 行 热 线：(010)82546061　82546062
读者服务部：(010)61157595
传　　真：(010)82546050
电 子 邮 箱：shishichubanshe@sina.com
网　　址：www.shishishe.com
印　　刷：北京市业和印务有限公司

开本：787×1092　1/16　印张：20　字数：247 千字
2014 年 9 月第 1 版　2014 年 9 月第 1 次印刷
定价：33.80 元
（如有印装质量问题，请与本社发行部联系调换）

前言

preface

观人易，识人难，识人是人们生存的一种本领。人生流转，岁月匆匆，抹去了多少记忆，仿佛就在昨日。岁月练就了我们一双善于识人的火眼金睛，它帮助我们：由表及里，由里看表；由近识人心，由远识人气，我们以识上之法，以求保全，以求发展；我们以识下之法，以求任贤，以求用人。经验告诉我们“路遥知马力，日久见人心”，经历告诉我们“真金不怕烈火炼，危难之时见真情”。识人，一门察古知今的大学问，取之不尽，用之不竭。

一个人的修养往往表现于外表、举止、衣着，先有三分气象，话未出口已有七分先机。由表入里识人，须细辨其天性、品德、心理、心地、胸怀、修养。目光敏锐之人，三步之外则识人八九不离十，有此一招，人莫能欺。

杰克·韦尔奇曾说：“作为管理者，必须高度重视识人、用人的能力，不断提高管人的技巧。作为一个合格的现代管理者，既需要有‘才智’，又需要有‘直觉’；既需要有‘理性’，又需要有‘感情’；既要善于在办公室中分析研究问题，得出‘科学’的结论，又要善于学习和借鉴别人的经验。”人才犹如冰山，浮于水面者仅30%，沉于水底者达70%。管理者必须学会慧眼识人，为企业或职能部门招募到最优秀的人才。

辨识人才是管理者必须具备的基本能力，更是管理者必须要做的一项工作。用人是身处管理岗位上的人必须掌握的能力。对于管理者来说，用人的本领往往比个人的才智更加关键。聪明的管理者会花费更多的心思，运用更多的方法去经营好周围的人际关系，并使这些关系成为他最宝贵的生存资源，为其走向事业巅峰提供源源不断的助力。

一个企业或组织的管理者不仅要学会识人、善于用人，更要懂得如何管人。管人重在掌控人心，即灵活运用各种策略，调动员工和下属的积极性和主动性，使他们创造出更多的价值和利益，以促进企业或职能部门进步和发展。管理人才，是对管理者管理能力的考验。是用制度管人，还是用人管人，要根据企业或部门自身的情况善加抉择，必要时应双管齐下。

雄鹰高翔万里，看到的依然是地上奔跑的兔子，而金龟子的眼睛里永远只有草原上的粪球。视角的不同决定了视野的不同。大千世界，没有两片相同的树叶，也没有哪两个人的性格会完全相同。不同性情的人适合做不同的工作。一个卓越的管理者，不需要在各方面都才干超群，但必须具备超群的选才与用才眼光，练就一副火眼金睛，了解下属不同的性格特征和才干，因人而异，量才而用。

本书讲述了管理者的识人、用人、管人之道，精心挑选出对于管理者最具参考价值的案例与方法。本书以事例为主，理论为辅，极大地提高了其实用性和可操作性。如果管理者能够在管理实践中，将识人、用人、管人的艺术紧密结合，发挥各自的功效，就能够对组织和企业进行更科学、更高效的管理，从而成为出色的管理者。

目录

contents

第一篇　识人篇

第二篇 用人篇

第三篇　管人篇

第一篇
识人篇

识 人 SHIREN　用 人 YONGREN　管 人 GUANREN

中国自古就有以貌识人的传统，所谓“福相”、“官相”就是因貌而来的。如今选才、招生中“目测”这一关，实际上也是通过人的外貌来考察人的才干。这种方法不一定准确，也没有足够的科学依据，但使用率却很高。通过外表识人才有一定的道理，古希腊哲学家柏拉图就说过：“我们每个人都从个体上表现着我们的思想。”亚里士多德也说过：“形象导致个性的差异。”生活经验丰富的人，的确能从人的形象神态上推断人的心性才能。

选拔人才，与木匠选择木材有异曲同工之妙。木匠在伐木之前，总是先打量树木的外形，看其是否挺拔，再考察其质地是否缜密结实，然后敲打一下，听一听，以鉴别其质地，从而根据考察的结果判断这棵树木能否有大用。选拔人才也是这样的，第一步是目测，即见见面，对人有一个初步印象后，再进一步考察其品德和才能。

第一章 选用最优秀的人才

管理之道在于用人，人才是事业的根本。“得人才者得天下，失人才者失天下”，纵观历史，古往今来，国家的兴亡安危无不与管理者用人的成败紧密相连。在知识大爆炸、科技日新月异的今天，人才在经济社会发展中的地位和作用更加突出。识别人才已成为管理能力的重中之重，管理者要能慧眼识人，去瑕存瑜，知人善用。

选人要注重大局，不拘小节

管理者在选人时要注重大局，不必过于追究人才的缺点。要知道，世界上既没有十全十美的人才，也没有一无是处的庸才。所谓的完美无缺的人，其实是不存在的，才能越高的人，其缺点也就越显著。在这个世界上，没有人在各方面都是突出的。

1. 不要因为人才有一点小问题就弃之不用

处理事情的时候，人们常一味地强调细枝末节，以偏概全，不抓住要害问题去做工作，没有重点，头绪杂乱，不知道从哪里下手做起才是正确的。因此，无论是用人还是做事，都应注重主流，不要因为一点小事而妨碍了事业的发展。金无足赤、人无完人，我们要用的是一个人的才能，不是他的过失，那为什么还总把眼光盯在那过失上呢?

古人把不拘小节看作是一个人能否成大事的关键。他们提倡的是胸怀大局，不纠缠于细枝末节，看重的是人的才干，而不是他的问题。办大事的人，不计较小事；成就大功业的人，不追究琐事。

战国时卫国的苟变，很有军事才能，能带领五百乘兵，即 37500 人，那时能带领这么多兵，可以说是有大将之才了。子思到卫国，会见卫侯时向他推荐了苟变。卫侯说他知道苟变这人有将才，可是听说他当税务官时白白吃了农民的两个鸡蛋，所以不想用他。子思听了，要他千万别说出去，不然各国诸侯听到了会闹笑话。子思还指出这种思想是错误的，认为用人要像木匠用木一样，“取其所长，去其所短”。今处于战国之世，正需要军事人才，怎能因白吃两个鸡蛋的小事而不用一员大将呢？因子思的话说到点子上，卫侯这才转过弯来，同意用苟变为将。如果没有子思的推荐和教导，有大将之才的苟变就会因白吃两个鸡蛋而被卫侯弃之不用。

广泛地招贤纳士，集合起天下有智慧的人为自己服务，进而完成自己的雄心壮志。相反，嫉贤妒能，因为别人有一点小问题，就置人才于不用的人则十分愚蠢。

2. 对人才不要求全责备

南宋戴复古在《寄兴》诗中写道："黄金无足色，白璧有微瑕，求人不求备。"金无足赤，人无完人，任何人才都不可能十全十美。对于这种观点，中国古代不少文人学士曾用多种比喻加以表达。如《吕氏春秋·举难》中指出："尺之木必有节目；寸之玉必有瑕疵。"屈原在《卜居》中写道："尺有所短，寸有所长；物有所不足，智有所不明。"明代宋濂在《潜溪邃言》中也认为："功有所不全，力有所不任，才有所不足。"一个人的功绩必有不全面的地方，能力必有不能胜任的地方，才能必有不足的地方。既然人无完人，那么对人才不要求全责备。

美国南北战争时，有人告诉林肯总统，说他新任命的总司令格兰特将军嗜酒贪杯，难担大任。林肯却说："如果我知道格兰特将军喜欢什么牌子的酒，我就会送若干桶给他和其他的将军们。"林肯是在肯塔基州和伊利伊诺州度过童年时代的，他当然知道贪酒可能误事，但他更知道格兰特将军是当时北军所有将军中最有才能的，只有他才能运筹帷幄，决胜千里。事实上，对格兰特将军的任命成了南北战争的转折点。这确实是一次有成效的任命，证明了林肯的用人政策在于求其人之所长，而不在于求其人为"完人"。但是，这个用人之道是林肯通过艰苦的努力才学会的。在任命格兰特之前，林肯曾经接连任命过三、四位将军，任命的标准是追求所用之人没有严重的弱点。而选用这些人的结果是，尽管北军在人力或物力方面都占极大的优势，但从 1861 年至 1864 年这三年间，战争却没有任何进展。

管理者对人才求全责备，不仅不能知人，而且会陷害人才。历史上有不少贤才之所以蒙冤，都是由于管理者喜欢追究小过，如司马迁只不过为李陵说了几句公道话，却被汉武帝处以酷刑，使他遗恨终生。苏轼因对朝政有意见而写了几首讽喻诗，却蒙“乌台诗案”之冤，下半生都被贬逐，过着颠沛流离的生活。而在历史上，因皇上苛求人之小过，别有用心之人和溜须拍马之徒就趁机落井下石，极尽吹毛求疵之能事加以诬陷，因此贤才蒙受不白之冤的事就更多了。

有才能的管理者从来都不问这样的问题：“他和我相处得怎样？”而时常会这样考虑：“他作出了什么贡献？”他们也从来不这样问：“他不能做些什么？”而又常会这样考虑：“他在哪方面做得出奇的好？”他们用人的原则只是寻求有某一方面特长的人，而不是各方面都很在行或大致上过得去的人，知人用人，使他能在工作中发挥才能。

如果你总是想方设法盯着手下人的弱点，必然会使工作的成效大打折扣。公司、组织、部门是一种特殊的平台，可以用以发挥人的长处，并消除和减弱人的弱点所造成的不利影响。能力特别强的人，不想受一系列规章制度的约束，因为他们认为靠自我管理会工作得更好。至于我们中的大多数人，光靠自己是搭不成一个让才能充分发挥出来的平台的，单干也是不可能获得多大成就的。“你想雇佣一个人的‘手’，而他总是‘整个人’一起来的。”一个人不可能只有长处而没有弱点，弱点总是会随着人的长处一起来到管理者的身边。

3. 对于有才能的人应破格选用

荀子说：“对于那些有才能的人，不应按照常规的升职次序提拔，而应破格选用；对于那些软弱无能不称其职的人，则要立即罢免；对于那些大奸大恶者，无需再对他们进行教育感化，立即得而诛之。”只有这样，管理者才能避免优劣混杂，做到是非不乱。

南朝周朗针对当时森严的门阀制度，坚决反对论资排辈，一再强调等级、资历和年龄不是衡量人才的标准。金世宗完颜雍同宰臣们谈话时也曾指出，取人应不拘资格，及早用之。北宋孙洙曾尖锐地指出，贤能的人才之所以居于下位，是资格造成了障碍；官府的职务之所以旷废，是受到资格的牵制；士人之所以寡廉鲜耻，是要为自己争得资格；百姓之所以苦于虐政暴吏，是由于凭资格进用的太多；万事之所以苟且败坏，百吏之所以玩忽职守，法制之所以衰朽溃乱而不能挽救，都是资格造成的弊端。认为资格之法有益的，是愚蠢而滞缓的人；认为资格之法便利的，是老迈昏庸的人；而它对于天下、国家则是大失、大害。

南宋叶适认为凭资格选拔人才的办法只能应用于“衰时”。因为在社会动乱、国家处在非正常状态时，只能用资格来作为选拔的标准，但以此作为一项长久措施却为害匪浅。光凭资格，不讲才能和成绩，无论有才无才，按部就班，晋升到重要职位上，必然使人不思上进，庸庸碌碌，无所作为。国家不能得到真正的人才，国家的大小事情也因此而得不到治理。他还指出，凭资历择人，社会就会因失去朝气蓬勃的生命力而凝固、僵死，停止前进的脚步。叶适主张，对于人才品质都好的人决不可因其资格不够就不加以选拔，必须做到“以贤取人，以德命官，贤有小大，德有小大，则官爵从之”，完全以能力和品德为准，能担任何种职务，就授予何种职务，绝不受资格所限。

在事业上有所成就的人，很少在人才选拔上论资排辈，不少有远见的管理者十分注意提拔年轻人，善于从基层提拔有才之士。秦王嬴政破格提拔年仅12岁的甘罗出使赵国便是一个突出的事例。公元前239年，秦王嬴政经吕不韦的推荐，派甘罗出使赵国。甘罗对赵王说明利害得失后，赵愿意割让5个城池给秦国。以后赵国伐燕攻取燕国30个城池后又划11个城池给秦。秦国不费一兵一卒就扩大了国土。秦王嬴政因此封甘罗为上卿，这就是俗传的“甘罗十二为丞相”。五代时，很有作为的周世宗柴荣在选人用人上，也反对只看资历和过去的功劳，或依仗“走后门”。公元954年，周世宗继位不久，就拟升枢密副使、右监门卫大将军魏仁浦为枢密使、检校太保。有人议论魏仁浦没有经过科举及第，世宗依然重用之。又如，王朴在《平边策》一文中表现了他的远见卓识。周世宗看后，十分赏识他的才能，不久即提升其为左谏议大夫、开封府知事。

优秀人才的品质

管理者选择人才，首先要看重一个人的品行，因为具备优秀品质的人才才是可塑之才。一般而言，优秀的人才都具有以下八种品质。

1. 进取心与责任心

进取心是使个体具有目标指向性和适度活力的内部能源，认真而持久的工作是个体事业成功的前提，而具有进取特质的个体也就具有了事业成功的心理基石。责任心强的人往往能够审时度势地选择适度的目标，并持久地、自信地追求这个目标，所以他们的事业更容易成功。

2. 自信心

自信为个体在逆境中开拓、创新提供了信心和勇气，也为怀疑和批评提供了信心和勇气，自信总能使自己好梦成真。没有信心的人会变得平庸、怯懦、顺从。

3. 自我力量感

虽然人的能力存在差别，但只要个体具有中等程度的智力，再加上善于总结经验、教训，善于改进方法和策略，那么经过主观努力后，许多事情都是能够完成的。因此，可以把成功和失败归因于努力水平的高低和工作方法的优劣。

4. 情绪稳定性

稳定的情绪对技术性工作有预测力。冷静、稳定的情绪状态让人保持清醒。焦虑和抑郁会使人无端紧张、烦恼或无力，恐惧和急躁易使人忙中出乱。

5. 自我认识和自我调节

了解自己的优势和短处，以及与组织环境的关系，善于调节自己的生涯规划、学习时间等。

6. 社会接纳性

在承认人人有差别和不足的前提下接纳他人。社会接纳性是建立深厚个人关系的基础，管理者应真诚地对他人及他人的言语感兴趣，在其言语表达时认真倾听并注视对方。

7. 社会敏感性

即对人际交往性质和发展趋势的洞察力和预见力，善于把握人际交往间的逻辑关系。行动之前要思考行为的结果，设身处地地想一想他人的处境，乐于与人交往，能体察他人的感受。

8. 社会影响力

有以正直和公正为基础的说服力，有使他人发展和合作的精神，有一致性和耐力；善于沟通和交流；具有自信心、幽默等对情感的感染力，仔细、镇静、沉着等对行为的影响力，仪表、身姿等对视觉的影响力，忠诚和正直等对道德品质的感染力。

如果一个人具备以上八种品质，那他就会是一位不可多得的人才。

根据性格选用人才

人有各种各样的性格，这些性格有好有坏，不可一概而论。下面所提到的九种性格可能表现在各种人的身上。仔细回想一下，在人生的每个阶段，人们都或多或少会受它们的影响。对照一下，看看自己的哪一点需要努力去克服。

其一，性格刚强却粗心的人，不能深入细致地探求道理，因此他在论述大道理时，显得广博高远，但在分辨细致的道理时就失之于粗略疏忽。这种人可以让他去从事艰苦而困难的工作。

其二，性格倔强的人，不能屈服退让，谈论法规与职责时，他能约束自己并做到公正，但说到变通，他就显得乖张顽固，与他人格格不入。这种人可以让他去做谈判工作。

其三，性格坚定又有点韧劲儿的人，喜欢实事求是，因此他能把细微的道理揭示得有理透彻，但涉及大道理时，他的论述就过于直白单薄。这种人可以让他去做监工和检查的工作。

其四，能言善辩的人，辞令丰富，反应敏锐，见解精妙而深刻，但一涉及根本问题，他就说不周全、容易遗漏。这种人可以让他去做说服的工作。

其五，随波逐流的人，不善于深思，当他安排关系的亲疏远近时，能做到有豁达博大的情怀，但是要他归纳事物的要点时，他的观点就疏于散漫，说不清楚问题的关键所在。这种人可以让他去做人事工作。

其六，见解浅薄的人，不能提出深刻的问题，当听别人论辩时，由于思考的深度有限，他很容易满足，但是要他去核实精微的道理，他却反复犹豫，没有把握。这种人可以让他去做具体的执行工作。

其七，宽宏大量的人思维不敏捷，他知识广博、谈吐文雅、仪态悠闲，但要他去紧跟形势，他就会因为行动迟缓而跟不上。这种人可以让他去做教师一类的工作。

其八，温柔和顺的人缺乏强盛的气势，要他去体会和研究道理就会非常顺利通畅，但要他去分析疑难问题，他就会拖泥带水，一点也不干净利索。这种人可以让他去做公关交际的工作。

其九，喜欢标新立异的人潇洒超脱，喜欢追求新奇的东西，在制定锦囊妙计时，他卓越出众的能力就显露出来了，但要他清静无为，却会发现他办事不合常理又容易遗漏。这种人可以让他去做开拓性的工作。

选人要秉承宽厚原则

管理者在选人时，在范围上要秉承宽厚的原则，要任人唯贤，不计较个人恩怨，做到“内举不避亲，外举不避仇”。古代帝王在选拔官员的时候，唯一的标准是这个人是否有能力，在其位是否能最大化地为国家利益服务。如果满足这个条件，仇人可以举荐，亲生儿子可以举荐，直属的下级也可以举荐。

清太祖努尔哈赤是清王朝事业的奠基人。他以十三副铠甲起兵，经过数十年的艰苦创业，终于使满族发展成为能与明朝抗衡的力量，并取得最终的胜利。这里当然有许多原因，而努尔哈赤广揽人才、善于用人则是其中的重要原因之一。在他最初起兵统一女真各部时就注意争取各部的人才，并能化敌为友，显示出他广阔的胸怀，被后人传为佳话。

为什么历史上有许多杰出的管理者都能够做到“不避仇敌而委以任用”这一点呢?

仔细分析起来，其实也很简单，还是回到用人的出发点上，只要是有德有才的人，就不应该因为一己私利而弃之不用，真正高明的管理者，要成就大事，完全不会去注意个人的恩怨和感情问题，在他们的眼里只有“人才”和“无才”之分，而没有亲仇的概念。他们更为清楚的一点就是，如果能够放手使用原来敌对阵营的人或与自己政见不合的人，是表现自己宽宏大量、公正无私、求贤若渴的最好方法，也只有这样做，才能广纳天下贤才。

唐朝建立不久后，唐高祖李渊的两个儿子李建成和李世民为争夺皇位继承权展开了激烈的斗争。魏徵原是李建成的主要谋士，曾献策除掉手握兵权的李世民。李世民获悉后发动了“玄武门之变”，消灭了李建成的势力，魏徵作为李建成的余党被抓获，按当时的惯例，应当把他处死并株连九族。

但李世民并没有这样做。在审问魏徵的时候，太宗问他：“你为何要为李建成出谋划策，与我作对？”魏徵毫无惧色，答道：“人各为其主，可惜太子不听我的劝，否则今天的胜负尚未可知！”李世民见他机警刚直，是个难得的人才，便不计前仇，不仅没有治他的罪，反而任命他为谏议大夫。而魏徵也没有因为感谢不杀之恩而对太宗阿谀奉承，只是一心一意辅佐太宗治理朝政，并尽心尽力直言进谏，经常对太宗提出意见，许多意见尖锐激烈，有时甚至把太宗弄得面红耳赤，在众大臣面前下不来台。太宗虽然有时很生气，但他完全明白魏徵的批评是出于一片忠心，是为了维护江山社稷的长治久安。因此太宗十分器重魏徵，并在一次酒宴上公开表扬魏徵：“贞观以来，尽心于主，安国利人，犯颜正谏，匡朕之违，唯见魏徵一人。古之名臣，何以如此。”并随即解下佩刀赐予魏徵。

当然，也并不是所有的仇家敌将都应该招为己用，否则历史上也就不会有那么多因用人失败而国破家亡的故事。在运用“不避亲仇”的谋略时，还需注意的一个问题是：在考虑所谓的“仇”、“敌”时，要考虑到对方是否人品出众、是否有才有能、用了他对自己是利是弊等等。

在用人上，完全弃用仇敌固然不可取，完全信用仇敌也是不明智的。历史上有许多事例都证明，管理者不加审查，随意招降纳叛，结果招进来的所谓“人才”不但不予感激，反而尽展阴谋诡计，毁掉了其苦心经营的事业。

可见，“外举不避仇”的用人谋略，其根本出发点就是有利于自己的事业，只要有利于事业，即使是再仇恨的人，也能以诚相待，邀其加盟，为自己的事业发挥作用。否则，即便他才能世间无双，也坚决不能吸收到自己的麾下。

选用有利于组织发展的人才

企业要发展强大，就要引进各类人才，那些有利组织发展的员工，是任何组织雇佣的首选。

1. 热爱工作的人

工作的创造性源于下属对工作的热爱，混日子的态度绝对不利工作。这山望着那山高、吃着碗里的看着锅里的人，不会一心投入到工作中的，这样的人，一经发现，还是让他趁早走人。

2. 节制性强的人

在任何一个组织内，所担任的职责愈大者，愈需要较强的节制意识。自我节制较强的人，是非常理智的，他们懂得节约，知道哪些钱该花，哪些钱不该花。如果每一位员工都能在日常生活里，量入为出，有所节制，管理者就放心多了。如果无所节制，就会导致浪费和漏洞的出现，这是不利组织发展的。

3. 有效率的人

忙碌的人，不如有效率的人。勤勤恳恳、忙忙碌碌、任劳任怨、埋头苦干、未见得就有效率，现代社会是个竞争的社会，比的是时间，拼的是效率，没有思路和方法的苦干是行不通的。现在各行业间的竞争，逐渐从质量上的竞争转移到新的信息技术速度效益上的竞争。谁掌握了第一手的信息资源，谁就拥有了更多的市场占有率。所以，我们要在实践中不断总结经验，努力提高自己的工作效率和能力，大胆创新。实干的双手只有和智慧的大脑结合起来，才能创造出更大的价值。

4. 人际关系好的人

人际关系好的员工，善于与人相处和沟通，这是做好业务，搞好商务活动的前提和基础。一个微笑、一束鲜花、一句问候、一声称赞、一次帮助，都有利于自己开展业务。

5. 比你优秀的下属

作为管理者，通常都愿意雇佣比自己“逊色”一点的下属，这样他才能在下属面前有面子，而且也不用担心自己的位子有一天被取代。其实，当你感觉安全的时候，你的公司未见得就安全了。下属都不如自己，公司还有什么竞争力？当公司规模不够大的时候，还能勉强维持局面，有朝一日公司业务扩大，需要各类优秀的人才来支撑，如果下属的能力平平，甚至一个不如一个，你的公司还有什么发展前途可言？管理者再精明，一个人的力量毕竟有限，你是不可能面面俱到的。有远见的管理者，视人才为宝，他们不会放过任何一个优秀的人才，只要是人才，就会据为己用。

重用有德有才之人

出色的管理者之所以“出色”，就在于他能知才、识才。他们根据自己的经验与智慧去识才，展示了自己的用人艺术，尽管风格各异，但都不由自主地遵循着一定的规则。常言道“不以规矩不成方圆”，用到这里，“方圆”就是识别出来的人才，“规矩”呢？就是识才所遵循的一定准则。古人说中才最可贵，聪明次之，说明在识才上道德与才能兼备是最高层次的人才，有一技之长者相对来说次于前者。所以在选用人才上，识才必须从德和才两方面考虑，无德无才则不为人才。人才选用得当有利于企业的发展、事业的发达。管理者以一己之私而对一些人才打击报复，同时任用那些不恰当的人，如亲密友人、家中亲戚，这必然会给事业造成灾难。故识才必须公心为上。

评价一个人才与不才，无非考查其才与德。才是指一个人的智慧、技能、专长等方面，说一个人有才智、有才干、有才华就是针对不同的方面说的。德是指一个人的情操、修养、品质等，是一个人为人处世应有的准则。人才大体分知识型的人才和实用型的人才，而一个人才的形成必须先有知识和经验的积累并兼以道德方面的修养。德才兼备的人才固然可贵，但这样的全才究竟有多少呢？孔孟之所以为人所铭记，是因为他们的才学与道德都感化着后人，但后世能与孔孟相比的又有几人？更多的人才则有这样或那样的弱点，但只要用之有度、用之有时，应是益大于弊的。一些管理者更爱部下的优点，对缺点却不能容忍。精明的管理者则爱打破传统，用自己的头脑思维作出惊人的决断，展示自己的领导艺术。

古人说中才最可贵，一直以来，德才兼备的人最为人们所喜爱、尊敬、推崇。这样的人对下既能办事又能处理好关系；对上是忠心耿耿，不谋私利，叫人放心。下属服你、上级信你，非德才兼备是很难做到的。而能识到这样的人才确实是万幸，能用到这样的人才更是管理者之福。古今中外，许多管理者都选用那些德才兼备的人才，并予以重用，而这些人也不负所托，尽职尽责，作出了极大的贡献。

这样的人才可以放心使用

管理者不可能什么事都由自己一个人去做，很多工作都要授权给下属去完成。管理者有管理者要做的事，所以什么样的人可以放心使用，成为管理者十分关心的问题。综合看来，以下六种人可以着重考虑。

1. 认清自己的职责权限

每一项工作都有它的职责权限，作为下属，一定要清楚自己的职责范围，知道哪些事可以做，哪些事不可以做。对于权限之外的事，不要越级，应该马上向直接上司请示，如有必要越级请示，也要告之顶头上司，请求他的认可。

2. 上司在与不在都一样尽责的人

一个让上司放心的下属，不管上司在与不在，他都能尽到自己的责任。有些员工在上司在时装得很卖力的样子，而上司一走，马上就松懈下来，工作不再那么投入，效率也大大下降，有的人还出去办自己的私事，甚至长时间不回。一个尽职尽责的下属，上司在时努力工作，上司不在时，更要担起责任来，把工作干得更好。

3. 随时掌握全盘工作的人

一个好的下属，一定是一个随时掌握全盘工作的人，对工作的进度、完成计划及状况等了如指掌，随时可以接受上司的提问。

4. 优秀的“情报员”

下属在具体工作的最前沿，信息灵通，面对在工作中得到的各种各样的信息，对于那些对公司有益的或有价值的信息，应当在第一时间汇报给上司。

5. 能够独立行事的人

上司都看重那些胸怀公司宗旨、敢于独立行事的员工。能够独立行事的人，不会遇事就请示，他们是有自己主见和解决能力的。而有的下属，遇到稍有例外的事，就向上请示。事事请示不但增加了上司的负担，而且下属本身也很难成长。

上司期待的好下属，应该是那种在不逾越权限的情况下，凭自己的判断把分内事处理得干净利落的人。

6. 勇于提醒上司修正错误

上司也是一个人，并非圣贤，他也会做错事情。上司的判断并非100%正确，也会存在失误的情形。上司的错误难免会对下属产生不良影响，如果出现这种情况，下属不要出现抵抗或不满情绪，甚至一走了之。有责任的下属应该提醒上司修正错误，并消除由这种错误引发的不良影响。

工作岗位对人才素质的基本要求

管理者要知道各个岗位对于人才素质的基本要求。

1. 老总型人才的素质要求

熟悉国家的市场经济法规，善于在国家法规允许的范围内，扩大企业的经营；掌握企业经营管理的基本情况，具有较强的整体控制和协调能力；能及时发现企业中带有倾向性的或重大的问题，并能迅速发出指令，采取行动纠正；具有较强的领导用人才能，能够充分调动各级管理人员和员工的主动性、积极性和创新精神；能够撰写工作报告和重要文件，语言表达能力较强；

思想活跃，敢于创新，有超前意识；性格稳重、坚毅，做事公正；具有大专以上学历或同等学历，掌握本行业的系统知识；具有同类企业五年以上的工作经验，且担任部门经理以上职务三年；有强烈的事业心和责任感，在群众中有较高的威信。

2. 财务部主管的人才素质要求

熟悉国家财经法规和财经制度；具有较强的会计工作能力和组织协调能力；善于发现和分析经营管理中的问题、数字概念强；性格稍显内向；坚持原则、廉洁奉公；工作认真细致、敢于负责；具有财务会计专业大专以上学历或会计师以上职称；主管一个单位财务工作两年以上、熟练掌握会计业务。

3. 人事部主管的人才素质要求

具有较强政策理论水平，熟悉国家有关人事方面的政策；有强烈的责任感、办事公道，不怕得罪人；具有心理学、行为科学和情商学方面的知识；性格稳重，善于平衡人际关系；有同类型企业两年以上的人事管理经验；有人际阅历；能保密。

4. 营业部经理的人才素质要求

企业第一，有团体精神；掌握市场动态、特点和趋势，能根据市场变化及时提出营销策略；熟悉经营策略，了解竞争手段、价格水平、客户状况，善于及时提出应变措施；信息来源广泛，同客户有好的人际关系；具有较强的分析能力、应变能力、商务谈判能力和英语会话能力；具有市场开发和销售经验，有营销部总经理两年以上的工作经历；具有一定的组织领导能力，善于调动下属人员的主动性、积极性；善于交际，接触面广，有处理难题的能力；形象气质较好，能为提高团队士气努力工作；具有市场学和心理学知识。

5. 市场调研部主管的人才素质要求

熟悉经济学基础理论，具有较强的经济活动分析能力、市场敏感度；了解企业经营知识，熟知市场动态、特点及发展趋势，有调查能力；能及时了解国外市场动态和行情信息；具有一定的总结性写作能力和英语阅读能力；工作积极肯干、善于接受新事物；精通市场调研知识，具有较强的判断能力；能忠于职守，圆满地完成任务；具有市场学、管理学和心理学知识；具有两年以上相关工作经验。

6. 公关部主管人才的素质要求

有较好的气质、风度及语言表达能力和应变能力；有策划能力；处世圆满，人际交往能力强，能同客户保持良好的关系，能取得客户的信任；具有市场开发经验，有英语会话能力；掌握全面的公关工作知识，包括新闻稿件的写作和报道；最好与媒体有联系；熟悉市场涉外工作礼节、礼仪及世界各国风土人情知识；具有一定的组织领导能力，善于调动人们的积极性和主动性；工作积极，不谋私利，有创新意识；具有大专以上学历和两年以上工作经验；性格活泼，平易近人。

7. 采购部主管的人才素质要求

具有经济学基础理论知识和市场营销、成本核算、物价管理等知识；熟悉企业经营所需物品的购、销、调、存以及仓储知识；掌握采购工作的各项政策、法令和规章制度，懂得信息处理、市场预算的基本方法；能对企业采购工作较全面地进行分析规划，提出实施方案；能协调与各业务部门的工作关系，能指导本部门工作人员的业务活动；有较好的文字和口头表达能力，能独立地与供应商进行业务洽谈；有较强的敬业精神及工作责任感，不以权谋私；了解市场价格，能用最低价格买到最好的货。

8. 库房主管的人才素质要求

熟悉物品的保管要求和储存期限，有鉴别储存物品的专业知识；懂得仓储设备的使用和养护知识；具有治安、保卫和防水、防火的知识；遵守物品领用和发放的规定，不谋私利；诚恳踏实、责任心强，能按规定处理事务；性格稳重。

9. 采购员的人才素质要求

能按时完成本职工作，讲究实效；廉洁奉公，不索贿、不受贿；坚持货比三家的采购原则，严把质量关；熟悉工商行政管理法规和经济合同法，并能按其要求进行工作；能够独立地和供货单位进行业务谈判；能够熟练地进行成本分析和物品定价；具有较强的社交能力，工作积极主动。

人格类型与职业类型

美国心理学家霍兰详细地描述了各种人格类型的特点及其感兴趣的相应类型的职业。

1. 现实型的人

他们喜欢有顺序的、有规则的具体劳动和需要基本技能的工作。这种人往往缺乏社交能力。现实型的人的职业主要包括：技能性职业，如管子工、电工、机械工；再如制图员、摄影师、飞机修理工和某些维修职业等。

2. 调查型的人

他们喜欢智力的、抽象的、分析的、推理的和独立定向的工作。这类人往往缺乏领导能力。调查型的人的职业主要包括：科学性职业，如数学、化学、物理学、生物学等自然科学研究者；技术性职业，如图书馆技师、计算机程序编制者、电子系统工作者等。

3. 艺术型的人

他们喜欢通过艺术作品来达到自我表现。这类人爱想象，感情丰富，有创造性而且能自我反省，但他们往往缺乏办事能力。艺术型的人的职业主要包括：(1)艺术方面的职业，如雕刻家、艺术家和设计师等；(2)音乐方面的职业，如音乐教师、管弦乐队的指挥等；(3)文学方面的职业，如编辑、作家和文艺评论家等。

4. 社会型的人

他们喜欢社会交往、爱出席社交聚会、关心社会问题、愿意做社团工作、对教育活动感兴趣。这类人往往缺乏操作机械的能力。社会型的人的职业包括：教育性职业，如教师、教育行政人员、大学教授等；社会福利性职业，如社会工作者、社会学家、护士等。

5. 企业型的人

他们性格外向，爱冒险活动，喜欢担任领导角色，具有支配、劝说和运用语言技巧的能力。这类人往往缺乏科学研究的能力。企业型的人的职业主要包括：管理性职业，如企业和商业管理人员等；销售性职业，如产品销售员和人寿保险员等。

6. 传统型的人

他们喜欢系统的和有条理的工作，具有讲求实际、自我控制、友善等特点，但一般相当保守。传统型的人的职业主要包括：办公室方面的职业，如办公室人员、接待人员、文件档案管理员、秘书和打字员等；财务方面的职业，如会计、出纳员、记账员等。

霍兰认为，人们的职业兴趣类型无好坏之分，只是在人们的人格类型与职业类型之间存在着一致、相近、中性和排斥等四种关系。霍兰发现，尽管人们的人格可以主要划归为某一种类型，但又有广泛的适应能力，所以每一个人的人格类型在某种程度上都与另外几种人格类型相近或处于中性关系（即处于相近和排斥之间），而同时又都有一种相排斥的人格类型。当人格类型与职业类型一致时，人们就能圆满地适应其职业，提高工作效率；当人格类型与职业类型相近或处于中性关系时，人们就能适应其职业，胜任工作；当人格类型与职业类型排斥时，人们就会不适应其职业，从而影响工作。

把合适的人放在合适的位置

很多管理者在选人时都会产生这样的倾向：去找最好的人，而不是去找最合适的人。在某一个岗位上做得出色的人，未必能在更高的位置上做得好。比如一个技术人才，他即使拥有许多骄人的技术成果，也不一定非把他上升为管理者，说不定他就会不称职。所以，人尽其才是将人才放在最合适的位置上，这样对企业和个人都有益。

1. 选择人才不必完美

世界上没有一个人是完美无缺的。因此，企业选人时不必期望候选者都是完人，也不必花费时间去寻找他们的不足之处。一个人有长处，也有短处，但短处运用得当也会成为长处，而长处用错地方也会成为短处，关键是要扬长避短。另外，只要短处无碍大局，就不必计较。

由于各种原因，企业对人才有一种完美的错觉，把企业的发展寄托于个别的“完人”或“能人”身上，从而形成了一种对人才的依赖心理。对企业而言，人才就是具有能为企业所用的一技之长的人，他也许在某些方面能力突出，但在其他方面就有可能表现平常，他也会有弱点。而这样的人往往很有才能，只要让他发挥自身的优势，弥补其不足，选用他的危险就不大。

所以，全面的人才观可以克服狭隘人才观的弊端，使企业能全面分析人力资源管理方面所面临的问题和机遇，从而有针对性地招揽切实需要的人才。

2. “出售”你的人才观念

将你的“绣球”抛给那些有潜力的员工，是一个伟大的决策。如果你想在应聘者中发现高质量的人才，或者你需要找到一位有资料来源或客户资源的高级人才，这里有一个有用的方法能够帮助你做到这一点，那就是制作一个简明的十大候选人排行榜。许多首席执行官在招聘关键职位的人选时都采用了这一方法。

拿一张纸，在上面写下至少 10 个人名，这些人是你明天就能与之通过电子邮件进行联系的人，而且他们与你所需要的各种人都有接触。然后，你在电子邮件中，对你的公司做一番描述并描述你所需要的人及其职位。一定要尽快打电话给这些名单上的人，告诉他们你已经发电子邮件给他们了，一周后再问问他们是否认识你所需要的人，或者他们认识的人中有没有人认识你所需要的人。如果你不想自己做这些事情，那就找猎头公司吧。

在这一过程当中，重要的是：无论你是发电子邮件还是张贴招聘广告，是使用猎头公司，还是使用几个重要的在线服务网站，你都要确保自己一定要将公司以及公司的观念“出售”出去。你要像吸引潜在的客户那样，使出浑身解数，向你的潜在员工推销自己的公司。曾经有这样一家公司，仅仅是将自己公司的招聘广告稍做修改，就使应聘求职者人数增加了三倍。

招聘人才的要点

招聘与选择员工的基本目的，就是争取以最小的代价去获得能满足企业需要的合格员工。员工的招聘与选择过程一般包括以下主要内容：确定公司的用人要求；吸引求职者前来应聘；对应聘者进行必要的测试等。

1. 确定公司的用人要求

招聘与选择员工的首要任务即确定公司的用人要求，也就是在人力资源规划的指导下，根据需要通过分析，确定用人的数量、类别、工作条件，同时拟定工作说明书和制定工作规范。

(1)工作分析

工作分析就是通过观察和研究，将每一项工作的内容加以分析，掌握各项工作的固有性质和各工作之间的相互关系及特点，以决定操作员工在履行该职责时所应具备的各项条件和要求。

(2)工作规范

工作规范是用以记载某项工作要求员工应具备的资格条件的文件。其基本内容包括完成该项工作所要求的员工的智力条件、知识技能、责任态度、经验技巧、体能状态等。工作规范是在工作分析的基础上制定和形成的。

(3)工作说明书

工作说明书是在工作分析的基础上所形成的用以载明该项工作的内容、职责、要求等情况及特性的文件。它是公司制定工作规范、招聘、选择与培训员工的依据。

2. 吸引求职者前来应聘

塑造良好的企业形象有助于吸引优秀人才，要想吸引求职者前来应聘，必须设法增强自身的吸引力，这就要求招聘单位具备一定的条件，同时也对应聘者提出一定的要求。在招聘员工的过程中，始终要努力使整体目标与应聘者的个人目标、全局需要与应聘者的个别需要达到协调和统一。能否吸引求职者前来应聘，取决于许多因素。其中最主要的是：目标与发展前景；形象与声誉；工资报酬与福利待遇；所属行业类别、工作地点与工作条件；空缺的职位状况与提升机会等等。对求职者的吸引力取决于上述各种因素的综合，因此应根据所要补充的职位类别的不同，分别考虑这些因素，各有侧重。

招聘与选择员工，有很多来源渠道可作为参考，如以下几种：

(1)内部招聘

自内部选拔合适人选是目前最常用的方法之一，对于企业的管理职位而言是最重要的来源。公司欲招聘人才时，最优先的考虑就是从公司内部开始，将应征的职位名称及应征者具备的资格条件公之于众，吸引公司员工前来应聘。内部招聘为组织内部员工提供了发展的机会，增加了内部员工的信任感，这有利于激励员工，有利于员工职业生涯发展，有利于安定员工队伍，也有利于调动员工的积极性。毕竟，对企业员工而言，事业的成功、巨大的发展空间永远是最好的激励措施。

(2)广告招聘

这是另一种非常普遍的求才来源。是利用各种宣传媒介发布组织招募信息的一种方法，通过在广播、电视、报纸、杂志、互联网等等进行公司宣传活动，通常具有较大的号召力，能吸引大量的应征者，公司则可从中精挑细选。

(3)校园招聘

近年来，工作经历已不是招聘企业员工的必备条件，越来越多的大企业将眼光投向大学校园。大学校园是高素质人才最为集中的地方，招聘时可直接派遣人事人员到有关学校与学生见面，经过面谈测试，主动物色企业所需的高质量成员。

(4)各种就业机构

如劳动部门、人才交流中心、劳动力市场等，企业也可从中挑选合适的人员。

(5)网络招聘

一家网站曾以“您是怎样找到现在这份工作的”为题，进行了为期两个月的调查，结果显示：人才招聘会36%，亲戚朋友介绍24%，互联网23%，报纸“杂志”招聘广告13%，人才中介机构、猎头公司4%。从这项调查中可以看出，互联网已向传统的招聘方式提出了挑战，在员工招聘中已经占有越来越重要的位置。

企业通过网络招聘人才，一般有两种方式：一是通过商业性的职业招聘网站；二是在自己公司的主页上发布招聘信息。

(6)私人推荐

如果某项工作人员极缺，则可采用私人推荐的方式。

(7)自荐

许多自告奋勇者，虽未必能果如其说，但既然能有勇气自荐，就应当予以重视。尤其是进入20世纪90年代以来，人才流动日益开放，一些高素质的人才，如高等院校的硕士生、博士生等纷纷走出校门，毛遂自荐的情况更应予以重视。

总之，对于重要的管理人员和专业人员，要千方百计创造各种条件，将他们吸引到公司来，使其成为公司生存和发展的骨干力量。

3. 对应聘者进行必要的测试

各个公司的规模不同，生产技术特点不同，招聘规模和应征人数不同，因此员工招聘与选择工作的方式也就不同。但无论如何，对应聘者都应进行必要的测试。测试的目的在于了解应聘者的实际能力，如果应聘者受试的结果符合或高于公司所要求的标准，那么他就是公司所要求的合适人选。测试应具备四个条件，即有效性、可靠性、客观性和广博性。

一般来说，公司招聘员工所常采用的测试方式有面试、笔试和实地测验。

面试也称口试，即主考人以各种问题面对面地询问应聘者。它对于一个人各方面能力的考查具有特殊的功效，所以面试是公司挑选员工的一种重要方式。

面试的具体形式有以下几种：

(1)个别面试

个别面试指一个主考人员与一个应聘者面对面地交谈。这种形式的优点是有利于双方建立较为亲密的关系，增强相互了解。但由于只有一个主考人，所以决策难免会有所偏颇。

(2)小组面试

小组面试通常是指由面试小组（一般由2—3人组成）对各应聘者进行测试。

面试小组成员可由人事部门及其他专业部门的人员组成，因而可从多重角度对应聘者进行考查，提高判断、决策的准确性，克服个人偏见。

(3)成组面试

成组面试通常是由面试小组同时对几个应聘者（最好是5—6人）进行测试。要求应聘者在面试人员的引导下，完成一些测验和练习。在此过程中，对应试者的逻辑思维能力、人际交往能力、解决实际问题的能力、组织领导能力等进行测试，以便正确作出用人决策。

笔试也是招聘测试经常使用的方法，其目的是以较为客观的方法测试应聘者的各种能力。笔试又分为论文式笔试和测验式笔试。前者是以长篇的文章论述对某一问题的看法来测知应聘者的文字表达能力、逻辑推理能力、分析和解决实际问题的能力、个人创造能力等；后者是应用是非法、选择法或对比法来检验应聘者的记忆能力、思考能力、判断能力和分析比较能力等。

实地测验则是对应聘者的能力或技能作实际的考核。其测验对象都是技术人员或半技术人员，所以此种测验只是一种辅助性的测试。

综上所述，由于各种测试方法各具特色，因此目前一般较具规模的组织对较重要的职位，都采取几种方法来综合测试应聘者，以全面、真实地反映应聘者的能力和水平。

面试中的侧重点

在选人方面，微软公司的面试招聘方法值得借鉴：

微软公司的面试招聘被应试者称为面试马拉松。应试者需要与部门工作人员、部门经理、副总裁、总裁等五六个人交谈，每人大概一小时，交谈的内容各有侧重。除涉及信仰、民族歧视、性别歧视等敏感问题之外，其他问题几乎都有可能涉及。

面试时尤其应重视以下五点：

(1)重视应试者的反应速度和应变能力。据了解，到微软面试的人必须先回答由盖茨设下的所有难题。待其智商能力被确定之后，才可能安排与比尔·盖茨见面，接受总裁的亲自提问。

一位有名的电脑公司高级副总裁到微软面试，他未能及时回答比尔·盖茨的提问，声称要思考一会儿。盖茨对此甚感不满，他认为这位先生不能及时解答问题，如遇上突如其来的情况，他该怎么办呢？其结果可想而知。

(2)重视应试者的口才，认为口才是表达思维、交流思想感情、促进相互了解的基本功。比尔·盖茨每遇上口齿不灵的应试者，便摆出满脸不耐烦的样子。

(3)重视应试者的创新能力。比尔·盖茨曾多次说过，在高科技领域，用人之道并不在乎年龄、阅历。微软讲究的是开拓创新能力，空有经验而没有创新能力，且墨守成规的工作方式，这不是微软提倡和需要的。

(4)重视应试者的技术背景，要求应试者当场编程。

(5)重视应试者的性格爱好和修养，一般通过与其共进午餐或闲谈了解。

第二章 识别人才有慧眼

“世有伯乐，然后有千里马”。在组织中，管理者就是伯乐。但如何从下属中去发现千里马，培养千里马，就需要管理者慧眼识珠。组织需要的是人而不是时装模特或电影明星。一个穿着随便的人也许会成为组织发展的栋梁之才。作为管理者，应由表及里，抓住其实质，看准下属的庐山“真面目”。

知人难，知人心者更难

人们常说，知人难，知人心者更难。人的思想是无形的，又是不固定的，看不见，摸不着。它隐藏在人的脑海中，随着客观世界的变化而变化，令人不可捉摸、难以测度。

在无名之辈中发现贤才，在拉车的骡马中间相出骏马，在泥水中捡出含珠大蚌，在石头堆里寻到无价的珍宝，这是何等的不易啊。这也形象地说明了识别人才良莠的难度之大。

识别人才为什么是最为困难的事情呢？这是因为事物有似是而非的内在特征，正直开朗的人却貌似刻薄，诡计多端的人却貌似忠厚，攻击诽谤别人的人却处处以正人君子的形象自居。古人云：事之至难，莫如知人。也就是说，世上没有比识人更难的事了。

东汉光武帝刘秀识错庞萌，便是其中一个典型的例子。庞萌在刘秀面前，表现得很是恭敬、谨慎、顺从，如此一来便给刘秀造成一种假象——庞萌对己是忠心耿耿、绝无二心。刘秀公开对人盛赞庞萌是“可以托六尺之孤，寄百里之命”之臣。

其实，庞萌是个很有野心的人。他明里向刘秀表忠，暗里伺机而动，一旦军权在握，便勾结敌人，把同他一起奉命攻击敌军的盖延兵团消灭了。自己最赏识的人却叛变了自己，这对于刘秀可说是当头一棒，后来虽将庞萌一举歼灭，但由于识错人而遭到的巨大损失却是无法弥补的。

刘秀之失，失在静中看人。他被庞萌的假表忠所迷惑，竟认为他是“忠贞死节”的“社稷之臣”。庞萌以前来自敌营，归附刘秀不久，还没有作出过多少功绩以证明他的忠心，刘秀竟对他如此深信不疑，是毫无根据的。

刘秀是个深谋远虑的人，他以诚待人、知人善用，不少人因他的赏识而成为东汉一代英才。但“智者千虑，必有一失”，他被表面现象所迷惑，以至于犯了以静止看人的错误。

正所谓“知人知面不知心”。人之表里未必如一，因人心不同，各如其面；有诸内者，未必形诸外，愿乎外者，未必存乎内。

识人才能用人——不了解一个人，就不能用好一个人。人才犹如冰山，浮于水面者仅30%，沉于水底者达70%。要成为一个有远见的管理者，他必须懂得人是有个性、有特征的，只有了解人的个性特点，把他放到合适的地方，人尽其才，物尽其用，才能成为一名成功的管理者。

用人的基础是发现人才

作为管理者，不仅要用好现有的人才，而且还要会发现人才，做一个会识“千里马”的伯乐，善于发现那些有发展潜力的人。下面几条方法可以帮助你识别和发现有潜力的员工。

1. 通过言谈观察

在通常情况下，有发展潜力的人，多数都是没有被发现的人才，他们在自己的岗位上并没有得到重用。很多时候，他们在公开场合说的话未必是真心话、心里话，可在私下的场合他们就没有必要隐藏自己，我们就会听到他们的肺腑之言，从而了解到他们的真实情感和不为人知的一面。

2. 从行为上看

从一个人的行为能看出他是一个什么样的人。真正优秀的人才，他不会讲究吃喝打扮，不会追求口舌之福和衣着华丽，不会拍领导马屁，不会追求个人私利。这样的人才是最可靠的，如发现这样的人，就要大胆地启用他。

3. 看他人的评价

一个人在不在位，人们对他的评价是不同的。在位时，公开场合人们都会吹捧和赞美他，即使有不好的一面，也都会留在私下里去说。一旦这个人不在位了，人们就无所顾忌了，不管是在公开场合还是私下里，就会对他品头论足。当一个人不在位时，在多数眼里仍是被肯定的，那么这个人无论是能力还是人品都应该是可以的，这样的人值得培养和重用。

4. 给他学习机会

真正的人才都是注重学习的，如果把工作给他排得满满的，没有空隙让他学习的话，等于是浪费了人才。不让他学习，他就不可能提高，无法创新，一味疲于工作，会大大削减他的创造力，这对任何企业来说，都是不利的。

5. 赞赏和鼓励

当下属在额外时间做了对单位有利的工作时，管理者不能认为那是想当然的事情，应该赞赏和鼓励他们，这样才能激发下属的干劲。否则，下属就没有了激情，也就不可能创造出更多的利益，受损的还是企业。

发现有潜质的人才

凤凰卫视开播十余年，年收入超过12亿港币，在全球拥有近千名员工，电视观众超过两亿。利用传媒的影响力，凤凰卫视向全世界发出华人的声音，展示中华民族的优秀文化和传统，为中华民族的兴盛而效劳。

从默默无闻到大行其道，这一切不平凡的业绩从根本上来说，是源之于凤凰卫视独有的管理文化。凤凰卫视的“腾飞”，还在于它特有的选人原则，为企业最初的人才建构打下了坚实的基础。

凤凰卫视的选人原则是“有眼识得金镶玉”。“金镶玉”是什么呢？是未成名之英雄，未出山之卧龙，未遇伯乐之千里马也。凤凰卫视的高层管理者正是靠着敏锐的“眼力见儿”，发现了那些具有潜力、潜质、潜能的人才。而决定一个人潜力大小的往往不单是他的知识和技能，而是他的性格。凤凰卫视偏爱那些品质优秀、具有执着个性的员工。

1. 人品优秀

司马光曾经说过一个千古不灭的大道理:“德才兼备者重用，有才无德者慎用，无德无才者不用。”但丁说:“道德常常能填补智慧的缺陷，而智慧却永远填补不了道德的缺陷。”

传媒业是对从业者的道德水准要求最高、最严格的职业之一。所以，凤凰卫视选人的第一条标准就是：人品好、诚实、有责任心。有才无德者不是“慎用”，而是根本“不用”。

2. 强烈的进取心

进取心是成功的起点。具有强烈进取心的人，不管遇到什么挑战，都能挺身而出；不管需要做什么，都会努力去做。具有强烈进取心的员工会不屈不挠地把思想付诸行动，会影响和带动周围的人去工作，由这样的员工组成的团队才可能在竞争中立于不败之地。

3. 学习能力

学习能力比知识更重要。这个世界上，大概没有比新闻更“新鲜”的行业了。像海绵一样不断吸取和学习新知识是保证你在这个变化迅速、信息密集的行业里不会落伍的唯一办法。所以，一个优秀的传媒人必须具备学习能力和知识更新能力。

4. 因热爱而来

没有事业追求的人，别到凤凰卫视来；抱着“得过且过，何必玩命”念头的人，别到凤凰卫视来；满脑子都是“混饭吃”的“打工仔”想法的人，别到凤凰卫视来。凤凰卫视需要的是热爱传媒工作的人，是理解传媒工作价值的人，是具有高度职业道德的人，是能在工作中全身心投入、无条件付出的人。

总之，凤凰卫视选人的标准就八个字：出类拔萃，志同道合。来到凤凰卫视，不管你是已经取得辉煌成就的业内高手，还是名不见经传的新手，不管你过去是什么人，做过什么事，都必须从“零”开始。这是凤凰卫视给每个英雄或者准英雄上的第一课——“归零”，放下“过去”的包袱，轻松上阵。

由表及里识人才

人不可貌相，海水不可斗量。管理者不能被下属的外表迷住了眼睛，应该由表及里，通过观察现象认清他的本质，看准下属的“庐山真面目”。

当一个应试者衣冠楚楚地站在你的面前时，或许你会赏心悦目于他的外表，但要记住华丽的外表与能力的大小不一定成正比。企业需要的是有能力的人，而不是时装模特或电影明星。一个穿着普通的人也许会成为企业业务发展的栋梁之才。

怎样才能避免以貌识人的错误呢？作为一名管理者，要想迅速而有效地识别和发现潜在人才，应注意以下几点：

1. 观其行看其追求

一个人的行为体现着一个人的追求。任何一个人，一旦进入了自己希望进入的角色，就会为了保住这个角色而多多少少地带点“装扮相”，而那些处在一般状态中的人才，他们既没有失去角色的担心，又不刻意寻觅表现自己的机会，所以他们的言行都比较质朴自然。管理者如果能在一个人才毫无装扮的情况下透视出他的“真迹”，而且这种“真迹”又包含和表现出某种可贵之处，那么大胆起用这种人才，十有八九是可靠的。

2. 听其言识其心志

潜在的人才大多尚未得志，他们在公开场合说官话、假话的机会极少，因此他们的话绝大多数都是在自由场合下直抒胸臆的肺腑之言，是不带“颜色”的本质之言，因而就更能真实地反映和表达他们的思想情感。

3. 闻其誉察其品行

善于识别人才的人，应时刻保持头脑清醒，有自己的独到见解，不受“语浪言潮”所左右。对于已成名的显露的人才，不跟在吹捧赞扬声的后面唱赞歌，反而应多听一听负面意见；对于未成名的潜在的人才所受到的赞誉，则应留意在心。这是因为，人们大多有“马太效应”心理，人云亦云者居多，大家说好，说好的人愈发多起来；大家说不好，说不好的人也会随波逐流。而当人才处在潜伏阶段时，是不会受到“马太效应”影响的。再者，人们对他吹捧没有好处可得。所以，人们对潜在的人才的称赞是发自内心的，因此用人者如果听到大家对一位普通人进行赞扬时，一定要引起注意。

4. 析其能辨其才华

潜在的人才虽处于成长发展阶段，有的甚至处在成才的初始时期，但既然是人才，就必然具有人才的先天素质——或有初生牛犊不怕虎的胆略，或有出淤泥而不染的可贵品格。总之，既是人才，就必然有他不同寻常之处，否则就称不上是人才。一位善识人才的“伯乐”，正是要在“千里马”无处施展腿脚之时识别出它与一般马匹的不同。

管理者通过以上四点，就可以避免以貌取人，从而在实际工作中顺利找到真正的人才。

要有发现人才的长远眼光

想要有好的人才为你所用，你必须具备发现人才的长远眼光。一天，柯达公司经理伊士曼在坦勒公司经理家遇到了两个年轻人。这两个年轻人提出了改革彩色摄影技术的想法。他们找来大量材料经过反复研究、试验，发现原西德科学家配制的乳剂分成三层，各自对红、绿、蓝三种光源产生了感光作用。研究到此，下一步需大量资金，他们希望得到坦勒公司的支持。

坦勒公司经理拒绝了他们的要求，而伊士曼却认为这很有价值。当时的彩色摄影工艺复杂，设备的价格十分昂贵，而且效果并不好。一旦小伙子们的研究再继续下去，很可能使彩色摄影技术取得关键性突破。伊士曼当即就与他们签约。

经过三年的不懈努力，两色冲晒过程的感光彩色底片诞生了。很快，五色感光彩色底片也问世，并迅速占领了国内外市场。柯达公司成为彩色底片市场的“领头羊”之一。

显然，在远景规划中，如何纳未来之才占据着重要的一席。事业对人才的要求往往具有超前性，如果早先不做好纳才的准备，等到急用时，已经是人才难觅了。因为此时很多企业均四处抢夺人才了，谁领先一步，谁就是最大的赢家，而如果管理者在纳才上一直具有一种预见性，就完全可以“坐山观虎斗”，在其他管理者为“人才争夺战”忙得焦头烂额时，自己却可以静观其变，获取“渔人之利”。“人到用时不恨少”是一个管理者大智大勇的具体表现之一。作为一个管理者，应该以战略的眼光看待纳才问题，要为自己的事业做长远的打算，不能只顾眼前，而忘了将来，否则事业的发展只能是昙花一现。就如一支足球队一样，如果仅仅满足于场上有几名年轻力壮的优秀运动员，陶醉在他们所创造的成绩当中，而忘了后备人才的培养，一旦场上的队员退役，这支球队必然会陷入低谷。

选才不能只及一端不见全貌，只看到人家微不足道的一个优点就大叫“才子”，或是从窥管中看到人家的缺点就大骂人家无能，这都是错误的。选才必须从大的方面考虑，必须由近知远、由小知大，即所谓的长远识才，否则就会“一叶障目，不见泰山”。

选才的目的是为了用才，用才当然是用人家的长处。既然是这样，我们在选用人才的时候又何必去计较人家那些微不足道的错误和缺点呢？如果老是吹毛求疵，结果必定是一事无成，故识才必须识大。判断一个人是不是人才，要从大的方面考虑。马克思哲学不是说事物的主要方面决定事物的性质吗，那么人的大的方面就应成为判断一个人的主要方面。这样，即使人有这样那样的小毛病，我们都可以忽略。故识才就不应只见其短不知其长，或者更严重的是只知其小长而不知其大害就加以举用。用与不用之间，都存在着巨大的风险。注重人才的大的方面而加以任用，最终的效果是很明显的。

巴顿将军从小就养成了桀骜不驯的性格，心直口快，常常感情用事。第二次世界大战刚开始，他就在一个自认为可以避开新闻界耳目的集会上大讲战争结束后，应由英美两国主宰世界，其他国家听凭支配。当时恰好有一个新闻记者在场，他便把巴顿的话记录下来，登在了第二天的报纸上，随之抗议的呼声蜂拥而起。后来他还因殴打士兵，险些结束自己的军旅生涯。然而艾森豪威尔深知其人，却对巴顿予以重任。第一次世界大战时，巴顿作为美国远征军副司令潘兴将军的上尉副官来到欧洲，不久负责组训第一支坦克部队，并参战立功，被人誉为“坦克专家”。以后巴顿不断变换职务，先后三次进学校深造。第二次世界大战初，巴顿被任命为第一装甲军军长，负责坦克部队军官的培训工作。正是因为这些，艾氏极其看重巴顿的实力，并排除各方面的干扰，对之加以重用。

管理者在人才问题上要高瞻远瞩、未雨绸缪，也就是说在纳才时也应该有一个“远景规划”，而不要囿于当前。《财经杂志》在叙述“美国历史上最大的反败为胜的事件”时指出，通用汽车公司的总裁杰克·史密斯把“建立远景”列在他领导诀窍中的榜首，而时下的学术研究也证明了研究远景的重要性。

选才固然要识大，但这还不够。极被看重的人才能极高，但其小毛病也可能不少。蚁穴不可谓不小，但不加注意，它必定会破千里长堤。一个人有这样那样的缺点，在关键时候却是要命的。如果只顾眼前而不考虑长远，失之于识人是十之八九。英明的人识才更专于以小见大，以近知远，从而作出自己的判断，是用还是不用。

“见一落叶而知秋之将至”，这或许可以作为长远识才的一个形象说法。

看人别戴有色眼镜

假如你看人能够避免戴有色眼镜，不以个人的喜恶为标准，那么你就会发现别人身上的长处，加之有效使用的话，这将是你的福气。

即使“鸡鸣狗盗之徒”也有一定的长处。春秋时期，齐国孟尝君好招揽人才，座下有门客三千。一次，有两个人前来投靠，其中一个身材小巧且能钻狗洞，另一个会学鸡叫，除此之外，他们别无所长。孟尝君还是把他们留了下来。好多门客不服气，认为两个人没什么用，哪有资格跟他们为伍？但孟尝君劝他们说，世无不可用之人，有一技之长就是人才，不可轻视。

不久，孟尝君奉命出使秦国。秦昭王想让孟尝君留下来做相国。有人劝秦昭王说:“孟尝君很有本事，又和齐王是本家，如果在秦国做了相国，他一定先替齐国打算而后才为秦国谋利，那么秦国就危险了。”

于是，秦昭王就不让孟尝君当相国了，而且把他关起来，想把他杀掉。孟尝君派人求秦昭王的一个宠姬帮忙说情。这个宠姬说:“我想要孟尝君的白狐狸皮裘。”

孟尝君有这样一件皮衣，价值千金，天下无双，然而他在到了秦国以后，就献给了秦昭王。孟尝君很发愁，问遍门客，谁也想不出对策。

这时，那个会钻狗洞的门客说:“我能弄来白孤裘。”他在夜里装成一条狗，进入秦王宫中储藏东西的地方，偷出孟尝君献给秦昭王的那件皮衣。孟尝君又把这件皮衣献给了那个宠姬。宠姬替孟尝君向秦昭王讲了情，秦昭王就把孟尝君放了。

孟尝君获得自由以后，换了证件，改了姓名，混出咸阳，连夜逃往齐国。秦昭王放了孟尝君以后，又后悔了，让人去寻，而孟尝君已经逃走了，于是他就派人驾车追赶。

半夜时分，孟尝君来到函谷关下，却出不了关，因为秦国有一条规定：鸡鸣以后才准放人通行。孟尝君很怕追兵赶到，心里很着急。这时，那个会学鸡叫的门客捏起嗓子，学着公鸡打起鸣，十分逼真，引得附近的公鸡也鸣叫起来。守关的人听到鸡叫，就开关放人通行，孟尝君得以顺利脱逃。

当孟尝君在秦国遭难时，那么多才子贤士都束手无策，全靠这两个只会一点雕虫小技的人才得以脱险，由此可见用人之道，确有奥妙，不可以常理度之。

所以古有明训：人无完人。看人总要往好处看，对人才有信心，才敢把事情放心交托给他。如果总是盯着别人的缺点，看不到他的长处，也许会把一匹千里马当成一匹跛脚驴子。只有透过缺点看优点，才能找到真正的千里马。

有王霸之才者，君子小人莫不乐为之用。有些人确有大才，也有明显的品格缺陷，这种人用好了是个宝，用不好是个精怪，要有超强统御力的人才用得好这种人。

不以个人好恶识人

对下属的看法，不能以自己的好恶进行识别，从而决定其好坏。因为人的兴趣、爱好、性格各有所异，不能只凭自己的爱好，以己之见来断定一个人是否有用。有的管理者好感情用事，看到谁的脾气和志趣与己相投，便不再注意这个人的其他方面，就把他当成了人才。这样，往往会出现只有情投意合才被重用，搞自己的“人才小圈子”的情况，从而埋没了很多为管理者所“不了解”的人才。这种以个人好恶为标准来识人的做法，早在历史上就受到有识之士的否定。一个管理者是否坚持公道正派、任人唯贤，是关系到人才命运的大问题。

唐高宗时，大臣卢承庆专门负责对官员进行政绩考核。被考核者中有一名粮草督运官，他一次在运粮途中突遇暴风，粮食几乎全被吹光了。卢承庆便给这个运粮官以“监运损粮考中下”的鉴定。谁知这位运粮官没有丝毫担忧的神色，一副无所谓的样子，脚步轻盈地出了官府。卢承庆见此认为这位运粮官很有雅量，马上将他召回，并主动将评语改为“非力所能也”。可是，这位运粮官仍然不喜不愧，也没有一点感谢之意。原来这位运粮官早先在粮库里混日子，对政绩毫不在意，做事本来就松懈涣散，恰好粮草督办缺一名主管，暂时让他做了替补。而遇上这卢承庆又是个感情用事之人，办事、为官没有原则，全凭自己喜好，这二人可谓“志趣、性格相投”。于是，卢承庆大笔一挥，又将评语改成了“宠辱不惊考上”。卢承庆全凭自己的好恶识别人才，将一名官员的鉴定评语从六等升为一等，实在是随心所欲。

这种感情用事的做法，根本不可能反映官员的真实政绩，也失去了公正衡量官员的客观标准，势必产生“爱而不知其恶，憎而遂忘其善”的弊端。这样，最容易使吹牛拍马者围在管理者左右，专拣其喜欢的事情、话语来迎合。久而久之，管理者就会凭自己的意志来识别人才，对他有好感的人便委以重任。

今天，一些企业管理者也喜欢以自己的好恶来识别人才、选拔人才。事实上，一些以自己的好恶标准来识别人才的企业管理者，他们大多心态不正，最根本的原因是他们为人做事没有原则、感情用事、随心所欲。他们会不自觉地以志趣、爱好、脾气相投作为识才的唯一尺度。对那些喜欢的、志趣相投的员工，就称赞有加，即使个人能力平庸，企业上的大事也要让他一起商议决定；对那些不喜欢的，往往故意刁难，即使有才干他也看不到，更谈不上重用。其实这是一种把个人感情置于企业利益之上的错误做法。从眼前来看，这样做只会使那些有才干的员工伤透了心后黯然离开企业，而留下了那些能力平庸的“顺眼”员工。从长远看，以个人的好恶识人，没有客观标准，没有原则性，会导致在处理问题时随心所欲，导致领导制度失去约束性和原则性，致使身边只会围绕着那些投其所好的无能之辈。长此下去，企业内部必人心涣散，凝聚力也变得不堪一击。

美国IBM公司的总裁小沃森在他的回忆录中写道:“我最擅长毫不犹豫地提拔我不喜欢的人。那种讨人喜欢的助手，喜欢与你一起外出钓鱼的好友，则是你领导中的陷阱。相反，我总是寻找精明能干、爱挑毛病、语言尖刻、几乎令人生厌的人，他们能对你推心置腹。如果你能把这些人安排在你的周围工作，并耐心听取他们的意见，那么你将取得无限的成就。”

因此，在识别人才时，必须把个人的好恶置之度外，重整体而轻个人，这才是发展之本。

爱德华·利伯早年是一个精明老练的玻璃制造商，拥有一家新英格兰玻璃公司，与其他制造商一样，利伯也渴望使他的公司发展壮大，成为玻璃制造业的巨擘。而1888年的迈克尔·欧文斯则只是利伯的玻璃厂内一名吹玻璃的工人，同时他还是当地颇有声望的工会领导人，在当年的罢工运动中，他带头鼓动工人反对利伯，最后迫使利伯把工厂迁往另一城市。

但是，独具慧眼的利伯在同罢工领导人谈判中发现血气方刚的欧文斯还是一个在生产、技术革新方面不可多得的天才。在谈判中，欧文斯不断地指责利伯在生产管理等方面存在的缺陷。利伯不仅没有震怒，而且还从他的指责中发现了其流露出的对一些问题的独到见解，这令利伯产生了惜才之心。

利伯把工厂迁走时，带走了一些工人，欧文斯便是其中一员。利伯不计前仇的宽容大度感动了欧文斯，两人的合作，奠定了日后成功的基础。

三个月后，欧文斯就向利伯提出了一连串改革建议，几乎皆被采纳。利伯更加赏识他，派他担任吹玻璃部门的监工，两年内欧文成为该厂的主管。

出色的工作和对玻璃生产表现出的浓厚兴趣，使利伯从欧文斯身上看到了更大的希望。1898年，他提供资金支持欧文斯试验一种生产玻璃瓶的机器。当然，欧文斯的研制并非一帆风顺，一次次失败的试验后，利伯始终如一地给予他支持和鼓励。1903年，使玻璃工业发生革命性变化的自动制瓶机在欧文斯手下诞生了，它改革了吹玻璃的古老工艺，使之从手工操作变为大规模的自动化生产。

欧文斯发明的意义是显而易见的：取代了大批手工劳动者，带来了可互换的机器零件的大批生产，带来了特别的钻模和工具。

制瓶机获得成功之后，欧文斯把注意力又转移到平面玻璃的制造上。尽管欧文斯的古怪性格令许多同事与他疏远并惹来许多纠纷，并且利伯有时也卷入其中，但利伯总能很快冷静下来，力排众议，继续支持欧文斯。利伯还为欧文斯破天荒地拨出400万美元，作为他在20年期间的实验之用。

欧文斯在利伯的支持下，改善了平板玻璃的制造方法，发展了一套由炉中抽取板形玻璃的设备。1917年，利伯和欧文斯及其他合伙人，在查尔斯顿兴建了一家全自动化的平板玻璃加工厂。

如果没有欧文斯天才的发明创造，利伯成不了一位杰出的企业家；而没有利伯的识才、容才和用才，欧文斯也成不了发明家。利伯和欧文斯的合作，是企业家与发明家合作成功的典范。

要有探视人心的能力

管理者要有探视人心的能力。所谓探视人心的能力，就是知人知面要知心，这是识人学上的一个基本定律。从外部观察一个人，并由此了解其性格、为人是“知人行事”的第一步，而摸清对方的心理和意图则是一门更为高深的“功夫”，这不仅需要察人者有一颗善于思考和机敏的大脑，还需要有在社会中不断阅人的经验。管理者只有在不仅知人知面且知心的情况下，才能决定是否启用或重用这个人。

《孟子·梁惠王章句上》上记载说；“权，然后知轻重；度，然后知长短；物皆然，心为甚。”意识是说，称一称，然后知道轻重；量一量，然后知道长短；什么东西皆要经过衡量及考虑，然后才知道其轻重，人心更是如此。所以，要了解一个人才的“贤”或“不贤”、“能干”或“不能干”，绝非仅靠将个人的经历拿来“权”、“度”一番，就能找到一群“志同道合”的同志加入你经营的团队一起来“干活”，而必须掌握一定的方法技巧，避免“知人知面不知心”。

战国时期的韩昭侯有一天在剪指甲的时候，故意将一片剪下的指甲屑放在手中，然后命令近侍:“我把刚才剪下的指甲屑弄丢了，心里毛毛的，很不是滋味，快点帮我找出来。”

众人手忙脚乱地找了一阵之后，谁也没找到。这时，有一位近侍偷偷剪下自己的指甲呈上，禀报说找到了。昭侯由此发现他是一个会说谎的人。

又有一次，昭侯命令属下四处巡视，察看是否有事发生，结果属下回报说没有动静，昭侯再三追问，才被告知南门之外，有牛进入旱田偷吃了谷苗一事。

昭侯听完之后，命令报告的人不准泄漏这个消息，然后派遣其他的人出外巡视，并且告诉他们:“近来发现有违反禁令，让牛马牲畜践踏旱田的行为，你们速去探知，快来回报。”

不久之后，所有的调查报告都呈了上来，但其中并没有一件是关于南门外事件的报告，昭侯于是大发雷霆，命令属下重新严加调查，终于查出了南门外发生的事件。

从此，部下都畏惧昭侯料事如神的能力，再也不敢马虎从事了。

韩昭侯利用探视人心的能力，剔除了身边不堪重用的人，留下一批真正的人才。如果管理者也能像韩昭侯一样具备探视人心的能力，那就能识别出哪些是真正的人才了。

从谈话中识别人才

常言道，言为心声。了解下属的直接方法就是和他交谈。平时，管理者要多接触下属，多与下属交谈，有意识地询问下属一些你关心和正在思考的问题，从下属的谈吐中初步判断他们的观念、才学与品性。

1. 目光远大的人可以共谋大事

在询问下属“公司应该向何处发展”、“你有什么打算”等问题时，管理者如果发现下属不满足于现状，有远大理想，有不同寻常的发展眼光，且想法也不空泛，那么这是一个值得重用的人，可以提拔重用，成为共谋大事的搭档。

2. 善于倾听的人能担大任

善于倾听别人谈话，能够抓住对方本意，领会其要旨，回答言简意赅的人能担当大任。善听是一种修养，它只有经过长期的锻炼才能形成；同时这些人善解人意，有谦逊的品德，有随和的个性，具有领导和管理的天赋。一般来说，三言两语就能切中问题要害的人，往往是思维缜密、周详而又迅速果断的人。他们对事物体察入微，而且客观全面，作出的决定也实际可靠，他们是能担当大任之人。正所谓“真人不露相，露相非真人”。启用他们，公司业务扩展获得的成果定会是实实在在的。

3. “胆小”心细的人比轻易许诺的人更可靠

在布置任务时，有的下属常说“我担心……”、“万一……”之类的话，乍看起来，这种人给人一种胆小怕事的印象，其实不然，他们往往思维比较严密，能够居安思危，经常考虑到各种可能的情况和结果，同时也善于自我反省，明白自己的所作所为及其可能的结果，很有责任感。由于他们对工作中所遇到的困难和出现的问题有足够的重视，做起工作来，就会有条不紊，越做越好。管理者应当给他们加压、委以重任。

一个常轻松说“肯定是……”、“就这么回事”、“一定成”、“没问题!”等话的人，往往给管理者一种爽快能干的印象，事实上，这种轻下断言、轻易许诺的人是靠不住的。轻易断定没有任何困难，这至少表明他工作草率、不具备发现问题的能力，有时轻易许诺是缺乏承诺的诚意与能力的一种表现。

4. 好夸耀的人不能重用

这些人争强好胜，喜欢在别人面前夸耀自己，有点小功劳就沾沾自喜，不时地向上级表功。这种喜欢居功自傲的人常常是功不抵过。

有人通学过各门各类的知识，泛泛而谈，也还有些道理，似乎是博学多才的人，但却是博而不精、博杂不纯。管理者对于凭着某种证书应聘者，应该考察其是通学还是博学多才的人。通学者，善于吸收别人的精华，自己并没有什么独到的见解和思想，对于知识的掌握还局限在理解阶段。博学多才的人，博学精通、见多识广，但往往不露声色，甘于在平淡中显神奇；虽然聪明绝顶、博学多才，却不过于炫耀自己；更善于把握来自对方的信息，思考目前的各种情况，立即领会对方的意图；目光犀利，善于洞察先机，迅速把握有利时机，随机应变；用词准确，辞能达意，沟通能力良好，善于搞好各种人际关系；思维灵活，不拘泥于一格，善于创造新的事物，构思新的框架。一言以蔽之，真正博学多才的人并不想急于表现自己，而是洞察对方，相机行事。

与人交谈时，有人常把“我”字放在前面，不顾对方的心情与感受，大谈自己的看法，炫耀自己的学识，显示自己的才干，似有怀才不遇之感慨。对这种自命不凡的人，尽管他有些特长，但也不能放心大胆地使用。这种人自以为是，自以为什么都懂，恰恰反映出他们是彻底的无知。有了这种夸夸其谈的心态，他们做起事情来会经常不顾领导的意图，偏偏要按照自己的意思去做，以为这才是个人价值的体现。如果公司管理者被他的夸夸其谈所蒙蔽而重用了他，就会误了公司的大事，成为公司发展的阻碍。

5. 华而不实、言之无物的人不能使用

说话模棱两可、公式化的一问一答、善于应酬而胸中无策的人不可重用。

华而不实者，口齿伶俐、能说会道、口若悬河、滔滔不绝，乍一接触很容易给人留下良好印象，并当作一个知识丰富、表达力强、善交往、能拓展业务的人才看待。但是不要被外表所迷惑，要分辨他是不是华而不实的人。华而不实的人，善于说谈，谈古论今头头是道，而且能将许多时髦理论挂在嘴上，迷惑许多辨别力差、知识不丰富的人。考察这种人，谈话要多一些具体的问题，给予具体的任务，让他找出对策，试办具体的业务，如果此人谈话、做事避实就虚、圆滑应对，说明此人是华而不实者，当副手尚可，决不能独当一面。

6. 不承认他人长处的人不可信

在向某一下属了解另一下属的情况时，或者当着某一下属的面表扬另一不在场的下属时，如果这位下属不承认他人长处，拐弯抹角地揭别人的短处，对上级表扬别人心里不服气，那么此人是不可信的。这种情况表明，不是他看不到他人的长处，就是妒忌心很强，担心别人在某些方面超过自己。无论是哪种原因，此人都是不可信的。

7. 敢不敢挑战高薪可以看出一个人的实力和勇气

长久以来，一些人一直以谦虚为美德，不善于或不敢将自己的才能展示出来。随着改革开放，人们与外界尤其是与西方文化的交流日益增多，使人们一些观念有了很大的转变，在人才招聘上也表现得很明显。

在某校园曾有这样一则广告：诚聘具有网络背景、熟悉互联网、具有一定的管理能力、英语六级者，硕士博士优先，月薪要求低于1.5万元者免谈；熟悉三维动画设计的美工人员，月薪要求低于6000元者也免谈。这则广告引来了众多的应聘者。

一位应聘者如此袒露心迹："我敢来应聘，是因为我对自己有充分的自信，否则我不会来，该公司工资较高，对应聘者来说，具有一定的挑战性。"

某公司负责人说："敢要高工资，至少说明他有能耐、有勇气。互联网时代，只有那些赶超浪潮的人才是真正的成功者，跟在浪潮后面的人永远不会有出路。即'第一名可以成功，第二名可以获利，第三名可以谋生，其他的只好靠边站'。我们需要的是有才能和勇气的人。"

从细节处发现人才特质

生活中缺少的不是人才，而是缺少发现人才的慧眼。

洛克菲勒卸任后，把董事长的职位传给了阿基勃特。美国标准石油公司是一家大企业，人才济济、高手如林，无论是才华还是能力，在阿基勃特之上的人就有不少，但洛克菲勒却选中了他当董事长，这体现了他独特的见识。

很久以前，当阿基勃特还是美国标准石油公司的一名小职员时，他尽心尽职、脚踏实地，努力维护着公司的声誉。不论何时何地，凡是要求自己签署的文件，阿基勃特都会在签完名字的下面，接着写上“每桶 4 美元的标准石油”这样一句话，甚至在书信或收据上，也不会忘记写这几个字。时间长了，他被同事们亲切地叫作“每桶 4 美元”，其真名倒是很少有人喊了。当时，洛克菲勒担任美国标准石油公司的董事长，听别人说起此事，他为公司有这样一位忠心耿耿的雇员感到十分高兴，并且兴致勃勃地与阿基勃特见面和交谈，共进晚餐。按理说，写“每桶 4 美元标准石油”这几个字是举手之劳，认真做起来都不会太难，可只有阿基勃特坚持不懈，一做到底，实属难能可贵。洛克菲勒认为这样对公司忠心耿耿、顽强坚定的人是董事长的最佳人选，阿基勃特果然不辱使命。

法国的“银行大王”斯蒂芬就是“小心拾起大头针”而被发现的。早在读书时，斯蒂芬就立志要当个银行家。大学毕业后，他鼓起勇气来到巴黎一家最有名气的银行碰运气，结果很不理想，吃了一个闭门羹。然而这位年轻人雄心勃勃，并不气馁，又先后走进几家银行去求职，可是连连被拒之门外。几个月后，斯蒂芬再一次去了开始到过的那家最好的银行，并且有幸见到了董事长，但是又遭到拒绝。他慢慢地从银行大门出来，突然发现脚边有一枚大头针。想到进进出出的人可能会被地上的这枚针所伤，小伙子马上弯腰将其拾了起来，然后小心翼翼地放进了旁边的垃圾桶里。

第二天斯蒂芬意外地发现自己的信箱里有一封信。拆开信封一看，天呐！原来是那家赫赫有名的银行发出的录取函。这真是喜从天降，小伙子怀疑自己是否在做梦。原来，斯蒂芬昨天在银行大门外拾大头针的一幕被董事长看见了，他认为精细小心正是银行职员必须具备的基本素质，于是改变了原先的想法，决定录用这个年轻人。正因为斯蒂芬办事负责认真，对一枚针也不粗心大意，所以他能在工作中创造辉煌，日后成为法国的“银行大王”。

这两个事例都说明了同一个道理，管理者要独具慧眼，善于由显见隐，从貌似平常的事物中发现下属不凡的特质；学会由小见大，从一些细小的事情里，透视出人才的重要特质。

鉴别真假人才

上海一个下岗纺织女工由大饭店的服务员被擢升为该饭店经理的故事实在令人感叹。这个女工的丈夫在外办公司，家里并不需要她外出赚钱，但她已经习惯了劳动，不愿意在家吃闲饭。下岗后，她找到一份工作，是在外国老板开办的饭店里当服务员，主要是负责盥洗间的卫生。做这份工作，她没有多想什么，只是认认真真地做好工作，她勤劳而用心，把盥洗间擦洗得一尘不染。首先是顾客感觉到“盥洗间非常干净”，后来外国老板也听说了此事。老板非常看中她的认真劲儿，于是就提拔她当经理。果然，她不负老板的重望，把饭店治理得井井有条，老板对她的工作非常满意。

这个事例说明，老板用人千万不要被外部条件所迷惑，因为有些人仅是徒有其“表”。许多公司就有学历、年龄、专业等条件都具备的职工，可是他们主观不努力，工作态度又差，做工作也挑挑拣拣、马马虎虎、不负责任，最后成了一个难事做不了、易事不想做的庸人。识别真假人才是选人用人过程中一个非常重要的环节。

1. 假专家

不懂装懂的人，生活中着实不少，有人为了面子或为了迎合讨好某人，或为了职位，就不懂装懂。可怕的是，在企业中占据重要职位的人要是不懂装懂，就会给企业带来许多损失，尤其是技术问题解决不了还会误了大事。有些管理者求贤若渴，把学者、名人当作专家聘来，后来却大失所望。这是由于很多学者的研究对象与企业的核心业务不同，尽管其发表了许多文章、出版了不少专著，但对企业自身发展来讲却未必就是专家。管理者要聘某些学者为专家时，一定要注意考察他所研究的问题和你们的主业是否相符，是否能够做到理论联系实际，解决实际问题。有些名人，“盛名之下，其实难副”。作为管理者，要考察受聘者名气的来历，凡是一点一滴累积起来的名气，则比较可靠；而对于突然冒出来的“名人”，则需要进一步辨明，以避免聘来被媒体炒作出来的所谓“名人”。

2. 貌似创新者

有一些人，尤其是刚刚走出校门的毕业生，抱着满脑子的幻想，以一种不循规蹈矩、敢想敢干的精神步入社会。这些人多少有一点才干，虽然有闯劲，但过于自负，常常会捅个大窟窿，令人头痛。对于常常提出新设想的人，管理者一定要考察此人是不是有过于自负、好大喜功、急于求成的缺点。如果有这些缺点，就是貌似创新者。这样的人自以为天下老子最能干，只有自己是正确的，别人不是错误的，就是有毛病的。他们异想天开、一意孤行，如果支持他们的主张，给企业带来的损失将是无法估量的。

找对人，做对事

优厚的待遇并不一定能留住人才，也许你已经给了员工很优厚的待遇，并为培养他们投入了巨大的心血和财力。然而，他们却弃之不顾，甚至将你的客户、内部资料乃至员工都席卷而去，这会对企业造成的重大损失不说，还会对你本人的自尊造成莫大的伤害。

你的员工为什么会离你而去呢？这说明你找的人不对，如果你在一开始就找对了人，那么决不会出现这种人才恶性流失的现象。

找对人才能做对事，要想使服务达到优质化，必须在一开始时就雇佣优秀的人才。但是由于某些原因，一些企业老板或人事部门在招聘员工时不认真查看受雇人的材料，只是简单问了几个问题便把素质差的人一起录取了，最终导致企业的效率低下。

优秀人才是如何找到的呢？

美国西南航空公司是全美八大航空公司中规模最小的一家，也是连续近30年来唯一赢利的一家。它的招聘空姐政策很有特色：为保证乘客真的对空姐满意，就请20多位常飞的乘客来做评委，给十几位应聘者打分。它认为，如果这些乘客都不喜欢应聘者，那么这些小姐长得再漂亮也没有用。而且由乘客自己挑选出的空姐，至少在培训方面的成本会比较低，因为她们本身就是乘客喜欢的空姐了。

优秀的人，他可以使你的企业有更高的效率（即生产力）。更重要的是，这种人足智多谋。因而你要试着只雇佣那些聪明的，并能够了解你的工作系统的人。这种人会更多产，会以自己的方式去提供良好的顾客服务，而无需时时有人在旁叮咛。

优秀的人，比同行竞争者所雇佣的员工能够完成更棒的工作，还不需耗费太多的精力来指导他们，这样也就降低了你的成本。即使你付出再多的薪资也很值，因为你使自己更有效率了。

第三章 识别人才类型

鉴别人才就像挑选木材。伐木工人在选料时，先从外形上打量，看树木是否有笔直挺拔之势；再考察质地，是缜密结实呢，还是疏泡松脆；或者从品种上考察，如敲敲打打听一听，用这样一些方法来判断树木是否能当得大用。品鉴人物也是这样，总要先见一见面，有个初步印象后，再进一步考察其品德和才能。“见面”的过程，实际上就是从外貌形相上来考察、鉴别人才。

鉴别人才的类型

吴子说:“短者持长戟，长者持弓弩，强者持旌旗，勇者持金鼓，弱者给厮养，智者为谋主。”领导是一门艺术。“好瓦匠没有用不了的砖。”一个出色的管理者，必须要能量才用人，使人尽其才、物尽其用。

那么，如何鉴别一个人才的类型呢？这就要求领导者善于从多方面加以考察：

1. 工作经历和成绩

工作经历和工作成绩当然是最主要而且最客观的因素。磨砺和经验是一个人成长必不可少的条件。

2. 内部意见

内部意见其实就是自己的工作伙伴或有联系的人员对你的看法和印象。当然，你在听取这些意见时，也要剔除其中的一些主观因素才行。

3. 外部意见

由你的供应商和客户那里得到的反馈意见往往比内部意见更加客观。

4. 个人意见

征求员工对个人的看法，“性格决定命运论”虽然有其偏颇之处，但现代社会心理学表明：当一个人在头脑中经常把自己想象成某种人时，他的言语和行为就会很自然地表现出该人的倾向，他的人生道路也会自觉不自觉地朝着该方面发展，员工个人对自己的评价有时便可反映出他的一种努力倾向。

一般来讲，人才有以下几种类型：

1. 知识型人才

在新的知识为基础的经济中，企业已不能通过用低技能、低工资的雇员不断重复生产商品来保证增长。今天，企业的发展基于创新，最能利用其知识优势的个人将会增大其产品在整个产业中生产的份额。企业要成为知识型企业，必须拥有知识型员工。正如彼得·德鲁克所说:“知识工作者不能被有效地管理，除非他们比组织内的任何其他人更知道他们的特殊性，否则他们根本没用。”

知识型人才的特征表现为:

(1)自主性

知识型员工是富有活力的细胞体，他们倾向于拥有一个自主的工作环境，不仅不愿意受外物控制，而且不能忍受远处上司的遥控指挥，他们强调在工作中积极地引导自我。

(2)劳动具有创造性

知识型员工是在易变和不完全确定的系统中充分发挥个人的资历和灵感，以应对各种可能发生的情况，从而推动技术的进步。

(3)劳动过程不容易监控

知识型员工是脑力工作者，而非体力工作者，他们的劳动过程是无形的，工作没有确定的流程步骤，其他人很难知道应该怎样做，因此不可能对他的劳动过程进行监控。

(4)劳动成果难以衡量

知识型员工往往组成团队来工作，这样劳动成果就是团队智慧和努力的结晶，个人绩效难以量化。

(5)成就动机强

知识型员工在工作时在意自身价值的实现，并强烈渴望得到社会的认知，他们热爱具有挑战性的工作，把攻克难关看成乐趣，认为这是一种体现自我价值的最好方式。

2. 专家型人才

专家型人才最大的优点就是精通本行，拥有高深的专业知识和技能，具有很强的排他性，他不但不容易为其他人所代替，而且对于管理者来说，拥有一位专家型下属是不可或缺的。正是下属的这种业务专长构成了对管理者的帮助。权力并不是存于管理者一人之手，而是分散在各行各业的专业人才手上。这些专家型人才在自己的专业范围内所提的意见，必定具有一定的权威性，这种权威足以发挥较大的影响力，引起各方面的重视，就是管理者也必须放下架子，洗耳恭听。正因为如此，这些专家型人才就拥有了相当大的影响管理者的能力，成为事实上的管理者。这种现象在我们的工作单位里也是常有的事。

一位莫舍的美国行政学研究者认为，美国政府“在很多方面而今是在专家们（包括科学家们）的掌握之中”。而且，“在文官法律的广泛领域之内，专业精华对于决定人事政策、标准和规章等问题具有最有影响的发言权”。事实上，许多专业型政客正把美国的政府首脑弄得头昏脑涨，高深艰涩的专业词汇把领导人事实上排除在了业务大门之外，政府官员们越来越感到他们在专业人员面前正变得无所适从，只好言听计从，放弃控制的打算。以上所说，无非是要告诉那些专家型人才：业务可以给自己带来对管理者的影响力，因此他应该利用这一有利条件，提高自己在管理者心目中的地位，成为管理者的心腹和助手。

3. 开拓型人才

开拓型人才所具备的特点是：不安于现状，总在寻找新的开拓与进取，对现成的制度与做法敢于做大胆的改革，以完善工作。这些人是“恒保野性，具有挑战意识的枪手”，是不可多得的创新人才。

勇于开拓创新是一种可喜的品质。但是，开拓必须具备三个特点：首先，它必须是敢于创新、大胆改革、积极进取；其次，它必须顺应社会和经济的发展规律，并且在国家宪法和法律允许的范围内进行；再次，必须从实际出发思考问题、处理问题，具有大局观念和长远观念。如果不能创新，则谈不上“开拓”；虽有创新，而违法乱纪，则是破坏性的行为，不是“开拓”；如果虽有创新，且又合法，但不切合实际，也只能是“空谈”，无法实现。

所以，考察一个人的开拓精神，必须从上述三点入手。不具备上述三个特点的“开拓精神”，是不可取的。

4. 潜质型人才

潜质型人才有如待琢之玉、似蒙土的黄金，没有引起世人的重视，没有得到公众的承认，若没有独具慧眼的识玉者是难以发现的。

千里马之所以能在穷乡僻壤、山路泥泞之中、盐车重载之下被发现，是因为幸遇善于相马的伯乐。千里马若不遇伯乐，恐怕要终身困守在槽枥内，永不得向世人展示其“日行千里”的风采。许多潜质型人才都是被“伯乐”相中，伯乐又为其提供了一个发展成长、施展才华的机会，才获得成功的。当你发现下属中有潜质型人才，应立刻善加利用，一刻的犹豫即会损失一刻利益。若因妒忌而把他等同于平庸者看待，那么公司将会遭受损失而最终走向下坡路。

5. 大将型人才

“千军易得，一将难求”的感叹，深切地使人感到军事人才在决定战争胜败、国家兴亡中的重要地位和作用。因为大将在领导者与最基层执行者之间起着纽带和桥梁作用，所以衡量一个人才是否将才有四个标准：

(1)公、明、勤

不公则众人不服；不明则是非不清，没有明确的意图，会使人无所适从；不勤则军纪弛废，事务得不到认真、及时的处理。将才只有自身做到公、明、勤，才能带出一支过硬的队伍。

(2)薄名利

过分追求功名利禄的将才，必然不会很好地控制个人的欲望，当自己的晋升不能如愿时，就会怨气冲天，这样的将才就算再有才能，也会影响下属去争抢薪水的高低、待遇的优劣，进而导致大家为些蝇头微利而伤情义。

(3)身心健康

为将之才上要沟通上级，下要联络士卒，既动脑又动手，十分操劳辛苦。如果身体虚弱的人，会因过度劳累而受不了，甚至染病而荒废军务；如果是缺乏精神支柱的人，就会因日久而产生厌烦情绪，离心离德，难胜重任。所以对于将才来讲，体格强健、精神饱满是很重要的。

(4)义胆忠肝

如果说为将之才必须要同时具备以上三点要求有些过分的话，那么这第四点是绝对不可少的。因为将才有高下之分，也各有所长，有的人多谋善断，有的人沉着勇敢，有的人胸怀韬略，有的人身藏绝技，各自会发挥不同的作用，但无论是何种人才，若没有起码的义胆忠肝、血气良心，则最终是无法使人信赖和依靠的。

纵观中国历史，大凡社会动乱、战火四起、军事斗争集中而又突出的时候，军事人才就特别受到国家和社会的重视。中国历史上流传的“黄金台”、“招贤榜”、“求贤令”、“三顾茅庐”等人才佳话，都是这一思想的生动体现。

6. 硬汉型人才

硬汉型人才有个人原则，不轻易接受失败。他们个性强烈，很有独立主见。他们说话直率坦诚，有时近乎尖酸刻薄，因此经常引起上司的不满和厌恶。公司上层人士亦不时因为这类人才毫无忌讳的批评而深感头痛和尴尬。在一些上级眼中，硬汉型人才是最难对付、最难管理的下属。不过这类下属优点比缺点多。譬如说，他们头脑清晰、行动敏捷、主意多多；他们全心全意投入工作，且他们的性格亦能帮助他们把事情做好。

硬汉型人才从不把障碍放在眼里，对他们而言，今天不可能的事就是明天的常规。他们虽充满冒险精神，但又相当实际，不会因暂时的挫折而令其情绪不好或一蹶不振，反而会咬紧牙关，再闯难关。

不过硬汉型人才的这种态度，肯定会招致公司内不少懒散职员的厌恶，因为这样会形成强烈的对比，令他们很不好过。

身为硬汉型下属的上司，明知他们是可造之材，不妨给予他们一些私人辅导，改善他们的硬汉作风，使他们在处理、克服因机构变化造成的困难时能更有技巧。

选择接班人是一门高深的学问，可反映出你作为一位管理者是否真正成熟。在瞬息万变的时代里，采取过于稳妥谨慎的措施其实最不安全。事物发展一日千里，管理者必须反应快捷，不受传统束缚，才能创造新境界。在这一点上，硬汉型的人才是极具潜质的。

7. 精英型人才

精英，作为一个知识群体、一种思潮、一个努力方向而让人仰止崇拜。

精英型人才，一方面努力工作，一方面又有更高的追求；他们有目标、有毅力、致中庸、尚礼义、追求进步、实践创新，勇于向失败挑战并能从失败中总结经验；能为人所不能为，为人所不敢为；身心平衡，头脑机敏；克制自己，关心他人；勇于认错，勤于进取，能屈能伸，不贪不侈。此类型人物前途远大。精英型人才，志向远大，眼界开阔，从不计较一些小的得失。他们在工作时，不忘掉充实自己及广结善缘。除了完成自己的工作外，他们也会帮助别人和指导同事。精英型人才，每到一个地方，不论时间长短，不论地位高低，他们都能不自觉地影响别人，控制群体的行为。精英型人才，他的见识往往异于常人，思考逻辑方式也有其个人特色。他们在时机不成熟时，可以忍耐，不论是卧薪尝胆或是从你的胯下爬过，他们都能忍常人之所不能忍。但是，时机一旦成熟，他便奋臂而起，如飞鹰冲天。

不是每一个精英都能成大功立大业的。但是，做人处世自有风格，不卑不亢、不急不躁是其本色。

8. 明星型人才

在一个企业里，一些员工的特定才能不为人所知，被无故地浪费掉或未能得到充分发挥，是常有的事。为了企业的利益，管理者应善于挖掘企业里的明星，使之早日为企业服务。

以下是明星型人才的几个特点：

(1)有雄心壮志

明星型人才必然有取得成就的强烈愿望。他通过更好地完成工作，不断地去寻求发展的机会。

(2)能带动别人完成任务

注意是谁能动员别人完成工作任务，因为这可以显示出他具有组织管理的能力。

(3)有许多需要求助于他的人

如果你发现有许多人常听取他的建议、意见，那他就是你要发现的明星了，因为这说明了他具有解决问题的能力，且他的思想方法为人们所尊重。

(4)能迅速作出决定，是一个能迅速转变思想和说服别人的人。有才干的高级管理人员，能在相关信息都已具备时立即作出决定。

(5)能独立解决问题

如果他是一个很能干的人，他从不会去见老板说："我们有问题要汇报。"只有在问题解决了之后，他才会去找老板说："刚才有这样一件事情，我们这样处理，结果是这样的。"

(6)比别人进步更快

明星人才能把上级交代的任务完成得更快更好，因为他勤于做"家庭作业"，并随时准备接受额外任务。他认为自己应更深地去研究业务，而不能只满足于懂得皮毛。

(7)他勇于担当责任

勇于负责是一个明星型人才的关键性条件。

识别英才与雄才

如果一个人的品德足以让远方的人慕名而来，如果他的信誉足以把形形色色的人汇聚在一起，如果他的见识足以殷鉴古人的正误，如果他的才能足以冠绝当代，这样的人就可以称作“人中之英”。如果一个人的理论足以成为教育世人的体系，如果他的行为足以引为道德典范，如果他的仁爱足以获得众人的爱戴，如果他的英明足以以上照下，这样的人就是“人中之俊”。如果一个人的形象足以为人师表，如果他的智慧足以决断嫌疑，如果他的操行足以鞭贪厉鄙，如果他的信誉足以安抚异人，这样的人就是“人中之豪”。如果一个人能恪守节操而百折不挠，如果他多有义举但受到别人的侮辱而不发怒，见到让人唾弃的人和事而不苟且勉强，见到利益而不轻易获取，这样的人就是“人中之杰”。

人中之英、人中之俊、人中之豪、人中之杰的划分，也就是英才和雄才的区别。英就是聪明灵秀、具备文才的人，如人中之英、人中之俊；雄就是胆力过人、具备武略的人，如人中之豪、人中之杰。英和雄虽一为聪明灵秀一为胆力过人，然而两者之间关系密切，不能截然分开。为什么呢？因为聪明是属于英的成分，如果缺少雄的胆力的支持，那么其主张就无法实现；胆力是属于雄的成分，如果缺少英的聪明的支持，那么其功业就无法成就。所以，英必须以其聪明开始计议，掌握先机，预先纳祥避祸，并要依靠雄之胆力来实现主张。雄必须以其胆力威慑众人，以其勇气排除万难，并有待英之聪明来帮助他。总之，英与雄唯有相辅相成、密切配合，才能充分发挥长处。二者无论偏废哪一方，都不能成就大事。

英才与雄才各有三个层次。

英才的三个层次是：

(1)能聪明计议，可是不能预测祸害，只能坐而论道，无法处理事情。

(2)不但能聪明计议，而且能够先通晓福祸，可是欠缺勇气去实行，能处理普遍事务，却不能根据情况以变制变。

(3)不但能聪明计议，而且能知未来事以趋利避害，更能借胆力决断事情，这样的人是真正的英才，譬如刘伯温就是这种人。

雄才的三个层次是：

(1)胆量虽然过人，可是欠缺勇气去实行，这只能得个大力士的美称，不能当先锋。

(2)不但胆力过人，而且有勇气去实行，可是谋略不足，不能当将帅，只能做先锋。

(3)不但胆力过人，而且勇气可嘉，更能借聪明处理大事，这样的人是真正的雄材，譬如卫青、霍去病就是这种人。

英才有智慧，以文才为名；雄才有胆力，以武略为名。前者可以担任宰相的职务，后者可以担任将帅的职务，两者虽然名目不同，但都是做属下的材质。只有兼备英才与雄才的人，才能开创出新事业，永世长存，就像曹操等人。

曹操当上魏王后，有一次准备接见匈奴的使者，可是他担心自己不漂亮，不足以表现出英雄气概令匈奴人臣服，于是就让崔琰扮作自己，他本人提着朴刀站在崔琰这个假曹操身边。待匈奴使者谒见完毕退出来后，曹操派人去询问使者对魏王的印象如何，匈奴使者说，魏王很好，但他旁边提刀的卫士更有英雄之气。这个故事说明一个人的容貌可以模仿，但英雄之气却是学不来的。

在实践中鉴别人才

"路遥知马力，日久见人心"，要真正了解一个人，需要长时间的、持续的观察。只有通过细致的观察，才能正确评估出一个人的价值并给他安排合适的工作。管理者往往很难一时察觉某某是否有才，但直觉上又不忍放弃选才的机会，于是不得不抱着一种试试看的心理，觉得兴许试用之后贤庸必然自明。但试用是要担风险的，万一试用不成，不仅没有觅到自己需要的人才，反倒把自己的秩序给打乱了。聪明的管理者便顿生一计，让人到下层去办事，通过对其"政绩"的考察来发现人才从而给予升迁。这确实是一种好方法。现代的多数企事业单位招聘人才大都有一个试用期，试用期满，老总就会对员工的成绩作一个评价，能够留下来的当然是被认为是人才的员工，有时管理者还会从其中的特别优秀者中选出一部分委以重任。

有时，管理者没必要让所有的人都去做类似的事情，而是选出较为器重的人，让他们去做特定的事，看他们的处事技巧，从而判断其是大才还是小才。这一部分人往往是管理者考察的对象，如果干得令领导满意，极有可能成为管理者的接班人。而管理者要选择接班人更要谨慎行事，委之以政，时时考察。往往选择接班人的结果如何，恰恰反映了一个管理者的识才能力，是一个管理者有无识才艺术可言的标准。

《周书·苏弹传》对以政试之有一个简易的说明："彼贤士大夫之未用也，混于凡品，竟何以异？要任之以事业，责之以成务，方与彼庸流较然不同。"它告诉我们，让贤能的人去干一定的事，他们的才能就能显现出来了。当管理者超过两年或两年以上，如果仍未看清下属的特长，那这个管理者就算是白当了。

忽略下属的性格，勉强他们做不适合的差事，结果受挫的将是管理者。有些上级以为定下的原则，就是刚性不容破坏的，更不容许员工以任何理由拒绝。这实属呆板的做法，因为原则是死的，人是活的。许多老一辈的管理阶层不易被下属接受，多是因为他们喜欢被下属奉承，却不去了解下属，以致出现一面倒的情况。

要学会观察人。有些人的自尊心特强，一部分是源于潜意识的自卑感。这种复杂的情绪构成了反叛性格，面对领导时，依然摆出一副“不易屈服”的态度。如果上级与下属各持本性，不愿稍做迁就，结果双方关系僵持。这对于身处高位的管理阶层而言绝非好事，也显示出其管理方法的失败。

一般员工每天均留意上级的表情。管理者的笑容、严肃、皱眉，都显示其当天的情绪。所以，你必须进行双轨沟通法，在了解下属的同时，也要对下属们进行长时间的观察和了解。用人先要学会观察人。善于观察你的下属这是很有必要的，这能够促使管理者洞悉下属的心理、想法、欲求，能够真正发现下属潜在的特质，抓住这一点，就能够用好下属。

对不同人才要区别对待

管理者对待不同的人才和下属，在不同的条件下要有所区别，要充分发挥他们的优势。

对表现比较好的人，一是用他的长处，使他用自己的实绩显示自我；二是用人才互补结构弥补他的短处，保证他的长处得以发挥。

表现一般的人，给其在他人面前表现自己的机会，求得别人的信任和自己的心理平衡，同时也要注意鼓励他们用自己的行动证明自己的能力。

表现较差的人，可以给他们略超过自己能力的任务，使他们得到成功体验，建立起不比人差的信心。同时注意肯定他们的长处，使其自信心一点点建立起来。

对有能力、有经验、有头脑的人，可以采取以目标管理为主的方式。在目标、任务一定的情况下，尽量让他们自己选择措施、方法和手段，自己控制自己的行为过程。还可适当扩大他们的自主权，给他们回旋的余地和发展的空间。

对能力较弱、经验较少、点子不多的人，可以采取以过程管理为主的方式。用规程、制度、纪律等控制他们的行为过程，或用传帮带的方式，使他们逐渐积累经验，提高能力。

对有能力的年轻人，可以给他们开拓性的、进取性的、有一定难度的工作。对有经验的中老年人，可以让他们做稳定性的、改进性的、完善性的工作。

对个性突出，缺点、弱点明显的能人，一是用长。长处显示出来了，弱点便被克制，也容易得到克服。二是做好思想和情感沟通的工作。一年里谈几次话，肯定成绩，指出问题，沟通感情，使他们感觉到上级的关心和理解，自己也会兢兢业业。三是放开一点，采取忍的办法。不要老是盯住人家，而是给人家留有一定的余地，帮助也只是在难事上、关键性的问题上。否则，束缚住手脚就很难有所作为。

对有特殊才能的人，一定要尽可能给他们最好的条件和待遇。特殊人才，特殊待遇，这是我们应该遵守的原则。他们之中有的人并不是安分者，可能有这样那样的毛病和问题，以致很不好管理。对此我们不仅要容忍，而且应该做好周围人们的工作，以便使他们能够集中精力发挥长处和优势。在特殊的情况下，还应该放宽对他们的纪律约束和制度管理，甚至采取明里掩盖、暗中支持的办法。

对有很强能力的人，可采取多调几个岗位、单位的办法，这既能让他们发挥多方面的、更大的作用，又可以调动他们乐于贡献、多出成绩的积极性。

对年轻又有能力的人，则应该给他们更好的平台，让他们尽快地负起更大的责任。如果有可能，可以为他们创造条件，让他们去创办新的事业。

对被压住了的能人，一个办法是把他们调出去，给他们显示自己本领的机会，也给他们从另外的角度审视自己的空间。等有了成绩，被公众认可后，在必要时就可以调回来加以任用。另一个办法是把压他们的人调开，让能人上来。这都要根据具体情况而定。

对尚未被认可的能人，一是采取逐渐渗透的办法，让人们逐渐认识他们的长处和成果；二是给机会显示其才能，以实绩让他们信服。

对道德上有缺陷的能人可采取这样几种办法：

(1)任命其为副职，以正职制约他；

(2)派给他副手，告诉是协助他工作，同时也要接受他的帮助；

(3)派遣能够监督、约束他的工作人员，比如会计、审计、监察人员在职能权力上约束他；

(4) 满腔热情地给他素质好的直接下级人员，以此作为防御层。应该注意的是，不要用同级人员来制约他，这样很容易闹矛盾。

是人才就应大胆选用

一个组织要造就一个人才辈出的局面，就要做到不拘一格地选拔人才，不能妒贤嫉能、论资排辈、因循守旧、无过是功，要切实做到敢选敢用“四才”：

1. 选“不听话”的人才

听话的人才好用，不听话人才也不能不用。人才的可贵之处就在于这个人的主见和创见。对于一个没有主见和创见的人来讲，再听话，其价值也不大。因此，在选人时，首先要考虑那些爱当面提意见、爱当面说出自己不同见解的人。这样的人，才有利于发现问题，解决问题，而且能够提出一些新的见解和解决之道，能够切实为上级分忧解难。他们敢于坚持原则，坚持真理，只要是有利于组织发展的决策，他们就敢大胆地提出来，并且能够畅所欲言，发表自己的见解。

2. 选“过失”之才

人无完人，再优秀的人，也有缺点。因此，选人时，不能片面地追求完美，把有一点瑕疵的人拒之门外。失误的人，能力并非不强，如果以一时或一事的成败来划分优劣的话，那么你就可能错失一个人才。

敢于创新与开拓的人永远胜过平庸与保守的人，对于敢想敢干的人，即使出现错误，也值得鼓励，让他们放下包袱与顾虑，不拘一格，大胆创新，并要委之以任、明之以责、授之以权。

作为管理者，要给人才机会，不要对他们的失误死抠不放，只要不重复犯同一错误，就要鼓励他们，保护好他们的自尊心，以使得他们最大效能地为组织工作。

3. 选“超己”之才

作为管理者，对比自己强的人才，要有宽阔的胸怀。只要对组织发展有利，谁有能力、谁有本事谁就先上。有些成功的管理者，其本人并非能力超凡，而是他敢用比自己强的人，能看到并发挥他们的长处。那些生怕下级比自己强，怕别人超过自己、威胁自己，并采取一切手段压制别人、抬高自己的人，永远不会成为有效的管理者。

4. 选“有个性”人才

选用“有个性”的人才，要做到“宽”、“严”相济：一方面要关心爱护。对个性强的员工要多与他们接触，多与他们谈心交朋友，要让他们觉得上级无时无刻不在关心自己的成长，是自己的贴心人。另一方面要加强管理约束。管理者要学会“放风筝”，既让个性强的员工“飞”得高，又能对其有所约束，千万不可因为他们的工作有一点成绩就任其自流、放任不管，否则就会产生“挥泪斩马谡”的结果，导致痛失一名优秀的人才。

对人才进行正确评估

管理者采取哪些措施来培养公司的员工，他们是否正在成长并日趋走向成熟？为什么有些人的表现会如此不佳？管理者们准备采取哪些措施来处理这些人？公司是否兑现了自己培养个体职员的诺言——他或她是否得到了应有的指导，或者是否已经调换到了其他工作岗位上？

管理者必须对人才的能力作出正确的评估，没有评估，你不可能了解一个人的潜能，也就不可能清楚地知道他适合在哪一方面发展，或者说是否能适应下一阶段战略目标及企业运营的需要。

传统的评估往往是由几个人组成评估小组，依据他们掌握的信息对人员作出评估，并得出结果。而由优秀管理者所带领的组织的人才评估更倾向于有本人（被评估人）参与的双向评估，它是一个互动的过程，评估结果在评估过程中已经传达给了被评估者。评估在一种坦诚的气氛中进行，既全面公正，同时也是对被评估人的培养。

1. 评估内容

在进行人才评估的时候，我们不仅要评价被评选者在当前这份工作中的表现水平，而且要对那些潜在的继任者进行评估，并根据评估结果对被评估者进行工作岗位上的调整。

人才评估还将就那些无法胜任自己当前工作的人进行讨论，并设法制订出相应的解决方案，是要对他们进行更多的指导，还是要给他们调换工作岗位？对于那些可能离职或被开除的员工，管理者必须准备好接替的人选。

除了个体人员的评估之外，人才评估还将涉及组织设计、一般人才开发和技能需求，以适应新战略的要求。

在评估的会议中，保持整个流程的诚实性是必要的。比如说，一位评估者可能会这样描述一个人：很好。在回答这位被评估人员需要接受哪些指导时，他的答案可能是：无。这位被评估人真的是一位完美无瑕的人吗？即使上帝也有缺点啊！再高明的管理者也无法帮助一个自认为根本不需要任何帮助的下属。这种评估也是没有任何实际意义的。

即便最优秀的管理者也不能仅凭个人的印象来评判一个人。其实这种公开评估之所以有必要，其原因就在于它能够在某种程度上有效克服单独评估过程中的主观性。之所以说是“在某种程度上”，是因为当几个人同时对一个自己熟悉的人进行评估的时候，本来是客观的评价也可能具有了一些主观性。

对人才进行评估是管理者的一项重要职责，是员工管理的主要组成部分，同时也是对有潜力者给予指导和培养所不可缺少的工作。

2. 对人才进行正确的评估方法

(1)坦诚的交流

这不仅是得到正确评估结果的前提条件，而且这种就事论事的坦白的评估过程，也是对被评估者的一次指导和培养。

(2)坦白沟通意见

在评估中坦白沟通意见是对人才公正评估的保证。每个人的角度与观点各不相同，当展开坦白的评估时，就会捕捉到各方面的因素，从而对一个人作出公正的评价。另外，只有当别人提出问题与不足时，你才能进步，因此从这一层意义上来说，坦白的沟通也是对人才很好的指导与培养。相反，如果在评估过程中，每个人都只说灿烂的一面，而对被评估者工作中存在的问题和缺陷闭口不谈，那么可以想象，这样的评估结果既有失公允，而且被评估者也不可能发现自身的问题并及时改进，当然也就学不到任何东西，更不会有所进步。

鉴别优秀员工和差劲员工

管理者要学会鉴别优秀员工，优秀员工一般具有以下特征：

1. 主动工作

所谓主动，就是没有人要求你、强迫你，你却能自学而且出色地做好需要做的事情。在现代社会，虽然听命行事的能力相当重要，但个人的主动进取精神更是受到重视。许多公司都努力把自己的员工培养成主动工作的人。

对于主动工作的人来说，有些事是不必老板交代的。如果老板说："给我编一本前往欧洲用的密码电报小册子。"主动工作的人得知老板的需求后，会立即去寻找密码电报资料，并设身处地为老板着想，认为把小册子做得便于携带、容易查询是必要的，于是把查好的资料清晰地打印出来，编成一本小小的书，甚至用胶装订好。而被动工作的人呢，他听到老板的要求，会满脸狐疑地提出一个或数个问题：

"从哪儿能找到密码电报？"

"哪些图书馆会有这样的密码电报资料？"

"这是我的工作吗？"

"为什么不让查理去做呢？"

"急不急？"

然后，他会随便简单地编几张纸，完成任务即可。

如果你是老板，必定会对那个满脸狐疑的家伙随后交来的几张皱巴巴的密码电报纸不放心，必须仔细地核对和确认后，才敢在飞往欧洲前把它放入自己的公文包。

每个老板都希望自己的员工能主动工作，带着思考工作。对于发个指令，揿动按钮，才会动一动的“电脑”员工，没有人会欣赏，更没有老板愿意接受。在老板眼里，这类员工是不会有很好的发展前途的。对于老板来说，只有那些准确掌握自己的指令，并主动加上自身的智慧和才干，把指令内容做得比预期还要好的人，才是他们真正需要的人。

2. 忠诚

在现代人力资源管理中，老板与员工被普遍认为是一对互利共生体。协同合作、共同激活、共同适应、共同发展是共生的本质。从表面上看，彼此之间存在着对立性——老板希望减少人员开支，而员工希望获得更多的报酬。但是，在更高的层面上，两者又是和谐统一的——公司需要忠诚和有能力的员工，业务才能进行；员工必须依赖公司的业务平台才能获得物质报酬和满足精神需求。因此，对于老板而言，公司的生存和发展需要员工的敬业和忠诚；对于员工来说，丰厚的物质报酬和精神上的成就感离不开公司的存在。

在互利共生的伙伴关系中，共生双方是否互相忠诚是决定共生能否共赢的关键。

忠诚建立信任，忠诚建立亲密。只有忠诚的人，周围的人才信任你、承认你、容纳你；只有忠诚的人，周围的人才会接近你。老板在招聘员工的时候，绝对不会把一个不忠诚的人招进去；客户购买商品或服务时，也绝对不会把钱掏给一个缺乏忠诚的人；与人共事，也没有谁愿意和一个不忠诚的人合作；交友，也不会选择不忠诚的朋友；组建家庭，那更是要看对方对自己是否忠诚，对方又是否值得自己付出忠诚……总之，人活着，就离不开忠诚。

3. 从不拖延

优秀的员工从不拖延，在日常工作中，他们知道自己的职责是什么，在上司交办工作的时候只有两句话。一句话是:“是的，我立刻去做!”另一句话是:“对不起，这件事我干不了。”某件工作能做就立刻去做，不能做就立刻说出自己不能做，拖延根本上就与优秀员工无关。

4. 为老板解决问题

在老板眼中，没有任何事情能够比一个员工处理和解决问题，更能表现出他的责任感、主动性和独当一面的能力。一个经常为老板解决问题的人，当然能得到老板的青睐。首先，他没有让问题延误，酿成大患。其次，他让老板非常省心省力，老板因此可以把精力集中到更重要的问题上。有了这样的员工，老板就少了很多后顾之忧。

5. 即使是小事也要做到最好

某些员工这样抱怨:“我每天都辛勤工作，没有‘功劳’也有‘苦劳’，为什么对我的业绩评估结果还这么低?”这种言论表明有些员工对自己的工作目标的认识还比较模糊。何为员工的工作目标?是工作任务本身还是工作任务的结果?

对于老板来说，他们更关注的是工作任务的结果而不是工作本身，单纯的工作本身对他们而言并没有任何意义和效果，所以企业希望员工努力追求“功劳”，而不是所谓的“苦劳”，老板希望员工把本职工作做到最好。

“即使是小事也要做到最好”体现的是一种态度、能力、敬业精神，一种高度的自驱力，一种找准目标永不放弃的执着精神，一种有思想、知道自己该干什么、怎样干的负责精神。

曾有一个刚刚踏入社会的女孩，她面临的第一份工作却是刷马桶，一般人很难想象她能适应。第一天，当她把抹布伸向马桶的时候，她本能地想呕吐，实在是不想干了。

这时候，一位前辈没有跟他讲任何大道理，只是拿起抹布，一遍遍地擦洗马桶，直到擦洗得干干净净为止。

前辈没有说一句话，却使这位女孩从身体到灵魂都受到震撼，她从未想到人们眼中污秽的马桶竟然可以擦洗得这样干净。一个马桶显示出人生最高深的哲理:“即使是小事也要做到最好。”她痛下决心，就算是一生都要刷马桶，也都做一个最出色的洁厕人。

她以这样的心态迈出了人生的第一步，今天她成为日本政府重要的官员——邮政大臣，她的名字叫野圣子。

6. 愿意多做一点

优秀的员工绝不会时时刻刻在脑子里计算自己的工资。主动承担责任，不声不响地承担工作，是他们与生俱来的好品质。他们愿意多做一点，愿意多付出一些。这些聪明人，在斤斤计较的人看来，无疑太傻、太吃亏。但“太傻”的人往往飞黄腾达，吃小亏的人从来不会吃大亏。从来不肯吃小亏的人却往往要吃大亏——占得一时的便宜，偷得一时之闲，却亏掉了大好前程!

那些不计较个人得失的人，他们在主动工作、默默吃亏的时候，不一定能够被老板或上司看到、但他们长期这样主动工作，总有被上司看到的时候。

管理者不仅要学会鉴别优秀员工，还要学会鉴别差劲的员工，一般来说，差劲员工具有以下特征：

1. 满足于现状

事情永远没有“够好”的时候。一个成功者无论从事什么工作，都不会轻率疏忽、满足现状。相反，他会在工作中以最高的规格要求自己，能做到最好，就必须做到最好。对于老板来说，这样的员工才是最有价值的员工。

满足于现状的员工在接受任务时，习惯于说:“要求太高了!”即使是力所能及的事情，他们也可能这么叫嚷，他们希望要求越低越好。

当任务完成得不理想时，他们又习惯于说:“已经做得够好的了。”

工作上的追求应该是永无止境的，习惯于说“已经做得够好的了”的人，他的职业前景不会乐观，主要原因是：老板会认为你不求上进；老板会认为你是一个缺乏责任心的人；老板一旦发现你工作中有问题，就会觉得你在敷衍甚至欺骗他。

2. 机械地工作

在企业中，许多员工在接到指令后，还需要老板具体而细致地提醒每一个项目在进展过程中可能遇到的问题，以及如何解决这些问题等。他们完全不去借鉴过去的经验，不去思考本次在哪些方面与上次不同，是否应该提前注意些什么，是否该向老板要求更多的授权等。他们在工作中很少投入自己的热情和智慧，他们遵守纪律、循规蹈矩，却缺乏责任感，只是机械地完成任务，不会有创意性地进行工作。

还有一些员工不但不会主动去做老板没有交代的工作，甚至连老板交代的工作也要一再督促才能勉强做好。这种被动的态度自然会导致一个人的积极性和工作效率下降，久而久之，即使是被交代甚至是一再交代的工作也未必能把它做好。对于这样的员工，别人不禁要发问：他怎么会这样？究竟还有没有一点工作能力？他还能干什么？

他们或许可以躲过裁员，却很难得到晋升的机会。

3. 留下一大堆问题

在企业中，我们看到很多职员在工作中不尽心尽力，不仅没有创造价值，反倒留下一大堆问题。他们的想法是：我能做到什么程度就做到什么程度，反正公司是老板的，他不可能不管，我做不好，他自然会来替我做。更有甚者，他们在接受任务时，就采取拒绝的态度，说“我做不了”。

这是多么危险的工作态度啊！如果不尽力，当老板被迫亲自来解决你工作中的问题时，那么你离丢掉饭碗的日子里也就不远了。

4. 抱怨

许多人都抱怨自己的工作过于琐碎：

“我的工作真是无聊透顶！”

“每天面对重复的工作，我简直要疯了！”

“工作做完就行了，哪还管得了那么多？！”

抱怨工作乏味；抱怨公司的老板；抱怨工作时间过长；抱怨公司管理制度过严……

如果一个人经常抱怨自己的命运，把自己的不幸归咎于他人，这样的人就不是一个完整的人，只能勉强算是一个上帝希望他成为的人的代用品。我们要随时随地抵制抱怨，拒绝情绪大敌，就像保护我们的家不被盗窃一样。

有些时候，抱怨的确能够赢得一些善良之人的宽慰之词，使自己的内心压力暂时得到缓解。同时，口头的抱怨就其本身而言，不会给公司和个人带来直接的经济损失。但是，持续的抱怨会使人的思想摇摆不定，进而在工作上敷衍了事。抱怨使人思想肤浅、心胸狭窄。一个将自己的头脑装满了抱怨的人是无法想象其未来的。抱怨只会使他们与公司的理念格格不入，更使自己的发展道路越走越窄，最后一事无成，只好被迫离开。

看看我们周围那些只知抱怨而不认真工作的人吧，他们从不懂得珍惜自己的工作机会。他们不懂得，丰厚的物质报酬是建立在认真工作的基础上的；他们更不懂得，即使薪水微薄，也可以充分利用工作的机会来提高自己的技能。他们在日复一日的抱怨中，徒增年岁，而技能却没有丝毫长进。最可悲的是，抱怨者始终没有清醒地认识到一个严酷的现实：在竞争日趋激烈的今天，工作机会来之不易。不珍惜工作机会，不努力工作而只知抱怨的人，总是排在被解雇者名单的最前面，不管他们的学历有多高、他们的能力是否能够满足基本的工作要求。

5. 出卖公司机密

有一位才华横溢、持有双博士学位的人，他先在牛津大学修完了法律课程，又在哈佛大学修完了工商管理课程。而且，他还写得一手好文章，在一家报纸担任专栏作家，经常到一些大学里讲授写作知识。他的口才也相当棒，演讲颇具煽动性，能够把数千人的热情点燃。

这样的人才，在就业方面应该有很大的选择余地。可是，他却正在为找工作的事发愁。

原来，他的名声太臭了，几乎没有企业愿意用他了。而他的名声之所以臭，是因为他缺乏对企业的忠诚。

1993 年，他修完了全部博士课程，先是在一家计算机公司担任市场总监，工作不到半年，他向竞争对手出卖了公司的市场开发机密。

拿到出卖机密的款项，他跳槽到一家制药企业担任策划总监。三个月不到，他听说另一家制药企业待遇更好，便以自己掌握重要新药开发资料为诱饵让那家企业聘用了他。新东家看中的是新药开发资料，而不是他这个不忠诚的双料博士，资料到手后，新东家辞退了他，并将他列入不聘用的“黑名单”中。

好在当时他还没有臭名远扬，找工作并不难，很快又进入一家电气公司，新公司聘他做总裁。遗憾的是，这个“人才”更加不珍惜工作机会，再一次出卖了老板，还把公司一批骨干人员带走，自己当老板去了，又开了一家电气公司。可他开的公司没有存活下去，半年不到就关门了，他只得又去打工。

五年多时间里，除去自己当老板的那一小段时间，他一共到了 21 家单位，也先后背叛或出卖了 21 家单位。

他是一个很有能力的人，加之他总是担任高层主管，所以他的背叛或出卖都沉重地打击了曾聘用他的 21 家企业。他非常引人注目，加之又是才华横溢的双料博士，因此很快就臭名昭著了。

但是，到头来他才发现，最受打击的还是他自己，因为他被贴上了“不忠诚”的标签，成了一个不受欢迎的人，被很多行业的企业列入了“黑名单”，几乎每一个了解他情况的老板都表示绝对不聘用他。

才华横溢又怎样呢？缺了忠诚，谁也看不上你的才华。双料博士找不到工作，这是多么悲哀的事情啊！

在这个任何人都越来越无法脱离组织和团队的社会上，一个丧失了忠诚的人，不仅丧失了机会，丧失了做人的尊严，更丧失了立足之本。

6. 频繁跳槽

现在，跳槽的人越来越多，并且跳得越来越频繁了。这些人在一个又一个公司之间穿梭来往，不像是公司职员，倒像是观光游客。这些人看起来很风光、很潇洒。事实上，他们中间，除了少数人在跳来跳去中获取高职位和高薪水外，大多数人都得不偿失。除非你在某个行业中早已被证明是拔尖的人才，是不会有哪个老板在你一进入公司时就给你高职位和高薪水。老板提拔一个人，总是要经过较长一段时间的考察，而不愿意冒险提拔一个不了解的人，一旦提拔错了，对被提拔者来说是痛苦，对公司更是意味着损失。

那些爱跳槽的人，往往在考察期未到就草率断定自己没有发展机会而跳到新的单位，一切又从零开始，不断地干着基层工作，重复接受着不同老板的考察。

7. 和老板站在对立面

在一些失败的或者业绩急剧下滑的企业里，我们总能遗憾地发现一种现象——员工把自己放在老板的对立面上。这些员工的心态是多种多样的，情况好一点的对老板漠然，差一点的是对立，更差一点的是敌视。他们认为老板在剥削他们，自己每时每刻都在受苦受难。他们以老鼠看待猫的眼光看待老板，躲避他、畏惧他甚至仇视他。老板不在时他们就以不负责任的态度对付工作。如果能给公司造成损失而不被老板发现，他们一定会高呼“万岁”。

这些人是胜利者吗？绝对不是。公司用什么人，完全是由老板来决定的，这样的人早晚会被老板裁掉，到那时老板的公司照样在运作，而这些人却奔波在求职路上。再者，这些人从来都感受不到工作的乐趣，即使作出成绩来，也没有成就感。因为他们认为作出成绩只是有益于老板，对自己没有丝毫好处，甚至会后悔作出成绩。

需要慎用的人才

管理者在选拔人才时，要综合考量人才素质，具有以下特点的人，在选用人才的时候要特别注意。

1. 投机者

投机型的人善于察言观色，把自己作为商品，谋求在“人才市场”上讨个好价钱，在工作上专好讨价还价。这些“市场探索者”都急于利用应召别家厂商，而给目前雇用他们的公司施加压力，以使该公司的管理者给他们以晋升或增加工资的机会。他们妄加图利用“被别家企业录用”这个名义来加速其在原公司的发展。这个诡计通常都能得逞，特别是当别家企业恰好是这种投机者受雇的原公司的竞争者时。

2. 谄媚者

谄媚型的人深信，只要能迎合企业管理者就能步步高升。这种人毫无才干、品质恶劣、意志薄弱。

3. 自命不凡者

有些人根本无法容忍别人的一切举止、想法，对于这种自命不凡的人，各种“人际关系训练法”都治不好他们永远埋在心底的精神特质。把这种人一个个地互相隔离开来，乃是最好的解决办法，而且是唯一的解决方法。这种自命不凡的人谁都看不起，觉得世上唯有自己最有能耐。

4. 权力欲强者

权力欲望过强的人浑身上下都散发着“企业家”所特有的“气味”，念念不忘在别人面前显示自己的能力。这种人有能力，他们一旦下定决心，就一定要升到最高层的位置，不达目的誓不罢休。他们对于工作尽心尽力，无需别人督导。他们那种带着使命感的热忱心情促使他们努力表现自己。这种人把工作当作自己的生命，而不是调剂人生的手段。这种人没有爱好，没有嗜好，凡是花时间的兴趣他们一概没有。这种权力型的人只有野心，没有计划。任何事或人阻碍了他们的野心和计划，都会使他们暴跳如雷。这种人只有在不动弹的那一刻才会停止他的奋斗。

5. 四平八稳者

四平八稳型的人心眼不坏，处世轻松，也有工作能力。这种人是相当有能力的表演者，这确实值得小企业雇用。但是，他们缺乏权力型人的干劲和创造力，这种人在事业上四平八稳，处世哲学是“谁也不得罪”，所以可以在短时间内赢得同事和下级的尊重。他们最主要的缺点是已经失去干劲，只是想谋取一个舒适的职位而已，根本不可能跟别人竞争比赛。

6. 爱慕虚荣者

虚荣型的人会滔滔不绝地向别人叙说他与某些有名望的人常有往来。实际上，他的所谓名流朋友可能根本不认识他，或者认识也是只知道他是个“牛皮大王”而已。这种人没有什么真本事，只会夸夸其谈，信口畅谈他的社交生涯。

7. 理论太多者

公司不是研究机构，若问他“这件事怎么样”，他便说一堆这个主义、那个观点，就是没有说出解决事情的方法。他也许可以成为很好的学问家，但绝不是个有效率的员工。

第四章 考察人才的能力

管理者之所以伟大，不因其身居要职，而因其能慧眼识人、知人且善用之。事业是人才创造的，管理者识人用人的水平，以及能否找到人才和工作的最佳结合点，决定了组织事业的高度和管理者自身成就的大小。用对了人，天堑变通途；用错了人，顺境成险境。管理者必须树立正确的人才观念，学会识人的本领，掌握用人的艺术。

决定人才成功的能力

美国心理学家霍华德·加登纳在他 1983 年出版的著作《心理架构》中指出，决定人才成功的有七种能力，它们分别是：

1. 语言能力

这类能力通常在小说家、诗人、剧作家、编辑、记者、广告员、演说家、政治领袖等人身上体现得较为突出。具有突出语言能力的人大多具有以下一些品质：对于模式很敏感；有条理；有推理能力；喜欢听；喜欢读；喜欢写；喜爱文字游戏；对于琐事有很好的记忆力；能轻松地进行写作。

2. 数理逻辑能力

这类能力通常在数学家、自然科学家、工程技术人员、猎人、侦探、律师以及会计师等人的身上体现得较为突出。著名的人物如陈景润，作为一名杰出的数学家，他在极其艰苦的环境下也能严密地证明“哥德巴赫猜想”。具有突出的数理逻辑能力的人一般都具有以下一些品质：喜欢抽象思维；讲求精确；喜欢计算；喜欢组织、运用逻辑结构；喜爱电脑；喜欢解决问题；喜爱以逻辑的方式做实验；偏向于有条理地做笔记。

3. 空间认知能力

这类能力通常体现在建筑师、画家、雕刻家、平面设计人员、航海者、棋手、理论物理学家以及军事战略家等人身上。具有这类能力的典型人物有著名画家齐白石，他寥寥数笔就能勾勒出一只活灵活现的河虾来。他们这类人大多具有以下一些共同的品质：以图像方式思维；能创造内心的意象；善于运用“格式塔”的感觉；喜爱艺术，如素描、绘画以及雕刻等；能轻松地看地图、航海图、星象图以及其他图表；用图像来记忆；有很好的色彩感觉；善于运用想象力。

4. 音乐能力

这类能力通常表现在演奏家、作曲家、乐队指挥、录音师、乐器制作者、调音师等人身上。如著名指挥家陈燮阳，他娴熟地指挥上海交响乐团圆满完成了许多经典的交响乐作品的演奏。音乐能力比较突出的人大都具有以下一些品质：对于音高、节奏、音色很敏感；对于音乐中的情绪力量很敏感；对于音乐的复合结构很敏感；很有灵性。

5. 身体运动能力

这类能力通常在舞蹈家、演员、运动员、外科医生、武术教练、赛车手、户外工作者以及在机械方面有天赋的人身上体现得较为明显。如著名舞蹈表演艺术家杨丽萍，她通过优美的肢体动作，把孔雀在林中欢舞的场面栩栩如生地表现了出来。如美国 NBA 巨星迈克尔·乔丹，他在篮球场上出神入化的表现把他的运动潜能淋漓尽致地发挥了出来。这方面能力突出的人具有的一些共同品质如下：能较好地控制身体；能较好地控制器械；较好地把握时间；训练有素的反应；较好的反应能力；通过运动学习得最好；喜欢参与体育运动；喜欢触摸；擅长手工；喜爱演戏；喜爱用手操作；对于做过的事情比对于说过和观察过的事情记得更牢；对物质环境十分敏感；边听边玩；如果没有休息时间就坐立不安；思想机械。

6. 人际关系能力

这类能力通常体现在政治家、教师、宗教领袖、律师、推销员、管理者、公关人员等身上。这类人一般都具有以下品质：善于谈判；善于交际和相处；能够察觉别人的意图；喜欢和人在一起；有许多朋友；善于交流，有时善于操纵；喜欢群体活动；喜欢做“和事佬”；善于察觉“社会”形势。

7. 自省能力

这类能力通常反映在小说家、诗人、律师、哲学家、智慧的老人、对自己体验很深的人身上。著名的人物如古希腊哲学家柏拉图，他通过缜密的思考和自省，建立了灵魂三部分的学说，直到现在仍启迪和影响着人们。具有这类能力的人的一些共同品质如下：有自知之明；对自己的价值极其敏感；极深地觉知自己的情感；对生命中一个人的目的极其敏感；有发展良好的自我感觉；有自觉的能力；自我激励；极其深入地知道自己的能力和不足。

管理人员应具备的才干

一个企业的最高管理者不可能事必躬亲，因此任用选拔各级各类管理人才是一桩必不可少而又至关重要的事务。在选用管理人员时，首先必须重视、考察其是否具备管理者的基本才干，即技术才干、人事才干和综理全局的才干。

1. 技术才干

通晓并熟练掌握某种专门的技术，特别熟知一系列方法、程序、工艺和才干已显得越来越重要。对于较高层的管理者，并不要求他们熟悉掌握各种技术，技术才干一般是通过各种学校训练出来的。

2. 人事才干

人事才干是指处理好人与人之间合作共事关系的一种能力。有高度人事才干的人，总是很注意自己对待别人和集体的态度、看法和信任情况，并了解自己这些感觉对工作是否有利。他能容忍和自己不同的观点、感情和信念，善于理解别人的言行，也善于向他人表达自己的意图。他致力于创造民主的气氛，使下级敢于率直陈言而不担心受到报复。这种人十分敏锐，能判断出一般人的需要和动机，能及时采取必要的措施以避免产生不利影响。这种才干必须实实在在地、始终如一地表现在自己的言行里，成为自身能力的有机组成部分。

不同阶层之人的人事才干有不同的侧重点：基层管理人员主要能让自己领导的人员协调一致地工作；中层管理人员则能承上启下，信息贯通；高级管理人员应当具有对人事关系的高度敏感性和洞察力。而且，人事才干的培养，单靠学校学习是不行的，还必须在实践中学习、体会。

3. 综理全局的才干

这种把企业作为一个整体来管理的才干，包括了解企业中各职能的相互关系，懂得一个组成部分的变化将如何影响其他各个部分，进而能看清企业与行业、社会，乃至整个国家的政治、经济力量之间的相互关系。这是成功决策的必要条件。

综理全局的才干不仅极大地影响着企业内部各部门之间的有效协作，而且影响着企业未来的发展方向和特点。事实证明，一个高级管理者的作风常常会对企业的全部活动产生重大影响。这种才干是高层的管理人员最重要的才干，往往决定着企业的命运。

由此可见，综理全局的才干在管理过程中是一个统帅全局的因素，具有极其重要的意义。综理全局的才干的获得，必须靠长期在企业中学习、实践，并有上级直接进行指导。

总之，这三种才干是互相联系而又互相独立的，是一个优秀管理人员必须具备的。

要有自信与挑战的精神

一位老板在描述自己心目中的理想员工时说："我们所急需的人，是拥有奋斗进取精神，勇于向'不可能完成'的工作挑战的人。"

遗憾的是，许多人虽然具备种种取得成功的能力，但却有个致命的弱点：对自己不够自信，缺乏挑战困难的勇气。他们以为，要想保住工作，就要保持熟悉的一切，对于那些颇有难度的事情，还是躲远一些为好。所以当他们面对不时出现的困难工作时，总是一躲再躲，而不敢主动发起"进攻"。如果困难的工作"不幸"轮到自己的头上，他们总是敷衍塞责。

伍尔夫和吉姆都是设计部的设计师，因为交易会的来临，他们都接到了新的任务。任务是两个著名企业的展位设计，两个公司都对设计标准提出了比以往更高的要求，老板把两个项目分别交给了伍尔夫和吉姆。

伍尔夫接手之后，感到这确实是一个很有挑战性的项目，不同于以往，又没有往例可以参考。但另一方面，他又从心里感到高兴。他认为，这是一个很好的锻炼机会。为了获取新的灵感，他付出了大量的心血。最后，他从海洋世界的纪录片中获得了灵感，设计出来的展位美轮美奂，老板和客户都非常满意。

吉姆看到客户的要求，不由得抱怨起来："怎么可能呢？怎么可能达到这样的要求，简直就是个'不可能完成的任务'。"对于这个"不可能完成的任务"，吉姆觉得很烦恼。他想，反正交给谁做都是一样做不出来。于是，他仍按照以往较低的标准设计了这个展位。客户看到初稿之后，大失所望，并明确表示他们会换另一个设计公司。这样的结果令吉姆更为沮丧。

“一个人的思想决定其命运。”勇于向“不可能完成”的工作挑战，是事业成功的基础。不敢向高难度的工作挑战，是对自己潜能的画地为牢，最终会使自己无限的潜能化为有限的成就。结果，终其一生，你也只能从事一些低层的平庸工作。

敢于向“不可能完成”的工作挑战的“职场勇士”和事事求安稳的“职场懦夫”在老板心目中的地位是截然不同的。那种接到任务就诉说困难的人，是很难得到老板赏识的。“这太难了”、“这是不可能的”……这些话一出口，立即就会让老板对你感到失望。而面对有一定挑战性的任务，充满自信地说“我试试看”的人则会让老板刮目相看。

成功属于拥有积极心态的人，属于那些说“我能够”的人，而永远不会属于习惯于说“不可能”的人。

认清人才的长处与短处

在梁山好汉中，“鼓上蚤”时迁没有什么武功，如果凭打的本事吃饭，他只会被人揍扁。但是当他落入敌营后，宋江积极营救，一来表示他讲义气，大家都是兄弟，作为大哥，不能冷一个热一个；二来宋江知道时迁的“短处”正是他的长处，他会翻墙逾壁、偷鸡摸狗，可让他好好地发挥一下，去挖墙入室窃取情报，潜入敌营纵火烧城。

1. 一个人的“短处”用好了就是“长处”

有一家公司的管理者，他在注重用人之长的同时，也千方百计用人之“短”，特意派那爱“吹毛求疵”的人担任厂里的质量监督员，让那“谨小慎微”的人当安全生产监督员，让“爱讲怪话”的人当厂纪检察员，让“斤斤计较”的人当仓库验收员。这些平时被人瞧不起的人在企业里都有了自己的用武之地，他们各司其职，各负其责，发挥出不可估量的作用，使得工厂的效益大增。这位厂长感言：“作为领导你可能不知道下属的短处，但不能不知道他们的长处。”他相信“人人是人才”。

清朝有位军事家叫杨时斋，他就很善于用人之“短”。他认为军营中无人不可用：聋者，宜给左右使唤；哑者，令其传递密信；跛者，令其守坐放炮。杨将军深知，聋者因耳塞少听可免漏军秘，哑者守口如瓶可免通风报信，跛者艰于行走而善坐……杨将军明白“长兮短之所倚，短兮长之所伏”的道理，用人用出了名堂，把每个人都派上了用场。军队作为执行特殊任务的武装集团，尚无不可用之人，更何况一个单位、部门和企业呢？管理者应学会量体裁衣、量才录用。

2. 以“短”评价人是错误的

俗话说“挽弓挽强，用人之长”，此话固然不错，但人无完人，任何人总是优点与缺点并存，长处与短处共有。作为一个管理者懂得用人之长固然可贵，但能用人之“短”，更为难得。因为一个人长处和短处并非是一成不变的，而是可以互相转化的，只要利用得当，短处完全可以变成长处。然而，有的人却认识不到这一点，往往只看到人的短处，总认为别人不行，结果造成人才的浪费，工作也不能创新。须知，尺有所短，寸有所长，尧舜是治国大才，如果让他去砍柴、放牛可能不如一般的老百姓；汉高祖刘邦开一代朝纲，他自己也承认在有些方面不如萧何、韩信、陈平。可见，不能以“短”评价一个人，更不能以短处否定一个人。

3. 庸才是放错了地方的“宝贝”

一位先哲说过：“垃圾是放错了地方的宝贝。”由此看来，某些“庸才”或许是放错了位置的人才，或许是受传统心理定势影响而看偏了的“短才”。的确，在一个单位中，各方面的人才都会有，甚至可以说，人人有长处，人人是人才，就看你能否满腔热情地去发现。

美国有一本书在讲用人时说：用人不于在如何避免人的短处，而在于如何发挥人的长处。管理者不但要善于用人之长，还应善于发现和挖掘潜藏于短处的优势，大胆地取他人之“短”，用他人之“短”，正确使用人才，充分发挥本单位每个人的优势，这样人才才会层出不穷，这个单位的工作才会出色。

用其所长，知其所短

识人要全，知人要细，为的是识人所长。识人的目的是用人，因此着眼点就应放在一个人的长处上，注意力应集中在一个人的优点上。正如管理专家杜拉克所说:“一个聪明的经理审查候选人决不会首先看他的缺点，至关紧要的是，要看他完成特定任务的能力。”

三国时代，钟会是魏国一名出色的谋士。他七岁时，其父带着他的哥哥去见魏文帝曹丕。他哥哥见到皇帝很惶恐，汗流满面，而钟会却从容镇定。曹丕问他哥哥为什么出汗，他哥哥答道:“战战惶惶，汗出如浆。”又问钟会为什么不出汗，钟会回答说:“战战栗栗，汗不敢出。”曹丕、司马懿都惊叹于钟会的才华。如果从钟会的不流汗中看到的是他缺少胆量，而不是他的应变能力，钟会非但不能脱颖而出，恐怕还会是被轻视的对象。

清代思想家魏源指出:“不知人之短，不知人之长，不知人长中有短，不知人短中之长，则不可以用人，不可以教人。”

事实上，人各有所长，亦各有所短，只要能扬长避短，天下便无不可用之人。从这个意义上讲，管理者的识人、用人之道，关键在于先看其长，后看其短。唐代柳宗元曾讲过这样一件事：一个木匠出身的人，连自身的床坏了都不能修，足见他锛凿锯刨的技能是很差的。可他却自称能造房，柳宗元对此将信将疑。后来，柳宗元在一个大的造屋工地上又看到了这位木匠，只见他发号施令，操持若定，众多工匠在他的指挥下各自奋力做事，有条不紊，秩序井然。柳宗元大为惊叹。对这个人应当怎么看？如果先看他不是一位好的工匠就弃之不用，那无疑是埋没了一位出色的工程组织者。

这一先一后，看似无所谓，其实十分重要，从这个故事中可以悟出一个道理：若先看一个人的长处，就能使其充分施展才能，实现他的价值；若先看一个人的短处，长处和优势就容易被掩盖和忽视。因此，看人应首先看他能胜任什么工作，而不应千方百计地挑其毛病。

在用人所长的同时，要能容其所短。短处包括两个方面：一是人本身素质中的不擅长之处；二是人所犯的某些过失。一方面，越有才能的人，其缺陷也往往暴露得越明显。例如，有才干的人往往恃才自傲；有魄力的人容易不拘常规；谦和的人又多胆小怕事等等。另一方面，错误和过失是在所难免的。因此，如果对贤才所犯的小错也不能宽恕，就会埋没贤才，世间就几乎没有贤才可用了。西汉文学家东方朔在给汉武帝的奏疏上说："水至清则无鱼，人至察则无徒。"水太清，鱼就养不活；对人过于苛求，则不可能有朋友。用人识才也是如此。

其实，任何人才，有其长必有其短，识别人才重要的一点就是不可以短掩长。倘若识人只注意某一个侧面，而这一侧面又正好是人才的缺点或短处，于是武断地下结论，那么这种识才的方式就是非常危险的，大批人才将被抛弃和扼杀。孔雀开屏是非常漂亮的，倘若一个人不看孔雀美丽的羽毛，只看到它露出的屁股，就武断地认为孔雀是丑陋的，那就实在是有失公允了。

年龄对能力的影响

一般情况下，雇员的年轻化会使管理人员较易于控制，因此年轻雇员非常吃香，尤其是随着世界人口逐渐老龄化，年轻人的就业机会越见增多。

事实上，年龄也成为个人条件之一。年届三十岁开始，每过一年，个人水平便逐渐低落。一般主管认为年纪大的雇员有以下的缺点：

1. 体力衰退

年纪渐长，体质相对就有衰退现象。视力与脑细胞记忆衰退，是最明显老化的器官。

2. 薪资偏高

由于每年按百分率加薪，一位年届五十的下属，薪金比年届三十的下属高出许多。他们做同样的工作，年轻者的体力比老年者佳，工作可能更出色，但是年轻者的薪水却不及年老者高，这就会造成下属对薪金不满意的情况。

3. 接受事物的能力有限

随着科技的进步，以前用的算盘现在已被电子计算机所取代，单靠储存文件资料已经落后，电脑早已大派用场。年纪渐老，学习新知识的能力较低，公司若花钱让他学习，他又距退休日子太近，必然会浪费资源。

4. 缺乏冲动

高龄员工本身有自知之明，认为如何拼命，公司也不会重用他，因而会出现因循苟且的工作态度。由于工作方面没有疏漏，公司方面也难以有借口将之解雇。

以上种种原因，都对高龄下属非常不利，而中龄下属亦不见得好多少。

所谓中龄下属，一般在35岁至50岁之间。

中龄下属曾经历过一段挣扎期，一般会认为目前已是稳定阶段。他们会有以下特征：

1. 服从上司批示

由于在商场辗转多年，他们深知市场的需要，也了解自己的能力，在久乱思安的心情下，对上司的指令均显得较为服从。

2. 多做兼职

年轻时代的玩乐期已过，会要求高一层次的享受，为了使自己或家人生活较佳，多做兼职是他们唯一的赚钱方法。

3. 注意实际

他们不愿将时间耗在人际关系之上，同事之间的相处多是只建立于办公室内。

大多数主管均选用年轻雇员工作，却不考虑高、中龄下属也有其优点。有些主管甚至刻意忽视这类下属，暗示他们自动辞职，此举未免显得目光过于短浅了。

高中龄的下属是可以有更大作用的，他们的优点和潜质是否能尽力所用，则须看主管管理能力的高低。

一个员工在一个行业里工作多年，必然对该行业有很多认识，他可能是一本活的字典，有着丰富的宝藏。但由于年纪大了，或者工作时间长了，他对工作缺乏新鲜感，冲劲和斗志减退，表现平稳，较难进一步提高工作效率。上级应借助一些机会或场合，当众称赞这些员工，但私下里也要向他们提出公司的要求，鼓励他们上进。

高中龄下属的经验，是年轻下属所没有的，凭着丰富的工作经验，可避免许多不必要的错误，从而省时省力。因此除了言语上的称赞和鼓励外，更应提供给他们晋升的机会，使他们能真正发挥自己的经验和知识。

年轻的下属有未知的潜力，往往令主管较为重视。然而，中年及年老的下属对公司仍有很大的价值，主管若忽略了他们，就等于是放着眼前的珍宝不用，而费劲去发掘未知的宝藏。

一般年长的雇员由于害怕失去职位，对工作都非常重视。他们认为效率尚属其次，主要是每件事均应有所交代，即是所谓的责任感。

看清人才的发展潜力

选人，不仅要适应现在公司的需要，更要适应公司未来发展的需要。所以，管理者在选人时，只关注现在的才能还不够，具有成长与发展潜力的人才才应是公司要选的人才。所以，聘用的人除了必须胜任现职，也要能应对发展所带来的新任务。

招募人员时，管理者应考虑到组织的长期发展，不仅让员工做一份差事，还要邀请他们参与公司的发展。如果双方速配成功，随着公司进行细分化或调整各营运项目在公司所占的重心，他们的工作将可能会屡有变动。招募的人员如果有足以超越目前定位的潜力，公司便具有了保持组织建设的原动力。

那么在应聘者当中，什么样的人是具有成长与发展潜力的人呢？

1. 具备学习素质，并且随时愿意学习新事物的人

在公司成功的要素当中，很重要的一环即是挑战传统智慧，所以管理者需求具有开放态度和思辨能力的人。

2. 经验与智慧均衡发展

在创新的过程中不怕犯错的人，以及视变化为常态并且善于从不同角度看问题、能提出极具新意的解决办法的人。

在发展初期，公司还处在风险颇高的阶段，应甄选具有高度冒险性格而变通能力又强的人。在财务、制造、信息技术等方面聘专业人士负责，而在其他领域的人事聘用上，则有比较自由的空间。

戴尔公司在酝酿理想的董事名单时，戴尔想到了两个人：科兹梅斯基和英曼。这两个人都住在奥斯汀，都了解电脑产业，并且都有很显赫的背景。科兹梅斯基是“泰勒戴恩电讯”的创始人之一，也是得克萨斯大学商学院的院长；英曼则是一家名为“威马克系统”军事公司的董事长兼总裁，在联邦政府有很广泛的人际关系。沃克和戴尔分头说服他们。他俩听取了戴尔公司目前的成绩之后，欣然同意加入董事会。他们的加入大幅提升了戴尔公司的声誉。年轻的戴尔公司，在创立时根本没有强势的董事会。作为董事会的元老，科兹梅斯基和英曼提出多项明智的建议和非常有价值的意见，从而造就了现在的戴尔公司。他们使公司以史无前例的速度成长，并一直维持挑战者的精神。

3. 寻找目标统一、策略一致，能与公司员工成为并肩作战伙伴的人才

要建立或维持一个健康的、有竞争力的企业文化，最简单也是最好的方法，就是通过寻找目标统一、策略一致，能与公司员工成为并肩作战伙伴的人才。能不能找到并聘用适当的人才，足以决定公司的成败。

以发展的眼光看人

作为管理者，在选人上一定要具有发展的眼光。对待下属和员工不仅要看到当前的业绩，更要为年轻的一代提供更多发展的平台，让他们有先进之明，看好自己的工作，爱自己的“家园”。对于普通的员工，即使他们当前没有很好的表现，感觉不到上升的空间，但是如果他们有坚强的毅力，有一颗好学的心，就要给他们提供培训的机会，让他们成为你所需要的人才。

社会在前进，人也在不断地变化，我们应以变化的眼光看人，不应该以静止的眼光看人。我们对事物的认识需要一定的时间，同样对人的认识也需要一段时间。人们都应该有这样的经验体会：刚来了一位新同事，第一次见了面，说了几句话，对于这个人怎么样总会有一个基本印象。经过一段时间的相处，对他的人品怎么样，基本素质怎么样、思想水平怎么样，工作能力怎么样等等方面，又会有一种认识与感觉。再经过较长一段时间的深入交往与观察，肯定在一些方面对自己开始的判断有很多的修正，甚至会完全打翻过去的认识和评价，作出与最初大相径庭的判断来。

通常，一个人的性格与品德变化比较小，但知识水平、认识水平、思想水平以及素质与能力却是可以不断改变的，只要积极进取、奋发努力，这些方面就会不断提升。对于年轻人来说，更是如此，特别是当我们对给年轻人一些锻炼的机会时，他们的进步应该更快更好，更有利于我们事业的发展。

人无完人，每个人都有失误或者犯错误的时候，无论年轻人还是老同志都是如此，应该给他们以改过的机会，尤其是年轻人更应该多给一点机会，千万不能把人一棍子打死。但对于有些人，给了他们时间，也给了他们不少机会，但实践证明他们确实不行，这样的话，就只能让其走人了。

人总是在变化，“士别三日，当刮目相看”。对于一个人不应该过早地下结论，今天默默无闻的人，明天也许就会一鸣惊人，以发展的眼光看人是最明智的，也是一种发现人才的良方。

考察下属是否热爱工作

在我们这个社会，有很多身强力壮、四肢健全的人却沦落到社会最底层，最根本的原因就在于他们的心中对工作缺少热爱，具体表现在以下几个方面：

1. 工作缺乏激情，投机取巧

他们有着“远大”的“理想”，梦想取得辉煌的成就，获取高额的收入，可他们仅仅停留于五彩缤纷的“理想”，却不肯实实在在地做点事情。如果有老板监督他们，他们也许还能应付着做一点事情；如果没有监督，他们就把工作丢得远远的，甚至连自己为什么坐在办到室里都忘记了。

2. 做事草率马虎，心不在焉，不求尽善尽美，只求差不多，作出的工作漏洞百出，让人看不顺眼

他们这种做法，经常给雇用他的人带来巨大损失。他们经常抱怨老板要求太高，总是说“这样就可以了吧”。其实，哪里是老板要求太高呢？而是客户要求高，是市场要求高，市场从来都只让尽善尽美的公司生存。你到超市买东西时，如果把某厂家的工人草率马虎生产出来的伪劣商品卖给你，你有何感想？客户要求高，市场要求高都是理所当然的，不能做到尽善尽美的公司理所当然该出局，你不能对客户说:“再给我一次机会吧。”

3. 不肯吃苦，总是浅尝辄止，知难而退，遇到丁点大的问题就放弃，在成功的面前停下了脚步

其实，对于工作中的很多困难，他们完全有能力解决，可他们不肯动脑筋，除了问“老板，怎么办”之外，什么也做不了，凡事都让老板来思考。那老板雇你干什么呢？倒不如请个机器人。

4. 满嘴的借口

他们在接到工作任务时，不是思考如何把工作做好，而是一开始就在想自己如果失败了找什么借口来开脱。一开始就想到失败，怎么可能成功呢？一旦真的失败了，他们会找出一大堆客观因素来证明自己努力了，证明自己没有责任，证明自己不该受到惩罚。他们从来不肯反省自己的主观问题，也从来不认为自己投入不够。

5. 满腹牢骚，不把心思放在做好工作上面，而是成天抱怨这抱怨那，仿佛所有人都不对，仿佛地球都该按他的意志运转

你是一个小人物，很多事都不可能遂你的意愿，如果想很多事遂你意愿，惟一的办法就是敬业、勤奋和忠诚，并靠这些法宝出人头地，成长为大人物。

6. 做事拖拉，效率低下

比如，要求他星期一早上交的方案，星期二早上也未必交得出来，如果你批评他，他就带着情绪工作，把方案做得一塌糊涂。

7. 自我意识强烈，很少重视别人的感受，经常不守时，不兑现承诺

这种人如果从事业务工作，除了成批成批地得罪客户外，什么事也做不了。

成功和失败是两种截然不同的结局，但成功者却仅仅只是比失败者多了一点热爱而已。

第二篇

用人篇

识 人 SHIREN　　用 人 YONGREN　　管 人 GUANREN

在领导艺术中，用人艺术是管理者必不可少的，是管理者选人、用人、干事、成事的重要因素。用人是一门微妙的艺术，其关键在于抓住人性的优点，摸透人性的弱点，长短并用，方圆互补，从而发挥人才的最大效能。君子用人如器，各取所长。在企业经营或组织管理中无论作出何种决策，都需要人来执行，这就决定了管理者必须会善用人才，为岗位找到最合适的人才。

第五章

尊重人才，要有良好的用人导向

尊重人才不是靠说出来的，更不是管理者的一种恩赐。人才的竞争，说到底其实就是“人”的竞争，是人力资源管理制度的竞争。尊重人，就一定能做到尊重知识、尊重人才。只有首先做到对于“人”的尊重，才有可能真正体现为对人才的尊重。一个尊重“人”的环境，必然就是一个尊重人才的环境；不尊重“人”，则根本谈不上尊重人才。

人才是事业最重要的资本

一个人能力再强，也有办不到的事情，要想让事业发达，没有得力的人才相助，你是难以成功的。

春秋时晋公子重耳，由于受到国君迫害，不得不逃亡他国。跟从他一起逃亡的，还有魏双、狐偃等一批大臣。有一天他们逃到卫国，卫国公却待他们十分傲慢。卫国有个大臣叫僖负羁，他的妻子对他说："我看晋公子身边的人，都有将相之才，将来晋公子必然复国，当上国君。"僖负羁因此善待重耳一行，重耳后来果然复国，是为晋文公。可见，仁君明主都离不开才华出众的将相的辅佐。

成功的领袖，身边总有几员得力大将，有心腹、亲信之人。这些人也能做到对其忠心耿耿、甘苦与共。同样，在一个组织里，管理者也离不开得力的人才，有了人才，就等于有了新技术、新产品，有了事业的创造力和革新精神，有了事业的生存能力和经济效益。

人才是事业最重要的资本。美国著名的女企业家玛丽·凯在根据自身几十年管理经验写成的《经理成功之路》一书中曾这样写道："人比资产更重要。"美国通用汽车公司前总经理斯隆甚至夸出这样的海口："把我的资产拿走吧，但是要把我公司的人才留下，五年后我将使拿走的一切失而复得。"

管理者最重要和最宝贵的财富就是人才。美国麦肯塞公司前主任鲍罗恩曾经这样说："成功的管理者总是用最简单的方法管理着最复杂的机构。第一，他们把人看作是组织的成员而不是雇员；第二，他们采用分工价值，而不使用严格的程序和控制来指导工作；第三，他们把‘远大思想’观点置于企业策略之中；第四，他们乐于听取所有人的意见。”如果将鲍罗恩的观点再作进一步概括，那就是：成功的企业在经营和生产中贯彻以人为本的精神，使企业中的每个一员工都把自己当成企业的主人。

把尊重人才当作第一要务

管理者对于人才持两种基本态度。一种是妒贤嫉能。持这种态度的人，一旦看到别人比自己的能力强，心里就不舒服，总要想方设法压制人才，甚至不择手段地加以迫害。在这种人的领导下工作，想要保住饭碗的话，千万不要表现得比他能干，否则离“卷铺盖走人”就不远了。当然，这里也不是你成就事业的地方，走，也可能是上策。另一种是尊重人才。持这种态度的人，视人才为宝中宝，求才心切，能够惜才、护才、用才。他不把人才与自己做比较，而把人才与事业做比较。事业需要人才，人才也需要事业，靠人才才能发展事业。

唐朝盛世，与尊重人才不无关系。唐太宗李世民，在开创大唐帝国事业的过程中，团结、任用了许多人才。西周时代，代行天子大权的周公，权势极大，但他求贤若渴，只要有人才求见，他立即接见，哪怕正在洗头、吃饭，也要握住头发，把嘴里的饭吐出来，去接见来人，生怕怠慢了人才。

三国时期的风云人物曹操尊重人才也是很著名的。曹操正是采取了大胆启用降将之才，借他山之石以攻玉的大人才观的战术，才在各种困境和厄运中化险为夷的。事实也充分证明了这一点，除了尊重许攸外，曹操重视魏仲也让人刮目相看。曹操最初推举魏仲为孝廉，魏仲后来却参加了叛乱，曹操把他俘获后，因重其才又委之以河内太守，致使魏仲感恩戴德，在以后管理整个河北军政大事中立下功劳。官渡之战中，曹操俘获了袁绍许多部下，不仅不杀他们，还极力收揽、拉拢，甚至为他们开脱或隐藏罪过，尽量安抚。曹操和袁绍都有在天下纷扰之时，意欲独霸一方的相似背景，袁绍一败涂地，曹操却赢得人心而告成大功，为魏国的建立打下了基础。

“历览古今兴衰事，成败得失在于人。”古往今来，得人才者兴旺，失人才者衰亡；有人才者昌盛，无人才者衰退。大到一个国家，小到一个企业都是如此。真正高明的管理者会将尊重人才作为自己第一要务，因为他们知道：选准一个人，救活一个厂；选准一批人，兴旺一大片。

要和下属建立融洽关系

管理者是公司的领导核心，是权力的拥有者，在有些场合，出于工作需要，可以强调自己的身份、地位，以利于充分发挥权力的作用。但是，作为上司，千万不能因为自己拥有一定的权力就处处高人一等，处处以严肃的面孔出现，给人以居高临下的感觉，这样下属就不愿意接近你，你也就难以与下属建立融洽的上下级关系。

要想做一位真正有经验、有修养的上司，就要平易近人，与下属平等相处，只有这样，才能赢得下属的真心拥护和爱戴，才能真正树立自己的威信。而要做到这一点，就要学会拉近与员工之间的关系。

1. 了解对方所期待的评价

人是这样一种动物，他们往往不满足自己的现状，然而又无法加以改变，因此只能各自持一种幻想中的形象或期待中的盼望。他们在人际交往中，非常希望他人对自己的评价是好的，比如胖人希望别人把自己看得瘦一些，老人愿意别人把自己看得年轻些。

2. 直呼下属的名字

我们都只习惯于在比较亲密的人之间才称呼名字。所以，直呼下属的名字，可以缩短心理的距离，获得意想不到的效果。

3. 了解员工的兴趣爱好

管理者如果能用心了解与利用员工的兴趣爱好，就能缩短彼此的距离，而且加深给对方的好感。和员工谈及大家共同关心的话题，例如新闻、书籍等等，都能在短时间内给员工留下好感。

4. 多说平常的语言

尽量不要说意义深远及新奇的话语，而以身旁的琐事作为话题的开端，这是促进人际关系成功的钥匙。受人爱戴与信赖的人，大多并不属于才情焕发，以惊人之语博得他人喜爱的人。尤其是对于一个新下属，最好不要显出自己的显赫，要尽量让其认为你是个普通的领导者。

5. 注意自己的表情

人心灵深处的想法都会形诸于外，在表情上显露无遗。一般人在下属面前时，往往只检查领带正不正、头发乱不乱等问题，却忽略了“表情”的重要性。如想留给下属一个好印象，不妨照照镜子，审慎地检查一下自己的脸部表情是否和平常不一样，如过分紧张的话，最好先对着镜子里的自己傻笑一番。

6. 引导对方谈得意之事

任何人都有自鸣得意的事情，但是再得意、再自傲的事情，如果没有他人加以询问，自己说起来也无兴致。因此，你若能恰到好处地提出一些问题，定会使他欣喜，并敞开心扉畅所欲言，你与他的关系也会融洽起来。

7. 以笑声支持对方

做个忠实的听众，适时地辅之以情绪，可以使下属摈弃紧张感，尤其要发挥笑的作用，即使下属说的笑话并不好笑，也应以笑声支援，这样产生的效果或许会令你大吃一惊。因为双方若同时笑起来，无形之中就会产生亲密友人一样的气氛。

8. 找出与下属的共同点

任何人都有这样一种心理特征，即与下属交谈时，想获得对方的好感。这时你就要找出与对方的某种共同点，让两人在无形之中涌起亲切感，一旦心理距离接近了，双方就容易推心置腹。

9. 先征求对方的意见

不论做任何事情，事先征求对方的意见，这都是尊重对方的表现，在处理某一件事时，身份最高的人握有当时的选择权，而将选择权让给对方，也就是尊重对方的表现。而且，不论是谁，都希望得到他人的尊重，决不会因此不高兴或不耐烦的。

10. 选择让对方家人高兴的礼物

馈赠礼物时，与其选择对方喜欢的礼物，倒不如选择其家人喜欢的礼物。如选一件小小的礼物给下属的孩子，下属对你的态度就会改变，而收到礼物的孩子们更会把你当成亲密的朋友，你将得到他全家人的欢迎。

11. 记住对方“特别的日子”

当你得知下属的结婚纪念日、生日时，要一一记下来，到了那天打电话以示祝贺，虽然只是一个电话，给予下属的印象却会很深刻。尤其是本人都常忘记的纪念日，一旦由上级提起，他心中的喜悦更是难以形容。

紧紧抓住下属的心

你对下属的尊重，就是对他们最好的奖赏。作为上司，一定要破除等级观念，甘于放下架子，善于与下属打成一片。

管理者要统御下属，除了规章制度的限制之外，就是要紧紧抓住下属的心，让他们尊重你、服你。而要做到这一点，关键是要让下属感到你就在他们的身边，时时刻刻与他们的心在一起。

一些管理者在下属之中口碑很好，其主要原因就是能放下架子，与下属打成一片。日本本田在汽车行业中排名第三，在国外市场上是后起之秀，直追丰田。公司前总裁本田宗一郎就是一位与下属平等相处的好领导，他不摆架子，经常穿着工作服在工厂食堂里吃饭。他作风平易近人，与下属没有隔阂，大家都礼貌地尊称他为“老爹”。正是总裁的这一作风影响了全公司员工的士气。他有33400多名员工，每年创造52亿多美元的收入。据统计，在世界上，四辆汽车中就有一辆是本田产的。公司的业绩来自所有员工的努力，但总裁的功劳则是不可磨灭的。

前人的经验说明，要征服自己的下属就应该与他们心贴心、手拉手，大家一起努力。成功是大家共同努力的结果，有上级的一半也有下属的一半。上级最好与下属共同分享成果，而有的上级偏偏私心太重，在困难的时候对下属百般拉拢，一旦情况变了，就把大部分的利益都纳入自己名下，而留给下属一丁点儿。这样下去，在你重陷困境的时候，下属就不会与你一同渡过难关了。

发挥下属的长处

有效的管理者能使人发挥其长处。他知道只抓住缺点和短处是干不成任何事的，为了实现目标，必须用人所长。任何人都有很多缺点和短处，缺点和短处几乎不可能改变。但是，我们却可以设法使其不发生作用。管理者的任务就是要克服人的短处，发挥人的长处。

去过寺庙的人都知道，一进庙门，首先看到的是弥勒佛，他笑脸迎客，而在他的北面，则是黑口黑脸的韦陀。但相传在很久以前，他们并不在同一个庙里，而是分别掌管不同的庙。弥勒佛热情快乐，所以来的人非常多，但他什么都不在乎，丢三落四，没有好好地管理账务，所以依然入不敷出。而韦陀虽然管账是一把好手，但成天阴着个脸，太过严肃，搞得人越来越少，最后香火断绝。

佛祖在查香火时发现了这个问题，就将他俩放在同一个庙里，由弥勒佛负责公关，笑迎八方客，于是香火大旺；而韦陀铁面无私，锱铢必较，则让他负责财务，严格把关。在两人的分工合作下，庙里一派欣欣向荣的景象。

其实在高明的管理者眼里，没有废人，正如武功高手，不需名贵宝剑，摘花飞叶即可伤人，关键看如何运用。在一次宴会上，唐太宗对王珐说:“你善于鉴别人才，尤其善于评论。你不妨从房玄龄等人开始，都一一做些评论，评一下他们的优缺点，同时和他们互相比较一下，你在哪些方面比他们优秀？”王珐回答说:“孜孜不倦地办公，一心为国操劳，凡所知道的事没有不尽心尽力去做，在这方面我比不上房玄龄。常常留心于向皇上直言进谏，认为皇上能力德行比不上尧舜，这方面我比不上魏徵。文武全才，既可以在外带兵打仗做将军，又可以进入朝廷做领导担任宰相，在这方面，我比不上李靖。向皇上报告国家公务，详细明了，宣布皇上的命令或者转达下属官员的汇报，能坚持做到公平公正，在这方面我不如温彦泊。处理繁重的事务，解决难题，办事井井有条，这方面我也比不上戴胄。至于批评贪官污吏，表扬清正廉洁，嫉恶如仇，好善乐施，这方面比起其他几位能人来说，我也有一技之长。”唐太宗非常赞同他的话，而大臣们也认为王珐完全道出了他们的心声，都说这些评论是正确的。

从王珐的评论可以看出，在唐太宗的团队中，每个人各有所长。但更重要的是，唐太宗能将这些人才依其专长运用到最适当的职位，使其能够发挥自己的所长，进而让整个国家繁荣强盛。

未来企业的发展是不可能只依靠一种固定组织的模式而运作的，必须视企业经营管理的需要而有不同的团队。所以，每一个管理者必须学会如何组织团队，如何掌握及管理团队。管理者应以每个下属的专长为思考点，安排适当的位置，并依照下属的优缺点做机动性调整，让团队发挥最大的效能。

懂得欣赏下属

俗话说，火车跑得快，全凭车头带。领导干部自身能力强当然是好事，然而能否充分调动下属的积极性，让其参与到工作中，也是对领导能力的检验。

秦末“楚汉之争”时，项羽本是个“力拔山兮气盖世”的英雄，然其刚愎自用，一意孤行，把他的忠臣良将一个个逼走，最终落得“自刎乌江”的结局；而汉高祖刘邦能够礼贤下士，懂得重用张良、韩信、萧何等人，终于成就了伟业。有人说刘邦高明，其高明之处就在于头脑清醒，他知道靠自己不会取得成功，只有借助下属的力量，发挥集体的智慧，才能实现宏伟大业。

欣赏是一种力量。上级会欣赏下属，才能够充分发挥出下属的聪明才智。

1. 诚心欣赏下属外貌

我们经常听人说:“只要看到那副嘴脸，就讨厌!”“看到他，就令我恶心!”然而说这些话的人，通常都是咬牙切齿的，他们不知道，在此时此刻，自己就先丧失了外貌魅力。

“看了不讨厌”是人际吸引的基本原则。每一个人在外貌上都有其特殊的魅力。一位成功的管理者必须走出心理上的“直觉式”误区——以第一印象取人，因为由个人经验、感受、思考等复杂因素交织所衍生出的人际直觉，它带着极其明显的主观烙印，缺乏公正性、客观性和接纳性。

仅仅依据外貌来评定与人才之间的关系、距离、好恶，甚至以此断定其能力之强弱，是人类的通病，也是管理者所应避免的“框架”。尤其是东方人喜爱以面相、步姿、指纹、血型等来评判一个人的品质和能力，难免落入宿命论的主观陷阱，无形中设定人际界线，加强隔阂。

每个人在外貌上均有其独特之处。例如戈尔巴乔夫的胎记、林肯的胡鬓、甘地的肃穆、爱因斯坦的沉思，甚至海伦·凯勒的微笑，都不知不觉地吸引着人们。一位管理者如果能学着“欣赏”员工的外貌，就会使自己与员工产生“自然”的良好互动，使自己得以展现特殊的外貌魅力。

因为能“诚心”欣赏别人外貌的人，其本身的外貌必然带有活泼、焕发的活力，正如见到自己心爱的人时，其面部表情和肢体语言必然不一样。

2. 欣赏下属的性格

许多管理者花费太多时间去处理因员工性格所引发的问题，而不是引导人才发挥其性格魅力。但这时必须明白，领导的目标是为达到生产绩效，而不是人格的改变。每个人的性格中都有优点和缺点，但人们都惯于把焦点放在缺点上，而不去强调其优点和特殊性。行为心理学领域的研究成果表明：狂热型性格的人能鼓舞他人；控制型性格的人富有冲劲；理智型性格的人精于分析；维持型性格的人可靠忠实。管理者应该懂得如何使用不同性格的人，让他们来完成特定的工作。

3. 欣赏下属的能力

许多管理者常说："这些人真笨！真没有用！"管理专家却提醒我们：幸亏他们"笨"，否则你哪有机会当上级。

必须承认：每一个人在能力上，都有不同的地方，"跛马也有一步踢"！管理者须注意到员工的个别主导性专长，并让其特殊能力能够得到充分发挥。这个能力可能就是组织能力、策划能力、领导能力、协调能力及执行能力。

以商量的方式下命令

在沟通过程中，采用命令的语气很难圆满地达到沟通目的，所以我们应该变命令为商量，用更婉转的口吻来要求别人做什么。作为管理者，要使下属高高兴兴、自动自发地做事，关键就是要与下属一起交流商量。

一些上级颐指气使，有事就大嗓门地命令下属去做。他们认为只有雷厉风行才能产生最佳效果，命令别人去做事的时候从不听取别人的意见，反正一句话："做了再说！"一般来说这样的上级比较有能力，在下达命令之前是经过一番深思熟虑的。可久而久之，下属对上级产生了信任，就会什么都不问，照上级说的去做，这样反倒使下属失去了积极性和创造性，从而成为一个只会办事的机器。而有些下属呢，面对上级铺天盖地的命令，连问一句为什么的机会都没有，不愿做的事要被迫去做是很难做好的。

要吩咐下属去办一件事，命令的方式是不可少的，特别是在紧急情况下，一分一秒都是宝贵的，没有时间让你详细的解释。但更多的时候，最好还是采用商量的方式。

如果采用商量的方式，下属就会把心中的想法讲出来，而上级如果认为说得有道理，就不妨说：“我明白了，你说得很有道理，关于这一点，你看这样行不行？”诸如此类，一方面可吸收对方的想法和建议；另一方面可推进工作。这样下属会觉得自己的意见被采用了，自然就会把这件事当作自己的事去认真对待，自然也会产生良好的效果。

另外，上级在要下属去做一件事时，也可以给下属许诺一个美好的前景，他们便会欣然去做。所以在实际工作的安排中，领导应做到以下四点。

(1)忌凭自己的权力压制他人。(2)要仔细聆听下属的意见。(3)若同意对方的意见，就可以加以说明说：“我也是这样想的。”这样会使下属为自己的决策而感到骄傲。(4)如果不同意，必须向下属说明理由，不然就算上级把命令传下去了，下属还是会我行我素。

对下属多点人情味

一个得人心的管理者，通常对下属是很关心的。事实证明，这是收服人心的最好方式之一。

现代公司文化要求加强公司全体人员的一体化意识和共存共荣的观念，而这种公司文化的建立，在很大程度上依赖于管理者对公司员工的关心。没有管理者对下属的真正关心，也就不可能出现下属对公司的真正忠诚。

某集团始创于1984年7月，主要生产经营高低压电器、输变电设备、仪器仪表、建筑电器、通信设备、汽车电器等产品。集团综合实力已连续五年名列全国民营企业500强前十位。该集团董事长认为:“企业讲究以人为本，全员参保是企业凝聚人心的重要措施，是企业应尽的社会责任，关乎国运，惠及子孙，恩泽本人，有利于企业的发展。”于是，2001年年末，作为民营企业的集团，其率先搞起了员工社会养老保险。这项工作被誉为该集团的“人心工程”。因为在公司管理者眼里，为员工做好社会保险工作，是一项吸引人、凝聚人、激励人、留住人的重要手段。到2002年底，该集团总部所属各公司参保人数已达6000多人，集团为此支出了上千万元的资金。

公司管理者的估计是正确的，社保的推行不仅体现了企业的关爱，稳定了人心，激发了员工的工作热情，更重要的是，还推动了企业的发展。2002年，企业经济效益同比增长39%，取得了可喜的成绩。

公司管理者注重保障员工的利益，这是人人皆知的。在他的企业，如果员工的利益受到了侵犯，他会毫不犹豫地站在员工这边；如果员工遇到了困难，他会毫不犹豫地帮助员工解决困难，使其顺利渡过难关。

华人首富李嘉诚曾说:“虽然老板受到的压力较大，但是做老板所赚的钱，已经多过员工很多，所以我事事总不忘提醒自己，要多为员工考虑，让他们得到应得的利益。”这也许是每一位管理者都应该持有的待人之道吧。

管理者在管理中要尊重和关心下属，以下属为本，多点人情味，使下属真正感觉到管理者给予的温暖，从而去掉包袱，激发工作的积极性。

给下属传递积极的期望

赞美、信任和期待具有一种能量，它能改变人的行为，当一个人获得另一个人的信任、赞美时，他便感觉获得了社会的支持，从而增强了自我价值，变得自信、自尊，且获得一种积极向上的动力，并尽力变成对方期待的样子。

在管理中，上级对下属投入感情、希望，就能使下属充分发挥自身的主动性、积极性和创造性。如上级在交办某一项任务时，不妨对下属说："我相信你一定能办好"、"你是会有办法的"，这样下属就会朝你期待的方向发展，人才也就在期待之中得以产生。一个人如果本身能力不是很行，但是经过激励后，才能就会得以最大限度的发挥，不行也就变成了行。

积极的期望促使人向好的方向发展，消极的期望则使人向坏的方向发展。

美国心理学家曾做过这样一个实验：研究人员提供给一个学校一些学生名单，并告诉校方，他们通过一项测试发现，该校有几名天才学生，只不过尚未在学习中表现出来。其实，他们只是从学生的名单中随意抽取出来的几个人。

然而，有趣的是，在学年末的测试中，这些学生的学习成绩的确比其他学生高出很多。研究者认为，这就是由于教师期望的影响。

由于教师认为这个学生是天才，因而寄予他更大的期望，在上课时给予他更多的关注，通过各种方式向他传达"你很优秀"的信息，学生感受到教师的关注，因而产生一种激励作用，学习时加倍努力，便取得了好成绩。

对少年犯罪的研究表明，许多孩子成为少年犯的原因之一就在于不良期望的影响。他们在小时候偶尔犯过错误而被贴上了"不良少年"的标签，这种消极的期望就引导着孩子们，使他们越来越相信自己就是“不良少年”，最终走向犯罪的深渊。

管仲在做齐国的宰相以前曾经负责押送过犯人，但是与别的押解官不同的是，管仲并没有亲自押送犯人，而是让他们按自己的喜好安排行程，只要在预定日期赶到就可以了。犯人们感到这是管仲对他们的信任与尊重，因此没有一个人中途逃走，全部如期赶到了预定地点。由此可见，积极期望对人的行为的影响有多大。

在现代企业里，皮格马利翁效应不仅传达了管理者对员工的信任度和期望值，还更加适用于团队精神的培养。即使是在强者生存的竞争性工作团队里，许多员工虽然已习惯于单兵突进，我们仍能够发现皮格马利翁效应是其中最有效的“灵丹妙药”。麦肯锡公司的创建者鲍尔指出：管理者有三种责任：给员工自信和自尊，让他们自我感觉良好；保持员工的精神和士气；帮助员工了解自己的责任，让他们作为个体成长发展。

一个优秀的企业家，不仅要当好管理者，更重要的是要当好老师，要诲人有术。帮助员工建立自信，给人勇气，教人自立，这是功德无量的善行，也是诲人的真谛。诲人不仅需要不倦，还需要有良苦用心，要教育员工相信“天生我材必有用”。

一家公司有一位新招聘来的年轻员工，他在编制计算机程序时，总也做不好，连自己都丧失了信心，准备到总经理那里去辞职，可总经理却亲切地说他一定能干好，这位年轻人备受感动，同时增强了自信，很快就完成了任务。现在，这位年轻人已成为企业的骨干。这家公司的总经理说：“我个人生活的目标是快乐生活，因此我也要把快乐传给别人。我给了这位年轻人认可，他就获得了快乐，并能影响他一生的生活，我也就更快活了。”

人们通常用这句话来形象地说明皮格马利翁效应：“说你行，你就行；说你不行，你就不行。”总之，要想使员工发展得更好，就应该给他传递积极的期望。

第六章

信任人才，使人才大展才华

坚持“任人唯贤”，反对“任人唯亲”。这是用人的基本准则。有的管理者担心自己的职位，害怕有德有才的人把自己挤下领导舞台，于是就产生了一种“排贤”的思想，因而招致身边的“臣子”并不一定是“贤能之人”。试想想，这样用人怎会不导致本来红火的企业慢慢衰败呢？

信任是组织内部关系的基石

在商战中，把握机会常常要靠高效率。因而，现在很多企业都一再强调效率至上，企业管理者们往往要求团队成员一个人完成几项任务，要求团队只管动手做，只注重眼前结果，却忽视了计划或设计项目。这样导致的结果是，所干的事情会由于计划不周而把人弄得焦头烂额，人们通常只注重眼前结果，而忽视了长期的影响。

一味追求效率，却反而得不到期望的效率，正所谓欲速则不达。速度是通过信任关系达到的，必须让大家相信所采取的行动符合大家的共同利益。

信任是组织内部关系的基石，应从以下三个方面来理解信任：

首先，信任是我们选择生活方式的原则和基础，是我们评价自身和他人行为的标准。其次，信任是自尊的衡量标准，即自我感觉。没有了信任，我们可能会自暴自弃。如果信任不深，我们可能会对他人过于猜疑。当我们具有高度的自尊时，就会朝气蓬勃，更容易信任他人。有了信任，我们就不会滋长骄傲，而只有谦虚；不会自负，而只会勇于承认自己的错误。最后，信任是由内而外产生的。我们首先要使自己值得别人信任。这意味着要认清价值观，学习新技能来支持这些价值观，然后行动，这称之为信任能力。培养信任能力或许是个人、团体和单位组织面临的最大挑战。

信任通常在工作契约上获得体现。工作契约往往是管理者与员工达成的一种隐性协议，以确定双方对风险、技能、劳动和报酬权衡的理解。它还解释了双方的相互对待方式。

在以关系为基础的单位中，契约规定了工作关系的性质、质量及真诚程度。它是我们相互对待和单位管理经营体制的一种具有约束力的义务。

这种新的契约将让每个人获得自尊和尊重，承认员工来自不同背景却具有不同程度的自尊和不同的技能。员工能全面融入单位，与单位共同走向成功。这能增强员工的主人翁意识，并使其个人远景目标与单位的战略方向高度一致。

这种新的契约不仅关乎薪酬福利，而且与关系和贡献紧密联系。因此，业绩可以通过客户和同事来评估，也可以通过自我评价来评估。

这种新契约的关键在于重新界定管理层和员工之间建立信任工作关系的能力。我们所讲的这种新的信任程度，是要将过去以“我”为中心的单位文化，转变成一种以“我们”为中心的文化。

为了能实现这个目标，应当对契约进行有效管理，以发挥其效能。每个人都有责任确保协议顺利达成，当团队有一个自理结构来确保团队成员各尽其责时，效能就取决于团队所设立的目标。

虽然契约的基本原则是既定的，但员工随之发展和成熟，学会了如何以不同的方式工作，契约的应用方法也应时刻变化。从这个意义上来说，契约可以由契约订立者灵活解释。

工作关系和客户关系正由害怕竞争逐渐转为以信任为基础的合作。由于文化是建立在互相尊重的基础上，因此关系重在诚实可靠的沟通和对话，而绝不是阳奉阴违、虚情假意。

这样，单位创造业绩的速率将大大提高。内部冲突减少了，信任程度提高了，员工就会更注重客户需求，提高工作效率和质量。内部沟通增强了，目标一致了，员工工作起来就更灵活机动。如果大家没有部门保护主义，业务流程就会简化。

总之，现代企业要创建一种以关系为基础的单位，要创建以信任和相互尊重为原则的工作场所。

重用是信任的表现

信任下属，可以带给其巨大的精神鼓舞和无形的力量。苏联教育学家马卡连柯将信任人作为一个管理教育原则，并圆满地取得了实验研究的成果。他曾把一张金额较大的支票交给一个正在改造的青年去直接领取，由于他信任这个青年，这个青年也信任他，顺利地完成了领款的任务。

当然，这种信任不是盲目的、无根据的，而是经过仔细观察和审慎选择的。由此可见，信任别人的人，才能得到别人的信任。有些管理者在用人时嘀嘀咕咕、将信将疑、顾虑重重，是不符合用人原则的。

日本管理学家秋尾森田提出，信任是管理者走向成功的第一步。如果我们把很重要的职责搁在下属的肩头，即使没有什么头衔，他也会因觉得自己前途无量而努力工作。

信任是合作的开始，也是企业管理的基石。一个不能相互信任的团队，是一支没有凝聚力的团队，是一支没有战斗力的团队。信任员工，对于一个团队有着重要的作用：

(1)信任能使员工处于互相包容、互相帮助的人际氛围中，易于形成团队精神以及积极热情的情感。

(2)信任能使每个员工都感觉到自己对他人的价值和他人对自己的意义，满足个人的精神需求。

(3) 信任能有效地提高合作水平及和谐程度，促进工作的顺利开展。

让员工承担更重要、更高级的工作，对于企业的发展意义很大。青年人的腰是硬的，撑得动大石头；青年人的梦是远的，愿意为之付出。

20多岁的刘哲是一个规模不是很大的食品公司的销售主管，他在这样的工作岗位上一干就是五年。五年来，他工作认真、好学上进，偶尔还创新一下销售技能，销售业绩连年第一，深受老总的赏识。老总决定让他去深造一下，目的是给他更多的压力和机会，就以公司的名义给他在某大学报了一个在职MBA的培训课程。由于培训中接触的都是一些大企业的高级管理人才，学习机会较多，他的眼界得到了开拓，企业管理和销售理念丰富了很多。回到公司，他先在自己的小团队里创建了一个学习小组，使之成为一个积极进取的团队。接下来的一年里，这个小团队创造了奇迹，使公司的销售规模扩大了一倍多。目前，该公司已成为沃尔玛、华联等大型超市集团的优质供应商，且销售范围扩张到全国20多个省。

一个有远大抱负的企业，它的未来在年轻一代的管理者身上，它把握时代脉搏的神经在年轻人身上。如果，你希望在未来的竞争中占据制高点，那么着手培养年轻管理者一定没有错。

对人才要大胆授权

众所周知，授权是管理者在实际工作中充分利用专业人才的知识和技能，或在出现新增业务的情况下将部分解决问题、处理新增业务的权力委任给某些下属的管理方式。授权下属不仅是对下属工作能力的充分肯定，而且更是下属自我管理能力提升及学习锻炼的良好机会。放些权力下去才能赢得人心，深受下属的拥护和爱戴，充分调动下属的工作热情，发挥其主观能动性，激发其工作潜能，使之创造性地开展工作。

丽晶酒店享有盛誉的不只是全球众多的连锁旅馆，更在于它一流的服务品质。同时，丽晶酒店还有一项为人津津乐道的策略运作。比如，某位顾客住进一家丽晶酒店，发生了令他不满意的事情，不论是房间里的小酒吧不断散发的臭味还是其他因素，只要他探出头对走廊上的服务员发出抱怨，就会得到这样的回应：不论他是对哪一位服务员提出抱怨，都会是一样的，旅馆的每一位工作人员都可以像老板那样去处理他的抱怨。

丽晶酒店的经营理念是:“让人人成为老板。”在丽晶酒店，工作人员做事时不需要向上级请示，不必请教经理，也不必翻阅工作守则，他们可直接分辨问题，用适当的方式加以处理。他们每个人都拥有一笔酒店提供的预算授权他们做这样的工作，这笔不少于 500 美元的预算可以立即启用，不需要开支票，马上就可以补偿顾客的抱怨。

另外，如果酒店中小酒吧很脏，他们会立即派人来清理，倒一杯表示敬意的酒，然后免费赠送一听饮料，旁边再摆上一盘水果，补偿对顾客造成的不便。

像丽晶酒店这样的员工就是经过授权的，目的在于让事情顺利解决。这种做法将员工视为解决问题的钥匙，要求员工不只是做好自己分内的工作，还必须自己决定要用哪一种方式把工作做好。

授权不只是单纯的表面行动，更要引发个人的责任感，让事情做得好且正确。凡是高明的管理者，无不精于授权。美国前总统里根非常精于授权之道。他曾对美国《幸福》杂志记者说:“让那些你能够物色到的最出色的人在你身边工作，授予他们权力，只要你制定的政策得到执行就不要去干涉。”

授权是一种领导艺术

授权既是一种领导方法又是一种领导艺术，运用得当，能充分调动员工的情绪，使其完全投入到工作当中去。在现代企业里，管理者不可能事事亲力亲为，毕竟一个人的时间、知识和精力都是有限的。管理者想让工作更富有成效，想激发出员工无限的潜力，那就必须学会向员工授权。

1. 带责授权

授权要明确下属的责任，这就是带责授权。明确地将权与责同时授予下属，既可以促使下属完成工作，又可以堵塞有权不负责或滥用权力的漏洞。

带责授权，首先应交代权限的范围。这样做的目的是为了让下级正确行使自己的职权，更好地实现授权目的。带责授权时，要注意不授出最终权力和责任，要明确自己的职责范围，凡是属于自己职权范围的事、涉及有关组织的全局性问题，比如管理全局的集中指挥权、总的经济预算审批、决定组织的目标、任务和发展方向等，决不可轻易授权。也就是松下说的:“大事和小事由我处理，不大不小的事可以安排让别人做。”

另外，如要把同一方面或系统的工作，向两个或两个以上人员授权，记住，后果责任要落在其中一个人身上，让其中领受较高权力的那个人承担后果责任。这样可使下属各司其职、各守其位、各负其责，避免发生争功诿过和扯皮。

2. 适当授权

授权要适当，对下属的授权既不能太轻，也不能太重。太轻，就无法充分激发下属积极性，下属很难尽职尽责；太重，又会形成大权旁落的现象，导致局面难以收拾。下级的权力一旦超出了合理范围，制度法规就无法顺利贯彻执行。

以下是可授权与不可授权的内容：

可授的权力包括——

(1)日常工作和活动

(2)收集事实资料

(3)监管某一项目

(4)以代表身份出席会议

(5)某些特定领域中的决定

(6)准备报告

(7)需要技术能力去解决的问题

不可授的权力包括——

(1)计划

(2)人事问题

(3)发展培养下属

(4)任务的最终职责

(5)没有合适的下级能承担的工作

(6)在部门中维护纪律和规章制度

(7)解决部门内部冲突

应适当授权，不能超负荷授权，要根据下属的承受能力授权。授权者应该向被授权者明确所授事项的目标、任务、职责和范围。所授的工作量不要超过被授权者的能力、体力所能承受的范围。授权如果没有明确的目标职责，被授权者在工作中就会找不着北，无所适从，整个组织就会失去战斗力，甚至出现混乱。有的权力尽管很轻，但也不能把许许多多权力一股脑儿全部下放，弄得下属顾此失彼、手足无措。

应适当授权，还要视组织大小、任务轻重、业务性质授权。单位大、任务重、工作距离远、专业性强的多授权。反之，则少授权。

3. 保留控制权

授权既要适当，又要可控。权力管理的核心之一正是控制。正确的授权，不是放任不管，而是保留某种控制权。通过这种控制权，把上级与下属有机地联系起来。缺乏可控性的授权是弃权。可控性表现在两个方面：一方面，上级握有主动性、灵活性，授权的范围、时间由上级灵活掌握；另一方面，虽然授权应相对稳定，但也可根据实际需要随时调整，做到能放能收，能扩大也能缩小。

美国通用电气公司在不同的时期，采用过不同的权力管理方式。1971 年，他们在原有的事业部内设立了“战略事业单位”。这种战略事业单位是一个独立的组织部门，拥有较大的权力。在事业部内它可以挑选某些产品进行单独管理，可以制订有关产品、销售、设备和组织的战略计划。它既可以与集团组织平起平坐，又可以拥有相当于分部的权力。七年后，公司又实行“执行部制”，在原先事业部的基础上又加了一级管理，等于是向下收回了一些权力。在这里，公司最高领导层牢牢把握着控制权。

4. 坚持信任原则

授权前，上级先全面了解和考察将被授权的下属，看他是否适合担负这一职权。考察的方式多种多样，可以让他当助理或其他“代理职务”，试用一段时间，以便观察了解，然后再决定是否可以授权，避免出现授权后不合适的情况，造成不必要的损失。经考察认为可以信任者，则确认可以。一旦选择相信下属，就不要零零碎碎地授权，可以一次授予的权力一次就授下去。

干部特别是知识分子，大多有较强的自信心和自尊心，有成就感和荣誉感，有通过自己的努力去完成某项工作或某种事业的心情和愿望。管理者应充分信任他们，授权之后就放手让他们在职权范围内独立地处理问题，使他们有职有权，创造性地做好工作，对他们的工作除了进行必要的领导和检查外，不要去指手画脚、随意干涉。

信任人、尊重人，可以给人以巨大的精神鼓舞，激发其事业心和责任感，而且只有上级信任下级，下级才会信任上级，并产生一种向心力，使上下级和谐一致地工作。相反，当一个人的自尊心受到伤害时，他就会本能地产生一种离心力和强烈的情绪冲动，影响工作和同事关系。

授权与信任密切相关。一个管理者如果不相信下级，那么就很难授权于下级，即使授权了，也形同虚设。有的管理者一方面授权于下级，一方面又不放心，一怕他不能胜任，二怕他以后犯错误不服管，具体表现为：越俎代庖，包办下级的工作；越权指挥，给中层领导造成被动；不懂某方面的专业知识，却干涉下级的具体业务，甚至听信谗言，公开怀疑下级等等。凡此种种，都会挫伤下级的积极性，不利于下级进行创造性的工作。

5. 集中指挥权

授权的目的是为了让下属分担更多的责任。授权后，上级要尽力发挥自身的统帅综合才能，协调各方面力量，保证各部分的发展更好地服从于全局目标。上级要最大限度地向下级授权，但严禁把有关全局的最后决策权、管理全局的集中指挥权、主要部门的人事任免权和财务权随意下放。否则，上级就会对整个组织系统失去控制，导致另一种失责。高明的管理能做到“大权独揽，小权分散，不离原则”。处理大权与小权、集权与分权的关系，显示出主管人员授权水平的高低。

6. 定期考核

主管人员在权力授出后，还要留心定期对下属进行考核，对下属的用权情况作出实事求是、恰如其分的评价，并与下属的各种利益紧密联系起来。考核不能急于求成，也不能求全责备，要看工作的质量，是否扎扎实实、认真细致，以及是否有实效。考核既要看到近期的业绩，又要看远期的业绩；既要看整体，还要看局部。不能肯定近期得实惠、长远招灾祸的工作，这是短期的行为。工作有失误，只要下属不是故意为之，就要耐心帮助其纠正改过。

总之，授权应紧紧围绕“领导气候”的形成，这六个技巧的合力可以形成良好的领导氛围。

要正确授权

随着信息经济的不断丰富，社会变得更加纷繁复杂，信息的剧增导致领导工作量倍增，各级管理者尤其是较高层次的领导者，必须学会正确授权。

1. 正确的授权有诸多有利之处

(1)减少上级工作负担，使上级集中精力处理更重要更大的事。

(2)正确的授权是对下属的一种信任，有利于充分发掘下属的创造性。

(3)正确的授权有利于“发现人才、锻炼人才、培养人才”。

(4)正确的授权有利于团队建设，有利于各级管理者之间、管理者与员工之间的协调、团结。

(5)正确的授权有利于避免专断，降低决策错误的发生。

2. 授权要诀

(1)在可能的范围内应尽量将工作交付给下属去执行。

(2)管理者对下属可能犯的错要有心理准备。

(3)管理者应强调下属的工作成效，而不应斤斤计较其执行工作的手段。

(4)授权要分步进行。

(5)管理者不应当将授权范围仅仅限定在机械执行命令上，而应将它扩大到去创造性地开展工作上。

(6)应鼎力支持被授权者所制定的措施，并为其承担必要的责任。

(7)除非事先获得协调，否则管理者不应将两位或两位以上的下属共同履行的工作交付给其中一位下属单独去履行。

(8)切忌从事重复的授权。

(9)应由简到繁、循序渐进地从事授权。

(10)当被授权者发生疑难时，不应只告诉他解决的办法，而应帮他寻找解决办法。

(11)不应姑息被授权者的“反授权”行为——即允许被授权者在未做妥工作之前将工作掷回。

(12)在授权后应对被授权者的工作进行必要的跟踪指导。

适当授权，让下属心存感激

一个企业或部门的管理者，每天都要面对大量工作，如果对每项工作都事必躬亲，自己必然会身心疲惫。久而久之，员工也只会照上级的交待办事，缺乏主动工作的动力。解决这一问题的办法就是对下属员工进行适当授权，这样不仅把自己从繁琐的工作中解脱出来，还可以为员工提供锻炼的机会。但是，有些管理者高估了自己的重要性：一方面认为别人不如自己有责任感；另一方面也往往认为大家不如自己。如此一来，只会是患得患失、事无巨细，以致轻重不分，从而“枉费心机白费力气却于事无益”。

权力就像握在手中的沙子，如果你用力握紧它，它必定会从你的指缝中间流失，造成企业内部的权力下滑；但如果你完全放松它，它必定会被风吹走，企业必将陷入一片混乱。权力是一把双刃剑，你把他握得越紧，你的内心就越恐慌，所谓的“鞠躬尽瘁，死而后已”固然令人敬佩，但效果却不大。

戴尔电脑公司创始人迈克尔·戴尔创业之初，由于经常加班赶活，加上他刚离开大学，习惯了晚睡晚起，第二天经常睡过头，他赶到公司时，经常看见二三十名员工在门口闲晃，等着他开门进去。

刚开始戴尔不明白发生了什么，好奇地问:“这是怎么回事？他们怎么不进去?”

有人回答:“老板，你看，钥匙在你那儿，我们进不了门!”

戴尔这才想起公司唯一的钥匙正挂在自己腰间，平时都是他到达后为大家开门。

从此，戴尔努力早起，但还是经常迟到。

不久，一个职员走进他的办公室报告:“老板，卫生间没有卫生纸了。”

戴尔一脸的不高兴:“什么？没有卫生纸也找我!”

“存放办公用品的柜子钥匙在你那儿呢?”

又过了不久，戴尔正在办公室忙着解决复杂的系统问题，有个员工走进来，抱怨说:“真倒霉，我的硬币被可乐的自动售货机‘吃’掉了。”

戴尔一时没反应过来:“这事为什么告诉我?”

“因为售货机的钥匙你保管着。”

戴尔想了想，决定放权，觉得自己不能事无巨细一把抓着。他把不该拿的钥匙交给专人保管，又专门请人负责其他部门。公司在新的管理方法下变得井井有条。

《授权金典》中说:“一个管理者，如果不知如何授权，下场是活活累死；

如果不知何时授权，会被活活气死；如果不知授权给什么人，肯定会被活活急死。”

如果你坚信“我个人就代表企业”；如果你事无巨细，凡事都要亲力亲为；如果你独揽大权，不予人任何权力……那就代表你犯了管理的大忌。管理者若想事事亲力亲为，不仅做不到，而且还会把事情搞乱搞坏。

松开的手比握紧的手拥有更多。放弃控制全部，你就能够抓住要点，就能够更好地控制。

只要你适当授权，下级就会拼死为你效力。

本田宗一郎是日本著名的本田汽车公司的创始人，他对日本汽车和摩托车业的发展作出了巨大的贡献，曾获日本天皇颁发的“一等瑞宝勋章”。

但没有人是十全十美的，宗一郎就曾经因为没有掌握好权力的辩证法而犯过错误。

一次，在本田技术研究所内部，大家为汽车内燃机是采用“水冷”还是“气冷”发生了激烈的争论。

最后，宗一郎以自己社长的权力要求采用“气冷”。

结果，在一次赛车中，一名车手驾驶本田公司的“气冷”式赛车参赛，由于速度过快，赛车撞在围墙上导致油箱爆炸，车手被炸死。

此事导致本田“气冷”式汽车销量大减。

因此，本田技术人员在此要求研究“水冷”式，但仍然被宗一郎拒绝。一气之下，几名主要技术人员准备辞职。

本田公司的副社长藤泽感到事态严重，就打电话给宗一郎:“您觉得您在公司当社长重要还是当一名技术人员重要?”

“当然是当社长重要。”

藤泽毫不留情地说:“那就同意他们去搞水冷引擎。”

宗一郎终于醒悟过来，毫不犹豫地说:“好吧!”

后来，那几个主要的技术人员开发了适应市场的产品，从而使公司产品的销量大增。

虽然总一郎起初用权力来压人，坚持己见，但最终还是改变了自己，松开了紧握权力的双手。

管理者如果适当地授予他人权力，对方就会心存感激之心，给予管理者更大的回报。管理者在掌握权力时，应牢牢记住：当你试图抓住所有的权力时，你也许正在逐渐地丧失它；当你视图松开双手，合理分权和授权时，反而能得到更多的权力。

第七章
驾驭人才，得人心者才能驭其才

用人都想用能人，能人是指有一技之长的人，这类人都有一个共同的特点，即“智者多诈，勇者多怒”。要使人才真正地发挥作用，就必须做到两手都要硬，既怀之以德，又严之以法，使他们扬长避短，各尽其用。

人心是重要的砝码

对于一个组织、一个团队，最大的制胜法宝就是——人心。

《孙子·谋攻篇》中讲道:“上下同欲者胜。”即是说，官兵同心，上下齐心协力，就可以夺取战争的胜利。这是孙子提出的分析决定战争胜负的一个最根本的条件。那么，如何使上下同欲呢？孙子在《计篇》中指出:“道者，令民与上同意也，故可以与之死，可以与之生，而不畏危也。”就是说，有道的君王，可以使民众与他的意愿相一致，这样民众在战争中，就可以为国君出生入死而不怕危险。在这里，孙子提出的“道”是使上下同欲的最根本、最重要的因素。

孙子所讲的“道”又是何意呢？指的是政治。他特别强调“民与上同意”，即指国家实行的得人心、顺民意的政治。用“道”铸造的“组织”，“上”与“下”、“内”与“外”能同心同德，有任何艰难险阻都能克服。

把孙子的“道”用于现代经营管理中，就是把企业的利益、员工的利益、客户的利益、国家的利益形成一个“利益共同体”。如此布“道”，其“道”必久。“道”是人的“心”，人有了“道”，就犹如鱼有了水。正因为如此，世界一流的企业，其经营者和管理者们无不把经营“人心”放在首位。

情与情能相容，心与心易相通。一个企业想要获得长远的发展，员工的人心向背、消费者的人心向背变得越来越重要。

无论是牛根生的个人经历还是蒙牛的创建过程，“人心”都是一个至关重要的砝码。牛根生将人心当作一项事业来经营。

牛根生说:“感情的培养和投入是非常必要的，我们非常善意地对待我们周围的人，包括我们企业的人，包括社会的人，只要有投入，肯定有产出，种瓜得瓜，种豆得豆。”因此，经营人心包含了几个层面的含义：既要经营员工的心，也要经营经销商、合作商、投资方的心，更要经营消费者的心。

经营人心，首先要用“心”经营员工的“心”。人是最大的生产力，经营企业就是“经营人心”，聚揽人才。蒙牛对员工捧出的是一颗真挚、诚恳、舐犊般的爱心，换来的是员工孺子牛一般的忠诚与敬业之心。牛根生散了钱财，得了人心，聚了人才，收获了高效益与高效能。这是蒙牛高速发展的动力之源。

蒙牛为了赢得客户的青睐，提出了“产品就是人品”的口号，一切从改变自己开始做起：对自己严格要求，从技术、设备到流程控制、奶源维护，再到质量检验，每一个环节都严格把关，不放过任何细节，消除质量死角，保证牛奶的品质，保证客户饮用的安全与健康。用这份精诚之心敲开客户的倾心之门，为蒙牛树立起良好的口碑。

蒙牛还有一颗火热的社会“良心”。“愿每一个中国人身心健康”绝不只是置于口头的呼声，而将之融入企业的每一步行动中。抗击非典、捐奶助学、援助申奥、抗震救灾……每一次重大的社会活动都留下了蒙牛的热心与真心，博得了社会大众的信心与放心。

“经营事业就是经营人心”的哲学思想为百年蒙牛的目标打下了根基。这是蒙牛高速发展的动力之源，经营人心也是蒙牛的终极目标。

善解人意才能用人至深

俗语说得好：士为知己者死。身为上级，只有充分了解下属，成为他的“知己”，才可使下属为公司尽全力。如果上级能够做到这一点，那么无论是在工作或人际关系方面，都可以列入第一流的管理者。

三国时，东吴孙策、孙权兄弟用人都有十分高明之处。孙策活捉了太史慈后，亲自为他松绑，说:“你是青州的名士，只是跟随的主人不适合你自己，我现在是你的知己，你不必担心在我这里不如意。”张昭担任长史时，北方士大夫来信说了许多赞美张昭的话，孙策听到这些话后，高兴地说:“管仲担任齐国丞相的时候，使齐国完成了霸业；而今张昭这样的贤能之士，我用了他，他建立的功名不也有我的一份吗?”正是由于孙策善于用人，他与文武百官“情投意合”，才招揽了许多人才。

孙策死后，孙权继承了东吴王位。孙权对大将军甘宁的粗暴脾气非常恼火，吕蒙劝他说:“难得有甘宁这样善战的大将!”孙权从此以后善待甘宁。刘备进攻吴国时，有人传话给孙权，说诸葛谨（诸葛亮家兄，字子瑜）暗暗派人前往蜀国，孙权却说:“我和子瑜有生死之交，他不会负我，就像我不负他一样。”

孙权任吴王时，从不袒护自己的过失。有一次，他准备派张弥、许晏乘船从东海北上至辽东，去招抚加封公孙渊。张昭竭力劝阻，孙权听不进去。后来，派去的张弥、许晏二人果然被公孙渊杀害。孙权自感惭愧，亲自登门向张昭道歉。过了好久，张昭才由儿子扶着出门相见。孙权请他上车，一同回宫。

回宫后，孙权向张昭承认了自己的错误。

孙氏兄弟的用人之道就是：引为知己，以诚相见，以意气相感。

抓住了心就等于抓住了人

一家公司发生了这样一件事：早上刚刚上班，大家就听到公司里一位经理在大声斥骂他的下属，话说得非常难听，甚至一些粗秽的语言也冒了出来。难得的是，那位被骂的下属并没有针锋相对，不然在办公室将听到一场只有在大街上才能听到的“骂架”了。那位被骂得狗血淋头的下属自然不会因此尊敬他的上司（谁会呢?），而是没过多久就离开了。

有些上级，他们依靠高声、粗暴的咆哮来驱使人们工作，然后以威严来激励下属。这样的上级很难赢得下属的心。而高明的上级，虽然要求一样，但把他们的严厉融化在说理、分析及幽默感中。他们也希望自己的命令能畅行无阻，但他们却不是严厉分子。

保罗·盖蒂是西方首屈一指的石油大亨，他把大部分的时间花在油田里和他的雇员一起工作。有一次发生的偶然事件，虽然其本身不太重要，却让盖蒂认识到和员工建立良好的关系有多么重要。

这天，盖蒂在油井工地上注意到一个名叫汉克的搬运工动作懒散，他生气地骂起来：“你在干什么？振作起来，笨蛋！”骂完之后，他还咆哮了一声。“好的，老板。”汉克平静地回答道。不过，他还是奇怪地看了盖蒂一眼。这让盖蒂莫名其妙。不一会儿，他了解到汉克有手伤，他本来可以回去接受治疗，但他因为不愿让工友和老板失望，于是留了下来。得知这个情况后，盖蒂走到汉克身旁，说："抱歉！我刚才不应该发火。我开车送你进城去找个医生看看你的手。"听到老板这句话，汉克和他的伙伴久久地瞪着盖蒂，然后笑了。

从表面上看，这件小事没有多大意义，然而它却包含着有高度价值的管理秘诀。盖蒂身为老板，未事先查明真相便乱发脾气犯下错误，使下属产生了抵触情绪，造成生产效率下降将在所难免。幸好，盖蒂一旦发现了过错，便立即真诚地道歉，而且提出合理的、适当的补救方法，这样马上又重新与之建立了良好的关系。

上级欲抓住员工的心应从两个方面努力：

1. 使员工感到愉快

如果公司成天暮气沉沉，各成员之间"鸡犬之声相闻，老死不相往来"，如何能激发员工的热情呢？如果公司不能激发快乐气氛，又怎么能使员工全心全意地工作呢？有人问比尔·盖茨，如果让他重新开始，他会去哪家公司上班？盖茨没有直接回答这个问题，而只是谈了使人高兴和令人感到工作有趣的重要性。为了吸引和留住那些最好的职员并激发他们的工作激情，老板们需要在工作场所营造一种振奋精神和令人愉快的氛围。

2. 兼顾工作和家庭

家庭是社会的细胞，稳定的家庭对工作有很大的促进作用。一份调查报告中说："有 90% 的高层领导将工作带回家去做，他们呼吁要更好地注意兼顾员工们的工作和家庭，否则企业有可能失去一些人才。"

由于社会竞争越来越激烈，人们生存的压力也越来越大，在日本，许多人因过度劳累而猝死在工作岗位上。这种现象的发生，就是日本政府和企业领导未能协调好员工工作和生活需要之间平衡的结果。要赢得职员的心，就必须采取积极的方法兼顾他们的工作和家庭。

高效能生活最主要的，也是唯一的因素就是平衡，平衡工作做得越好，效能和创造力也就越大。

管理要顺应人性

为什么很多优秀的企业，员工工资并不高，而员工的敬业度和忠诚度却很高？而很多民营企业中，员工的工资很高，而员工的敬业度和忠诚度却很低？

对于许多管理者来说，有一个难以想象却真实存在的事实，那就是深藏在心灵深处，往往被人们忽略的人性，这是许多管理问题背后的原因所在。

如果管理者在制定政策、制度时，不从最基本的人性出发，不尊重员工，激起员工的逆反心理，那么员工的工作积极性、创造性会发挥到何种程度？员工的潜能会释放到何种程度？创造的价值会有多大？这样的企业或团队会得到发展和壮大吗？

智慧的管理者能够发掘出员工的自觉性，让员工积极主动地工作。最高明的管理不是制定规章制度，而是从人性出发，发掘员工本性中积极向上的那一面。

在 Google 独特的企业制度当中，20%的“员工自由时间”最为称道。这个制度让 Google 在条件许可的范围内，最大限度地把工作变成一种兴趣，在 Google 工作的人感觉不像是在一家公司上班，更像是在一所大学或研究机构做有趣的研究。而 Google 则可以从这些自由员工的大脑中，源源不断地提取新的创意和新的商业计划。你会发现，Google 的做法实在是太聪明了。Google 的聪明在于，知道即使不给员工自由时间，员工也会想办法偷懒，与其偷偷摸摸，弄得两边都不爽，何不让员工公开地、自由地支配一小段时间？更重要的是，员工的感受会完全不同，有了 20%的自由时间而不是 20%的偷懒时间，他感到自己被尊重，感到自己在为兴趣工作。

马纯武是大庆油田一个中级管理者。他在刚开始负责炼化含油污水处理站时，发现站内员工对机器设备非常不爱惜，导致设备的故障率非常高，频频发生事故。这些问题不但会耽误工作，给管理站带来损失，而且一旦出现重大事故，还会威胁员工的生命安全。

怎么办呢？马纯武和站内的管理者们一起商量办法，最后认为，仅靠硬性规定难以让员工做到爱护和高效地使用机器设备。马纯武想，员工并不是存心破坏设备的，他们只是缺少积极性，如果将员工的积极性调动起来，就能解决问题。于是，马纯武和站内的管理者们想了一个办法：建立机主小档案。也就是让员工把自己的姓名、年龄、星座等个性化的资料贴在自己所管理的机器设备上，同时附上自己的爱好、人生格言以及生活照片——最好是和家人的合影。

实行这个办法以后，员工的状态马上变了个样，一下子觉得这些设备和自己有了最亲密的关系，开始主动爱护机器设备，员工的积极性也就被发掘出来了。

这个办法还有一个更巧妙的地方，就是要员工在自己负责的机器上写一句心里话。于是，有的员工写的是“爱护你，就像爱护我的容颜”；有的写“你的安全，是我最大的幸福”……这些发自肺腑的话，让员工们展示了自己美好健康的一面。此后，管理站设备的故障率明显降低。

迎合下属的自尊心

每个人都是有自尊心的，迎合了他人的自尊心，他自然为你办事；伤害了他人的自尊心，他自然不会顺从。这就是人性。精明的管理者，往往利用人的这个特点，为自己增加成功的砝码。

黄德公司是纽约最大的一家“胡文字”及照排印刷所。有位技师的工作是照顾数十台打字机及使其他不易管理的昼夜不息的机器润滑地运转着。他总因时间太长、工作太多而抱怨，他需要一位助手。

面对这件不怎么好办的事情，黄德公司的黄德经理却处理得游刃有余，他的做法给了管理者一个很好的启示。黄德经理没有给那位技师一个助手，但是为了改变他的态度及要求而又不引起反感，他给他准备了一间私人办公室，并在门上写着他的名字和头衔——服务部主任。经理不但没有减少他的时间和工作，反而使这位技师感到快乐。这主要在于他不再是一个随便可以被人喊来喊去修理机器的工人，他现在被重视，感到工作快乐，也就不再抱怨了。

拿破仑在创立荣誉军队时，发了1500枚十字徽章给他的兵士，封他的18位将军为“法国大将”，称他的部队为“大军”，而有的人不理解，说他孩子气，被人批评是给老练的精兵一些“玩物”，但拿破仑的回答却是:“人是受玩物统治的。”

这种给名衔和权威的方法，不仅对拿破仑的将士有效，而且对任何人都有效。纽约斯卡斯代尔的琴德夫人，常因孩子们在她的草地上乱跑，踏坏了青草而烦恼。她试过批评，也试过利诱，但都于事无补。于是，琴德夫人试着给孩子群中最坏的一个人一种头衔以及一种权威的感觉，使他乐于做她的“侦探”，让他管理，不准任何人侵入她的草地。她的“侦探”把这件事办得妥妥帖帖。他的做法是：在后院生上一把火，把一根铁条烧得通红，恫吓要烫任何践踏草地的孩子，随即琴德夫人的问题解决了。

作为管理者，当你希望自己的言行举止不触犯下属以致引起反感时，你不妨做到：尊重下属的自尊心，使他乐于做你所建议的事。

管理的最佳境界是心悦诚服

关于管理的最佳境界，说法不一，有人说是绝对的服从，有人说是极端的崇敬。事实上，“心悦诚服”才是最佳的境界。真正的管理，并不是刻意的管与理，而是下属在一种内心喜悦的基础上，对共同目标诚心诚意的主动行动。

要使人心悦诚服，莫过于使“人心服”，即使人心服口服、乐为己用。要想真正得到一个下属的忠诚和归顺，必须从情感和思想上占领员工的心理，让员工能够做到发自内心的接受。

松下电器成立之初，员工的工作情绪不高，处处都表现得比较懈怠，迟到、早退、开小差等现象已经成了普遍现象。松下电器总裁松下幸之助看到这种现象后非常不满，如果任凭这种怠工现象发展下去，公司早晚要倒闭。为了让这种现象彻底消失，松下幸之助召开了全体员工大会。召开大会的那一天，松下幸之助待员工到齐后，庄严地走上了主席台，大声说道：“今天，我有一件很重要的事情要向大家宣布。”说完这句话后，会场顿时变得异常安静，员工们都想听听总裁到底有什么事情要宣布。然而，松下幸之助说完这句话后，竟然头也不回地走出了会场。会场的安静气氛在一刹那间被打破，员工们先是窃窃私语，接着便大声议论，然后便开始喧哗，会场变得热闹非凡、人声鼎沸。

正在员工们吵得不可开交的时候，松下幸之助又出现了。会场很快恢复了安静，但员工们脸上愤怒的表情并没有消失。松下幸之助再次走上主席台，扫视了一下台下的员工们，感慨地说："从你们的表情上，我看出了你们内心的愤怒。你们之所以愤怒，是因为对我的突然离去感到不满。不过，你们有没有想过，当我看到你们中的一些人迟到、早退、擅离岗位等怠工现象时，我又会有什么样的感受呢？如果你们有兴趣知道的话，我愿意告诉你们。在这些时候，我的感受与你们现在的感受一样。我今天要郑重宣布的就是这件事情，现在已经讲完了，可以散会了。"正在大家低头思索的过程中，松下幸之助利索地走出了会场。

令人感到惊奇的是，松下幸之助召开的这次简简单单的会议竟然起到了神奇的效果。自从那次会议后，松下公司的员工如同脱胎换骨一般，很少出现怠工现象。

思想决定行动。只有撼动人心的人，才能撼动世界。在员工行为出现问题时，一定要从思想上解决。

蜀建兴三年（公元225年），诸葛亮亲自率兵南征。诸葛亮好友马良的弟弟、参军马谡送诸葛亮出城，一直送了几十里地。临别的时候，马谡说："南中的人依仗地形险要，离都城又远，早就不服管了。即使我们用大军把他们征服了，以后还是要闹事的。我听说用兵的办法，主要在于攻心，攻城是次要的。丞相这次南征，一定要叫南人心服，才能够一劳永逸呢。"马谡的话，正合诸葛亮的心意。

双方首战，诸葛亮就大获全胜，擒住了南蛮首领孟获。但孟获却不服气说什么胜败乃兵家常事，诸葛亮说："既然这样，您就回去好好准备一下再打吧！"孟获被释放以后，逃回自己部落，重整旗鼓，又一次进攻蜀军。但孟获本是一个有勇无谋的人，根本不是诸葛亮的对手，第二次又乖乖地被活捉。诸葛亮下令放了孟获，像这样又放又捉，一次又一次，一直把孟获捉了七次。到了孟获第七次被捉的时候，诸葛亮还要再放，孟获却不愿意走了，他流着眼泪说："丞相七擒七纵，待我可说是仁至义尽了，我打心底里敬服，从今以后不敢再反了。"

打败一个人很容易，但打败一个人的心很难！打赢一个人，得到的是一时胜利者的名号；而打赢一个人的心，得到的却是永久的胜利。就连不可一世的拿破仑也曾无可奈何地说过："这世上最难办到的事，不是征服一座座城堡，而是征服一颗颗心。"

伟大的人总是能用言行震撼人的心灵，让人从心里产生对他们的钦佩与赞美之情。因此，控制他人的有效手段之一就是"攻心"，从心里瓦解他，控制他。

马斯洛曾说过：心若改变，态度跟着改变。

孙正义是日本软件银行的创始人。在他创业阶段，软件银行实现大量批发软件的委托制，但是由于质量不稳定，退货开始堆积如山。结果，滞销的商品堆在软件银行的仓库里，逐渐变成一座小山，最后软件只得以废物处理。

孙正义十分着急，于是采取了一个超乎所有人意料的举动。一天，他拿出一张万元纸钞，对大家说："各位同仁，如果我将这张纸钞撕破，你们作何感想？"全场立刻寂静无声，只见他说到做到，当场撕破了手中的钞票。

员工们大吃一惊，没有谁不觉得可惜，更弄不懂得是他为何要这样做。这时孙正义进一步说："我们仓库里处理的商品就不痛心吗？难道就不能和厂商把问题更好地解决吗？"

从那天起，公司内部的气氛突然有所转变。董事兼销售促进部长喜屋武博树当时目睹了孙正义撕破万元大钞的经过，这件事一直深深印在他的脑海中："很奇妙。他把商品放在手上，说这就像现金一样，可是现在因为大量的退货不得不处理掉，如果是你们的钱，你们作何感想呢？说着他就撕破了那张一万元大钞。”

“我多少有点冷眼旁观，心想他还真会搞。没想到，就在那一瞬间，整个公司的气氛全变了，人人士气大振，空气突然凝固。一张万元纸钞便能够有振奋人心的效果，真是太神奇了！”

这就是万元大钞引发出来的攻心效果。他把问题的实质摊开来：仓库里的商品，大家可能没有留意；但摆在眼前的万元纸钞则是醒目的，每个人都会为之心痛，明白损失的价值有多少，无需太多的言语去说教。就是一瞬间的动作，让每一个人都深深铭记在心。一针见血，这正是一种管理的杰出艺术。

利用欲望制约下属

人都有自私的一面，与其让他为你办事，不如让他为自己办事。后者比前者的成功率要高得多。

周文王在渭水北岸见到了正在直钩钓鱼的姜太公，太公说，用人的道理和钓鱼有相似之处：一是禄等以权，即用厚禄聘人与用诱饵钓鱼一样；二是死等以权，即用重赏收买死士与用香饵钓鱼一样；三是官等以权，即用不同的官职封赏不同的人才，就像用不同的钓饵钓取不同的鱼一样。姜太公接着说：“钓丝细微，饵食可见时，小鱼就会来吃；钓丝适中，饵食味香时，中鱼就会来吃；钓丝粗长，饵食丰富时，大鱼就会来吃。鱼贪吃饵食，就会被钓丝牵住；人食君禄，就会服从君主。所以，用饵钓鱼时，鱼就被捕杀；用爵禄收罗人时，人就会尽力办事。”

可见，满足了他人的欲望，他人就乐于效力。作为管理者，利用下属心中真正的欲望去制约他，让他服从“我”的领导，就没有不鼎力而为的。

自从汉二年（公元前200年）五月开始，楚、汉在荥阳一带展开拉锯战，谁也没有占到多大优势。于是双方约定，以鸿沟为界，中分天下，其西归汉，其东归楚。

汉四年（公元前198年）九月，项羽解围东撤，刘邦也要引兵西归。张良充分认识到此时的项羽因刚愎自用，已到了众叛亲离、捉襟见肘的地步。于是，张良、陈平二人同谏刘邦，希望他趁机灭楚，免得养虎遗患。刘邦从谏，亲统大军追击项羽，另遣人约韩信、彭越合围楚军。

汉五年（公元前198年）十月，汉军追至固陵，却不见韩信、彭越二人前来援助。项羽回击汉军，刘邦又复败北。刘邦躲在山洞中，不胜焦躁，询问张良:“诸侯不来践约，那将怎么办?”张良是一位工于心计的谋略家，时刻关注着几个影响时局的重要角色的一举一动，探索着他们心灵深处的隐秘，并筹划着应对之策。

当时，虽然韩信名义上是淮阴侯，彭越是建成侯，实际却只是空头衔，没有一点实权。因此，张良回答刘邦道:“楚兵即将败亡，韩信、彭越虽然受封为王，却未有确定疆界，二人不来赴援，原因就在于此。您若能与之共分天下，当可立招二将。若不能，成败之事尚无法预料。我请您将陈地到东海的土地尽划归给韩信，睢阳以北到谷城的土地尽划归给彭越，让他们各自为战，楚军将会很容易被攻破。”刘邦一心要解燃眉之急，听从了张良的劝谏，不久韩信、彭越果然率兵来援。十二月，各路兵马会集垓下，韩信设下十面埋伏大阵，与楚决战。项羽兵败，逃至乌江自刎。长达四年之久的楚汉战争，以刘邦的胜利而告终。

在处理韩信、彭越索要实惠这件事情上，张良做得十分周到，也充分利用了人性的弱点——好名、好利。划归一些封地给他们，就满足了他们的心愿，使他们各自为战，尽力而战。

满足大多数员工的共同需求

在一个团体或公司里，员工均来自五湖四海。这些性情各异的人聚集在你的周围，作为上级，你是否想过，这些人凭什么听你的指挥，为你效劳?

浇树要浇根，带人要带心。管理者必须摸清下属的内心愿望和需求，并予以适当的满足，这样才可能让众人追随你。

下面将大多数职员的共同需求总结出来，管理者对此要谙熟于心。

1. 待遇平等

大多数员工都希望他们工作能得到公平的报偿，即同样的工作得同样的报酬。员工不满的是别人干同类或同样的工作，却拿更多的钱，他们希望自己的收入符合正常的水平。偏离准则是最令人恼火的，很可能引起员工的不满。

2. 给予承认

员工希望自己在伙伴的眼里显得很重要，希望自己的出色工作能得到承认。鼓励几句、拍拍肩膀或增加工资都能有助于满足这种需要。

3. 给予晋升

多数员工都希望在工作中有晋升的机会，向前发展是至关重要的。没有前途的工作会使员工产生不满，最终可能导致他们辞职。

4. 适宜的工作和环境

许多员工把这一点排在许多要素的前列。员工大都希望有一个安全、清洁和舒适的工作环境。但是，如果员工们对工作不感兴趣，那么舒适的工作场所就无济于事了。

5. 被团队所接受

员工要谋求社会的承认和同事的认可，如果得不到这些，他们的士气就可能低落，使工作受到损害。员工们不仅需要感到自己归属于员工群体，而且需要感到自己归属于公司这个整体，是公司整体的一部分。

6. 上级要有能力

所有的员工都需要信赖他们的管理者。他们愿意为那些了解他们职责、能作出正确决策和行为公正无私的人工作，而不希望碰上一个“窝囊废”来当他们的上级。

不同的员工对这些需要和愿望的侧重有所不同。作为管理者，应该认识到员工的不同需要。对这一位员工来说，晋升的机会或许最为重要，而对另一位来说，工作保障可能最重要。

让员工快乐工作

在现代社会，工作不仅是为了谋生，人们还要从中找到成就、找到快乐！快乐工作、快乐生活是工作的全部意义，也是广大员工的心声。

关心员工感受的管理者，根本不必担心员工流失的问题。在这些企业里，员工的忠诚度经得起时间的考验。努力让员工感到快乐的公司很少会被员工所抛弃。

跟马云接触过的人对他的一致评价是他具有很强的亲和力。在阿里巴巴，马云和所有的人都没有距离，只要他有时间，就会深入到普通员工中去，跟他们聊天谈心。每年年终晚会，马云还会扮成维吾尔族少女与大家一起翩翩起舞。如此快乐的工作氛围是阿里巴巴吸引人的关键。

在阿里巴巴，员工可以穿旱冰鞋上班，也可以随时去马云的办公室，马云说：“人有一样东西是平等的，就是一天都有 24 小时。不快乐的工作就是对自己不负责任。”

从管理的角度来看，员工就是企业的内部客户，必须先服务好员工，让他们感受到心灵上的快乐，一想到工作就觉得开心、快乐、喜悦，愿意并且能够在企业的平台上不断成长，在工作中获得超越其本身的价值与意义。

阿里巴巴创业时期的员工直到今天也没有一个人离开。别的公司出三倍薪水，员工也不动心。马云不靠高薪留人，却曾自信地说：“天下没有人能挖走我的团队。”“在阿里巴巴工作三年就等于上了三年研究生，他将要带走的是脑袋而不是口袋。”

金钱能够留住人却留不住心，因此阿里巴巴每年至少要把 1/5 的精力和财力用于改善员工办公环境和员工培养上。

工作的目的不仅仅是生存，而是通过工作使人获得成就感。马云认为，员工工作的目的包括一份满意的薪水、快乐的工作和一个好的工作环境。其中最重要的就是在企业中能快乐地工作。“我们阿里巴巴的 LOGO 是一张笑脸。我希望每一个员工都是笑脸。”

马云说：“优秀的团队不在于拥有多少个 MBA，而是你的这个团队快乐与否。我希望我的团队都能像疯子一样去工作，虽然很辛苦，但是会很快乐，因为他们在做自己喜欢的事情。这个很重要。”

任何人长期在严格、压抑的环境下工作，都会逐渐丧失激情和创造力。快乐管理是为了提高员工的工作幸福感而提出的一种新的管理模式。只有工作快乐的员工，才能为顾客提供最卓越的服务，为企业创造更大的利益。

“工作中最大的乐趣是什么？”“我想大概是每天来上班吧。”这是美国西南航空公司员工的心声。

“大部分时间我都在工作，工作是我的嗜好。如果你喜欢你做的事，那你就不会有压力，而每天都是愉快的。”美国西南航空公司前任总裁赫布·凯莱赫如是说。

西南航空公司的老板赫伯·克勒赫把每个员工都视为公司大家庭的一分子。他鼓励大家在工作中寻找乐趣，而且自己带头这样做。比如为推广一个新航线，他会打扮得像猫王埃尔维斯一样，在飞机上分发花生。他还会举办员工聚会，或者在公司的音乐录像中表演节目。他时时刻刻走出来与自己的团体在一起，向团队传递信息，告诉员工他们是在为谁工作，他们的工作有多重要。他这样做的目的，就是要让员工感觉自己很重要和受到尊重。

公司还鼓励员工释放自己，保持愉快的心情，因为好心情是有感染力的。如果乘务员有一个愉快的心情，那么乘客就有可能度过一段美好的时光。如果整个工作氛围都很热情，那么当他面对其他人时也能够很热情。

西南航空公司从创立开始就一直坚持一个基本理念——爱。爱的氛围使西南航空公司的员工乐于到公司来工作，而且以工作为乐。赫伯·克勒赫说：“也许有其他公司与我们公司的成本相同，也许有其他公司的服务质量与我们公司相同，但有一件事它们是不可能与我们公司一样的，那就是我们的员工对待顾客的精神状态和态度。”

快乐的工作气氛不仅使员工的服务态度更加热情，也使他们的工作效率大大提高。举个例子，西南航空公司的飞行员每月要飞行 70 个小时，而其他公司的飞行员只飞 55 个小时。他们的地面指挥站通常仅需要竞争对手一半的人手就足以完成全部工作，他们调度飞机的速度通常非常快，竞争对手需要 45 分钟，而他们只需要 15 分钟。西南航空公司员工的高工作效率是它保持低价的关键因素，它的价格比行业平均水平要低 25%。

放弃自上而下的控制与命令式管理模式，营造健康、快乐的工作氛围，创建员工和谐心灵，形成员工内心世界自觉组织的非管理方法，在这种管理模式中，员工的行为才是“自心流出”的，而不是被“管理”出来的。“自心流出”能最大幅度地激发员工的创造性，能最大幅度地提高组织凝聚力，能最大限度地增强团队的战斗力。

快乐管理让人不仅从心理上，更从情感上获得满足，使人性得到充分肯定与发挥，让工作和生活融为一体。

一个优秀的管理者，一定要有让员工快乐工作之能，这样才能得其心、创奇效。

第八章

留住人才，有人才就能拥有未来

在职场，离职是一件很正常的事。但是，员工特别是优秀员工的离职，对企业来说，损失很大。人才难求，所以企业如果要留住“千里马”，就得花心思。如何留，用什么方法留，就需要一些技巧。留住人才，也就等于留住企业得以水涨船高、持久发展的资本。

优秀人才离开的原因

市场竞争争的是什么？竞争者之间依靠什么进行竞争？尽管其中的因素颇多，但人才无疑是一个非常主要的因素。这已经是一个不争的事实。

但目前企业普遍存在的一个问题却是重要的人才留不住，人才流失尤其是优秀人才、核心人才的流失问题日渐突出。

人才流失是令人痛惜的，当优秀人才提出辞职时，企业管理者既感到突然，却又不知晓他们离开的原因是什么。这足以促使管理者们反省。

当优秀人才提出辞职后，和他进行一次促膝交心式的会谈，是十分必要和有益的。通过交流，可以了解他们为什么离开，以便采取相应对策及时挽留，即使未能留住，管理者也可以发现公司许多隐藏的问题。

优秀人才选择离开，一般可能有以下几种原因：

1. 对薪资的心理抵触

对薪资待遇不能满意。对更高水平薪资待遇的追求，是优秀人才跳槽很常见的原因。这种情况的发生一方面可能是由于疏于薪资水平的市场调查，以至公司整体薪资水平失去竞争力，另一方面也可能是因为公司内部人才评核机制出了问题，不能有效地根据职员的个人能力及所承担的工作性质作出适应的薪资安排。

2. 对工作的心理抵触

对所承担的工作有兴趣是最好的工作动力，具有挑战性并且能够充分发挥潜力，是众多优秀人才择业时重点考虑的因素之一。相反，一份枯燥乏味的工作，或者与兴趣相左的工作只能桎梏人的创造能力和消磨人的斗志，无论对公司还是对个人都是一种重大损失。如果薪水可观，有些人才或许还能忍受下去，但是大多数人会毫不犹豫地选择离开。

3. 对管理方式的心理抵触

对管理方式不满。公司的管理结构和管理方式是公司企业文化的重要组成部分。一个好的管理文化，不应该压制员工的创造性，而应该鼓励员工去做新的尝试；一个好的管理文化，不应该禁止员工自主决策，而应该强调效率；一个好的管理文化，不应该对员工的成绩视而不见，而应该对这种成绩适时给予鼓励。但是，大多数企业往往并非如此，它们机构设置复杂，工作人浮于事，官僚习气十足，办事效率低下。在这种环境下，一个优秀的人才是很难有施展才华的机会的，也不能得到应有的肯定。等待晋职的机会是如此渺茫，他们只好选择离开。

4. 对企业目标的心理抵触

对公司的目标缺乏认同。良好发展的公司应该具有非常清晰的短期与长期的目标，并且经常安排高层和普通员工参加的聚会，以便通过这种交流，使公司上下能够达成一致目标，并且逐渐取得共识，从而拧成一股绳齐头并进。一个商业目标不确定的公司是很难留住人才的，除非它有足够的资金和实力，并且允许优秀人才参与制定公司的发展战略。

5. 对个人发展的心理抵触

缺乏个人成就感也是很多优秀员工辞职的原因之一，他们不能容忍总是默默耕耘却没有任何荣誉回报。荣誉对于每一个优秀员工来说，既是必要的酬劳，更是有效的激励，可以使他们以及他们的同事做得更好、更出色。个人成就感可以来自很多方面，有晋职上的荣耀，有办公条件的优越，也有业务上的开创性和领先性，还有良好的社会反馈以及个人能力的逐步提升。常年从事单一的工作，缺乏与外界的交流，这种工作往往会使人们烦躁和情绪低落，从而萌生去意。

营造下属的归属感

作为一名管理者，除做好自己的本职工作外还有一个重要的责任，就是营造下属的归属感。只有当下属对企业有认同感、归属感时，才会有工作激情，才会把全部的精力投身到自己的工作中，与企业同进同退。

员工的归属感首先来自待遇，具体体现在员工的工资和福利上。衣食住行是人生存最基本的需求，买房、买车、购置日常物品、休闲等都需要钱，这都要依靠员工在企业取得的工资和福利来实现。在收入上让每个员工都满意是一件比较艰难的事情，但是待遇要能满足员工最基本的生活需求才能在最基本的层面上留住人才。因此，待遇在人才领导中只是一个重要因素，而不是人才留或走的决定因素。

个人的期望是赋予员工归属感的重要内容。每个人都会考虑自己在企业中的位置与价值，更注重自己未来价值的提升和发展。个人价值包括技术能力、领导能力、业务能力、基本素质、交涉能力等，管理者提供机会帮助员工增强以上能力，是企业增强魅力、吸引人才的重要手段。

增强员工归属感还需要特别注重每个员工的兴趣。兴趣是最好的老师，有兴趣才能自觉自愿地去学习，这样才能做好自己想做的事情。作为管理者应该尽可能考虑员工的兴趣和特长所在。擅长做管理的，去挖掘、培养他的管理能力，并适当提供管理岗位的机会；喜欢钻研技术的，让其从事技术性工作。

让员工感觉到个人的重要性是营造归属感中的重要内容。任何人都希望别人能喜欢他、认可他、信服他，觉得他重要。

通过事业留住人才

日洁公司是日化产品生产企业。几年来，公司业务一直发展得很好，销售量逐年上升。每到销售旺季，公司就会到人才市场大批招聘销售人员。一旦到了销售淡季，公司又会大量裁减销售人员。就这件事，日洁公司销售经理陈鸿飞曾给总经理蒋明浩提过几次意见，而蒋总却说：人才市场中有的是人，只要我们工资待遇高，还怕找不到人吗？一年四季把他们“养”起来，这样做费用太大了。不可避免地，日洁公司的销售人员流动很大，包括一些销售骨干也纷纷跳槽。蒋总极力挽留销售骨干，但没有效果。他不以为意，仍照着惯例，派人到人才市场中去招人来填补空缺，结果却出事了。

在2003年日洁公司销售旺季时，跟随蒋总多年的陈鸿飞和公司大部分销售人员集体辞职，致使日洁公司销售工作一时近乎瘫痪。这时，蒋总才感到问题有些严重。因为人才市场上可以招到一般的销售人员，但不一定总能找到优秀的销售人才和管理人才。在这种形势下，他亲自到陈鸿飞家中，开出极具诱惑力的年薪，希望他和一些销售骨干能重回日洁公司。然而，这不菲的年薪，依然没能召回这批曾经与他多年浴血奋战的老部下。直到此时，蒋总才有些后悔，为什么以前没有下功夫去留住这些人才呢？同时，他也陷入了困惑，如此高的薪金，他们为什么也会拒绝，到底靠什么留住人才呢？

企业就像球队，可以高薪聘到大腕球星，但如果这些球星只能同乙级队打比赛，这样也留不住他们。要想留住人才，不但要充分发挥他们的作用，还要让大家有明确目标，通过事业留人。

解聘下属须慎之又慎

作为管理者，下属业绩不佳、执行不力或犯了某个错误让你无法容忍，这时候你该怎么办？

很可能，在方方面面压力的压迫下，你的第一反应是换掉这些下属。谁有那么宽广的胸怀来容忍他们，为他们的不佳表现埋单？然而，管理者决定撤换这些人员时，必须慎之又慎，因为它实在是关乎员工的生活与生计。

1. 对偶尔犯错者：多些宽容，开诚布公

管理者解聘员工最常见的原因是某个具体的差错。如果这个差错属于道德败坏问题，解聘就完全理所应当。然而，优秀的管理者会容忍错误的发生并鼓励下属吸取教训。

20 世纪 80 年代中期，新可口可乐的引入成为曝光率最高的商业失败案之一。面对消费者巨大的消极反应，77 天之后，传统可口可乐重回市场。尽管大败一场，新可口可乐项目中没有人受到谴责，更没有人被解雇。这个项目的领军人、营销主管齐曼虽然事后离开了公司，但 7 年之后，他又重回可口可乐，领导全球营销部。公司 CEO 戈伊木埃塔解释说：“不能容忍错误，我们就会丧失竞争力。如果你的出发点就是避免出错，你就走上了无所作为之路。你跌倒，是因为你在前进。”

原谅齐曼的大错，使公司从中吸取教训，是戈伊木埃塔卓越领导力的明证。新可口可乐溃败之后，可口可乐重整营销策略，逐年从百事可乐手中夺回了不少市场份额。

正确对待错误的关键，是要用心良苦地将错误公之于众。如果员工意识到可以对问题进行开诚布公的讨论，他就知道，承认错误、改正错误会得到支持。比起独断、拒斥、惩罚或者解雇，积极的、面对面的交流效果会更好。你最终将会看到，业绩、士气和团队精神将因此而大幅提升。

2. 对不称职者：教练指导，助其成长

1980 年，英国首相撒切尔夫人在组阁之际不得不作出艰难抉择："我让豪威尔从内阁离职。豪威尔作为内阁大臣的缺点在他任职能源部的时候就已经显现出来，而他在交通部的表现也证明我的判断没有错。无论是作为反对党还是作为特别委员会主席，他都具有足够的卓越才能，但他缺乏由创造性的政治想象力和实干才能形成的综合素质，这使他不能成为一流的内阁大臣。"

当然，即使下属不称职，一个杰出的上级也应该加以教练和指导，促使他改头换面。进行指导时，尤其要让员工更好地了解他们自身和他们的工作。这可以让他们知道如何改变心态，在面对与业绩相伴而来的焦虑、屈辱和挫折时能更讲究方式方法。如果教练和指导没有达到预期的效果，管理者别无选择，只有裁员。即便如此，管理者本人也要承担部分失败的责任。正像匈奴王阿提拉所说的："首领如果不称职，等级最高的下属也不能接替他。首领失败了，下属也好不到哪去。"

3. 对偏离既有模式者：突破教条，鼓励创新

韦尔奇是一位著名的企业领袖。他在职的时候，培养了一大批杰出的管理者人选，密切关注每个人的个人发展，安排他们任职于不同的岗位以获取相关的经验，为他们设定富有挑战性的目标，给他们充分的空间施展才能。据说他还在通用电气设立了一个人才更新系统，让绩效最低的 10% 的雇员离职。

成功的管理者应该是什么样子，成功的企业应该是什么样子，韦尔奇心知肚明，对于不符合的，则坚决剔除，他因此赢得了"中子弹杰克"的绰号。不管怎么说，杰克也许不能保证你永远不下岗，但他却让你永远有能力上岗。

4. 对价值观相异者：协调一致，避免分歧

管理者与下属之间建立良好关系，保持价值观的协调至关重要。管理者与下属的共同价值观将大体上构成所谓的团队“文化”，也就是这个团体的处事方式。管理者与下属彼此协调一致的价值观是合理行为产生的基础。如果管理者与下属各自奉为圭臬的信条大相径庭，必然带来团体的“精神分裂”。

撒切尔夫人因善于塑造和坚持一套毫不动摇的价值观而闻名于世。组建新内阁时，她精心挑选那些与她观念相近的人。决定撤换外交大臣皮姆时，她说：“我首先抛下了一个自命为飞行员，但方向感却屡出差错的人。弗朗西斯和我的分歧不仅仅在于政策的导向或者内阁的方针，甚至在于整个的人生观。”

赋予管理者的不光有权力，还有重大的责任。权力之一就是解雇属员。除了少数没心没肺、根本不是什么好领导人的家伙之外，解聘下属总是令人不快和苦恼的。虽然从团体的整体利益来看，解雇一个员工可能合情合理，但也总让人质疑：管理者是否同样应该承担下属工作不力的部分责任。

如果一个管理者是以改革者的身份上任的，他将不得不“炒”掉一批人。然而，做不得不做的事情并不是一个杰出管理者的风范。一个真正杰出的管理者，会带领那些制造了当前困境的同一班人马，突破危局，力挽狂澜。

错将优秀员工解聘的原因

在今天日益艰难的商业竞争环境下，管理者成功地留住最优秀的员工，不仅可以大大降低招聘成本和入职培训成本，而且从长远来看，也有利于团队发展。

因此，所有企业都不得不试图努力用最小的人力资本来实现最大的产出效益，破译如何留住优秀员工的密码比以往任何时候都更加紧迫。可是，即便如此，企业中还是存在着一些会将优秀员工扫地出门的人：

1. 不能识别出他们

一些企业让那些善于自我推销的员工春风得意，却让真正的明星员工暗自神伤。所谓的绩效评估仪式更多地也是流于形式，不能让员工主动参与进来。绩效评估不能做到透明公正、公开公平，不具有决定性意义。奖励那些绩效差的员工只会挫败那些优秀员工的士气。

2. 为露脸买单

对员工的激励应建立在真正差异化的绩效上，而不是政治，不是自我推销，不是一人来一点的“花生酱”策略。

3. 忽视人员更新

市场竞争的法则是“优胜劣汰”，所以企业员工也应该有一定的合理流动，以保证留下来的都是绩效不错的员工。这一方面可以保证企业的运营效益，节约不必要的成本，同时对于优秀员工也是一种肯定。

4. 误解忠诚的争议

现在的管理者每天都奔走于满满的行程之间，认真吸取那些来自一线员工的意见估计比以往任何时候都要困难。但很多商业创新似乎都来自于那些看起来微不足道的小争议，似乎就是这些小争议擦出了灵感的火花。让那些优秀员工感觉到他们在推动商业创新，这个的激励作用不亚于增加薪水。

领导是一门艺术

如果说领导是一门艺术的话，韦尔奇无疑是一位杰出的艺术家。环顾同侪，20世纪80年代以来其他大公司的总裁频频换人，无数知名CEO在全球经济的无情竞争中纷纷败北时，唯有韦尔奇"笑傲江湖"。他执掌通用电气20年，面对全球经济浪潮的冲击稳坐总裁之位，而且带领通用电气公司创造了一个又一个商业奇迹。

诚如长期关注通用电气发展的美国密歇根大学管理学教授诺埃尔·蒂奇所说："20世纪只有两个最伟大的企业领袖，一个是通用汽车公司总裁斯隆，另一个是通用电气公司总裁韦尔奇。而两人中，韦尔奇尤其伟大，这是因为他建立了一个崭新的当代企业范例，使之成为21世纪企业的楷模。"这可是专家评价，因为蒂奇不仅是管理学教授，而且还是对通用电气公司进行过多年研究的专家。

美国《商业周刊》更以韦尔奇为封面人物，称其为"美国第一经理人"。很少有人能像他那样将这种领导艺术表现得淋漓尽致，更少有人能像他那样以这种领导艺术贯彻始终，成效显著。

蓝领工人出身的韦尔奇，如今头顶四顶桂冠：管理理论家、战略思想家、经营导师和企业偶像。微软的比尔·盖茨、英特尔的葛洛夫、迪斯尼的艾斯纳、股王巴菲特、可口可乐的戈伊苏埃塔乃至沃尔玛的沃尔顿，这些世界知名企业家在提高企业市值方面都无法与韦尔奇相比，可见韦尔奇被《商业周刊》称为"美国第一经理人"并非浪得虚名。他于1981年统领通用电气，17年后该公司市值由当初的120亿美元已增加到2800亿美元，1997年实现利润82亿美元，1998年在《财富》500强中位列利润表中第二位，其佳绩令人注目。

像通用电气这样一家拥有3040亿美元资产，年销售额达893亿美元，在世界100多个国家拥有27.6万名员工，在美国历史最悠久、构成最复杂的企业王国，要管理好确非易事。当许多企业管理者天天疲于奔命，却只能调动起有限的一部分员工的积极性时，韦尔奇却能随心所欲地驾驭这部庞大的产业机器，使通用电气由老牌工业巨人返老还童，重现企业竞争活力，继而并购100余家企业。这今非昔比的变化中，韦尔奇的杰出领导才能及其独具风格的管理方式更是起了不可替代的作用。

1. 营造“开诚布公，不拘礼节”的企业氛围

韦尔奇十分注重在企业内部营造“开诚布公、不拘礼节”的轻松氛围，韦尔奇爱把通用电气公司称作“杂货铺”。这一叫法尽管听上去有些可笑，却可使韦尔奇坦然地从心理上卷起袖子，系上围裙，站在柜台后面，亲自接待每位员工和客户。韦尔奇对此解释道：

在杂货铺里感到重要的，在其他经营方面同样重要。如果客户不满，如果员工无精打采，或是货物摆放有问题，甚至货物不对销路，问题都是一样的。要把它当作一个小组织来管理，不能让它牵着鼻子走；当然也不能让细节牵着鼻子走。

从韦尔奇出任通用电气公司总裁以来，该公司原来等级分明的九层管理体制，即使到今天没有被彻底打破，恐怕也拆得差不多了。整个公司从秘书、厨师到生产线工人，都喊他杰克。每个员工都有机会从他那儿得到关注或奖励，而且常常是喜出望外。外界不知道通用电气内部这种不拘场合的做法的价值，人们都认为不拘礼节并不那么重要。

在对通用电气公司员工进行岗位培训的工作中，韦尔奇则是身体力行的主讲教师，所教授的内容自然是企业管理，参加听课的“学生”成千上万。这种总裁亲自任教的方法使韦尔奇与无数员工亲密无间；另外，韦尔奇把大半工作时间用来处理“人事”问题。不过最紧要的是，他在一间如此庞大的跨国公司内部营造了一种独特的气氛：开诚布公、不拘礼节。

韦尔奇曾说:“在有关通用电气的所有故事中，人们没有提及的是非正式场合交流的价值，我认为那恰恰是一个值得引起人们深思的做法。”韦尔奇从接过总裁权柄开始，就利用各种非正式方式如聚会等与公司员工进行交流并随时处理公事。这些聚会使他有机会制订或突然改变公司的议事日程，就公司的战略对十几个部门负责人提出问题并加以考察，同时也在所有员工面前发表意见。

韦尔奇对管理者的表率作用极为敏感，总是不失时机地让人感到他的存在。他每周都会突然视察工厂办公室，匆匆安排与比他级别低几级的经理共进午餐。他还向上到高级经理下到钟点工人的公司员工发出他那独具个人魅力的“手谕”——手写便条。这些便条写得亲切、自然，常常使员工受到鼓励和鞭策，有时候甚至令他们感到受宠若惊。这些做法打破了那种等级森严的管理体系，使员工们感到如同在一个老板叫得出每一个雇员名字的富有人情味的公司干活。

一位 30 多岁的底层销售经理感叹:“我们只是沧海一粟，可他却了解我们。他能用他的个人魅力来使人最大限度地工作。他在实践着美国梦，虽说并未生于富贵之家，他却功成名就，不过也并不炫耀。”与此同时，所有这一切都在提醒人们，韦尔奇时时刻刻在对这个商业帝国施加其个人影响。

2. 培养优势

当华尔街股市分析家或通用电气公司自己的股东对韦尔奇屡创经营业绩高峰赞不绝口时，韦尔奇本人对此看法完全不同。这位大半时间用来处理“人事”问题的总裁认为自己的最大成就在于关心和栽培人才。“通用电气公司是由公司的天才们管理经营的。我的最大成就是发现人才。人才大军要比其他大多数企业的负责人都更有价值。”

韦尔奇至少熟知通用公司高层 1000 人的名字和职位。从他 1981 年担任总裁起，强调人才和注重工作业绩就成为他的用人标准。17 年之中，在公司的培训中心，他作为管理理论家、战略思考者、商业教授及企业巨子亲自培养了近 15000 名高级经理，向他们灌输自己的企业价值观念。

他自信自己知人善任。“我不知道怎么造飞机、发动机，也不知道每星期四晚上 21 点时 NBC 电视台播放什么节目，但我的手下自会料理，我相信他们。”这些宝贵的人才资源在韦尔奇充分授权的基础上，万众一心把通用电气推向经营的顶峰。

防止下属跳槽

在市场竞争日渐白热化的今天，企业之间的竞争实际上就是人才的竞争。企业需要的各类人才已经成为稀缺资源，掌握这一资源无疑就能在市场竞争中立于更有利的地位。那些表现出色、业绩突出的或核心部门的优秀员工的流失，不仅会增加企业的经营成本，造成无形资产的流失，而且还会给其他员工的心理造成消极影响。“员工跳槽”对任何企业造成的负面作用，都是不言而喻的。那么企业应如何避免和防止员工跳槽呢？

1. 建立科学、合理、有竞争力的薪资体系

企业若想防止员工跳槽，关键的一步是企业的薪酬体系要科学、合理，并且对外部市场有一定的竞争力。

科学、合理的薪酬体系是指企业要根据职位的不同，对企业的作用不同，对其进行相应的职位价值评估，在企业内部建立完整的职位价值序列，并根据职位价值序列进行职位的基础薪酬设计。

企业要建立完善的绩效考核管理体系，将员工的变动薪酬与绩效考核结果挂钩，使员工的收入和贡献相联系，实现企业的内部公平性。这样就会避免员工因为内部分配不公产生的不平衡而离去。

企业的薪酬体系也要在市场上有一定的竞争力。企业通过自己或委托专业机构对市场上的薪酬水平进行调查后，确定本企业的薪酬水平定位。这样可以保证企业的薪酬在市场上具有一定的外部竞争力，而不会使员工轻易被外部企业的薪酬所吸引去。

2. 建立合理的福利体系

要想留住员工，企业还要重视自身的福利体系。要知道，企业的福利也会对员工是否愿意继续留在企业工作产生重要的影响。这里的福利不仅包括“三险一金”的法定福利，还包括如房贴、交通补贴、通信费、商业保险、各种津贴、带薪休假、旅游等非法定福利。

企业可以根据自己的特点、员工年龄和需求不同，进行有差异的非法定福利的设计。

例如，某企业对其研发人员规定，在完成某一项目后，参加项目的研发人员可以享受一周的带薪休假。对于夜以继日、连续加班加点完成项目的研发人员而言，一方面休假后可以饱含热情投入新的项目中去，另一方面也会因为该企业这一特殊的福利而增加对企业的忠诚度。

3. 为员工进行职业生涯规划、提供职业发展机会

许多企业没有意识到员工职业生涯规划的重要性。实际上，对员工进行职业生涯规划，对留住员工、防止员工跳槽可以起到积极的作用。职业生涯规划是指企业和员工一起就员工的未来职业发展方向、发展目标做出计划安排并帮助员工逐步实现这一计划安排的过程。进行了职业生涯规划的企业，其员工对企业的忠诚度比未进行职业生涯规划的企业员工忠诚度高许多。员工会因为企业为其提供了专业的职业生涯规划帮助而对企业产生认同感，认为企业非常关心自己的发展。并且如果自己留在企业工作，会沿着一条目标明确、清晰的职业发展道路而不断去努力，企业会提供相应的职业机会，从而在企业的帮助下，最终实现自己的理想。这样，员工跳槽的可能性会大大降低。

4. 提供相应的教育和培训机会

员工跳槽的另外一个重要原因是在原有企业得不到有关的教育和培训的机会。现代企业的员工逐渐认识到，在这样一个竞争激烈的社会中，如果不学习，不掌握最新的专业知识和技能，很快就会被社会淘汰。所以企业应尽可能多的为员工提供一些教育和培训的机会，对一些智力、知识密集型企业如IT、教育、生物、医药、咨询、设计院等企业尤其如此。这样不仅增加了员工对企业的认同感和归属感，同时和员工职业相关的教育和培训也会提升员工的素质和能力，提高员工的工作效率和工作质量，为企业创造更大的效益。

5. 贯彻企业的战略目标，使员工认同企业的发展目标

在企业内部贯彻战略目标，可使员工能够对企业的发展目标、实施策略有一个清晰的了解，有助于增加员工对企业发展目标的认同感，还可使全体员工达成共识，团结协作，共同为实现企业的目标而努力。这样会避免一些员工因为看不清企业的发展目标和发展方向，不理解企业的政策和策略，对企业产生不认同而跳槽。当然企业也应避免制定战略目标的短期化、功利化和市场定位的错误而使员工对企业失去信心而离开。

此外，不少企业通过员工持股、知识产权入股等形式对企业进行改制，使员工的利益和企业的效益联系在一起，增加员工的责任感和主人翁意识。

这种体制上的变革使员工和企业更加紧密的联系在一起，员工会更加努力地为“自己”的企业工作。这种方法等于为员工打造了一副“金手铐”，同样可以防止员工的跳槽。

6. 塑造良好的企业文化和工作环境

良好的企业文化会使员工产生巨大的凝聚力和归属感。企业文化是企业全体员工在日常工作中不断积累、沉淀下来的成文或不成文的行为准则、价值观念和思维方式。良好的企业文化不是一朝一夕可以建立起来的。

营造良好的工作环境

人才是企业最重要的资源。现在很多企业都明白建立良好的工作环境才是留住人才的关键。这里所说的“工作环境”，是“硬件”和“软件”两个方面的综合。“硬件”包括物质报酬、办公设施等，惠普的观点是，良好的环境一方面能提高工作效率，另一方面能确保员工们的健康，使他们即使在较大压力下也能保持健康平衡。

组织常常考虑的不是如何给予成员以更大的自由斟酌处理问题的余地，而是追求责任。所以，组织有必要进一步认真考虑一下成员需要的自由环境、气氛、自由的形式和维持自由的方式。

这里的尊重自由是指尊重自主性，尊重自主性就会自然地产生责任感。对员工表现出更多的尊重，员工曾经埋没的长处也会由此而开始萌芽。

1. 认识、启发由员工自己这样去做的人类特征

由单方面指挥、控制进行管理的原则，无论是采取强制的办法还是温和的办法，在激励上都是不充分的。因为这种方法是立足于人的，这种要求在今天已经不能成为活动的重要动机。另一方面，单方面的指挥、控制，对于激励以社会需求和自我需求作为重要需求的人们来说，本来就是无益的。无论强硬还是温和的方法，在今天都无法顺利实施。

如果人们被夺走了在工作岗位上满足重要需求的机会，他们的行动很有可能呈现出以下特征：懈怠、缺乏责任感、附和流言蜚语、提出不合理的经济要求等等，结果管理者就像是被自己张起的蜘蛛网阻碍一样。

由单方面指挥、控制的管理既是硬性的，而且是严格的。然而，即使能够用公正的方法加以实施，对于那些生理及安全的需求已得到适度满足，而对社会的、自我的、自我实现的需求要求强烈的人来说，指挥、控制也不是激励的有益方法。

受需要层次论的启发，赫茨伯格建立了一种关于人的管理工作的另外一种理论，这就是把人性与人的激励放在更正确的假设之上，这种理论敢于启发更广阔的方面。

赫茨伯格认为，成长的可能性、承担责任的能力，让行动趋向于组织目的的精神准备，这些全部存在于人类本身之中。管理者不是要把人们带向某个方面的人，他的责任是认识、启发由员工自己这样去做的那种人类特性。管理的重要工作是协调组织环境与运营方法，这样人们就会把自己的努力投向组织目的而最大限度地实现自己的目的。

2. 树立尊重人性的观念

首先必须在经营水平上确立信赖员工的观念。管理者关心的不是怎样使用人，而是怎样做才能使人自主、高兴地工作。但是，对于企业来说，如何把这种思想具体化为方法是一项非常困难的课题。在组织制度上可以采取工作丰富化、弹性工作时间、更多的员工福利等等。无论管理者还是同僚之间，都理所当然地必须为促进人的创造性而努力。

人不拘泥于既有的概念，不辞劳苦地为革新发挥创造力，这是与自己成长或自己能够成长这一收获结合在一起的。这就是在工作中引发自信的东西。一个组织是否充分发展了这一人类的本性，是与有效地利用那个人还是埋没了那个人有着密切关系的。

由此便可以认为，通过进一步从人的方面努力改善组织的环境、气氛，就会逐步形成“以尊重人性为基础的自由气氛”。

3. 建立自由信息交流的场所

自由交换信息是人类能够区别于其他动物的重要条件，从这一点上考虑，自由谈话或自由交换情报也就成了工作岗位上的一个大问题。在人的方面发生的许多问题，往往可以从信息交流不充分中找到原因。

从这一点考虑，在组织的顺利运营上形成上下左右确定的周到的情报交流方法是不可缺少的，特别是上司与员工能够进行直率的对话尤为重要。比如建立不拘礼节的房间或实行开门办公制等，也可以考虑在每人所担负的业务之外建立自由发表意见的机会。

自由的信息交流是创造的食粮，是形成自由的企业气氛所必须的条件。

4. 建立自由的制度与组织

自由的企业气氛通过配备了自由的制度和组织而进一步具体化为现实。但是，组织和制度本身又是通过某种形式对自身和别人加以制约的东西，为求扩大自由，需要将制度和组织的制约条件限制在最小的限度以内。

此外，还必须根据情况变化，迅速改变陈腐化和僵硬化的制度和组织。从这种意义上来说，时常“朝令夕改”也许是必要的。总之，非常有必要去考虑建立一种能够不断适应情况变化的灵活的系统。

5. 为员工创造家的感觉

企业要想留住员工必须不断改善工作环境，要营造良好的企业文化氛围，让员工找到家的感觉。在这一方面，通用电气公司前总裁斯通为我们树立了一个成功的典范：

斯通致力于培养全体员工的“大家庭感情”的企业文化，公司管理者和员工都要对该企业特有的文化身体力行，爱厂如家。从公司的最高管理者到各级管理者都实行“门户开放”政策，欢迎本厂职工随时进入他们的办公室反映情况，对于员工的来信来访能负责地妥善处理。

公司的最高首脑与全体员工每年至少举办一次生动活泼的“自由讨论”。通用公司像一个和睦、奋进的“大家庭”，从上到下直呼其名，无尊卑之分，互相尊重、彼此信赖，人与人之间关系融洽、亲切。

有一次，公司的机械工程师伯涅特在领工资时，发现少了30美元，这是他一次加班应得的加班费。为此，他找到顶头上司，而上司却无能为力，于是他便给公司总裁斯通写信，“我们总是碰到令人头痛的报酬问题。这已使一大批优秀人才感到失望了。”斯通立即责成最高管理部门妥善处理此事。

三天之后，他们补发了伯涅特的工资，事情似乎可以结束了，但他们利用这件为员工补发工资的小事大做文章。第一是向伯涅特道歉；第二是在这件事情的推动下，了解那些“优秀人才”待遇较低的问题，调整了工资政策，提高了机械工程师的加班费；第三，向《华尔街日报》披露这一事件的全过程，在美国企业界引起了不小轰动。事情虽小，却能反映出通用公司的“大家庭观念”，反映了员工与企业之间的充分信任。

组织气氛的建设是世界上难度很高的一项工程，不要简单理解为“主管请员工吃吃饭，员工主动与主管拉关系”，它需要主管、员工建立在自然诚信的基础上，一个足够的时间过程，经过烈火磨炼，一段崎岖不平道路的跋涉，高压竞争环境的“锻造”，在融合组织内外知识经验的基础上，在外界势力共同作用下，形成共同美好的愿景，简明有效的组织构架、流程规范制度，自然的沟通交流学习习惯，公正的考核激励措施，团队组织具有强大的感召力和凝聚力，领导者及成员乐意为团队牺牲个人利益，每个成员都以身为组织一员而感到自豪。这样的团队才具有旺盛的生命力和爆发力。

第九章

激励人才，充分激发人才潜力

所谓激励，就是激发人的动机，使人有一股内在的动力，朝着所期望的目标前进。组织行为学的观点认为，激励就是激发、引导、保持、归化组织成员的行为，使其努力实现组织目标的过程，而组织成员的努力是以能够满足个体的某些需要为前提的。激励的目的是为了调动组织成员工作的积极性，激发他们工作的主动性和创造性，以提高组织的效率。

对员工进行有效的精神激励

员工只有感觉到自己被尊重、被信任，才会竭尽全力地为企业贡献自己的聪明才智。因此，尊重与信任应当成为企业管理的第一宗旨。

1929 年，美国哈佛大学的心理病理学教授梅奥进行了著名的“霍桑工厂实验”，得出一个结论：员工的生产效率与工作环境和福利待遇并没有明显的因果关系，但受心理因素和社会因素的影响巨大。美国哈佛大学教授詹姆士也在研究中发现：员工在实行计时工资时仅发挥其能力的 30%，而在受到精神激励时可发挥其能力的 90%。由此可见，企业领导人想要提高企业的生产力必须将物质激励与精神激励有机地结合起来，既要将员工看成是“自然人”，满足其物质需求，又要将员工看成是“社会人”，给予他权利、关怀、相互的认同、成长的空间和自我实现的机会等等。

要想对员工进行有效的精神激励，就必须遵循以下“八大黄金法则”：

1. 赞美式激励

在公开场合赞美员工是激励员工的极佳方式，每一个人在内心深处都渴望获得别人的赞美与夸奖。“千穿万穿，马屁不穿”，从某种程度上来讲，也是至理名言。每一个人在数千人的注视下，走到领奖台上领取奖章、鲜花或是证书都会有一种很奇妙的感觉。每一个人发现自己的名字出现在本公司刊物里的奖励名单里，都会感觉良好。“原来我也可以很有名的”，这种被大众所承认的感觉要远比几十块的奖金更加激动人心。

赞美在建立一个人的自信上有着神奇的功效。中国的大学生比起高中生，明显地更有自信，更开朗，做事能力更强。有人由此做过调查，结果发现很重要的一条原因就是大学生在学校里受到的正面的、积极的鼓励要远比在高中时多得多；相对而言，大学的老师更知道赞美的重要性，经常鼓励、肯定自己的学生。

赞美员工一点小小的成绩都会激发他的自信，员工会更加努力，更有勇气去尝试，如此积累，将来员工也许能取得很大的成功。在婴儿牙牙学语的阶段，即使他还无法准确发音，可是，他一说“哒—哒—”，做父亲的立刻就自动认定他是在叫“爸—爸”，这位骄傲的父亲就兴奋地大叫:“听到了吗？他在喊我爸爸！”然后，他抱起孩子亲他，对他说:“聪明孩子！爸爸疼你！”孩子得到了赞美，就会继续学着去讲话，然后如此这般逐渐学会讲话。如果没有父母的赞美鼓励，恐怕我们许多人整天只能咿咿啊啊了。

作为管理人员应当懂得，每一个员工都需要赞美来保持自信。如果你愿意，你总是可以找出无数的机会来夸奖你的部下，发自内心地称赞他们，使他们死心塌地地跟随你。

2. 倾听式激励

倾听是一门艺术，并不是一件很简单的事情。一个人坐在你面前滔滔不绝，你坐在身边不断点头，心里却在想“今天晚上和老张再好好谈一谈”或者是“待会儿怎样才能语惊四座，让别人知道我的见识不凡”。此时，你并没有在听别人讲话，你只是急着等别人讲完，好轮到自己发言。

作为管理人员，善于听别人讲话是一项尤为重要的技巧。有些最好的经理往往也是最善于听人讲话的人：有一位销售经理，对公司的销售业务毫无了解，每当经销人员遇到了问题来征求他的意见时，由于他对业务一无所知，所以提不出什么好建议。尽管如此，他的倾听艺术却非常高明，无论这些人问他什么，他总是这样回答:“你觉得呢？你认为怎样办最好？”然后这位下属就会给出一个解决的方案，而他总是会点头同意。下属会满意地离开，而且觉得这位经理真的是很不错，很尊重下属的意见。而下属由于了解实际情况，对问题的解决办法总是能谈个八九不离十，因此问题总是解决得又快又好。

与别人交谈时，你必须全神贯注在对方身上，专心致志地听对方的话，听他的言外之意、弦外之音，还要注意他的动作、手势、眼神与表情。你要使对方觉得在谈话的这一刻，只有你们两位在这个世界上。相反，如果你的眼神只顾盯着女招待的大腿，随着她的走动而飘来飘去，你的谈话对象会想："这个家伙根本没把我放在眼里，女招待的腿要比我讲的话重要得多。"你的谈话也算是泡汤了。

人们常常因为谈话中断而坐立不安，他们会赶紧找出新的话题接下去讲，来使交谈进行下去。实际上，片刻的沉默会使双方都有思考回味的机会，会使某一方提供更多的信息，能让双方都有一个休息的机会。

有许多时候，你跟一个苦闷的员工交谈时，他并不需要你出主意、提供解决的办法，只需要你耐心地倾听，对方在诉说完自己的苦闷烦恼之后，自然就会找到解决的办法。但有些时候，光靠倾听是不够的，对于一些人，除非你小心翼翼地加以询问，否则你无法知道他们在想些什么。这时探问务必要委婉，让对方知道你的本意是关怀而不是窥探隐私。

3. 参与式激励

管理学家罗宾斯把员工参与定义为："通过员工参与影响他们的决策并增加他们的自主性和对工作生活的控制，员工的积极性会更高，对企业更忠诚，生产力水平更高，对他们的工作更满意。"

从决策的方面来说，员工参与往往有以下原因：首先，工作变得越来越复杂，管理者常常不能了解工作的一切，只有亲临第一线的员工才可能作出针对性很强的决策。其次，由于员工参加了决策的制定，在实施决策时他们必定会把这项工作当成自己的事情来做，全力以赴，会自觉自发地向同事们解释为何作出此项决策，而不会采取事不关己的态度。第三，随着科技的发展，现在的员工知识水平、教育程度越来越高，自主意识越来越强，他们也不甘只充当别人的工具，而是要求能够在工作的过程中表达自我、实现自我。员工参与决策，一旦取得成功，他们会想：“嗯，这里也有我的一份功劳！”看到自己的想法实现是一件激励人心的事，员工会受到极大的鼓舞，在工作中更投入，会有更高的积极性。

4. 内部升迁式激励

公司的绝大多数员工都希望能够通过努力工作来获得领导层的肯定，并以此获得更多的工作权利和责任，从而获得更好的个人发展空间。当这种愿望不可能得到实现时，员工就会寻找新的公司和机会来满足个人发展的需要。公司的领导层应当重视这个不稳定因素，建立内部升迁的有效激励机制，在肯定员工工作的同时，寻找可以满足员工内心需求的新的工作机会，并将这样的机会尽可能多地提供给合适的员工。

5.“感谢太太”式激励

如果工作的各方面让人满意，每一位员工都想长期地拥有这份工作。日本经济在第二次世界大战以后能迅速起飞，缘于员工的高效率，而这其中的一条重要原因便是日本的各大企业实行终身雇佣制，一旦员工进入企业，便终身为该企业服务，颇有“从一而终”之意。员工的未来生活得到了最大限度的保障，员工不必再去操心各种未来的事情，有了极强的心理安全感，减少了诸多不必要的麻烦，心态稳定，无法也无须跳槽，只有踏踏实实地干好本职工作，才有出头之日。不谈终身雇佣制的功过是非，它给予员工以稳定感、安全感，令其安心工作这一条是值得学习的。

值得一提的是对员工配偶的关心。日本麦当劳汉堡店的总裁藤田认为：抓住员工妻子的心，记住员工太太和孩子的生日，并赠予一点礼物，绝对有益于公司的向心力。总结他们的做法，藤田说：“日本麦当劳店每一个员工的太太过生日时，一定会收到我叫花店送来的鲜花。事实上，这束鲜花的价钱并不昂贵。可是，太太们的心里却很高兴。‘连我先生都忘了我的生日，想不到董事长却记得送花来，实在太感激了。’类似这样的感激函，我经常都会收到。”

日本麦当劳除了6月底和年底发奖金之外，每年4月再加发一次奖金。这奖金又称“结算奖金”，并不交给员工，而是发给员工的太太。同时附上一封短信:“公司能有这么好的业绩，都是各位太太的协助。虽然直接参与工作的是先生们，可是如果没有你们这些贤内助，先生们的工作成绩将大打折扣。所以，这笔奖金是你们该得的。”

通常，企业机构慰劳员工时，会忽略了劳苦功高的太太们，而招待男性员工上酒家或餐厅喝酒、胡闹一番，意义并不是很大。反之，日本麦当劳却打破惯例，邀请员工们的太太一起出席联欢会，以此来提高从业人员的向心力，这也是经营诀窍之一。

日本来岛集团总裁坪内寿夫对员工妻子的关心也表现得很突出。坪内寿夫以自己的名义寄给来岛集团员工的太太“请求协助信”，他说:“我每5年都会分送员工及妻子各5万日元奖金以作为协助金，并附上一封信，请她更多地照顾自己的先生。有许多平常晚起的太太，都会因此亲自送先生出门，这使得先生们的工作情绪高昂。我们作过调查，凡工作情绪不佳的员工，通常妻子的态度都不好。这时我们会设法疏通，为了避免丈夫们因为工作不专心而出事，要求太太们笑脸送他们出门。最好还能为他们做早餐，晚上也应做好晚餐等他们回来，这样丈夫才不会在外徘徊不归。”

6.“工作轮换”式激励

工作轮换是指当员工觉得一项工作已不再具有挑战性时，把员工调换到水平层次相近的另一岗位上去。工作轮换可以使员工免受工作枯燥之苦，增强员工工作的积极性。对员工而言，他可以学到更多的技能，更深刻地理解各项工作之间的关系，对企业的整体活动安排也会有更深刻的了解与认识。同时对企业而言，可以挖掘员工的潜力，并在适应变革、填补职位空缺时，具有更大的灵活性。

7.“工作丰富”式激励

工作丰富主要是指对于工作内容的纵向扩展。让员工能从事一件独立而又完整性的任务，增强员工的责任感及“主人翁”意识，让员工觉得自己很重要，自己的工作是举足轻重的，让员工更好地理解管理人员，更多地了解自己的工作绩效。这样，他们会学会自我评价、自我激励、自我改进，而无须领导加以提醒。

8. 挑战式激励

员工每天八小时都在工作，工作是他们生活的主旋律，所以从工作类型着手往往卓有成效。工作丰富化、挑战性是现代人本主义管理常用的方法，为许多管理大师所采用。

这两者有许多相通之处，工作丰富化对一位本来从事单一工种的工人来说就是一项挑战。某公司的工人原本只负责流水线上的一项工作，他们由于看不到自己工作的成果而显得无精打采。后来老板采取六人至八人一组的方法，让每一位工人都有机会从头至尾完成一件成品，使其体会到工作带来的成就感，工作效率因而提高了两到三倍。工人们调换工种，有助于其掌握多项技能，也有助于其寻找最适合于自己的岗位。但是，对于专业人员、高级管理人员而言，他们更希望工作能够提供展示自己技术和能力的机会。

树立各种各样的目标可以使工作更富于挑战性。挑战性过低令人厌烦，挑战性太强会使人产生挫折和失败感，中等程度的挑战性比较合适。工作如果具有挑战性，会激发起员工对工作的兴趣。他会以解决工作中的难题为乐而不是以此为苦，如果员工喜欢他的工作，就像喜欢打牌、玩电脑游戏一样，那么他废寝忘食、通宵达旦地工作都不会是问题。对于这样的员工来说，加班已经不是苦差，而是一件乐事。一旦乐在其中，什么事都会被做好。

激发下属的工作热情

一名优秀的领导一定要懂得如何激励员工，激发他们的工作热情。要想让员工竭尽全力地为公司服务，物质奖励是一种好办法，高额薪金、年终分红会让员工斗志昂扬。但收服人心，善于表扬下属，常会收到更好的效果，可以充分调动员工的积极性。

表扬的方式很多，主要有以下几种：

1. 当众表扬

这是最经常、最有效的表扬形式。由于它是当着众人的面进行的，并且对被表扬者的优点、成绩作出明确的说明、表述和评价，因而它的激励作用就更大些。它不仅是对被表扬者的肯定和鼓励，也是对其他人的教育和号召。

当众表扬的具体形式有：在日常工作例会上进行表扬；作为工作总结内容的一部分，在阶段性或专题性总结工作时进行表扬；专门召开表彰会议，对一些带有方向性的先进事迹和优异成绩进行表扬。后面这种形式，具有极大的严肃性，是将被表扬者作为一定时期内的标兵和大家学习的榜样宣示于众的；有时受到这种表扬还要记载在一个人的历史档案上，因而它能极大地增强被表扬者的荣誉感和自豪感，从而激发其更大、更持久的积极性。

2. 间接表扬

间接即在当事人不在场时，在背后进行表扬。这种方式的表扬不管是在什么会议或个别场合进行的，都能传达到被表扬者本人，起到激励的作用。它会使被表扬者感到上司对他的表扬是真诚的，不是“当面说好话”，所以常常起到某些当面表扬起不到的积极作用。

3. 个别表扬

领导者在同下属见面时，对他的进步、优点和成绩，当面称赞几句，便能起到一定的鼓励作用。他会感到上司是了解他的工作的，自己的努力没有白搭，从而保持以至发挥更大的积极性。

在具体形式上，对不同的下属应有不同的表扬。如对年轻人，在语气上可稍带夸奖的意味；对有威望的长者，在语气上则应带有敬重的意味；对反应敏捷的人，只要三言两语甚至稍有暗示，他就能感觉到了；而对于疑心大的人，则应该把话说清楚，以避免产生误解。

个别表扬这种方式具有很大的灵活性，可以随时随地进行，表扬的面也较宽。但它在使被表扬者增强荣誉感和对其他人的激励作用上，则不如当众表扬有力。

适度表扬收效佳

我们说人都是有情感的动物，是动物就需要条件反射的刺激，才能提高认识。伴随员工认知程度的提高，这种“刺激”也将变得越来越高级了。

作为管理者，对员工表扬、赞美是团队积极工作所必需的，但夸奖恭维员工并不是轻而易举的事，必须要把握一个度。因为高帽子尽管好，可尺寸也得合乎规格才行，给别人戴过重的高帽是不明智的。赞扬招致荣誉感，荣誉感产生满足感，但当被夸奖被恭维的人发现你言过其实时，他会感到自己受到了愚弄和讽刺。

为了防患于未然，合理把握赞美的“度”就成为管理者必须重视的问题，对此需注意以下几点：

1. 实事求是

古语说：“誉人不溢美”。对被表扬者的优点和成绩，应恰如其分地如实反应，既不缩小，也不夸大，有几分成绩就说几分成绩，是什么样子就说什么样子，不能“事实不够笔上凑”，添枝加叶、任意修饰、人为美化、肆意拔高。不实事求是的表扬，于被表扬者无益，会使其感到内疚、被动；于其他人则会不服气，议论纷纷；于管理者本人则损害其威信。

实事求是地表扬下属，还要求在确定表扬对象时公平合理。表扬谁不表扬谁，应完全根据下属的实际表现，而不应受到管理者个人好恶与亲疏远近的影响。有的管理者为了立自己喜爱的人为“典型”，把别人的长处、事迹也记在这个人身上，这种“把粉全往一个人脸上擦”的做法，必然“高兴了一个人，冷落了一群人”，不仅典型立不住，而且会引起群众的不满，影响内部团结，被表扬者也会感到孤立。

2. 宁缺毋滥

管理者充分运用表扬手段，发现下属有了什么良好行为就及时表扬，使他能再接再厉，作出更大的成绩，也使大家受到促进。如果时过境迁，人们印象已经淡漠，再提出表扬，效果就会差些。表扬要反复地经常地进行，当上一次表扬的作用快要消失时，就要进行下一次表扬，以使表扬的作用长期保持下去，经久不衰地激励着人们的行动。但表扬又不能太滥，不能天天表扬、处处表扬，不能在没有什么值得表扬的良好行为时硬找点什么来表扬，不能搞“瓜菜代”。表扬太滥，会使人们丧失新鲜感、严肃感，被表扬者也不会增加多少荣誉感，其他人也会不会在意，其应有的激励作用就会减弱。

赞扬下属的每一个进步

一个人的成长、成功离不开鼓励。鼓励就是给下属锻炼及证明自己能力的机会。在下属每天的工作、生活中，一个温暖的言行、一束期待的目光、一句激励的表扬都可能会激发他们的上进心，唤起他们的工作激情，进而改变他们对工作、对人生的态度。

成功的管理者能够察觉下属的点滴进步，并会适时地给予他们赞扬与鼓励。当一个下属初次走上工作岗位时，他会对这里的环境很陌生，如果在做出一点小成绩时就得到了领导的表扬，那么他的信心一下就树立起来了。在这方面有个叫卡雷的人做得不错。

担任企业资源开发公司总经理的麦克斯·卡雷在1981年创立以亚特兰大为中心的销售和市场服务公司。当时，他的手下只有一个临时雇员。按他的话说："大的成功离我们太遥远。我们几乎感受不到任何激励。"他想出了一个决定：每次获得一个小成功都要自己庆贺一番。

卡雷出去买了一个警报器，还配了扩音器，这样就能发出救护车的声音。如果他在电话中宣传自己的产品时能绕过培训部主管，直接与那家公司的总经理通话，就要鸣笛庆贺一次；如果收到一大笔订货，警笛也会鸣响。如今，他的公司已拥有100多万美元的资产和11名雇员。每个星期，警笛声大的要在公司内回荡10次。每当知道有好消息时，大家都要出来听他们的同事对刚刚取得的成功吹嘘一番，这也为大家提供了互相交流的机会。卡雷说："我们的雇员经验还不够丰富，无法取得巨大的成功，所以这种庆贺也是一种很大的鼓励。"正是用这些小进步来临时的表扬鼓励，使卡雷的公司取得了惊人的成绩。

请记住：要表扬每一个进步，不管这进步有多么微小。

根据个性选择激励方式

在现实中，激励要因人而异。

在《谏论》中有一个很有趣的故事:有这么三个人，一个勇敢，一个半勇敢半胆小，一个人完全胆小。有一次，苏洵将这三个人带到渊谷边，对他们说:“能跳过这条渊谷的才称得上勇敢，不然就是胆小。”

那个勇敢的人以胆小为耻辱，必然能跳过去，那个一半勇敢一半胆小和完全胆小的人不可能跳过去。

他又对这剩下的两个人说:“能跳过这条渊谷的，就奖给他一千两黄金，跳不过则不给。”

这时，那个一半勇敢一半胆小的人必然能跳过去，而那个完全胆小的人却还是不能跳过去。

突然，来了一只猛虎，凶猛地扑过来，这时你不用问，那个完全胆小的人一定会很快跳过渊谷就像跨过平地一样。

从这个例子可以看出，要求三个人去做同一件事，却需要用三种不同的条件来激励他们。如果只用同一种条件，显然是不能使三个人都动心的。管理者激励员工也是如此对不同的员工要采取不同的态度和方法。

1. 成就型员工的激励

成就型的员工是理想的员工，他们自己给自己定目标，而且比别人规定的高。只要整个团队能取得成绩，他们不在乎功劳归谁，是优秀的团队成员。激励成就型员工的方式有好几种，一是要确保他们不断地受到挑战；二是不去管他们，因为成就型的员工他们会自己激励自己，管理者只要把大目标给他们锁定，可以随他们怎么干；三是培养他们进入管理层，因为成就型的员工会像管理者那样进行战略思考，制定目标并担负责任。

2. 自我欣赏型员工的激励

自我欣赏型的员工的突出特点是他们感到自己很重要，因此激励这种类型的员工的最佳方式便是让他们如愿以偿，让他们带几个实习生，因为这样能激励他们不断进取，如果新手达到了工作目标，就证明他指导有方；如果他没有业绩做后盾，是不能令新手信服的。

3. 竞争型员工的激励

要激励竞争性强的人，最简单的办法就是很清楚地把获胜的含义告诉他。他们需要各种形式的定额，需要有办法记录成绩，而竞赛则是最有效的方式。有一点管理者必须明白，优秀的员工其本身已经具备强大的内在驱动力，这种驱动力可以引导、可以塑造，但是教不出来的，因而给予他们最佳的激励方式便是巧妙地挑起竞争者之间的竞赛。

4. 服务型员工的激励

服务型的员工通常花很多时间款待宾客，跟宾客联络，但是他们的个性决定他们的业绩不会很大，因而他们往往不受重视，激励这些默默无闻的员工的一个方式是公开宣传他们的事迹，在大会上表扬他们。

给服务型职员分类很重要，因为不同的激励方式能够激励不同类型的员工。无论什么类型的优秀员工，他们都有一个共性：不懈的追求。只要激励方式得当，就都能收到预期的效果。

在物质激励方面，以下几种激励方式值得考虑：

① 建立超额奖金制度。

② 建立月份或年份评估奖励积分制度。

③ 与绩效增加相联系的激励机制。

除此之外，还可以在公司内创造一种良好的工作氛围和企业文化，举行一年一度的岗位能手评比活动，给予优胜者以一定的奖金和旅行奖励。

根据年龄选择激励方式

管理中最核心的问题是对人的激励，管理者应该了解员工的需要，不同年龄段的员工需要不同，企业要想有效的实施激励，就应该先调查员工的需要，这样实施的激励才能达到预期的效果，否则会起到反作用。

1. 对青年员工的激励

对于青年人，应当针对他们勇于开拓、兴趣广泛、精力充沛的特点，采取相应的激励措施。

首先，青年人的经济基础一般而言都比较薄弱，所以优厚的薪水、良好的福利对于青年人有着巨大的诱惑与激励作用。对于企业的青年员工，高薪是很好的挽留人才的手段。对于优秀的青年人才，提供行业领先的薪水和福利是值得的，因为公司的长远未来便依赖于他们。

其次，青年员工一般不畏困难，敢于啃硬骨头，而且有开拓性。对此企业可以根据个人的特点，把那些需要超强意志和体力、需要开拓创新精神的工作交给他们，给他们一个宽松的环境，让他们放手去发挥，并辅之以可观的奖金，来充分调动青年员工的内在潜力。

第三，青年员工爱好广泛，求知欲望较强。除了薪水之外，他们更希望能够学到东西增进自己的工作技能，青年人的未来时间还长，他们一般情况下都希望能够发展自己的事业，事业中的发展机会对他们而言尤为重要。如果别的企业有更好的发展机会，他们往往会不顾一切地跳槽，这会让他们本来所在的企业遭受巨大损失——花费了很多金钱和精力，最终竹篮打水一场空。

台湾地区环隆重企业集团创始人蔡长汀，对这种情况有他自己独特的解决办法，每当他看到自己认准并确认有才干的人要离开时，就说："别走了，留在环隆重，我给资金，你自己干，成功了企业归你，失败了算是我出的培训费。"结果本来想走的就不走了，企业内部的潜力被最大地激发了出来。环隆重的员工看到自己光明的前途，知道只要自己努力便会有所成就，无不全力以赴。蔡长汀的这种高尚的人格、无私的事业追求也给员工们树立了好榜样，在这种精神的鼓舞下，环隆重1990年的年营业收入净额高达14亿元新台币。

第四，应当尽量调动起青年员工对工作的兴趣。青年人一般而言耐心不足，因此管理者一定要想办法把要做的工作安排得具有一定趣味性和挑战性，以此激发员工的兴趣和工作精神，否则员工们会觉得枯燥无味，影响工作效率。一个年轻人是不会仅仅满足于一种简单、单调的工作方法和环境的，管理者必须努力地调动起他们的兴趣和积极性，以保持员工的工作热情长久不衰。

随着时代的发展，年轻人的追求目标也与以往有所不同。日本吸引年轻员工号称有三大法宝：高工资、较多休息日和优厚的福利。对于青年员工的福利，企业应尽可能地加以改进。现在仍有很多企业安排年轻员工居住二人、三人甚至四人一间的集体宿舍，这对于渴望独立的青年人来讲，实在是一件令人厌烦的事情。因此，解决员工的住宅问题是吸引员工的一大筹码，不可轻视。

2. 对年长员工的激励

年长员工具有丰富的社会经验与人生阅历，正所谓"老马识途"。在生产领域，他们的实践经验可以弥补年龄所引起的各种不足，他们对青年员工可以进行指导，实行"传、帮、带"。虽然退出了生产第一线，但他们仍然是企业生产技术的骨干、顾问、智囊团。

当然，年长的人随着年龄的增长，在头脑的敏捷、动作的速度、记忆的准确性等方面都会呈现出衰老的迹象，但他们往往又不服老，爱面子要求更强。因此，在同年长员工谈话时，要注意他们爱面子的心理，要引导年轻人在生活上、工作上关心照顾年长员工。在对年长员工进行奖励时，不能像对青年员工那样“利”字当头，过分注重物质利益，更不可大张旗鼓地加以宣传，这样年长员工会想“把我当小孩子来表扬了”，会有被轻视的感觉。

“外企的工作压力大，年龄偏大的员工家庭负担较重，干劲自然比不上年轻人!”

“年龄大的人总是偏向保守，要他们在观念上有所突破，简直是缘木求鱼!”

“何必让年龄大的员工接受培训呢，这是吃力不讨好的事!”

“在退休前几年，他们总是想过太平日子，不求有功，但求无过。说得刻薄一点，他们只不过是坐以待‘币’。”

这样的言辞令人感到遗憾，可在人力资源管理盛行的今天，持这些见解的人竟然比比皆是。然而，更令人遗憾的是，不少年龄大的从业人士居然也自暴自弃，认为这些见解不无道理。

对这个问题给予肯定答复的人，所持的理由往往是：年纪越大，其工作潜能及工作意愿就越小，因此他变成企业冗员的可能性就越高。其实，这是一种似是而非的见解。

不可否认，一般企事业多多少少都供养着一些干不了多少工作却拿高工资的“高龄”员工。之所以存在这样的状态，相当大的程度上是由于企业本身的政策所导致的。很多企业管理者固执地认为：年龄偏大会不堪重负，冲劲减小，遂将逾越某一年纪的员工划入冗员行列，不再加以培训，更别提委以重任；这样导致这些员工在失望之余、压力之下，除了力保其既得利益以外，也很难再有所作为。这些员工的表现更加“证实”了企业管理者的偏执想法，遂使企业变本加厉地视高龄的员工如草芥。这种恶性循环导致的结果是：在这类企业里，年轻的接班人与年长的交班人之间有着特别明显的甚至是十分尖锐的冲突，这种冲突对所有员工士气的打击也不言而喻。

国内的一些研究发现：在从业人员毕生的工作生涯之中，三十岁到四十多岁这一阶段的工作绩效是最高的，越过这个阶段，工作绩效将持续递减。这一论点证实了年龄偏大会不堪重负、冲劲减小的见解。但是另一些研究却指出，从业人员工作绩效的巅峰状态出现于五十岁到六十来岁，这类研究又证实了中国人所谓的“大器晚成”的说法。此外，尚有一类研究则指出，从业人员一生之中拥有两个工作绩效的高峰，一个是出现于三十几岁时，另一个则出现于五十几岁时。尽管以上各类研究结果的代表性尚有可商榷之处，但综合这些研究结果，至少可以发现：工作绩效递减与年纪增大并无必然的联系。

根据心理学家及社会学家的研究发现，工作绩效递减与从业人员的个人素质具有密切相关的联系，这些因素至少包括智慧、兴趣、需要、目标、上进心以及个性。智慧足以影响一个人对知识与技能的吸收能力与模仿能力；兴趣、需要、目标及上进心足以影响一个人追求理想时的激发力与鞭策力；个性足以影响一个人对变动的适应力。基于上述个人素质的差异，有的人在尚未正式迈入职业生涯之前就已经显露出吃力的迹象，而各方面素质均高于常人的职员，即使是到了60岁，仍然会保持着一颗年轻人的心，有着年轻人的工作效率。

所以说，工作效率低并不一定是因年迈而起。至于如何减少当前企业内高龄员工工作绩效递减的状况，其最有效的方法莫过于实行“灵活的”退休制度，即实际的退休年龄是取决于员工的工作绩效，而不与固定的年龄挂钩。例如，企业里有一位员工距离传统退休年龄（超过60岁）甚远，但工作效率极低（本人不到50岁），人力资源部门应该在充分的心理辅导、就业辅导和适度的经济补偿之下鼓励其退休。至于超过传统退休年龄甚多的员工，哪怕已经70岁，只要他能维持一定的工作绩效，就应当持续被重用。

当然，这种加速冗员新陈代谢、促使年长而富有工作绩效的人得以充分发挥潜能的制度现在还只是一个设想，它的推行也会加重人力资源部门的工作负担，但它的好处将使这项负担显得微不足道。

根据业绩选择激励方式

按照工作业绩企业的员工可分为3类：出类拔萃者、业绩平平者和中间阶层。

1. 出类拔萃者

这类人能力极强，而且他当前从事的领域比较拿手，他已经找到了一个适合自己的位置。在现代的公司企业，评先进已经很少听说，先进更多的是在国企机关里才有的一个称呼。对于出类拔萃者，奖金、加薪、晋升等等都是常见的选择，笔记本电脑、车、房的配备，更多的培训机会，更多的休假，多种手段都可以运用，而且这对业绩平平者和中间阶层也是一个不小的鞭策。

2. 业绩平平者和中间阶层

只要员工素质不是特别低下，可能有两种情况：一是时间尚短，他们尚未掌握该工作的基本技能；二是他们不适合此项工作。比方说，让一个天性沉静、好钻研的人去搞公司的公关宣传，或是让一个纯文科出身的人去负责产品研发。对于第一种情况，必须加强培训，给员工更多自我锻炼实践的机会。而对于第二种情况，就需要征求员工的意见，与员工进行协商，了解员工在从事该工作的时候是否会获得了成就感，是否感到了挑战性，是否激发了他自身的兴趣等等。要尊重员工自身的意见，结合实际情况，尽可能地给他以施展才华的机会。

第三篇
管人篇

识人 SHIREN　用人 YONGREN　管人 GUANREN

一个企业或组织的领导者和管理者不仅要学会识人、善于用人，更要懂得如何管人。管人重在掌控人心，即通过灵活运用各种策略，调动员工和下属的积极性和主动性，使他们创造出更多的价值和利益，促进企业或职能部门的进步和发展。管理人才是对领导者和管理者管理能力的考验。是用制度管人，还是用人管人，要根据企业或部门本身的情况善加抉择，必要时应双管齐下。

第十章

让下属心甘情愿听指挥，管人要善用非权力影响力

非权力性影响力是由领导者的品德修养、知识水平、生活态度、情感魅力以及自己的工作实绩和表率作用等素质和行为所形成的。它的特点在于它的自然性，它比权力性影响力具有更大的力量。现实生活的大量事实向人们昭示，领导者影响力中起重大作用的是非权力性影响力，其感召力、吸引力是非常巨大的。“其身正，不令而行，其身不正，虽令不从”，深刻说明领导者非权力性影响力对领导的有效性和权威性的决定性作用。

利用影响力让人乐于接受

有的人不是高官显要，也没有腰缠万贯，却能让你尊重他、服从他、追随他。这种无形的力量就是影响力，也就是非权力影响力。

八百里水泊梁山，一百单八位英雄好汉，坐头把交椅的是又黑又矮的宋江。

论武艺，他比不上林冲、武松、鲁智深等人，就连缺心眼的李逵，沂岭上连杀四虎，勇猛过人，也比他强多了。

论文采，他比不上会写苏、黄、米、蔡四家字体的“圣手书生”萧让。

论计谋，他比不上“智多星”吴用、“神机军师”朱武。就算是依照前首领晁天王晁盖的遗言，也应该是由活捉了史文恭的卢俊义接任。不管怎么说，都轮不到又黑又矮、武艺稀松的宋江。可是众英雄就是只服他一个人，对他言听令从。就算后来对他的招安路线心怀不满，也没有人弃之而去，还跟着他南征北讨。

宋江能坐第一把交椅，靠的就是他的影响力。想当年，早在山东郓城做押司的时候，他就声名在外。提起“及时雨”宋公明，江湖的豪杰好汉哪个不知，谁人不晓？等到他在江州问斩，许多英雄前去劫法场相救，其影响力可绝对不是“吹”的。

非权力影响力是一种不依靠权力，而是凭借本人的形象、语言、实力、品德、情商、人际关系和对细节的关注而产生的一种影响他人、支配他人的力量。

非权力影响力的独特魅力让每个人都想拥有这种力量。

在工作和生活中，非权力影响力比权力影响力更重要，因为非权力影响力能够让受影响者处于一种自愿甚至自觉的状态，没有任何思想上的压力和情绪上的抵触。其影响效果不仅表现在思想支配下的自觉服从，更重要的是表现在心理上的信任和主动服从。

一位母亲可以让散漫懈怠的女儿快快乐乐地做家务，一位企业主管可以让充满敌意的下属心悦诚服地接受并积极完成任务，依靠的是什么？非权力影响力！

拿破仑·希尔曾经说过："在别人的影响下生活着，就等于不属于自己，就等于被别人的意志给俘虏了。"

有人说，影响力本质上就是一种控制力。更准确地说，影响力是一种让人乐于接受的控制力。它与权力不同，影响力不是强制性的。它发挥作用是一个很微妙的过程，它以一种潜意识的方式来改变他人的行为、态度和信念。没有人能够抗拒它，因为它来得悄无声息，等你察觉时，早已经被它虏获了。

管理者要塑造个人影响力

人与人的交往，常常是影响力之间的较量，只有具有卓越影响力的人才能成为真正的强者。

成功人士靠什么改变着今天和明天？靠影响力。而影响力来自何处？如果一个成功人士被认为是缺乏这种影响别人的卓越能力的，那么他的前途是非常暗淡的。

从经验中发现，决定一位成功人士是否优秀的因素，并非分析能力等其他能力，而是卓越的且被普遍认同的影响力。

不少具有良好素养的成功人士，他们自信而上进，谈吐和分析都具有逻辑性，对于目标都具有一定的把握，能倾听别人的意见并能及时回应……

按照我们的说法，他们都是具有卓越影响力的人。更重要的是，他们也在影响着周围的团队，影响着世界。

也许大家都看过《李小龙传奇》，从他的身上我们可以领略到卓越影响力非同一般的作用：把敌人变成朋友，使武术跨越国界，让好莱坞对黄皮肤的中国人刮目相看……

海尔集团的张瑞敏具有不俗的思考力与学习能力，是具有卓越影响力的典型代表。张瑞敏本人屡登世界一流商学院的讲坛，是对其经营管理能力的肯定，更是对其卓越影响力的褒扬。

张瑞敏以自己的影响力奠定和倡导着海尔的理念和文化。无论是海尔提出的“亮了东方，再亮西方”，还是实施 OEC 的管理法，或者“市场链”的业务流程再造，都是富有深度思考与卓越影响的一种外化形式。甚至被选入哈佛案例的“激活休克鱼”的并购理念也是一种文化扩张，都是用管理层面的影响力来盘活机器设备，使企业正常运作并得到迅速发展。

因此，如何塑造个人影响力、如何通过个人影响力来创建一个超级团队，是管理者们必须修炼的课程之一。

权力不能决定一切

年轻领导干部常常倾诉苦衷，认为下属不支持、不尊重自己，或对自己敬而远之，且下属不好沟通，觉得自己的权威受到了挑战。这主要是因为年轻领导缺乏威信的原因，归纳起来不外乎以下两个方面：

1. 权力性影响力差

干部担任某个职务，便获得了这个职务的法定权力。由于种种因素，刚担任领导的年轻干部往往不能马上获得其应有的权力性影响力。

(1)传统因素

人们在长期的社会生活中形成了一种对领导者的认识模式，认为领导有权力、有才干，理应高于普通人。受传统因素的影响，员工对新任领导期望值较高，常用成熟领导者的水准衡量，容易产生苛求甚至求全责备，一旦新领导稍有不慎，就会认为领导水平差，不适应做领导。

(2)职位因素

年轻干部刚走上某一职位，成为员工关注的焦点，自身的成就感十分强烈，心理上也特别敏感，易用审慎的眼光看待周围的人和事，无意中也易夸大对立因素，以致给员工形成一种不容易接近的错觉。

(3)资历因素

由于年轻领导干部年龄较轻、资历较浅、阅历简单，就不容易被下属认可，也不容易让下属产生敬重感和信任感。

2. 非权力性影响力低

年轻领导者的知识、技能和品质虽然客观存在，但它需要时间让下属从各个方面认同，造成非权力性影响力低。

(1)品格因素

下属对新提拔的年轻干部有一个接受过程，会自觉不自觉地“考察”其德才状况，并逐步作出评价和定位。在未彻底定位前，漠然、指责、挑剔是正常的心理现象。

(2)才能因素

一个有才能的领导者会给组织带来成功，使下属产生敬佩感，自觉的接受其影响。在年轻领导干部的能力和水平尚未完全表现出来，尚未被下属充分认识之前，不信任感和逆反心理是难以避免的。

(3)情感因素

新任年轻领导尚未来得及与下属进行深度交流和沟通，缺乏值得群众信赖的感情基础，这种心理距离必然会影响领导者的号召力。

其实，年轻领导干部觉得威信不高、影响力不大实属正常。对大多数新提拔干部来说，如果为了树立威信、提高影响力、过分追求领导权威，或者在情况不熟、经验不足时急于求成，容易导致决策和运筹上的失误，导致威信扫地。那么，年轻领导如何树立自己的“威”呢?

从客观效果上看，“威”是权力性影响力作用的结果；“信”是非权力性影响力作用的结果。因此，年轻领导者只有将权力性影响力和非权力性影响力有机地结合起来并灵活运用，才能提高他的威信，取得最佳的领导效果。

1. 正确行使权力性影响力，提高威望

合法权利是最基本的权力，是组织中权力的基石，组织的领导者应首先依靠并正确使用合法权利，使它在组织中发挥应有的作用。

(1)公正施治，一视同仁

使用权力性影响力更多地带有执法的性质，这就要求使用权力的人要做到公道正派，按照规章制度办事。

(2)开拓创新，果断决策

开拓创新是年轻领导应有的精神风貌，年轻干部要充分发挥朝气蓬勃的优势，大胆探索，锐意创新，在不断开创新局面中冲锋陷阵。

(3)善于授权，用人不疑

要善于授权。要在授权中将监督和指导结合起来，造成大权集中，小权分散的局面。要用人不疑。领导者的真诚信任本身就是一种精神激励，很容易得到下属主动性和积极性的回报。信任可以使下属放下包袱，轻装上阵，团结合作，共谋发展。

2. 正确行使非权力性影响力，提高信誉

从某种意义上说，非权力性影响力在领导者整个影响力中占主导地位，起关键决定性作用。因为非权力性影响力比强制的服从要更为自然，更为易于理解和接受。

(1)品格高尚，严于律己

品格因素是非权力性影响力中最基本的因素，良好的道德品格对于一个领导者来说非常重要。如果一个领导者不具有高尚的品格，或假公济私、或欺上瞒下、或贪污腐化、或打击报复，都会彻底败坏他在下属中的形象，严重削弱他的影响力，甚至威信扫地。相反，如果一个领导者具有大公无私的高尚情操、秉公处事的公正原则、谦让容人的宽广胸怀、严于律己的自省精神，则会使其具有强大的人格力量，有助于其权力性影响力的发挥。

(2)提高才干，勤于实践

才能因素对于一个领导者来说是很重要的。年轻领导干部要增长才干，就必须勤于学习。要加强岗位业务知识、管理知识的学习，迅速成为业务上的行家里手，以超常的能力取信他人。除了学习要勤于实践。优秀的领导者都有着十分丰富的实践知识，这些知识的积累使他们不断增强自己处理问题的能力，使其领导能力日臻成熟，因而能孚众望，提高影响力。

(3)体贴下属，宽以待人

当一个领导者品格、才能已具有一定水平时，还应加强其自身的情感因素。领导者对下属多关心，多一些“人情味”，会使下属产生亲切感，密切领导者与下属的关系，从而提高领导者的影响力，提高威信。

如何发挥影响力

在研究管理者感召力的形成与强化的过程中，情、理、法的关系问题是一个永远值得注意的基本问题。只有合于情，合于理，又合于法，感召力才能得以实现，才能强化，其感召行为才能稳定和持久。

人们在发生争论时的最初心理活动，总是倾向于为自己的心理感受寻找那些最舒适、平和、满足和最易接受的理由为自己辩护，这是人之常情。人们常说的“公说公有理，婆说婆有理”，除了人们站在不同的立场，发生认识上的不同，从而“仁者见仁，智者见智”之外，常常就是由上述心理活动引发的。一般所谓“秀才遇见兵，有理说不清”，并不是因为大兵没有理，只不过是他的理和秀才的理格格不入而已。

所以，我们说理的基础在于情。一个人有多少情，就会衍生出多少理来。不同的人有不同的情，也就会有不同的理。于是就有对同一件事，在同一个时间，不同的人会出现不同的看法（理）。

但是，人都是具有社会性的，许多事情只靠一个人是干不了的。于是，组织的出现、组织行为的规范就成为必然。当组织成员的大多数（这种大多数一般是由组织核心人物或集团，即决策者或决策集团的意志来体现），在某些问题的认识（理）上取得了共识，一致认为应当规定几条，就出现了法律性的东西（法律、规章、制度、契约等），以求大家共同遵守。

所以，我们说法的基础在于理。

由于“情”是极其生动活泼的，所以“理”也就是十分丰富多彩的。这也就不难理解，对任何社会和组织来说法都是有欠缺的，不可能是“绝对完美、完善”的，所以才要设置一部分专职人员关注和讨论、修订法律。

只有法而无情，不能有效地感召组织成员，会使人抑郁，会造成万马齐喑的沉闷气氛。只有情而无法，人人都有一种原始的感召力，但会成为一盘散沙，最后仍然形成不了有效的感召作用。但是，法与情毕竟是相互对立的东西，二者经常会发生碰撞和冲突，此时理就会出来平衡二者之间的矛盾。

所以，合情、合理、合法就成为管理者有效感召组织成员的基本原理。实际上，正确地把握好合情、合理、合法的关系，不仅是管理者感召艺术的体现，还是管理者驾驭艺术的体现，也是领导决断艺术的基本立足点；同时，它乃是整个管理学原理的基本出发点。

中国关于情、理、法的学问源远流长、影响深远。台湾地区某学者在研究有影响力的管理时得出这样的结论:“有影响力的管理的基本内涵是仁、义、礼。仁就是人性化的管理，以了解人性、尊重人格为出发点（讲的情）；义就是合理化的管理，各种管理方法必须合宜适当，无任何障碍难行之处（讲的理）；礼就是制度化的管理，任何组织应制定完备周详的法律规章，人员据以认真执行，对不合时宜的法规不断地加以修订（讲的法）。将这些基本内涵转变为运用法则，不外乎合乎国情、符合人性、手段适宜。”

讲情，在于感动；讲法，在于威慑；讲理，在于信服。

合情，意在激发动力；合法，意在顺乎体制和机制；合理，意在调节情与法的对抗，使二者成为相容与互补。有影响的感召力的形成与强化，离不开这三者的有机协调。

追随力比领导力更管用

有“领导力”固然重要，但“追随力”同样不可或缺。有了下属对你的“追随力”，你的领导会更加得心应手。领导者如果能赢得下属的信任，众人自然就会无怨无悔地服从他、跟随他。反之，如果经常言而无信、出尔反尔、表里不一，别人就会怀疑他说的每一句话、所做的每一件事。

日本“经营之神”松下幸之助特别重视“个人信用”，他说:“想要使下属相信自己，并非一朝一夕所能做到的。你必须经过一段漫长的时间，兑现所承诺的每一件事，诚心诚意地做事，让人无可挑剔，才能慢慢地培养出信用。”

新加坡管理大学组织行为学教授陈辉云新近的研究发现，“组织内的信任关系存在于不同的信任焦距之间”。这些名为“信任焦距”的领域分别是：同级之间的信任、对上级的信任以及对下级的信任。早期的许多研究已经明确了建立信任的主要特征，如能力、仁爱以及正直。研究发现对上级的信任主要是在工作环境中形成或加强的。无论在个人关系还是在工作关系中，最重要的信任特征就是仁爱。不过，仁爱不是建立信任的唯一条件，它还包含了其他特征，例如在集体主义文化背景下的授权及互让互惠、强调双方责任的重要性以及依赖团队成员来完成工作等。

有一个实例描述了信任在工作与个人关系领域内的扩展经过。被调查者的上级为患有流感的下属提供医疗服务，从而体现出其仁爱亲和的领导素质。在被调查的员工看来，卓越的领导关心下属以换取下属的忠心，这就是仁爱。

仁爱的形式是团队精神、团队合作以及在工作上的支持。根据许多被调查者的个人实例可见，上级能够放低姿态、尊重并理解被调查者的处境，这是非常重要的。

员工重视“能力”在不同焦距内加强信任中的作用。虽然被调查者认为能力是一种标准，然而研究中唯有一个关于能力的实例是发生在工作背景下的，并且与仁爱和正直联系在一起。对于在同级之间建立信任时，仁爱是主要的驱动力。这与研究结果是一致的，即在没有纵向权力的影响下，信任和影响力是通过各种手段形成的，比如善意、良好的意图和适当的时机。

此等涉及个人关系而建立信任的方法有可能会外溢至工作关系之中，正如与同级信任有关的部分实例所证明的那样。但是有些问题的答案仍不明确：比如此种外溢效应会否因对异常行为的掩饰而产生负面作用，例如逃避责任或容忍同事的无能等。

仁爱是推动多数信任建设的主要动力，公正和公平在其中也很重要。在建立与下级之间的信任时，可预测性及个人能力是推动上级建立信任的主要动力。

如何提高管理者的影响力

“影响力”三个字中的“影响”二字大体有三种意思：一是呼应，策应；二是仿效，模仿；三是起作用，施加作用。我们现在一般所说的影响指的应该是第三种意思，其作用是施加影响。也许这种影响不是明显的，也不容易看见，但它是客观存在的。影响力说的就是影响的程度量化的结果。正因为它的不可见性，所以很难进行标准量化。

虽然它很难度量，但可以让人感知。影响力体现在个人的威信、号召力以及别人对于他本人的信任程度。我们通常所说某个人很有影响力，指的就是此人比较容易让别人相信，因为他的言行和见解一般都很有说服力，所以即便是在别人没有论证的情况下，也多半会相信他。威信就是影响力的最高水平的代表。中国古代，尤以孔子的儒家学说为代表，以至于孔圣人讲的话就是真理，论语便成为后人世代的必读书籍。世上的人顶多活百岁，但人的言语及思想却能流传千年，可见“影响力”的生命力有多大，作用有多强。

在过去金字塔式的组织结构中，资讯不流通，主管掌握特殊资讯的权力，命令下属照章办事。但现在的组织呈团队化，资讯科技发达，主管过去的权力基础尽失，因而愈来愈需要影响力来带动大家朝共同的目标努力。由此可见，影响力的重要性即便是在今天也尤为重要。那么，该如何施展影响力？如何培养自己的影响力？一般来说，施展影响力的办法主要有四点：

1. 注重可信程度，表里如一

可信度是影响力的核心基础。一个不被信任的人，不论用承诺或是威胁的伎俩，都很难产生影响力。小时候听的狼来了的故事就是最好的例子，简单又有说服力，还让人记忆深刻。撒谎的后果人人都知道，可为什么还有人要这样做呢？显然这些人看重的是短暂的利益。但如果想成为一个具有影响力的人，就应该注意自己的可信度。

要建立可信度，首先要了解自己，了解自己的信念与价值观。能清楚地表达并实践自己信念的人，才能让别人信任。其次，要了解试图影响的对象，深入了解其价值观、信念与需要，并敞开大门让大家参与，在参与过程中，团队成员或是同事就会接受你的目标并转化为他们的目标，从而建立大家共同的价值观。这是主动影响，影响效果最佳，影响力也最大。一般现代化企业的优秀领导们都熟练掌握此种方法。当然我们还要注意可信度的培养。可信的人才是完整、可敬的人，原因在于一旦他做了决定，那么就不会轻易改变。没有人会相信一个没有忠诚可信度的人的任何承诺。

2. 打动人心的说服力

见解高明、准确才会有说服力，有说服力自然就会有号召力。“策划人”、“团队领导人”等名词都是针对工作、任务而言的头衔，他们会有这些头衔，是因为他们的话有说服力。最常用的说服方法就是讲出具有重要性的理由，或以事情的价值、个人的需要做说服条件来用。有的时候，告诉他为什么会是这样，你可以那样去做，但是我希望你这样做，因为这样做是你最佳的选择，那么结果多半是你希望的结果，这样的沟通最有效。

3. 达成共识

谈判桌上需要有共赢的谈判技巧。要让意见不同者与你共同完成任务，须经过谈判，达成彼此都能接受的协议。谈判不是要击败对方，而是解决双方共赢的问题。将问题与人分开，注重利益而非立场，创造对双方有利的条件，这样双方就可以达成共识，谈判就不会发生根本上的冲突，只要把细节问题处理好就可以了。

4. 阻碍影响力发挥的帮凶

命令往往就是阻碍影响力发挥的帮凶，命令常常让人感到不舒服、不自由，无论说的是什么，一旦使用命令的口气就会让人反感。显然，命令是不会有助于影响力发挥的。

5. 勇敢精神

一个人的成功需要具备勇敢的精神。时常告诫自己凡事只要不让五年、十年后的自己一想起来就悔恨，你就会勇敢一些。成功的人多半是有影响力的，虽然有勇敢精神的人不一定都会成功，但成功的人一定都是有勇敢精神的人。

6. 关键时刻的牺牲精神

有的时候还需要一点牺牲精神。关键的时刻挺身而出，需要的不仅只是勇敢，同样也需要牺牲的精神。当你为了大家的利益而牺牲了自己，别人自然会很敬佩你、尊敬你，你在他们心目中的位置也会升高，你对他们施加的积极影响力就会很大。无论如何，至少可以证明自己是一个可以承担责任和值得信任的人，而一个值得信任的人自然会被认为是一个有影响力的人。

7. 追求完美的人品

人品方面要追求完美，要知道人不可能达到完美，但是可以去追求完美。人通常都是感观大于理智的，即便一个人身上有很多的优点，但一个很大的毛病就会让人感到厌烦。有句话讲得好，成功需要万事俱备，而失败只需要一个原因就可以了。一个人具有完美的人品，就会获得很好的人际关系，在别人心目中留下很好的印象，自然会被别人看好，久而久之，自然就会受你的影响了。

树立专家式的影响力

在非权力影响中，管理者要学会树立一种专家式的影响力。对于专家式影响力的具体内容，目前国内外说法不一，但是用智力、业务能力、知识来概括还是比较恰当的。

智力主要是指人在活动过程中的各种认识能力的总和，包括观察力、记忆力、想象力、注意力和思维能力。一个人如果能博闻强记、思维敏捷、洞悉事理，必然使人产生一种信服力。

能力主要包括综合分析能力、组织管理能力、指挥决策能力、表达能力、适应能力、创造能力，以及其他特殊技能如专业技术能力。那些运筹帷幄、才干卓绝的管理者，必然使人产生一种信任力。

知识管理者的知识是指基础知识、专业知识、相关知识和实际知识。管理者如果涉猎广泛、通今知古、学识渊博，必然使人产生一种钦佩力。

这种信服力、信任力、钦佩力综合起来，共同构成管理者的专家式影响力。

因此，所谓专家式影响力就是管理者具有的由被管理者尊敬、钦服和追随的知识、经验和技能所产生的影响力。下属总是遵从和追随那些博学多才、知识经验丰富的管理者。管理者的学识和才能，可以使下属产生信赖和钦佩的心理，从而使管理者获得影响下属的潜在力。

专家式影响力可以从以下几个方面来培养：

1. 坚定的信心和意志力

信心和意志力是行动的基础，是有影响力的人走向成功的非常重要的心理素质。一个管理者只有心里充满必胜的信念，对自己所从事的事业确信无疑，并且有坚忍不拔的意志力，才可能迈出坚定的步伐，产生克服万难的力量、技巧和精力，想出解决问题的方法和对策，赢得他人的信赖和支持，最后达到为之奋斗的目标。

2. 开阔的心胸

一个优秀的管理者应该有开阔的心胸，因为任何人只要具有开阔心胸，就能明是非、知善恶、有爱心、懂礼貌，使社会更加繁荣、进步与和谐。

拥有开阔心胸的人对待人生豁达开朗，一般都拥有健康的身体，不会为不必要的事情大伤脑筋，更不会庸人自扰。在现实生活中，每个人都可能遇到不开心的事情，有开阔心胸的人在遇到困难时总是能以坦然、镇定、理智的态度去面对。

3. 宽容的个性

宽容首先表现在对他人的个性的接纳上，允许别人有与自己不同的性格、爱好和要求，不强求别人和自己一样，有欣赏别人优点，容忍对方缺点的能力。

在世界上，不会存在性格气质完全相同的人，在一个领导集体里，每个人的个性也是不一样的。在性格上，可能有内向和外向之分；在气质上和工作能力上也各有各的特长和不足。由于差异，有人做事可能果敢、利索，性格刚强，办事效率高，但无韧性；有人做事可能周到细致，性格柔韧，办事效率不高。如果在管理工作中能看到彼此的特点，互相配合好，就能弥补各自的缺陷，既把事情做好，又能和下属搞好关系，使集体充满活力、配合默契，感召力大大增强。因此，有影响力的管理者要有宽容的胸怀，就会使所属群体中每个人的个性充分发挥而又不影响集体的发展。就像一个好的园丁，在他的花园里，有百花齐放的景象，也有争奇斗艳的风景。人们光顾这里时，有一种赏心悦目的感觉，对园丁的管理技术充满敬意，因为他既把每一处景致合理地展现，又培育出了万紫千红的整体景观。

相反，如果管理者不理解他人的个性，不能容纳他人的特点和要求，就会使人们之间的关系变得不融洽，甚至出现裂痕，给工作带来严重的后果。

5. 追求良好的人生之道

追求良好的人生之道是有影响力的管理者进行人生境界修炼的重要一环。人也好，物也好，按照黑格尔“存在即合理”的名言，有影响力的管理者应以一种正常的心态去对待，循自然的理法去不断地实践，找出改变世界的方法。

6. 培养情商

据国外的研究表明，决定一个人成功与否的因素中，智商(IQ)，只占 20%的作用，80%取决于社会因素和人格因素，即所谓的情商（EQ），包括人的感情、意志、人际关系等。EQ 的出现，打破了智商决定人终身成就的结论。

1996 年，美国两位学者在《微软的秘密》中揭示了美国微软公司一年收入 60 亿美元的根本原因是其总裁比尔·盖茨的高情商，足见培养高情商的重要性。

一定要让别人感到重要

纽约电话公司曾就电话对话做过一项调查，看在现实生活中哪个字使用率最高，在500个电话对话中,“我”这个字使用了大约3950次。这说明，不管你是什么人，不管你实际状况如何，在内心中都是非常重视自己的。

美国学识渊博的哲学家约翰·杜威说:“人类本质里最深远的驱策力就是希望具有重要性。”每一个人来到世界上都有被重视、被关怀、被肯定的渴望，当你满足了他的要求后，他就会对你重视的那个方面焕发出巨大的热情，并成为你的好朋友。

有这样一则笑话。

有一个人请了四位同事到他家里吃饭，他倒是蛮真诚的，摆了一大桌酒菜。三个同事如约而至，只有一位仍不见踪影，主人在门口急得左张右望，搓手跺脚。

一个同事从里头跑出来安慰他不要着急。谁知这位老兄随口甩出一句话:“该来的不来。”

旁边劝他的这位同事一听，心里想:“这样说，我岂不是不该来的?”咣当一声摔门而去。

里头另一位同事见状，急忙出来好言相劝。哪知这位老兄又从嘴里蹦出一句:“唉！不该走的又走了。”

本来相劝的同事一听，立刻怒从心起:“不该走的走了，那意思不就是该走的不走。得，甭解释了，我走了。”

最后在屋里等的那位同事急忙出来帮着主人挽留客人。

可惜这位老兄口才太不成材，竟然又冒出一句:“我根本不是冲他们说的。”

最后那位客人一听，“噢，你不是冲他们说的，那不就是冲我说的吗？得，我也不留了，一起走吧!”

这虽是一则笑话，却深刻地反映了人们渴望被人尊重的心理。

在美国的历史上，有一位鞋匠的儿子后来成为美国伟大的总统，他就是林肯。在他当选总统的那一刻，整个参议院的议员都感到尴尬。因为美国的参议员大部分都出身于名门望族，自认为是上流、优越的人，他们从未料到要面对的总统是一个卑微的鞋匠的儿子。

但是，林肯却从强大的竞争中脱颖而出，赢得了广大人民的信赖，这除了他具有卓越的才能外，与他从平民中来，走平民路线，把自己融于广大百姓之中的平民意识是分不开的。

当林肯站在演讲台上时，有人问他有多少财产。人们期待的答案当然是多少万美元、多少亩田地，然而林肯却扳着手指这样回答:“我有一位妻子和一个儿子，都是无价之宝。此外，租了 3 间办公室，室内有一张桌子、三把椅子，墙角还有一个大书架，架上的书值得每人一读。我本人又高又瘦，脸蛋很长，不会发福。我实在没有什么依靠的，唯一可依靠的财产就是——你们!”

“唯一可依靠的财产就是你们”，这正是林肯取得民心的最有效的法宝。

鲍勃在一家保险公司做经纪人。他年轻时就凭借杰出的表现得到了业内人士的认可。有一年，他应邀同其他一些高级经纪人出席全国营销会议，并发表讲话。

在众多的听众之中有一位叫龙尼的，他也是一位具有传奇色彩的经纪人，比鲍勃年长 30 岁，而且也一直从事保险事业。

可是，就在鲍勃发言的时候，有一件事引起了他的注意，并使他久久不能忘怀。龙尼，这个经验丰富的老经纪人，在他发表讲话时竟一直在认真地做着笔记。他不仅仅是在听鲍勃的讲话，而且是在认真地学习。

这本来是一件小事，但这位高级经纪人的举动竟出乎意料地使鲍勃受到了莫大鼓舞，让他感到自己是一个重要的人。这件事给鲍勃增加了自信，令他感到存在的价值。

自那天起，龙尼成了鲍勃的良师益友。在鲍勃心中，他简直就是一位英雄。

用风度赢得威望

领导者是一个组织的代表，领导者的风度则代表了这个组织的形象。好的领导风度在公共关系中常常能取得意想不到的效益。

社会交往中的领导风度，一方面可在交往对象中树立可信度，活跃社会交往气氛；另一方面，美的形象、风度翩翩的举止，潇洒大方的风度能吸引众多交往者，它与自然展示出来的奇丽景观一样，使人感情色彩变得丰富起来，给他人一种愉悦的心境，从而达到社会交往的效果。

风度的作用不仅仅是展示美、局限于美，它的核心在于展示领导者的力量，实现交往的目的。

在社会交往中，不能简单地、随便地去应付，而应积极准备，使自己的风度既代表自己所领导的团体形象，又能将自己的人格展现出来。

人们说美的风度能使交往成功一半，不是没有道理的。因此，在社会交往中，每一个领导人既要按美的规律来展示风度，进行各项社会交往活动，同时要通过风度的作用来展示人格的力量，准确把握交往时机。

领导者的形象具有双重性，一方面是他本人形象的体现；另一方面又是他所领导的组织的象征。领导者形象不同，给人留下的他所领导的组织的形象自然也不同。

领导者在与社会公众打交道、参加各种社交活动时，展现出来的端庄整洁、彬彬有礼的形象，会使人们感受到其所在组织的整体形象，而这种整体形象又有利于该组织事业的发展。

领导者的威望来源于他崇高的理想、高尚的情操、博大的胸怀、坚强的意志和卓越的领导才能，而这些内在素质通过仪表等外在形式反映出来，成为领导者特有的风度。

以貌取人固然不可，但美的风度确实有利于提高领导者的威望。领导者的形象除了展示个人的气质风度外，对所从事的事业也有很大的帮助。

表率是最好的领导方法

任何一个团体或组织，无论大或小，要做好工作，其领导者首先要做好人力资源方面的工作。企业应该以“人才为本”。平均工作效率优于大家，你就是人才；等于大家，换了你谁都一样；低于大家时，你就是公司的绊脚石。这个世界是专业化的世界，唯有杰出和专业化的人才才能生存。

在乡村流传着这样一个顺口溜：“村看村，户看户，群众看干部。”群众看干部的什么？群众看干部如何说，更重要的是看干部怎么做。上梁不正下梁歪。做领导的念歪了经，做歪了事，下属和百姓自然是以歪就歪。相反，做领导的要使下属听命于己，要取信于百姓，建立良好的领导者形象，应先自己规规矩矩、扎扎实实地做出个样子来。

“做官先做人，万事民为先。”职位高还须品德高，要常修为官之德。一是境界要高，要牢固树立正确的世界观、人生观、价值观、权力观、地位观和利益观。二是眼界要广，要有战略眼光和全局观念。三是胸怀要宽。古今中外，凡能成就大业者，多是心地坦荡、胸怀宽阔的人。

领导不能做到公正，原因是无法端正自己的内心。内心端正了，处事就没有偏私。端正自心，首先要端正自身，自身端正了，家庭就能端正，国家就能端正，天下就能端正。

孔子说：“自己率先端正了，天下还有谁敢不端正?”傅玄说：“领导立德的根本没有比‘正心’更重要的了。心正而后才能身正，身正而后才能让左右的人正，左右正而后才朝廷正，朝廷正而后才国家正，国家正而后才天下正。反过来说，天下不正要从国家建设做起，国家不正要整顿朝纲，朝廷不正要整顿文武百官，百官不正，当领导的就要从加强自身修养做起，自身不正要从修心做起。修养的对象越贴近，所带来的影响、效果越久远。大禹、成汤肯责备自己，所以国家兴旺，显得生气勃勃。”

端正了自心，就端正了自身；端正了自身，就端正了别人。《论语》中有：“其身正，不令而行；其身不正，虽令不从。”这句话也是告诫领导者必须品行端正，谨慎从事，以身示范。

领导者是榜样，他的言谈举止、音容笑貌、喜怒哀乐直接影响到下属和群众。如果领导者自身的行为规范、得体，即使不制定任何规章制度，人们也能自然地效法他的行为，走正道，做正事。然而，如果领导者自身的行为不正，胡作非为，即使制定严格的法令、法规，人们也不会执行。在台上说得振振有词，还不如身体力行来得有鼓动性、有号召力。嘴上说得天花乱坠，讲得振振有词，做起来又是另一套，倒不如不讲不做。如果这样言行不一，无异于在脸上刻下“伪君子”几个字，让人看了骤生反感之心。

领导者必须严格地要求自己，起带头表率作用，才能服众。更何况，己欲立而立人，己欲达而达人。只有自己愿意做的事，才能要求别人也去做；只有自己能够做到的事，才能要求别人也去做到。表率是最好的领导方法，领导干部的角色是教练，也是教师，更多的则是啦啦队长，处处以身作则，很好地兼顾自己、大家和公司利益，吃苦在前，享受分配在后。

宽容更能赢得感激

作为上级，只有和下级搞好关系，赢得下级的拥戴，才能调动下级的积极性，从而促使他们尽心尽力的工作。俗话说：将心比心，你想要别人怎样对待你，那么你就要先怎样对待别人，只有先付出爱和真情，才能收到一呼百应的效果。因此，付出一份宽容，收获十份真诚，当领导者用宽容之心对待下属时，就能激发下属的潜能，并能赢得下属的忠心和拥护。

三国时期，诸侯割据称雄，各种势力长期混战，力量此消彼长。曹操在这个过程中逐渐强大起来，成为唯一能和袁绍相抗衡的力量。不过在当初，袁绍的实力比曹操大得多。曹操手下的不少谋士都与袁绍有书信上的秘密往来，因为他们害怕曹操被袁绍兼并以后自己没有退身之路。

官渡之战结束后，在清理战利品时，曹军从袁军大营里缴获了一大摞书信，都是曹操的部下写给袁绍的密件，那些写了信的人见秘密即将败露，一个个胆战心惊，不知如何是好。正当众人紧张万分之际，曹操却当着众人的面把那些信全部烧掉了，并对他们说："过去的就让它过去吧，以前我们就像是鸡蛋，而袁军就像是石头。我也在为自己的退路担心，我的属下这么做，我完全能够理解。"

那些提心吊胆的人见曹操如此宽容，又目睹那一大摞书信在烈火中化为灰烬，个个如释重负，感到空前的轻松，同时都流下了感激的泪水。那些给袁绍写过信的人，从此成了曹操忠实的谋士，他们争相出谋划策，为曹操的称霸贡献了自己的力量。

曹操在他的领导生涯早期，为了笼络人心，对于前来投奔的人采取了比较宽容的态度。刘备曾先后两次投奔曹操，虽然都不过是"勉从虎穴暂栖身"的权宜之计，曹操也并非没有看出这一点，但他却能自始至终给予厚待，可以说是恩礼有加。其谋士不止一次劝曹操铲除刘备，以绝后患，都被曹操拒绝了。虎将关羽被曹操捉住后，曹操同样礼之甚厚。得知关羽肯定要离开自己的消息后，仍然厚加赏赐。关羽逃走，诸将要求前去追击，曹操也没有同意。

一个政治家，如果鼠目寸光、鸡肠小肚，不能容人，那是绝对办不成大事的。曹操对这一点是非常清楚的，特别是在他开创事业的初期，更特别注意这一点。他总是力图树立起诚信宽厚的形象，以赢得天下舆论的同情、理解和赞许，以不断壮大自己的势力。在那个君择臣、臣亦择君的动乱年代，曹操这么做取得了明显的效果。

对下属刻薄，还有可能遭来报复。

张飞是刘备帐下一员大将，他在阆中镇守时，得知结义兄弟错走麦城而被害的消息后，日夜痛哭。许多将领纷纷以酒劝解，张飞甚爱饮酒，醉酒后．怒火烧得更旺，手下的士兵稍有过失他就拳打脚踢，士兵受伤者轻则残废，重则死亡。刘备知道后，劝他宽厚一些，否则早晚会惹祸上身，张飞充耳不闻。一日，张飞令军中三日内制办白旗白甲，全体军士四日后挂孝攻吴。第二天，范疆、张达二人进帐禀报：三军挂孝，数量太多，一时难以备齐，须宽限几日。张飞大怒道："我急着报仇雪恨，恨不得明天就进军东吴，你们竟敢违令，罪不可赦。"当下命令武士鞭打二人各50军棍。打完之后，张飞手指二人说："白旗白甲明天全部交上，不然，将你们斩首示众。"回营后，范疆说："今日受了刑罚，如何筹办白旗白甲？张飞性暴如火，明天若交不出货，你我都会被杀。"张达沉思片刻，说："与其他杀我，不如我杀他。"范疆说："只有这样了。"当天晚上，张飞又喝得酩酊大醉，躺在帐中呼呼大睡。初更时分，范疆、张达二人各怀利刃潜入帐中，将张飞杀死后，逃到东吴去了。张飞至死都不知道自己死于何人之手。

子张向孔子请教仁者的含义，孔子说："能够处处实行五种品德，就是仁者了。"子张问是哪五种。孔子说："庄重、宽厚、诚实、勤敏、慈惠。庄重就不致遭受侮辱，宽厚就能得到众人的拥护，诚实就能得到别人的信任，勤敏就能提高工作效率，慈惠就能领导别人。"

魅力就是吸引力

魅力是什么？它是对人特别的吸引力。它是以人为主要对象的用语，包括笑的魅力、声音的魅力、眼神的魅力、身体的魄力、性格的魅力、人格的魅力……魅力可以无所不在，即使发怒、忧伤、哭泣等负面情绪也会成为魅力的源泉。

魅力一旦产生就有了一些神奇色彩。一个人的魅力对甲而言，可能是摄心动魄、不可抗拒，对乙可能就平淡无奇甚至不屑一顾。有一个人说，他因喜欢一位先生的文章而喜欢先生这个人，终至于连这位先生的笔误也喜欢。

受人喜爱便是你的魅力，如果只有能力而毫无魅力，你将怀才不遇；如果能力一般而魅力无穷，你将吉星高照；如果既有能力又有魅力，那么恭喜你，你将春风得意！

普拉斯说，魅力有一种能使人开颜、消怒，并且悦人和迷人的神秘品质。它不像水龙头那样随开随关，突然迸发。它像根丝巧妙地编织在性格里，它闪闪发光、光明灿烂、经久不灭。

有魅力的人可以给你带来愉快、幸福、放松和返老还童的感觉，他可以让你从沮丧、焦虑、厌倦的情绪中解脱出来。

而散发魅力，给他人带来正面效应的人也会从中受益。人们都信任自己所爱的、所选择的朋友是自己喜欢的人，人人都希望沐浴在他人的魅力中。

魅力有时就像流行一样是不可思议的，它能吸引其他人对它做出更多的感情、时间、物质上的投资。

马库斯·白金汉说:“如果我们想获取同事的支持，赢得雇员的忠诚，带领团队迈向美好的未来，拥有健康的生活，最终实现人生梦想，就必须先让自己充满魅力。”

零点研究咨询集团董事长袁岳说:“只有当人们信赖与喜欢你时，他们才会相信你的话，接受你的信息，选择你的产品。”

你的魅力指数渗透人生的所有方面。每当别人在你面前摔门而去，每当你找不到伴侣，每当医生把你赶出他的办公室，这都说明你缺乏魅力。魅力是重要的、实用的、吸引人的，它对于你的每次竞争都具有决定性的作用。较高的魅力指数可以让你拥有不止一个工作机会。你越是有魅力，就越可能被优先选择。

实际上，魅力的价值远比我们能想到的范围还要广，魅力能让人提升人际关系、做好职业生涯管理、保持身体健康、获得家庭幸福、战胜困难等。

魅力并非与生俱来，即便你天赋颇高，魅力也会时有时无。这并非说你现在毫无魅力，而是说如果我们努力，所有人都能变得更有魅力。

如果你想成功，现在最好的选择就是提升自己的魅力指数。如果你有计划、有步骤地提升自己的魅力，就算你平庸无奇，魅力也会一路飙升，一生拥有美妙快乐的生活。

以魅力引领和号召下属

成功的领导不一定有人格魅力，但有人格魅力的领导一定是成功的领导。

想成为一个真正的好领导，必须以自己的人格魅力去引导追随者，而不是靠手中的权力去号令下属。人格魅力就是一个人对其他人的影响力、吸引力和号召力。它有以下三大特征：一是自信加负责；二是道德加操守；三是牺牲加奉献。

魅力是一种吸引力与影响力，是一种源自个人性格的行为表现，是一种人际互动中情绪的激荡与传达，是一种具有权力、威望、令人敬仰的心理状态。

有人认为领导魅力是与生俱来的禀赋，但拿破仑却说：“我的权力靠我的威望，而我的威望全靠我打胜仗。如果我不再打胜仗，不再有威望，我的权力就会消失。征服造就今天的我，也只有征服才能保持现在的我。”

领导能力发挥得好，便能充分展现领导的魅力，它是以个人影响力与权力为基础的。提高领导能力可以从以下方式入手：

1. 远见卓识才能赢得追随者的支持

远见卓识是领导能力根本的源泉。领导的远见卓识能帮助其来克服其他人所没有察觉或不能察觉的障碍。

2. 要有敢于冒风险的胆识

领导要把接受风险与不确定性作为一项复杂的任务。由不确定性所产生的紧张，会转化为我们采取行动所需要的大量能量。冒风险的同时也可能给组织发展带来更大的生机，同时也体现了领导的能力与胆识。

3. 要有心甘情愿的追随者

追随者起着众志成城和绿叶扶持的作用。追随者与领导是一个整体，是相辅相成、不可缺少的两个方面。管理者不要唯我独尊、摆架子，平易近人才能获得别人的支持与追随。

4. 赢得追随者的信任与合作

领导必须与追随者建立起密切的工作关系。如果别人了解你、信任你，当你前去领导他们时，他们会更乐意地追随你。

5. 要善于处理非程序化问题

领导要能够在组织规则、条例、程序和政策所定的框架之外工作。当体制结构对如何行事不能提供某种指导，没有任何常规可遵循的时候，领导便可一显身手。为此，领导要注意那些还未被人注意的地方，在组织工作的规定、条例、政策和程序所定的界限之外寻求机会和解决问题的办法；注意那些不能完全证明是可行的和难以做出要求的项目和任务；集中注意力于那些被许多人认为是行不通的事；提出问题去创造机会和做出假设。

6. 不奢求和强迫每个人追随与支持

赢得追随者是不可预测的事。有的人对领导的主动性不以为然，有的人在领导提出行动方案时则采取回避的态度。领导要与那些关键的追随者保持一致，因为这些追随者会给你带来成功。但同时也要记住，有的时候没有人会追随你的，对此要保持平衡的心态，当有人反对你时，让事实来说话，不要奢求和强迫任何人都支持你。

7. 善于在变革中学习并锻炼其领导能力

领导必须善于在变革的实践中加强学习、总结，把握事物发展的方向，站得高，看得远，赢得并率领追随者前进。这一过程，既提高了领导的能力，也会让领导赢得追随者的支持。

第十一章

说服是一种超级权力，管人要善用说服力

说服他人就是影响和支配他人，因此从某种意义来讲，说服力就是影响力，非权力影响力强的人总是能够用语言让他人接受并服从自己的意愿。

说服是一种超级权力

所谓说服，就是通过高明巧妙的信息传递，使对方接受你的意见，信服你的决定，心甘情愿地按照你的想法去行动。

托夫勒把权力定义为“有目的性的支配他人的力量”，说服比知识更符合这一权力定义。作为支配他人的力量，说服的目的性更强，并且说服是现实的、直接的，而知识是潜在的、间接的。权力的本质在于服从。只有说服，才能直接使人完全心悦诚服地按你的意见行动。托夫勒说:“知识甚至可以说服最初创造它的人改变初衷。”其实，知识本身并不能如此，只有说服才能如此。说服可以使人改变看法、改变观点，甚至改变立场。“你可以经常用知识让另一方按你的议程行动”，你更可以经常用说服让另一方按你的议程行动。因此，知识是高级权力，说服是超级权力。

在第二次世界大战时，美国人把“舌头、美元和原子弹”看做是征服世界的三大法宝，到了20世纪60年代后，美国人又把最有力量的三大法宝变为“舌头、电脑和美元”。不管怎么变，“舌头”（说服）也就是说服始终高居榜首，高于原子弹（暴力），高于美元（财富），也高于电脑（知识）。所以说，说服是高于这三级的超级权力!

众所周知，新闻记者被称之为“无冕之王”。在现代社会，“无冕之王”手中的权力有时候比“有冕之王”的权力更大。尼克松总统被弹劾下台，首要原因在于记者。为什么记者会成为“无冕之王”呢？只因记者能掌握、操纵大众的喉舌，担负着面向社会的说服重任。透过“无冕之王”的实质，也可见说服是超级权力！

种种历史事实更可充分证明说服是超级权力。苏秦靠一张嘴，由一个连家人都看不起的人，一下成为左右天下的人：“天下之大，万民之众，王侯之威，谋臣之权，皆欲决苏秦之策。”《左传》、《战国策》、《史记》等许多典籍，都以钦羡的口吻记叙苏秦、张仪、公孙衍、虞卿、范雎等大说服家们，由一介寒士而位极人臣，以一身系天下安危。他们之所以能决定“天下之策”，就在于他们拥有高超的说服本领，能说服最有权力的国王，使国王听从于他，变国王的权力为自己的权力！职位权力往往不如“说服权力”。一般的职位权力都要受年限限制，就算当总统，4年到了，只能乖乖下台，权力就没了。而说服权力不仅是超级权力，而且是终身享有的永久权力。

说服这项超级权力，从古到今，创造出了一个又一个的奇迹。

说服能“一言兴邦”：爱因斯坦等科学家虽然联名给罗斯福总统写了封长信，建议美国抢在德国之前研制原子弹武器，但罗斯福反应冷淡，婉言推却。后来萨克斯借拿破仑不装蒸汽机而遭失败的史实，说服了罗斯福。这才有了“曼哈顿计划”，有了对原子弹的研制，从而使美国成为世界第一颗原子弹的制造者，战后拥有领先他国的核威慑力。赤壁之战前，刘备同孙权从无交往，更何况他那时只是一个东逃西窜的败军之将，被曹操追得无容身之地。就连刘备自己对与孙权联盟都底气不足：“江东人物极多，必有远谋，安肯相容耶？”在这种情况下，若诸葛亮说服本领不高，不能“舌战群儒”、智激孙权、周瑜，就不可能有孙刘联盟，就不可能有赤壁之战，就不可能成就刘备的帝业，“三足鼎立”的历史或许就会改变！

说服能“一言却敌”：公元前630年，秦晋合兵攻郑。郑国危在旦夕，能言善辩的烛之武，夜晚出城直奔秦军的营门前放声大哭。秦穆公听说此事，让部下捉来盘问：“你是什么人？”“我叫烛之武。”“为何大哭？”“我哭俺郑国快要灭亡了。”“那你为什么在我军营门前哭?”“老臣哭郑，也哭秦。因为俺郑国灭亡已在所难免，并不可惜。可惜的是秦国呀!”接着烛之武分析说，秦晋合兵攻郑，就是胜利了，对于秦国也是无益而有损。因为秦国在晋国的西面，与郑国相隔千里，无法跳过晋国来占领郑国的一寸土地。而郑国和晋国相连，胜利后领土利益必然全部归晋国。你们两国旗鼓相当，势均力敌，可是晋国如果得到郑国地盘，力量就会大大地超过你们。君不见，晋国假途灭虢的历史教训吗？秦穆公听了这番话如梦方醒，就接受了郑国愿做未来的“东道主”条件，马上倒戈背晋而结盟于郑，除留下3员大将领兵2000帮助郑国守城外，秦穆公带领主力悄悄地班师回朝了。晋军知道后，非常生气，自觉孤掌难鸣，也只好撤兵回国去了。烛之武运用说服的权力，竟能使前来入侵的强大的敌国自己退兵！说服的威力，真是远远胜过千军万马！再如，齐国要伐鲁，孔子为了保全祖国鲁国，让爱徒子贡靠一张嘴到各国游说。通过游说，不仅完成了使命——保存了鲁国，而且搞乱了齐国，灭掉了吴国，增强了晋国，又使越国成为霸主。

说服能“一言救命”：战国时齐国人张丑被送到燕国做人质，不久，齐、燕两国关系紧张，燕国人想把张丑杀掉。张丑得了消息，立即寻机逃走，尚未逃出边境，又被燕国人抓住。看来是必死无疑了，张丑却不慌不忙地对官吏说:“你知道燕王为什么要杀我吗?”“不知道!”“因为有人向燕王告了密，说我有许多财宝，但我并没有什么金银财宝，燕王偏偏不信我。”张丑接着又问:“我被你捉到了，你会有什么好处呢?”“燕王悬赏一百两捉你，这就是我的好处。”张丑边说边笑:“你肯定拿不到银子！如果你把我交给燕王，我肯定会对燕王说，是你独吞了我所有的财宝。燕王听到后一定会暴跳如雷，到时候你就等着陪我死吧!”那官吏听到这里，心惊胆怯，越想越害怕，最后只好把他放了。张丑全靠他高超的说服本领，击中了官吏的心理弱点，才能死里逃生。曹袁交战时，关羽帮曹操杀了袁绍的两员大将颜良、文丑，此时刘备在袁绍那里，袁绍见折损两员大将，气得要杀刘备，刘备也是巧借一番言辞而保住了性命。韩信的谋士蒯通在刘邦要用大锅煮他之际，同样用一番话救了自己。

在日常生活中，说服这项权力用处最广，无所不在、无所不用。小孩子要父母买玩具、小伙子向姑娘求爱、求职者登门自荐、商人推销商品、考生面试、牧师传教、总统竞选、外交谈判、救灾募捐，甚至大规模的说服运动——“希望工程”、“爱心活动”……总之，生活中处处都离不开“说服”。可以这样说，拥有了说服这项本领，你就可以使任何人去做任何事，而且是让别人心甘情愿地去做。

今天的时代是传播技术日新月异、飞速发展的时代。说服不仅指用苏秦的“三寸不烂之舌”的当面说服，而且包括更为高级的说服——借助现代化传播媒介——报纸、书刊、广播、电视、电脑网络、多媒体信息系统等进行大规模的说服。因此，当今社会，说服权力更是用处最大最广的权力。

说服之前先了解对方

在现实社会中，矛盾不断产生，正反两方是永远存在的。因此，正确的必须说服错误的，正直的必须说服邪恶的，眼光远大的必须说服眼光短浅的，好的必须说服坏的，大公无私的必须说服自私的，思想科学的必须说服头脑顽固的。社会上，更有许多不合理的事情，需要去说服当事人改变或改善他们的做法……这是永远不能停止，也永远不能懈怠的事。

我们要说服别人，首先必须透彻地了解别人的意见。

在现实社会中，当大家对一个问题发生争执，双方都在坚持自己的看法，申述自己的论证，并不去加以分析和反驳，这样争执几个小时之后，只会令人觉得“公说公有理，婆只说婆有理”，“公”没有去分析、批评“婆”的理，“婆”也没有去分析、批评“公”的理。这样，不但“公”“婆”双方，各执己见，连旁人听了，也难断是非。

所以，我们要想说服别人，最重要的一点是不要只说自己的理由。我们要说服别人，必须首先透彻地了解别人的意见，看他们是怎样想的，有了怎样的感觉，了解他怎样看事情。我们对别人的思想、感觉、看法了解得越清楚，我们的说服力就越强，越能够剖析困难，为人指点迷津。我们对别人的想法了解得越多，我们言语的说服力，也就越大。

“知己知彼，百战百胜”，大家应练好这种“知彼”的功夫。

摸熟了通向各种人物内心的道路后，才能够逐渐清除他们内心的忧虑，解答他们内心的怀疑，并且把那些和你不同的或相反的意见推倒移开。

有许多口才很好的人，往往用自己的唇枪舌剑，把对方口头上所说的意见驳倒，以为这样自己说服了别人，但却不知道别人心里还藏着什么疑难未解之处。这样的“说服”只是口头上的说服。别人对你的话，没有心服，就不会按照你的话去做。所以，我们应该经常关心别人的生活，和别人接近，倾听别人的谈话，注意别人的各方面的表现，研究分析别人的行为动机和别人的心理活动规律。这些正是我们说服别人的准备工作。

说服要有耐心，不能操之过急

我们一般在说服别人的时候，经常犯的错误除了过分心急、不够耐烦之外，就是我们并没有在说服的过程中提高我们自己的认识。我们不外乎把我们说过的话翻来覆去，说来说去还是那一套。许多人不能说服别人，恐怕第一步就失败在自以为是上了。

因为没有关心别人的生活，没有细心地去研究别人的问题，就下了判断，自以为“一眼就看穿了别人”。就如医生，未详细了解病情就下了诊断结论，结果是变“医”为“害”了。

在说服别人之前，最重要的是把准备工作做好，先把别人的想法、问题看清、摸准，反复研究，深思熟虑。在说服别人之前，多听、多看、多想、多研究、多分析，把别人的想法、做法和问题所在看得清清楚楚，使自己得到正确的判断。

假定我们的看法是对的，我们的意见是正确的。那么，在我们去说服别人的时候，我们可能犯些什么错误呢？首先，我们可能过分心急，巴不得别人听了我们的话就立刻点头、说好、大为赞赏，向我们感激地说：“听你一席话，胜读十年书。”“你的话，真是一言警醒梦中人，倘若我早能向你请教，早能听到你的指点，那就不会惹出这么多麻烦了。”

是的，这种情形不能说没有。一个头脑清楚、眼光敏锐而又善于表达自己意见的人，对别人常常会有这样的帮助。但实际上，这种情形是不太多的，在大多数场合，别人不会被我们一“说”就“服”的，别人的看法、想法、做法不是一天形成的，正所谓“冰冻三尺，非一日之寒”，因此没有那么快就会改变自己的想法的。即使别人肯听我们的话，甚至在听我们说话时，曾经大加赞赏，大为感动，说了许多使我们非常高兴的话，但回去仔细考虑之后，他们原先的想法又可能占上风。

更何况别人所接近的也并非只有一人，别人所听到的也并非只有一种意见。除了我们，还有他们很熟悉或很信任的家人、朋友，也许比我们更能说服他。

如果你操之过急，就会把意见强加于人，使问题更难解决。

另一方面，各人的思想不同，而这些思想及心里的成见是根深蒂固的，就像一座山，要移去这座山，就需要有“愚公”的魄力和勇气。

因此我们第一要耐烦，第二要耐烦，第三还是要耐烦。遇到不能说服别人，反而被别人抢白一顿的时候，不要生别人的气，更不能生自己的气，也不要泄气。像愚公移山一样，今天挖开一角，明天铲平一块，今天解释清楚一个细节，明天说明一个要点，日积月累，相信是会解决清楚的、会说通的。

有的时候，别人实际上已经被我们说服了，但是在他的身后却存在庞大的力量，这个人拉住他的手，那个人扯住他的脚，因此我们面对的就不只是一个人，而是很多人。这时候，我们也应该增加我们的力量，介绍好的书给他看，请他去看一部很好的电影，也可以找几个见解和我们相同、口才比我们更好的人和他做朋友，和他多谈谈各种问题。这样，可以在潜移默化中影响别人，最终说服他。

这样做，对你自己也不是没有好处的，可以使你本来正确的认识更细致更丰富，看问题看得更深刻更透彻，也同时锻炼了你的眼光、脑子和口才，增强了你说服别人的能力。

选择最适合对方的说服方式

社会上有这么一种人，一方面只坚信自己，不相信别人比他更聪明、更正确；另一方面又非常缺乏自信，生怕自己的理由被别人驳倒，生怕自己的信心被别人动摇，因而不敢说出真正的理由。

他们的心里有一种很奇妙的想法:“我不讲出来，你就驳不倒。”当然，他们对自己也并不十分坦白，他们会想出种种很漂亮的理由，支持自己这样做，但无论他怎样说、怎样想，骨子里面就是因为他认为不说出理由是最安全的。有许多人就在这种自欺欺人的“政策”之下过了一生，做了许多不值得做的事。这种人确实是很难说服的。

说服这种人要有真诚的态度、足够的机智，并且还要去了解他的思想及内心世界。这就要靠我们平时对别人的生活多留心，熟悉各种人的思想与行为的规律，深入地分析别人的内心活动。

当我们猜中别人心理的时候，他可能脸会红，可能感到非常狼狈，甚至于会恼羞成怒，把错误坚持到底。这种情形当然并非我们所愿意看到的。

但是我们必须了解：当一个人内心坚固的堡垒一旦被人摧毁时，是非常震动和痛苦的。这时，我们就需要设法减轻他们的痛苦，或是使他们不觉得痛苦，反而觉得快乐。这就要靠我们有一颗至诚的心，真正能够为别人着想，不但能够指出他们的错误，而且还能为他们指出光明的前途。

还有一种人更难说服，这种人不是不肯说，也不是不敢说，而是不知道，是真正不知道。

对人的说服工作，如果你用的方法及言语很正确，对方仍然表现出茫然不解，或不以为然时，我们就要动脑筋了。这就需要我们立刻顺风转舵，改变策略，换一个更好的方式。

大家知道同样的一种内容可以有千百种表达的方法和方式。同样意思的话，可以有千百种的说法。

我们要随时反省自己：我们的话，对方能够接受么？是讲得太深奥了，还是讲得太肤浅了？是把问题提得太高了，还是把问题提得太低了？我们的话是太武断了，还是太含蓄了？我们所用的词汇是太文雅了，还是太粗俗了？说服这件事情，仔细研究起来，是非常复杂的。有时，我们可能因为用错一个字眼，无端地惹起对方的反感。在我们这个社会中，各个阶层、各种宗教、各种信仰的人都各有一套说话的习惯、各有一套习惯的用语，讲究口才的人对这方面的知识都是相当看重的。要和别人建立更深入的关系，最好能善于把握对方惯用的语言。

总之，我们的话一出口，也像一个人要远行一样，未必一帆风顺。如果这个说法没有效果或效果不好的时候，就要换个说法，直到对方完全了解，完全赞同。事实上，有些比较困难的说服工作，绝不是一次或几次的谈话就可以收到效果的，有时候需要很久的时间，有时候还需用事实、用行动去做我们言语的后盾。

在说服别人的过程中，我们必须不断地深入了解自己的问题，并且丰富自己对人对事的认识。否则，如果我们只是单调地重复我们已经说过的话，那么除了令人讨厌之外，恐怕是得不到什么说服效果的。

因此，当我们要说服别人的时候，每一次见面、每一次谈话必须添一点新的材料，多一点新的理由，加一点新的力量。一句话，有了新的发展，才能把阵地向前推进一步。

说服不是一厢情愿，要推心置腹

推心置腹这一成语，是由《后汉书》“推心置腹中”一语演变而来。

攻心时，肺腑良言固然重要，但把它置于对方的腹中更为重要。良言入心才发生效应。

战国时，有个博学善辩之士叫蔡泽，想劝说秦国范雎退位，把相印交给他，并真的远涉而来。消息传开，范雎止不住恶感至极。“百家之说，吾莫不门，众口之辩，遇我而屈，小小蔡泽，竟敢胆大包天，口出狂言，即使秦王也莫想夺我相印。”

而蔡泽见范雎时，尽管范雎对他非常反感，蔡泽却一见如故，推心置腹地讲了番道理。他用许多古代名相不能审时度势及时让位隐退，结果招致杀身之祸的教训，开导范雎认清在盛名之下、得势之时主动交出相印的好处。他还运用比喻的方法，进行劝说:“翠鹄和犀象是两种生命力很强的动物，为什么又往往早死，是因为它们惑于贪饵。一个人千万不能过于贪图功名，只顾眼前。”有力的说理、善意的劝告终于消除了误解和抵触，使范雎真的高高兴兴地把相印交给了蔡泽。

推心置腹，可以使一时敌对的人变成至爱亲朋，使本来隔阂很深的人成为知己，使相逢初始的人一见如故。而我们有些人常常抱怨“攻心难，难交心”，原因恐怕就在于，有的只满足于把心掏出来，而不想方设法把自己的一片赤心“置于”对方的腹中，使他人真切地感到你的善意和关心；有的由于以“教育者”自居，虽有心谈心，却无意“交心”，或要求他人“全抛一片心”，自己却

"只说三分话"。在一些教育者嘴里,"我去打通他的思想"成了"促膝谈心"的同义语与代名词。这样的教育者即使真理在握,一言九鼎,也会使听者悚然,令人缄口。自以为高人一等,怀揣着一块冰,喜欢眯着眼睛去睨人的教育者,怎能获得谈心的佳效呢?白居易说过:"功成理定何神速,速在推心置腹。"今虽非古,情同此理。

另外,劝说者仅凭一厢情愿,而不顾对方的意愿或客观条件,是不可能取得劝说成功的。劝说者根据对对方心理特点的了解,经历了对方相应的心理反应或变化,再考虑劝说技巧的选用,才能为使对方口服心服创造条件。

假如对方觉得你虽然说得头头是道,但是用的是"恐吓战术"或徒以口舌取胜,就会觉得你是不值得信赖的,他的态度必然就倾向于闭锁性和对抗性。这显然离劝说胜利的目标还有相当的差距。

劝说者要致力于消除对手的情绪障碍和认识障碍,以礼貌待人,不能意气行事,使用尖酸刻薄的话语来刺激对方。

拐弯抹角更能打动对方

根据不同的对象和语境,有时论辩需要一针见血,有时则需要拐弯抹角。拐弯抹角就是通过转换角度,或者借助其他人来说服对方的方法。先秦时代,辩士们进谏国君往往用拐弯抹角的方法,这是因为封建君王喜怒无常、好恶不分,直言进谏反而得不偿失。前述例子中,成公贾如果直接向庄王进谏,就违抗了庄王先前的命令。所以他采取了"出谜语"这个方法,拐弯抹角地绕着弯子说,让庄王自己领会。

拐弯抹角能激起人思想上的波澜，让人在思索中明白事理，说服力更强。

古代辩士运用拐弯抹角的方法时有几个特点：

① 需要借助中介，如一个故事、一则寓言等等，就事论理；

② 巧妙利用时机，不以专门劝谏者的身份出现，以免造成对立局势；

③ 换角度提出劝谏，在另外的事情上做文章，其中的隐义由对方自己悟出，使其在自我启发中认识错误，这样既免除了对方心理和面子上的顾虑，又便于改正错误和接受意见；

④ 能起着忠言未必逆耳的最佳效果，大大增强了说服力。请看以下事例：

《战国策》里记有这样一则“南辕北辙”的故事。从前魏王欲攻打赵都邯郸，谋臣季梁知道此事后，忙从旅途返回，求见魏王。他对魏王说：“我在返回的途中遇到一个男子，正赶着车向北走，却告诉我他要去楚国。我提醒他：‘若要去楚国往南走才对。’可那男子说：‘我的马是日行千里的好马。’我说：‘马是好马，可是你却弄错了方向。’那男子又说：‘我带够了旅费。’我说：‘你的旅费够了，但你的方向走反了。’可那男子又说：‘我的御马技术高超！’诚然他具备了所有条件，可他却犯了方向性的错误。楚在南，他却向北，因此他的条件越好，离楚国的距离就越远。大王，您身为霸者之一，刚刚获得天下的钦佩，却想仗着国富兵强而攻打赵国，你的目的是扩大领土，远播威名。但赵国并非弱小，若进攻不利，反而削弱魏国，可能从此离霸业日远矣。这不就和那个欲去楚国，却偏偏向北走的男子一样吗？”魏王听过故事后，若有所悟，改变了原来的主意。

这里，季梁借用一个成语故事劝谏魏王不要进攻楚国，并指出进攻的结果有害无利，魏王最终接受了他的劝谏。

含蓄的方式容易被人接受

有些话要直说，有些话却不宜直说。说话直来直去，想什么说什么，固然是坦然的处世态度，可有时难免遇到不便直说、不忍直说、不能直说的情景，在这种情形下，如果说了直话，可能影响到人际关系，给自己添麻烦，伤害到别人。

点到为止的语言，更容易被别人接受，更能表达对别人的尊敬，达到有效交流、沟通思想的目的。为避免不愉快的事情发生，在某些场合说话还是要讲究一点技巧，比如故意说些与本意相似或相关的事物，暗示、含蓄地表达原来直说的话。“言有尽而意无穷，余意尽在不言中”就是这个意思。

在美国经济大萧条时期，有位17岁的姑娘好不容易找到一份在高级珠宝店当售货员的工作。

在圣诞节的前一天，店里来了一位30岁左右的贫民顾客。他衣着破烂不堪，一脸的悲哀、愤怒。他用一种不可企及的目光，盯着那些高级首饰。姑娘要去接电话，一不小心，把一个碟子碰翻，六枚精美绝伦的钻石戒指落在地上，她慌忙捡起其中的五枚，但第六枚怎么也找不着。

这时，她看到了那个30岁左右的男子正向门口走去，顿时她知道了戒指在哪里。当男子的手将要触及门柄时，姑娘柔声叫道:“对不起，先生!”

那男子转过身来，两人相视无言，足足有一分钟。

“什么事?”他问，脸上的肌肉在抽搐。

“什么事?”他再次问道。

“先生，我是头一回工作，现在找个事做很难，是不是?”姑娘神色黯然地说。

男子长久地审视着她，终于，一丝柔和的微笑浮现在他脸上。

“是的，的确如此。”他回答说，“但是我能肯定，你在这里会干得不错。”

他停了一下，向前一步，把手伸给她:“我可以为您祝福吗?”

姑娘立刻也伸出手，两只手紧紧地握在一起，她用低低的但十分柔和的声音说:“也祝您好运!”

他转过身，慢慢走向门口。姑娘目送着他的身影消失在门外，转身走向柜台，把手中握着的第六枚戒指放回原处。

这是一起盗窃案。人们通常的处理方式不外乎想方设法抓住盗窃者。但是姑娘却没有这样简单处理，而是用一席话彬彬有礼地达到了预想的目的。这种巧用暗示的含蓄方式是值得细细品味的。

在美国经济大萧条时期，很多人找不到工作，姑娘的这份工作尤为珍贵。如果被盗走了一枚戒指，其后果不堪设想。即使抓住了盗窃者夺回戒指，可张扬出去，被老板知道个中原委，姑娘也会因工作疏忽而被解雇。何况那是一个落魄者，善良的姑娘也不想因此雪上加霜，伤害这个走投无路的可怜人。可见，把善良的愿望用含蓄的语言技巧表达出来，可以收到出乎意料的效果。

说服的话要光明磊落

社会上总有这么一种人，对他的朋友犯错误感到非常的痛心。由于他们经常在一起，平时他也经常说服朋友，然而他的朋友却不采纳他的“忠言”，以致“身败名裂”。当有人询问时，他会慨叹地说：“我早已不知跟他说过几千遍了，他就是不听，我又有什么办法？”

当然，一个人的失败不应该由他人来负责。但这位先生说了“几千遍”的“忠言”，很可能只是一种“单调的重复”，没有什么说服力。因此，当我们跟别人谈了一次之后，必须把自己说过的话再重新回忆一次，检查一次，看有没有什么地方没有表达清楚，什么地方强调得不够，理由是否充分。更重要的，是要把对方的话拿出来细细地咀嚼，把对方许多不以为然的地方拿回来细细地推敲，同时不断虚心地反问自己：“这一点我不是已经说得非常清楚了么，为什么还不明白呢？为什么他总是坚持己见呢？”

最初，我们常会觉得对方“无理可喻”、“莫名其妙”、“不可思议”，甚至因此慨叹、生气、摇头，但是就在这个时候，冷若冰霜静的思考、仔细的分析、反复的研究和探索会帮我们很大忙的。

渐渐地，在苦恼和困惑中，我们就会找到一条出路，发现我们的哪一句话引起了对方的误会；知道对方对我们的动机有所怀疑；明白对方提出的问题都不是主要的理由，因此很容易驳倒。但是，就在这些很容易驳倒的理由背后，还隐藏着一个或几个最充分、最重要的理由。这个理由他不肯说出来，或是不敢说出来。一个人常常不肯说出他的真正的理由，因为他还不信任我们。也许他不相信我们对他的真正的关心和十足的诚意，不相信我们有替他解决疑难问题的能力，不相信我们能够全心全意地为他着想，不相信我们能够替他保守秘密。只要他还不相信我们，他就不会把他心里的秘密向我们坦白地全盘托出，那么我们就不会明白他的用意和动机，我们也就无法说服他们。

从以上的情况看，我们想说服别人，必须具有强大的人格力量，必须有光明磊落的心胸，必须要时时都能够为别人着想，使别人产生信赖感。倘若这样，相信你的“忠言”是会起作用的。

说服下属的几个要领

有些管理者说服人经常犯的弊病，就是先想好几条理由，然后去和对方辩论；还有的是站在长辈的立场上，以教训人的口吻，指点别人该怎么做。这样一来，就等于先把对方推到错误的一方，因此效果往往不好。那么，怎样才能取得更好的效果呢？

古人云:“感人心者，莫先乎情。”管理者的说服工作，在很大程度上，可以说是情感的征服，只有善于运用情感技巧，以情感人，才能打动人心。感情是沟通的桥梁，要想说服别人，必须跨越这一座桥，才能瓦解对方的心理堡垒，征服别人。管理者在劝说别人时，应推心置腹，动之以情，讲明利害关系，使对方感到管理者的劝告并不抱有任何个人目的，没有丝毫不良企图，而是真心实意地帮助被劝告者，为他的切身利益着想。以下是几点说服下属的要领：

1. 适度褒扬，顺水推舟

每个人的内心都有自己渴望的“评价”，希望别人能了解，并给予赞美。身料”的方法，只要使用得当，就能把抽象的道理讲得清楚明白、诙谐风趣，不失为说服技巧中的神来之笔。

把握分寸，说话要恰到好处

现代社会是一个竞争与合作的社会，有的人在竞争中失败，有的人在合作中成功，这其中奥妙何在？答案其实就在掌握说话的分寸！

人们在社会上不管是与人交往还是托人办事，都少不了要与人说话，传递信息，沟通感情，交流思想。但说话可不是一件简单的事，有时一句话能把人说笑，有时一句话也能把人说恼。

我国自古对语言就有“三寸之舌胜百万之师”、“一言可兴邦”的美誉，在欧洲也有“善言可息怒”、“良言胜重礼”、“正义的话能截断江河，和蔼的话能打开铁锁”等谚语，说话的巨大威力由此可见一斑。

在现代交际中，是否能说，是否会说，是否把握了说话的分寸，影响着一个人立世的成功和失败。所以有“逢人只说三分话”、“点到为止”之说，政治场上有“领导过问了”、“研究研究”之说，生意场上有“一语值千金”之说，文化场上有“点睛之笔”之说，社会上更有“褒贬毁誉系于一言”之说。

为什么很多人一到说话便脸红、心跳、羞于启齿或语无伦次不知所言呢？这一切意味着什么？难道是无话可说吗？当然不是！他们不敢说，也不会说，生怕说错！为什么怕说错？因为他们把握不好在各种场合中说话的分寸！所以就干脆抿起嘴来，三缄其口，不说了！

懂得把握说话分寸的人，从来不会勉强别人与自己有相同的观点和喜怒哀乐，他们善于运用有分寸的语言，准确、贴切、生动地表达出自己的思想感情，使自已在社交上八面玲珑，在办事时无往不利。

千万别小瞧说话，与人相处是否和睦，与人共事是否随心，干工作能否顺利，干事业能否成功，很多时候并不取决于事情是怎么办的，而取决于话是怎么说的。事情办错了，可以用“话”表示道歉、表露愧意，使对方在情绪上不至暴跳如雷、在道理上不至过分纠缠；相反，倘若话说错了，激恼了别人，事情可能就越弄越糟。

话说不到位不行，说不到位，别人可能不明白，理解不透，琢磨不出你的真实用意。话说得太过头不行，要求太高，言辞太尖刻，让人听了不愉快，觉得你不识大体，不懂规矩，不知好歹，这样的人常常被人敬而远之，也同样无法与人正常交往。

话说得不巧妙不行，太憨实，会招来嗤笑；太絮叨，会招来反感；太直露，会招来麻烦；太幼稚，会令人瞧不起。如何把话说得恰到好处，绝对需要我们细心品味，用心去学。

双赢是说服的最高境界

现代社会追求双赢，说服也是一样，不仅考虑已方的利益，同时也要顾忌对方的利益和需要，双方各取所需，各应所求，这就是说服最理想的境界。

但这只是一种理想的境界，说服的过程受很多因素的影响。当人际互动陷入对峙甚至敌对时，就会扩散故意性和离心力，就会造成一输一赢甚至是“双

第十二章

不伤下属的心，管人要善于批评

在部下犯了某种错误时，应该考虑时间、场合和机会予以批评。批评的最终目的不是要把对方压垮，不是整人，而是为了帮助他成长。一旦这种错误得到纠正和解决，就忘掉它。

粗暴的批评往往激化矛盾

有这样一个故事：在法兰西和沙俄激战正酣的时期，一天拿破仑来到阵地前沿巡视，发现一名哨兵在站岗的时候睡着了，拿破仑没有马上把这个士兵抓去枪毙，而是将哨兵手上的枪偷偷拿去，替这个哨兵站岗，当哨兵醒来时发现军队的最高指挥官站在寒风中替自己站岗，吓得连忙跪地求饶。这时拿破仑走向这个哨兵说："孩子，我知道你很累，但是我们国家现在正处在生死存亡的关头，你的行为极有可能造成不可估量的损失，我希望你能认识到这一点，下一次我绝不会饶恕你。"哨兵被感动得声泪俱下。一个星期后，这个哨兵在一次战斗中牺牲，因为他冲在队伍的最前面。

对待自己的下属不能粗暴，即使下属犯了错误首先想到的也不应该是如何责骂他，而是要找准问题出现在哪里，尽最大努力给以安慰，让他不要产生什么压力，教育为主、惩罚为辅。

有不少领导坐在办公室发号施令，对自己的下属呼来唤去。对犯错误或者工作不力的员工态度粗暴，导致干群关系紧张，上下不能合力，工作难以开展。当然，批评是必要的，但是批评绝对不是粗暴的言语加上恶劣的攻击，这样反而会适得其反。对于下属的错误，领导指手画脚，态度蛮横，不容下属解释的咄咄逼人的架势，下属是难以接受的，这种生硬武断的统领作风虽然能管得住下属，却不是一个好的方法。批评和威吓只能使员工表面上怕你，实际上有可能对你怀恨在心，在工作上表现得被动而缺少热情，毫无创意。这种效率不高的工作对管理者来说，是毫无价值和意义的。

于解决问题。不要以谈判或审判这种错误的方式来面对你的下属，这样只会招致他的反感，不但不能让他吸收你的观点，反而容易激起他的逆反心理。

3.“行刑”过后别忘再送一碗滋补的“肉汤”

下属犯了错误，当领导的当然生气。大发雷霆之后，恨不得把他赶走了以泄心头之恨，但这已不可能挽回已经造成的结果和损失。如果是你特别相中的爱才，你就更加恨铁不成钢，让他收拾铺盖走人又于心不忍，不给他点教训自己心有不甘。俗话说，金无足赤，人无完人。世界上不存在完美无缺的人，所以在对待下属的错误时，要先缓解自己心中的怨愤，尽量不要把过分激昂的情绪带到面谈中去。别忘了行过杖刑达到以儆效尤的同时，再送他一碗滋补的“肉汤”，要让下属知道，犯了错误一定要承担责任，但也不是不给他改正错误的机会。

4. 把下属批得垂头丧气并非是好事情

有的领导批评下属十分严厉，结果下属从领导办公室出来都是一副垂头丧气、哀莫大于心死的样子。这样的领导在乎的是错误的责任由谁来承担，往往下属挨批之后，结果也就不了了之。这样只是为了划清责任而进行的批评没有任何建设意义，只会把批评的效果推向反面。

5. 下属争辩时先听他的解释

如果领导的批评引起下属的不满，他对此据理力争，碰到这种情况领导要先抛弃自己的成见，耐心倾听他的解释，再做客观的评价。适当的时候不妨把自己置身下属的工作场景和工作角色中去，并思考如果我是他，我会怎么做？如果我身处他的环境，我会不会有能力扭转局面？必要时也要善于做自我批评，如果让下属感觉到领导重视他的意见，就会增强他对企业的忠诚度，即使是受点委屈也能够承受了。

成熟处事，掌握批评的艺术

作为领导者，如果不能恰当地运用批评的手段来纠正下属的错误，便是没有尽到领导者的责任。不敢、不会批评下属的人，作为领导者是不称职的。如果他没有自信和勇气去纠正下属的错误并使之能够积极努力的工作，他就不会使他的团队高效运作。

要学会批评下属，首先就要做个成熟的领导者。成熟的领导者不会碍于面子而纵容下属，下属工作做不好批评自然是少不了的，只是领导者要讲究方式方法，既不伤人，还能让下属乐于接受。

成熟的领导者处事并非像人们心里所想的那种八面玲珑。领导者成熟处事，就是懂得随机应变，在不同的时机选择不同的办法。

成熟地处事不意味着做个老好人，只是深藏不露，不轻易表态，但并不代表他没有原则。对于那些靠批评下属来解决的事情，他就会毫不犹豫地把问题指出来，警示下属。而其成熟的地方表现在他会选择适当的时机和适当的方式，让下属既接受又不会产生太大的情绪。

领导者成熟处事，就是掌握了批评的艺术和管人的手腕。他能够正确地使用批评方法，抱着治病救人、与人为善的态度去批评，从理解下属的真情实感出发去批评。

每个人都是有自尊的，在受责备时都会觉得不舒服。对于那些能力差、做不好事情的下属，领导自然不愿意留这样的人在团队中，但你也不要说“他要是能调走，我磕头都来不及”这种话，这是极伤人自尊心的。

作为一名明智的领导者一定要保护下属的自尊心。即使你非常不喜欢他，也不要因为一点点工作上的失误就当众批评他，尤其当其他同事在场时，更要注意。

你可以采取其他办法。比如，当你的秘书在整理文件时出现了错误，你可以这样跟她说:“你的报表做得非常认真，但是这些数字你看还有没有可以补充的?”这时，她一定会认真而虚心地接受你的“批评”，以后的工作也一定会更加努力。

每个人都有长处，即使是被大多数人认为“无用”的人也有他自己的长处。他或许比别人差一点儿，却在某一方面潜藏着特长；也许他比别人笨拙，却也因此比别人更勤奋卖力，所以总会有一个适合的岗位需要他。

作为领导者，在你还没有完全了解下属的时候，不要对他进行胡乱的评价，即使下属的确能力较差，也不要把人看扁或者嫌弃他。全面理智地看待问题，是领导者成熟的一个方面。

把控住批评下属时的情绪

一些领导在开始批评下属时尚能保持冷静的态度，然而在批评过程当中，随着各种因素的累积，感情便会发生微妙的变化，自己异常激动，进而拍桌子捶板凳、唾沫横飞、脸红脖子粗，完全是把下属当成出气筒。这种情况下后果确实很严重。因为人们对语言刺激是相当敏感的，仅此一举就足以令人心扉紧闭。这样一来，即使你再苦口婆心地向下属讲道理也只会是适得其反。如果是出于让犯错误的下属向好的方面转化的目的，你就必须绝对避免掺入个人感情用事的成分，要自始至终保持克制和冷静，想好说话的内容至关重要。

一旦情绪失控，就会忘记批评的目的是让对方变好，或掺入个人感情成分，那么这种批评似乎也就变成了你的发泄。你也会被认为是不成熟或幼稚的，因为你不能很好地控制自己，至少也是自制力太差。话虽这么说，人毕竟还是有感情的。在控制自己这一点上，谁也不可能做得那么尽善尽美。所以，当你感觉到开始兴奋激动之时，要努力做到：首先降低声音，继而放慢语速，胸部向前挺直。

那么，为什么要先降低声音呢？这是因为大声说话时，声音对自身的感情将产生催化作用，从而使已经冲动起来的情绪变得更为强烈，造成不应有的后果。放慢语速是因为个人感情一旦掺入，语速就会随之变快，造成与说话大声同样的恶果。所以要有意识地控制自己，放缓说话的节奏。至于为什么要胸部向前挺直，恐怕这是人们不难理解的，观察一下情绪激动、语调激烈的人，通常都是胸部前倾。而当身体前倾时，就会使自己的脸接近对方，这种讲话姿态将会人为地制造紧张局面，一旦把胸部挺直时，就会淡化冲动、紧张的气氛。降低声音、放慢语速、挺直胸部，这三点是颇有见地的经验之谈。在批评教育别人时稍不留神就激动的人，一定要牢记这三点。不论在何种场合下，一旦意识到自己开始激动时，就应当下意识依照这三点逐一调校自己的行为，把控住自己的情绪。

那些懂得尊重比自己地位低、能力差的人的领导，才更能得到下属的尊重。真诚而善意的批评能让下属感到你对他的关怀与看重，并且能将工作上的失误减至最低。

记住，下属不是你的出气筒，你批评他一定是因为他犯了错误，而不仅仅是因为你今天的心情不好。宽容、正直和与人为善是一个上司所必备的品德。记住，无论这个下属是你真心喜爱的朋友还是你平时讨厌的人，你必须对他们一视同仁。

用合适的方式批评下属

在批评下属时，作领导的需要掌握一些技巧。要做到既达到了教育的目的，又给自己树立了威信，还不致使下属产生抱怨、抵触等情绪，不能影响了上下级关系和工作的质量。好的领导在批评下属的过程中能够反映出他的水平。领导在对下属进行批评时，一定要讲究方式方法。可以这样说，批评下属既是一门学问，也是一种艺术，

1. 批评下属时不要揭人伤疤

大多数人并不喜欢揭人伤疤，但在情绪不好时就难说了。尤其是领导者，因为人事大权在握，对别人的过去知道得一清二楚，怒从心头起难免出言不逊，说些诸如“你不要以为过去的事情没人知道”之类的话。

对于今天该指责的事项，引用过去的事例是不适当的。只有当要把过去的例子作为追究事理方面原因的资料时，才能将它拿出来。如果领导不懂这个道理，驾驭不了自己的情绪，喜欢揭旧伤疤，那么员工就会产生这样的心理:“都已过去的事了，现在还抓住不放，太过分了！在这种上司手下干活，恐怕一辈子也没有出头之日！”

为什么旧事重提会引起对方的反感和愤怒呢？因为事过境迁后，下属认为自己已得到领导的宽恕，相信对方必然将过去的事忘了，并从此信任对方。而当领导重提旧事时，内心就马上愤怒至极，认为原来他只是假装忘记，事实他仍记挂在心！如此一来，不但从此不再相信对方，且可能因此而形同陌路。

2. 批评下属时要先肯定，后修正

老话儿说得好:“倒洗澡水的时候，不要将孩子也一起扔了。”同样，批评错误行为的时候，也不能将下属的积极性一同抹杀了。就像医生看病一样，不能在切除患者病灶时，将其他正常器官也一并顺手牵羊地切除掉。领导者在修正下属错误行为的同时，更要肯定和鼓励下属好的动机，做到先肯定动机，后修正错误。

3. 批评下属要对事不对人

领导批评员工，目的在于指出并纠正员工的过错和失误，或制止和修正员工违反团队规章制度的行为。批评的对象是员工的行为，而不是员工的人格和品质。所以领导者要记住，作为一名管理者，我们训诫的是过错的行为，而不是有过错的人。

在批评时，领导避免向员工说这样的话:“我从未见过像你这样把事情弄得如此糟糕的人”或“整个部门就数你最差”等。这些带有侮辱性的语言只会激起对方的对抗心理，让人怀疑管理者的批评动机。这不仅不利于对方认识错误，改进工作，还可能会激化矛盾。

比如，要想让一个办事过分关注细节的人能改正忽略大局、过于计较细枝末节的毛病，我们可以这样说:“我知道你办事一向认真周到，凡交给你的事，我们都很放心。但如果你能从整体上把握办事的方法和方向，你的工作会更出色。”

4. 及时挽回批评所造成的负面影响

某经理对工作一丝不苟，只是脾气暴躁。一天，他看到部门经理在工作中出了一点差错，便立刻暴跳如雷，大声斥责部门经理。事后，经理冷静下来，觉得自己太冲动了，而且后来听部下解释说，这个部门经理平时工作十分出色，只是因为特殊情况出了点小错，但工作成果还是可观的。于是，经理马上进行“补牢”工作。在他那天下班前，派人找来部门经理，说:“今天委屈你了，怪我太冲动，没有了解具体情况就责怪你，请原谅。不过，你们部门的工作仍要提高，相信你能做到这一点。”几句话使部门经理的心得到了安慰，同时又有种被信任感，再大的委屈也飞到九霄云外了。

不当众责备下属当然是最好了，但有些领导容易冲动，特别是看到下属犯了比较严重的错误严重影响全体时，可能按捺不住火气冲天，当众责骂起下属来。这就好像“丢了羊”一样。为防止继续“丢羊”，领导就必须立即采取“补牢”措施，使因一时冲动而产生的副作用减到最小。

5. 批评要尊重事实，不能无限上纲

批评本身是件严肃认真的事情，任何批评都应该建立在实事求是的基础上，所依据的事实要有出处和证据。对于下属所犯的错误，要调查了解清楚，尊重事实。对所犯错误的轻重、大小、性质、危害进行恰如其分的分析，不能不分青红皂白，劈头盖脸就是一阵猛训。

批评宜以理服人，摆事实、讲道理。既不能道听途说，捕风捉影，更不能轻信反映，随便斥责。领导者在没有弄清事实真相之前就泼一盆冷水，不仅让对方感到委屈，也有失自己的体面。万一批评有误，与事实相悖，补救的办法就是放下架子，向下属道歉。明知不对，硬要坚持，只能人为地损害自身的形象和威信。

6. 批评要对症下药

批评要根据批评对象的不同特点，采用不同的批评方式。因为不同的人由于年龄、阅历、文化程度、性格特征等方面的不同，接受批评的态度和方式也迥然不同。

对于性格内向、善于思考的人，可采用提问诱导的批评方式，让被批评者通过回答问题来反思、认识自身的缺点错误；对于脾气暴躁、心理否定性强的人，可采取商量探讨的批评方式，使被批评者置身于一种平等的氛围中，在心平气和中接受批评意见；对固执倔强的下属，批评要讲究层次，逐步深入；对错误较小、情节较轻的下属，也可以提问为内容，用提问的方式表示要批评的事。

7. 批评要把准火候

人都是有自尊心的，即使是犯了错误的人也不例外，更何况绝大多数的人也都是能知错就改的。因此，作为领导批评下属时，一定要注意把握好火候。几句话就能解决问题的，就不要多说，点到为止；一次批评已经奏效的，就不要再次提起，适可而止；宜采用私下批评的，就不要采取公开批评的方式，要顾及被批评者的脸面和影响。当面指责下级的错误往往只会招来对方顽强的抵抗情绪，巧妙地暗示对方注意自己的错误则会受到爱戴。

批评时不仅要指出下属的错误，更要平心静气地和下属一起分析产生错误的原因，并共同探讨有效地解决问题的方法，给下属一种亲近感、爱护感。当然，必须采取公开曝光式批评的也不能姑息迁就，以免问题发展成普遍性的通病而难以收拾。

8. 批评要以理服人

批评能不能奏效，关键在于批评者能否以理服人。在提出批评时，一定要讲究策略，勿摆架子，不可盛气凌人，否则就可能出现相反的结果。其实，有些人犯了错，在你没有批评他之前，他早有自知之明了，也许还想好了弥补的措施。可面对官气十足者的训斥，反而会产生逆反心态，“就是不服气”，甚至对着干。

人非草木，孰能无情？只要晓之以理、动之以情、言辞恳切，把批评融进关切之中，既指出问题，也帮助分析问题产生的原因以及任其下去可能会造成的影响，同时给予热情的勉励和殷切的期望，让下属从内心里感到你是在关心他、爱护他，是在真心实意地帮助他修正缺点、改正错误，这样才能真正达到以理服人的目的。

9. 不在公共场所批评员工

华纳梅克每天都到费城他的大商店去巡视一遍。一次，他看见一名顾客站在台前等待，没一个人接待她。那些售货员都在柜台后面的另一头挤成一堆，彼此又说又笑。华纳梅克没说一句话，而是默默站到柜台后面，亲自招呼那位女顾客，然后把货品交给售货员包装，接着他就走开了。这件事让售货员感触颇深，他们及时改正了服务态度。

一个领导者在第三者面前批评某个员工的行为是绝对不可原谅的。用这种方法批评员工，不仅打击员工士气，还会造成对方顽强的反抗。而在公共场所巧妙地暗示对方注意自己的错误，他则会真诚地改正错误。

若要不惹火人而改变他，只要换一种方式，就会产生不同的结果。在公共场所，如果一定要批评的话，我们不妨旁敲侧击地暗示对方。对人正面批评可能会毁损了他的自信，伤害他的自尊；如果你旁敲侧击，对方也会知道你用心良苦，他不但会接受，而且还会感激你。

批评下属要讲究语言技巧

语言表达技巧在批评中具有十分重要的作用。实际工作中，对同一个人同一件事，由于领导者所使用的语言不同，表达的感情色彩不同，其批评的效果往往是不一样的。领导者要增强批评的有效性，就要提高语言表达能力，讲究语言表达技巧，增强语言的说服力、感染力。具体讲，在批评下属时要做到以下四点：

1. 要准确恰当，言之有理

思想认识问题的解决，不能压服，只能说服；不能搞专制，只能讲道理。领导批评下属，引导他们解决思想问题，帮助他们认识和改正缺点错误，尤其要注重言之有理，以理服人，虽不求字字珠玑，句句锦绣，但要力求语言中肯，措词恰当，深入浅出，说理透彻，使其口服心服。

2. 要刚柔相济，言之有威

批评是一件严肃的事情，既不能轻描淡写，也不能草率从事，要认真对待，触及灵魂深处。一团和气或隔靴搔痒的批评不能解决实际问题。特别是对那些犯有严重错误，影响极坏而又屡教不改的人，尤其不能采取轻软温和的言语进行批评，要采取严厉的语言和严肃的态度，一针见血地进行批评。但是，批评不是为了整人，而是为了治病救人。这就要求领导在批评时，既要讲原则，又要讲团结，既要严，又要慈，刚柔相济，言之有威。

在一次整治经济发展环境的会议上，针对少数部门的少数干部向群众“索拿卡要”的现象，一位县委书记严肃地说：“同志们啊，人民群众是我们的衣食父母哇，他们挣点钱不容易呀！那都是他们拼死拼活挣来的血汗钱，用从群众干瘪的口袋里搜刮的一分一角，去鼓胀自己的腰包，于心何忍？良心何在？我们还是立党为公吗？还是执政为民吗？这样任其下去，我们的经济还能发展吗？我们的事业还有希望吗？……今后谁勒索老百姓的钱财，我们就砸掉谁的饭碗！”这一番语重心长、刚柔相济的严厉批评振聋发聩，使所有的与会人员都深受教育。

3. 要以诚相待，言之有情

批评的效果在一定程度上受人的感情制约，只有情深才能意切，出言才能为人接受，批评才能让人心服口服。过去说“有理走遍天下”，但是批评仅仅有理，未必能“走遍天下”，有时需要先通情，然后才能达理，正如白居易所说“感人心者，莫先乎情”。这就要求领导者在批评时，要用一分教育之水加上九分情感之蜜，酿成批评艺术的甘露，这样才能收到事半功倍的效果。

某企业一个屡教不改的职工陈某，曾三次因赌博被抓被罚仍执迷不悟。第四次正与别人赌博时又被抓到了。在把他从派出所接回单位后，保卫科科长老黄与他进行了一次严肃的谈话，告诉他一件令人心酸的事情。老黄说：“你这次被抓，派出所了解到你曾赢了别人一台黑白电视机，决定没收。当我们到你家时，你的妻子和儿子正在看电视，你那五岁的儿子泪眼汪汪地央求我们，说：

‘警察叔叔，别把电视拿走……’我心里很不忍，只好摸着孩子的头说：‘叔叔给你搬去修理一下，就更好看了。’临出门时，你孩子又追了出来，说：‘警察叔叔，星期六能修好吗？我想看动画片。’我当时听了，心里难过极了。正好我家刚买了一台彩电，我就把家里那台闲置的黑白电视机搬去给孩子看了。人心都是肉长的，你也是身为人父，应该有爱子之心，不能让赌博恶习麻木了自己的良知，要多为自己的孩子想想，千万不能再做让孩子都心碎的事情呀！”陈某听完这些话，伏下身子失声痛哭起来，后来他痛下决心，改造自己，成了企业的模范职工、革新能手。

4. 要幽默诙谐，言之有趣

批评固然离不开高声调的语言和严肃的态度，不过在有些时候、有些场合，这些都不是最好的批评，确切地说，是收不到批评的最佳效果的。在这种情况下，如果用一些幽默诙谐的语言，下属反而能接受善意的批评，从幽默中产生趣味，在趣味中陷入沉思，从沉思中品味哲理，受到深刻的教育。

某机关青年小伙子比较多，但他们的工作热情、干劲、积极性却不高，纪律松散、工作疲沓、精神不振、不思进取。原领导没少批评教育，却没有多大作用。刘书记上任后，在一次职工大会上谈到目前现状时仿拟了孟浩然的一首诗：“春眠不觉晓，上班想睡觉。夜来麻将声，进出知多少！”讲到这种工作局面再持续下去，将要出现什么样的后果时，他又说：“白日依窗尽，工作泡汤流，饭碗端不住，老婆也发愁。”全场干部职工为之屏息静听，听完后发出一阵阵不自然的笑声，笑完后，又陷入沉思：这样下去确实不行。这种批评讲在明处，刺在心里；这类批评言辞诙谐、语言幽默，能引起受批评者苦涩的笑声，并使他们从笑声中幡然醒悟，诚心改正。

当然，身教重于言教。领导者首先要行得正、站得直，“公生明，廉生威”，正人必先正己。在领导“正己”的基础上，敢于批评，善于批评，讲究批评的语言技巧，才能把下属团结教育好，开创事业的新局面。

斥责下属要掌握技巧

要创新就会有失败。作为一名上司，如果下属的创新成功了，你当然应该奖励他；反之下属如果失败了，你却不可嘲笑、打击和非难他！

从一个人失败时的表现，大致可看出他的个性。有些人会找各种借口，极力辩白，不肯低头认罪；有些人则闭眼深思、愿担当责任；有些人则惊慌失措、烦恼不安、心神不宁；有的人则显出一副不在乎的样子，只当是运气不好罢了！

一般上司都认为，对于下属的失败，假使视若无睹，不加以斥责，则不能使下属有所警戒，可能以后还会重蹈覆辙。因此，一定要追究失败的原因，促使他本人反省，所以斥责是必要的。

如果是被一位足以信赖或仰慕的上司斥责几句，通常下属是不会生气的，反而会自我反省，努力工作以挽回局势，期待下一次的表现能博得上司的赏识。因为他知道上司的斥责只是针对他的工作，而绝非在损伤他的人格。

不幸的是，有些上司喜欢专门以攻击的方式来责骂下属:“就知道是你才会犯这种低级的错误!”“像你这样的人，根本就是在白领薪水，滥竽充数!”

像这种上司，要想赢得下属的尊敬与忠诚是很难的。当然，也有些下属在挨骂后会因不服气而再度奋发，但这样的例子毕竟是少之又少。既然责骂方式很难收到想要的效果，那么改变一下语气又如何?

“这次你不小心从楼梯上摔下来，别人都替你遗憾，并还会笑你只是运气差，但你若再跌倒，就不会有人原谅你了。”这才是最恰当的说教方式。

对于新进的下属，上司详细的指导工作是必不可少的，但在他们已经受过训练之后，就可让他们放手去做工作，让他们在实践中历练、成长，他们才会慢慢成熟起来。所以说，失败也并不都是坏事，它能让人从失败中彻悟工作的真正意义与人生哲理。因此，身为上司，不要轻视任何一个失败者，要相信他们有足够的能力去克服失败，并从失败中重新站起来。

倘若真的需要斥责，也需要上司掌握一些基本的斥责技巧。

① 在斥责下属的时候，千万不可以用到“笨蛋”或“混蛋”这一类的字眼。此外，时间不可太长。

② 不要毫无道理的斥责。平常一些紧急的情况突然出现，会令你和员工都措手不及，或者是一些意外的事故和人为错误的产生容易使人在瞬间失去理智。你很可能就一下子把怒火全都发泄在员工们身上。对于上司来说，这种行为无异于自我毁灭。

请记住，无论发生任何情况，都要保持冷静的头脑。对于既成的事实，不要马上追查责任，而是应该立即研究对策，等到最危急的时刻过去，再进一步弄清事实，调查事故真正起因。任意的斥责不可能是严格要求的表现，只可能成为劳资矛盾的导火索，你日常和蔼的形象会因此让人唾弃。

③ 以关爱的态度进行斥责。松下个人认为，能够被斥责是一种很大的幸福。松下自己的亲身体验中，没有过这种幸福，因为他从小就没有年长的亲属，没有被斥责过。他认为：每一个人都需要更多机会被斥责，只有这样才能使自己充实、进步。这里面虽然渗透了很深的日本文化的影响，但对当前社会来说还是有很多的可取之处的。

管理者对员工的斥责，不应只是因为员工工作的失误令公司遭受了损失，更是因为作为管理者，你有义务帮助员工认识到并改正他们自己身上的错误，甚至是有着一种父母的关爱在里面。所以你在斥责中最好能够让员工感受到这种心态，让他为你的呵斥所感动，让他深刻地理解你的语重心长。

④ 在斥责中让人感到自己被重视，从而乐于听从别人的意见。

⑤ 斥责不要直接点中对方不愿让别人提起的个人隐私或要害之处。斥责归斥责，前面已经讲过这实际上也是一种关爱，而不是低级辱骂，即使是斥责，也要注意尊重对方的人格。

⑥ 斥责之后即了解对方的情况，以此判断此人是否反省，此后抱着什么态度工作，是否对斥责有所误会。如果对方的确误会了，则设法消释；如果怀恨在心，那么此人与你便无共事的缘分；如果接受了，反省了，然后抱着积极的态度投入工作，斥责的效果就达到了。

⑦ 斥责要注意频率和方式。不要让员工们感觉："上司以前对我那么好，最近为什么又和我过不去。"同时多多改变斥责方式，时缓时疾，轻重得当，这才最能达到效果。

⑧ 你可以强调言辞的内容来加深对方的印象。只要是稍有常识或自尊心的人，你这样提醒他就足以让他知道事情的严重性。对于反应迟钝的人，有时不得不使用打击治疗法："你到底知不知道该怎么做?""你认为自己尽到责任了吗?"

⑨ 有时候，你必须很大声地告诉下属："因为公司的要求严格，所以我也必须严格要求你。"尤其是对那些即使犯了错也认为"这没什么大不了的"或是"只要不说，就假装忘记了"的马虎型下属，更得清楚地告诫他们不能有这种想法。

⑩ 除了对当事人之外，有时候也可以提醒周围的人，如果能让其他人产生"老板真的生气了！还是小心点好"的想法，那就成功了。此外，骂人的时候，一定要清楚地点明问题，如果让对方挨了骂也不知道是为什么，那可就一点意义也没有了。不但如此，还会让大家认为你莫名其妙呢！

⑪ 雷声隆隆地指责完下属之后，别忘了适时地给予安慰，让挨了骂而沮丧万分的下属有再重新冲刺的勇气。但是，安慰要得法，可别让对方以为你是骂了人后悔，这样可就会产生让对方看轻的反效果。所以，在斥责与安慰之间，必须保持一段适当的时间，最好是在半天到一个星期之间。

总之，身为上司，要牢记，当下属的创造受到了挫折，正确的做法是鼓励他，而不是打击他。

适当的时候也要发火施威

对于反复犯错的下属，尤其是对那种“吃硬不吃软”的下属，适时地发火施威常常胜于苦口婆心和千言万语。

有的下属经常反复犯同一个错误，这时管理者应适当生气发怒，以显示管理者的威严和制度的严肃性。如果违规与批评之间的时间间隔延长，则会减弱批评活动的效果。在过失之后越迅速地进行批评，下属越容易将批评与自己的错误联系在一起。因此，一旦发现违规，应尽可能迅速地开展批评工作。

巴顿将军曾劝告别人，对犯错者应该立即责备；他自己的部下每逢犯错，他会立即让他知道。畅销书《一分钟经理人》中建议，要在错误发生后立即加以责备，你要明白指出他们错在哪里，用坚定的口气告诉他们错了。如果某些错误是由于下属的知识水准或经验不足造成的，作为上司，你也应立即指出，教育他们，并给予更正。

对于那些“吃硬不吃软”的下属，管理者应当适时地发火施威，这是提高管理者自身威望的有效途径。批评的目的是什么？不是姿态，不是过程，更不是作秀，而是要通过这种方式来纠正某种错误！有时矫枉就是需要过正，力度不到不可能解决问题，不必过多地考虑被批评者的情绪，也不必顾及批评之后带给自己可能的不爽。

批评就是要立足于解决问题。管理者在适当的时候发火施威是必要的，当管理者适度发火或对有过错的人帮助教育无效时，就必须以发火施威的方式来解决。

性格仁厚的管理者在情感方面常常低调，他们总是以忍为先，显得平静而坦然自若，对任何事情都很有耐心。这种性格特征的管理者仁慈善良，善于隐藏自己内心的情绪，总是一副乐天知命的好模样；他们很细心，做任何事都面面俱到，绝对不会让下属感到被冷落。在下属眼中他是“令人愉悦、谦逊、闲适、仁厚”的，他所行使的中间路线没有侵略性，让人感觉到他是一个可靠朴实的人。

作为管理者，不能一味地仁厚，当上下级之间产生矛盾和摩擦时，虽然有些矛盾没有必要过分计较，但应该牢记的是，仁厚有时候就是迁就下属，对一些侮辱性的、有碍于尊严的攻击一味地退让、忍气吞声，下属就会骑到你脖子上去。在下属眼中，你的谦让、大度就是窝囊、怯懦。

上司如果不及时批评，下属错误的事将会接二连三地出现。此外，你也等于告诉其他的人，不管工作成绩或做事态度如何，你都不会在乎。当然，因为你都不在乎，你的手下也会跟着不在乎，其结果是一错再错，受到损失的仍然是这个组织。所以，上司在必要时态度强硬，对下属绝对是一种警醒与鞭策。

表现出对员工的关心与尊重

管理者在批评员工时，一方面要懂得体贴员工，多站在员工的立场上想问题，充分理解员工某些不得已的苦衷；另一方面还要按照公司的管理制度，该批评时给予批评，当处罚时决不手软。但是态度要和蔼一些，不要故意伤害员工的自尊心，要给犯错误的员工以改正的机会。

福特汽车公司一名老员工退休后，拒绝了一家公司年薪百万美元的聘请，却甘愿只领微薄的午餐费为福特公司培育年轻人才。许多人都百思不得其解，他解释说:“前年下大雪的时候，我双腿受寒行动不便，太太又有眼疾，是公司总经理和工会主席发动员工为我们购置了保暖设备，现在我怎么舍得离开这么好的公司呢?”

心理学家将人类的需要分为几大类：第一类是生理需要；第二类是安全需要；第三类是社会需要、自我实现需要等。无论哪一种需求，都符合利益的特点。每个人都希望自己的倾心付出能得到合理的回报。员工们都希望获得上司的重视，希望上司能站在员工的立场上考虑自己的利益，使自己有安全感和归属感。而作为领导，也的确有必要考虑员工的利益，解除他们的后顾之忧，使员工在工作时能使出浑身解数，达到最佳状态。

员工也是人，也需要尊重与理解。作为管理者不能忽视自己的管理职责，但要多加注意的是尽可能地表现出你对员工的关心与尊重，这就需要首先创造一个人性化的工作环境。如果管理制度规定上班时间不准串门，但当一名下属由于买彩票中了大奖欣喜之余四处炫耀时，你就不能当场严厉斥责他，否则有矫枉过正之嫌。又如一名员工因为孩子发高烧，为了送孩子去医院而上班迟到，领导者虽然可以按规定扣除员工的奖金，但不能严厉地加以指责，否则就显得太没有人情味了。

所以，管理者在管理下属、执行管理的时候，不能过于苛刻。过于苛刻的管理会影响领导者与下属之间的和谐关系，打击员工的工作热忱；过于松懈又容易造成散漫的作风，导致工作效率降低。

当下属担心自己的业务成绩低而被炒鱿鱼时，管理者不可对其横加指责，可以为他们制订一项具体的培训计划，帮助他们提高业绩和工作能力，增强他们工作的信心。如此一来，反而容易笼络人心，激励员工的斗志。

如果管理者把下属批评得心情不佳，让下属感觉到缺乏关心，他们在工作时也会顾虑重重。虽然他们会遵守规章制度，完成既定任务，但期望他们能尽情发挥全部的干劲，只能说是领导者的一厢情愿。所以，管理者对于员工多一分关心，少一分指责，会激发员工对领导真正的尊敬与爱戴，对企业会更加负责任。

对下属的错误要多些包容

美国第二任总统亚当斯与第三任总统杰弗逊从恶交到包容，就是包容的一个生动而又成功的例子。杰弗逊在就任前夕去白宫告诉亚当斯，说他希望针锋相对的竞选活动并没有破坏他们之间的友情，在杰弗逊未来得及开口时，亚当斯便咆哮起来："是你把我赶走的！"二人的友情自此破裂，中止交往达 11 年之久。直到后来杰弗逊的几个邻居探访亚当斯时，这个坚强的老人仍在诉说那件难堪的往事，但接着脱口而出："我一向喜欢杰弗逊，现在仍然喜欢他。"邻居把这话传给了杰弗逊。杰弗逊也不计前嫌，主动请了一位彼此皆熟的朋友传话，让亚当斯也知道了他的心里话。后来亚当斯回了一封信给他，两人从此开始了书信往来。

包容有强大的力量，可以帮助我们恢复友谊、爱情和事业，它的至高境界是心灵的净化和升华。

包容不是软弱，而是坚强的表现。包容是以退为进、积极的防御。包容所体现出来的退让是有目的、有计划的，主动权掌握在自己的手中，无奈和迫不得已不能算包容。包容的最高境界是对众生的怜悯。足够的耐心和关注，就连小孩子也会舍不得你，听你话的。切忌唠叨，虽然唠叨是一种关心，但是过分的唠叨往往是不信任的表现，会引起对方的反感。

包容就是在别人和自己意见不一致时也不要勉强对方同意自己的意见。从心理学角度，任何的想法都有其来由的。任何的动机都有一定的诱因。了解对方想法的根源，找到他们意见提出的基础，提出的方案也更能够契合对方的心理而得到接受。消除阻碍和对抗是提高效率的唯一方法。每个人都有自己对人生的看法和体会，我们要尊重他们的意见和体验，积极汲取他们的精华，做好放弃说服他们的打算。

包容就是不计较，事情过去了就算了，不要太斤斤计较。人非圣贤，孰能无过，每个人都犯过错，如果执着于其过去的错误，就会形成思想包袱，不信任、耿耿于怀，这样既限制了自己的思维，也使对方得不到发展。

就算是背叛，也并非不可包容。能够承受背叛的人才是最坚强的人，也将以他坚强的心志在奋斗中占据主动，以其威严更能够给人以信心、动力，因而背叛的事情就会不断减少。

学会包容也需要一定的技巧。给他一次机会并不是纵容他，不是免除对方应该承担的责任。任何人都需要为自己的行为负责；任何人都要承担各种各样的后果。否则，对方会一而再、再而三的犯禁，因为你过度的包容正好显示出你是软弱的。

包容不是对原则问题的退让，而是对他人的一些非原则性缺点和过失要用包容的心去谅解。这样看来又是一件互相矛盾的事，但如果不包容而去伤害，只能导致“冤冤相报何时了”的后果。同时，不肯包容别人的人往往会使自己吃苦，他们会因此失眠、肠胃不适，甚至高血压。然而，一旦包容别人之后，他们就会超越一次巨大的挫折——一种可以称为再生的心理净化过程。当然，受到伤害的人必须有时间处理自己的愤怒，认清楚自己在整个事件中所应负的责任，以及拒绝包容后会带来的负面影响，这样的包容才是真正的包容，才能发挥最好的功效。

包容也是极高思想境界的升华，更是一个品质高尚的体现，是一种博大的至高境界。表面上看，它只是一种放弃报复的决定，但真正的包容却是一种需要巨大精神力量支持的积极行为。包容更是一种必不可少的品质，一种正确的自我意识的体现。一个人只有正确地认识了自己，才会有包容的胸怀。包容得到的收益是人际关系的协调和适应。我国有一位著名心理学家曾经说过：“人类心理的适应，最主要的就是人际关系的适应，人类心理的病态，也主要由人际关系的失调而得来。”那些人际关系失调的人，往往没有一颗包容的心，会严重伤害人的身体健康，所以必须学会包容。

学会包容，是做人的需要，更是做管理者的需要。历代圣贤都把宽恕容人作为理想人格的重要标准而大加倡导，《尚书》中有“有容，德乃大”之说，《周易》中提出“君子以厚德载物”。据司马光《资治通鉴》记载，武则天时代的宰相娄师德以仁厚宽恕、恭勤不怠闻名于世，司马光评价他“宽厚清慎，犯而不校”。凤阁侍郎李昭德骂他是乡巴佬，他笑着说：我不当乡巴佬，谁当乡巴佬呢？当时名相狄仁杰也瞧不起娄师德，想把他排挤出朝廷，他也不计较。后来武则天告诉狄仁杰：我之所以提拔你，正是娄师德向我推荐的。狄仁杰听了惭愧不已。

可见，管理者有了包容的心理，不仅自己不会与人计较，还会感化别人，让别人佩服自己。所以，当下属犯了错误时，多一些包容心理，让下属自动改正错误，不也是一种很好的办法吗？

学会宽容下属的错误

某集团几位青年技术人员受命试制一款新开发的手机模组镜头，为了提高产品优良率，小伙子们对相应结构件作了调整，想不到结果适得其反，产品优良率猛然下跌。公司领导对此没有丝毫责怪，反而给员工们鼓劲加油。这个集团之所以能健康快速持久地发展，与公司领导能够宽容下属错误的管理方式有着一定的关系。

有些领导者总是习惯于对自我的错误采取宽容的态度，总会以“失败是成功之母”聊以自慰；而对于下属的错误，往往又会是另一副嘴脸：“我们追求完美！我们不允许失败！”要知道，对下属的错误保持宽容态度是一个优秀领导者的美德。

管理大师杰克·韦尔奇就曾说过这样的话：“领导者如果过于关注下属的错误，就不会有人敢于尝试，而没有人勇于尝试比犯错误还可怕。”

小A进入某公司已经半年了，但始终不曾主动站在上司面前报告工作的有关情况。原因是他所看到的都是上司严厉斥责他的前辈们的情景，因而他对上司一直心存畏惧。有一天，上司将某会议所应准备的资料交给他去处理，但他忘了核对资料中的数字便直接呈上。当上司带着这份资料走入会议室之后，他才想起来，并将拷贝的资料重新看过一遍，结果发现数字果然有着极大的错误。于是他便急忙打电话到会议室中，上司接到电话，只是说：“我知道了。”

便将电话挂掉。此时，他感到忐忑不安，知道上司正在生气。会议一结束，他立刻奔到上司面前，连连道歉，心中早已准备好接受上司的责备。然而，上司竟出乎意料地说："谢谢你能提醒我，请你以后工作务必谨慎些！"听完此话后，他感到甚为欣慰。他发现当发生错误时自己主动向上司报告，上司并不会很严厉地责骂他。

员工出错也是因为压力较大，如果对员工采取严厉的惩罚措施或批评，势必会给员工造成极大的心理负担，采取宽容的态度反而可以使员工主动地去承认错误。

鼓励大家勇于承担错误的责任，并以此为基础对错误进行有效的总结和认真的分析，由此就可起到提高下属工作积极性并加快其改正步伐的作用。

其实人生活在社会中都需要有一种宽容的心态，对待员工的错误也应如此。人无完人，孰能无错？因此，在批评时以一种宽容的心态去教育人，而不是以一种近乎刻薄的方式去批评人，才能让被批评者在心理上得到一种慰藉，同时也是向他传递了这样一个信息：我不会因为你的错误一棍子把你打死，只要你改正错误，依然会得到重用。

其实，在接受批评时，大多数员工尽力地推卸责任而不愿承认错误，进而抵触批评的原因就是因为他们害怕一旦被确定为批评对象之后，自己就会受到领导的排斥，就会不受重用，就会从此被领导打上一个表现不佳、能力缺乏的印记。而宽容就能消除被批评者的这一后顾之忧，从而使被批评者能坦然地、主动地承认错误，并努力改进工作，以争取领导的信任。

容忍下属的错误有很多好处。犯错误是绝好的学习机会，领导者应以婉转的态度指出下属工作过程中出现的错误，和他们一起深入探讨导致错误的原因，帮助他们一起制订纠正错误的措施，让他们学会从错误中学习，获得教益。

学会宽容下属的错误，并非意味着领导应对下属所有的错误均加以宽容。凡事均有个限度，对于可容忍的、有利于下属发展进步的错误，应该提倡宽容；对于不可容忍的、基于下属本身故意的错误则是必须要加以纠正和制止的，决不能姑息迁就。

批评要留给下属自省的余地

如果我们在批评别人时不注意方法，狠狠地将对方批得体无完肤，那么对方很可能就会“明知道自己错了，可就是不改正”。

比如，某公司的一位员工经常迟到，上司如果当面对他讲:“你到底还要迟到多少次？公司并不只有你一个人，想什么时候来就什么时候来，你这种行为根本无视公司的规定，你该好好反省反省了!”

与其这样说，倒不如抓住对方的“良心”点到为止:“我想你肯定也知道迟到是不对的，如果你能坚持这样正确的看法，相信很快你就能发现员工准时上班的乐趣。”这样的说法，相信员工更愿意接受。

实际上，如果对方犯的不是原则性错误，或不是正在犯错误的现场，我们就没必要“真枪实弹”地批评。我们或者不指名道姓，用温和的语言，只点明问题；或者是用某些事物对比、影射，也就是平常所说的“点”到为止，从而起到一定的警示作用即可。

俗话说，批评的话最好不超过三四句。会做工作的人，在对人批评教育时，总是三言两语见好就收，不忘给对方留下一定的余地；然而有些人就不是这样，他们总是不肯善罢甘休，非要将对方批评得体无完肤不可，结果是过犹不及，往往将事情推到了反面。

一般来说，批评要适可而止，没有必要非置对方于死地。因为我们批评人的目的是为了救人，为了帮助人。一个人犯了错误，我们对这个错误的某一点提醒一下就行了，再翻来覆去地批评就没有必要了。将过去的错误多次拿出来批评，总是纠缠不休，不仅于事无补，而且也显得有些愚蠢。

卡耐基建议我们不要乱批评他人，因为这是人立身处世的信条。虽然不值得我们去完全照搬，但也应引以为戒。然而，事情有时也并不那么简单，我们有时也不能不批评，比如父亲批评儿子，主管批评下属，甚至相当好的朋友有时也免不了批评几句。所以，绝不批评人是不可能的，关键在于我们要怎样去批评人。

首先，批评者要有同情心。只有这样，你才不会犯吹毛求疵的毛病，而且对他人犯错误的原因也会客观进行分析。你要时时想着自己和他是站在一起的，而不是和他对立的，说话时先要对他人所犯错误表示理解和同情，使对方减少不安，然后再用温和的态度指出他的错误。当然，说话要委婉和蔼，不用过分刺激或让人听了刺耳的字眼。比如“你真糊涂，这件事完全搞错了！”用这种语气说话是没人愿意忍受的。

其次，指正的话越少越好，能用一两句使对方明白即可，然后将话题转到其他地方。不要喋喋不休地唠叨个不停，让对方陷于窘境，产生反感。对方做一件事情，其中有错误的地方应该指出，但做得正确的地方也应加以肯定，这样对方才会因为你赏罚分明而心悦诚服。

领导的威严绝不是通过对下属吆五喝六来树立的，面对下属的错误大发雷霆并不是什么好办法，有时适当的沉默、宁静可以起到“此时无声胜有声”的作用。

高压式的管理方式治标不治本，人性化的管理才能真正发挥作用。每个人都有自尊心和颜面，也许你的大发雷霆只是想劝导他一番，并无他意。但是无形中你却伤害了下属们的自尊心，让他们觉得颜面挂不住，索性产生了“破罐子破摔”的心理，那你的大发雷霆岂不是得不偿失？

有时沉默比发火更有效，不要到处都充满你的斥责声，在你的适度批评之后保持一个沉默的空间，让下属有时间冷静地想想自己的所作所为，相信这更是一种对当事人的威慑。

一方面，下属会因为你的“点到为止”感谢你为他们保留了颜面；另一方面也显示出了你宽广的胸怀。你的默不作声并非是对错误的迁就，而是留给了对方一个自省的余地，这样做要比大发雷霆好得多，同时也能真正赢得下属的尊重，从而对你毕恭毕敬。

杀一儆百，抓典型批评

领导者要记住，权力是你施展抱负的舞台，纪律是你维持舞台秩序的尚方宝剑。你必须时刻将它挂在腰间，打击那些敢冒团队之大不韪的人，当一个团队陷于无序状态、管理者的命令无法产生效果时，不妨针对整个团队进行“苏醒疗法”。

方法之一便是抓住一个错误严重的员工，把他的错误揭深揭透，痛斥一个特定人员。此即“盯住细节过失，牺牲个别人，拯救整体”的抓典型的做法。如果责备整个团队将会使大家产生每个人都有错误之感而分散责任；同样地，大家也有可能认为每个人都没有错。所以，只惩戒严重过失者，大张旗鼓地把他的大过失和小过错都摆到桌面上来，可使其他人员心想“幸亏我没有做错”，进而约束自己犯错误。

古人云:“劝一伯夷，而千万人立清风矣”。同样的道理，对众多不听话的下属，你不可能全部惩罚，抓住一个典型，开一开戒可使千万人警醒，这就是“杀一儆百”之所以有效的道理所在。其实“杀一儆百”的管人方法就是一种细节管理办法，其管理细节的要义在于盯住一个人，而不是盯住所有犯错误的人。通过处罚一人，而产生警告团队的效果。即抓住了一个，而整治了面上的共性问题。

三国时东吴的黄盖曾经做过石城县县官。石城县的下属官吏们特别难指挥。黄盖就安排两个人当主管，分别管理各部门事务，并告诉他们说："我是靠打仗立功才当官的，不是以文官身份擅长管理出名。现在外来侵犯的敌人还没打败，我负有领兵打仗的繁重军务，县里一切公文案卷委托给你两人。你们应当管理好各部门，纠正和处分犯错误的人。你们各负其责，遇事就按我交代的办，如果你们刁奸欺骗，我决不用鞭子抽打你们，而要从严处置。希望你们都尽心尽力，做好工作，不要在众人之先受处分。"

话说得这么严厉，两人听了，起初都感到害怕，起早睡晚勤勤恳恳地办公事。时间长了，两个主管认为黄盖根本不看公文案卷，就慢慢营私舞弊，对下面也放任自流。

这时黄盖也察觉到了，他抓住了几件两个主管都不奉公守法之事，把全县所属的官吏们请来，先给大家办酒席吃喝，正当大家吃到兴头上，黄盖把两个主管叫来，提出一件一件违法徇私的事来问他们。两人张口结舌，说不出话来，忙磕头请罪。

黄盖说："前些时，我已经严肃地告诉你们，决不会用鞭子抽打你们了，这不是说假话骗你们。"于是就把两人的头砍了。这事震惊了全县，下属官吏们吓得浑身打颤。黄盖这一杀，威严就上来了。

相传猴子是最怕见血的，驯猴的人首先当面把鸡杀给它看，叫它看看血的厉害，才可以逐步进行教化。捉猴子的人就采用这杀鸡战术，不管它怎样顽强抗拒，只要雄鸡一声惨叫，鲜血一冒，猴子一见便全身软化，任由捉获了。

所谓"杀鸡儆猴"，即是"杀一儆百"，有威胁恫吓之意，这是权术，是驭众手段。在意见纷纭、工作受到许多阻挠的时候，为使步骤划一，法令贯彻执行，非以严厉手段对付不可。几乎每个单位里都有一些无视纪律、我行我素的职员。这些职员的表现如果不及时予以制止，单位极易陷入无序状态。在这种情况下，主管可以采用“杀鸡儆猴”的方法，重点批评、惩治个别典型，以警告其他下属。

运用“杀鸡儆猴”的策略，对树立领导者威严、增强对下属的控制力具有十分显著的效果。但是，运用此策略也应该注意以下几条原则：

1. 枪打出头鸟

如果在一些方面已经暴露出了无序的苗头，管理者就应用心观察，逮住第一个以身试法者，并从速从严予以处置。这样做有两个好处，第一，第一位只有一个人，尚未形成气候，容易处置；第二，第一位胆量大，影响显著，若不及时处理，便会有效仿者紧随其后。处理第一位能够起到杀一儆百的作用。

2. 打击情节严重者

如果违纪违规者较多，应当缩小打击面，重点惩处情节严重、性质恶劣、影响最坏者，其他的给予适当的批评教育就行。如果不加选择，打击一大片，反而适得其反。由于打击面过宽，不但达不到“警”的目的，还可能会影响正常的工作。树敌太多，影响你的威信。只有有选择地重点打击，才能切实收到效果。

3. 惩处要使对方心服口服

既然是惩罚，就不能掺杂过多的感情因素。作为管理者，在使用这一手段时，也要考虑到对方的情绪。应当注意：第一，惩处方式不能过于偏激，要留余地，能被对方接受；第二，惩处要有理有据，有章可循，使被惩处者心服口服，无话可说。

4.注意软硬兼施

“杀鸡儆猴”只是管理上的一种手段，而不是以打击报复为目的的。运用“杀鸡儆猴”的策略，还要注意软硬兼施。这样，能使被惩处者在被“杀”的同时，又感受到了一些关爱。对领导者而言，铁腕政策得到了实施，又笼络了人心，还树立起了一个可畏可敬的领导者的形象。

5. 惩处资深人员或中层干部

如果能够抓住一个资深人员或肩负重任的中层干部进行惩处，效果会更好，更能对普通职员起到警告作用。连有实绩的人或部门主管都被惩处、指责，其他职员能不感到紧张而加倍努力工作吗?

6. 惩处与你关系密切的人

有位领导平易近人、和蔼可亲，与下属们亲密无间，时常在一起打牌、下棋……久而久之，下属便把领导视作朋友一般。平日上班迟到、早退现象频繁，更有甚者竟然连续几周不来上班。有的员工对工作要么马马虎虎地完成，要么干脆拖个十天半月的再去干。

半年下来，公司的勤奋氛围已荡然无存，营业额和利润直线下落，使得这位领导很是担忧。怎么办呢?领导思前想后，在某一天的公司大会上，宣布曾经与他十分亲密的一位好友因纪律散漫、业绩拙劣而被辞掉。这一招果然有效，员工们看到此景，不敢再有丝毫松懈，都纷纷振作起来，又使公司恢复了往日的生机。

惩一儆百是领导者立威的绝招，然而这并非是鼓励领导要在部门内无中生有或捕风捉影地找某人的麻烦，而是为了收到惩罚、团结、教育员工的良好效果。“杀一儆百”不能随便滥用，领导必须根据管理活动的需要，选择最适当的时机和方法。

第十三章

管人不是管物，对下属要注重培养和开发

有一群精明能干的下属，能提高团队的绩效，圆满完成工作任务，这无疑是一笔巨大的财富。因此，作为管理者，必须清楚地意识到培养下属的必要性。

企业的竞争力应归结为人才的竞争，培训也是创造企业价值的最有利的手段之一，而一支健全、完善的人才队伍是需要培养的。管理者的责任就是培养他的员工，帮助他们发展才能。

培养下属很有必要

不管是业务能力有多强，也不管专业知识有多丰富，只靠一个人搞好企业显然是不可能的。作为企业，要实现其发展目标，需要全体员工的共同努力；作为一个部门，有一群精明能干的下属能提高团队的绩效，圆满完成工作任务，这无疑是一笔巨大的财富。因此，作为管理者，必须清楚地意识到培养下属的必要性。

1. 培养下属有利于提高绩效

主管的职责并不是对所有的事情都要详细规定该怎么做。如果经常性地采用命令式的方式指导下属，下属是不太可能有新的发明和创造的。长此以往，下属往往在遇到困难的时候就习惯性地对领导产生依赖。而员工缺乏创造性，对于提高工作绩效是大为不利的。所以，管理者应该意识到，教给下属的是一种方法或者方式，而不是代替下属解决具体问题。这就关系到对于下属的培养。培养出能干的下属，管理者在处理事情的时候也就可以省心省力了。

2. 培养下属有利于留住人才

由于更换合格的有经验的员工越来越困难，成本越来越高，所以留住优秀员工非常重要。加强对下属的培养，有利于其对企业的归属感，有利于留住优秀人才。

获得人才的途径虽然很多，例如可以通过各种渠道挖出最优秀的人才加入到公司，但如果不注意留住人才，公司的一大批人才也可能源源不断地流出，这样做是很不划算的。所以说“找人才不如留人才，留人才不如造人才”。

将这些人留下来放到企业中，与其等待让他在经验过程中缓慢的成长，还不如有计划地去造就人才。要懂得把“材”转化为“才”，再把“才”转化为“财”，其中“材”指的是材料，“才”指的是人才，“财”就是财富。在“材、才、财”这三者之间实现转化，才是真正有价值的工作。

另外，对员工进行培训相对来说成本较低、风险较小。很多MBA教材上都提到：在人身上投资所能得到最高回报是1∶30。所以有人说在人身上投资是风险最小的投资。当然这种培训应该是适当的，应该是适合企业的需求，根据需求制订培训计划，再实施计划，才会行之有效。

3. 培养下属有利于提升整个团队的能力

管理者本质上就是通过别人（包括下属，包括整个的团队）来完成工作，团队的绩效好，管理者的绩效才可能好。在很多知名企业中，升迁的条件往往是看你所领导的团队的绩效有多好，而不是领导者个人的能力有多强。如果管理者的个人能力非常强，下属解决不了的问题由领导者自己来解决，这样的人充其量就是一个超人，但绝不是一个好的管理者。好的管理者扮演的是顾问或知音的角色，懂得让别人去解决问题。

培训并不是无中生有的，要有针对性。如果需要提高的是员工的英语能力，对他们的培训却是提高他们的电脑操作技能，这种没有针对性的培训是没有意义的。

培训应该是基于团队目标的培训，培训以后使员工的能力得到提升，来提高士气。这就是我们给团队赋予的新的内涵。

把人才培训当作第一要务

世界一流企业均把培养人才列为首要任务。日本松下电器公司有句企业界所推崇和赞赏的名言:“出产品之前先出人才。”其创始人松下幸之助更强调:“一个天才的企业家总是不失时机地把对职员的培养和训练摆上重要的议事日程，教育是现代经济社会大背景下的杀手锏，谁拥有它就预示着成功。只有傻瓜或自愿把自己的企业推向悬崖峭壁的人才会对教育置若罔闻。”

企业的竞争力归结为人才的竞争，培训也是创造企业价值的最有利的手段之一，而一支健全、完善的人才队伍是需要企业自身培养的。摩托罗拉公司培训部主任比尔·维根索恩所说:“我们的培训收益大约是所需投资的30倍。”培训员工能带来哪些好处呢?

1. 提升员工的工作能力

中国的应试教育为企业培养了一批“理论家”，与实践严重脱节，企业内训是这些“理论家”快速成功的有效途径，也是企业获得优秀员工的必由之路，可以快速锻炼人才、造就优秀人才，从整体上提升员工的素质。

2. 提高企业收益，减少差错率

员工经过培训，工作水平、工作态度、实际操作能力得以提高，工作误差减少，明显地提高工作成效，从而提高企业收益。一个优秀的企业必须要有完善的传承机制，将成熟的经验、成功的方法传授给新人，从而缩短新员工的成熟时间，使得企业保持竞争优势，达到赢利目的。

3. 提高员工士气

一般来讲，员工都渴求不断充实自己、完善自己，将自己的潜能发挥出来，以争取更美好的未来。企业管理者应重视员工的这种自尊、自我实现的心理需要，激发、满足、推动这种员工的自我驱动力，培训就是一个最好的满足方式，帮助员工实现自我价值，从而提高士气，带来工作的高绩效。

4. 降低流失率

现代企业员工在工作时获取更多报酬需求的同时，同样渴望有学习成长的机会，力求上进。有效的培训不仅帮助员工提高技能，有效地减少工作压力，增加工作乐趣，更能满足员工力求上进的要求，从而可以减少流动率，降低企业人力资本。

5. 提升管理，改善沟通

培训是一种有效的沟通渠道，管理者不仅是企业的决策者，而且是下属的培训老师，不仅要将自己的工作技能、经验传承给下属，更要将自己的管理要求、企业要求传输给员工，这样能与员工建立共识，共创远景。美国通用电器前总裁韦尔奇每年要花 1／3 的时间亲自培训高级主管，就是一个很好的证明。

6. 更好的企业文化

通过培训，员工会感激管理者为他们提供的使自己成长、发展和在工作中取得更大成就的机会，能力与素质的提高会使他们更专注于工作上。同时，担当讲师的经理、管理者也通过培训过程总结问题，从而提高自身的管理水平。这种相互促进、改善、共同受益的风气正是形成企业深厚文化底蕴、保证企业持续发展、不断进步的基石。

7. 顾客满意

通过训练的员工可以保证为顾客服务的水准，从而提高顾客的满意度，一切良好的服务唯有通过员工去实现，并由此影响顾客的购买决策，并会向周边人士谈论、传播，从而建立良好的口碑效应，才会为企业带来更多的效益。

8. 战胜竞争对手

竞争是一个横向比较概念，只需与对手相比，存在一个特定优势就能取胜。人员优势不是竞争优势的重要方面，通过培训是较容易实现人才优势胜过竞争对手的。

9. 适应变化的环境

面对着不断变化的生存环境，新技术、新方法层出不穷，我们必须培训员工提升新观念，掌握新技术、新方法来适应新环境。

10. 更好的企业形象

一个优秀的企业重视员工培养，有着完善培训体系，并进行成功的培训。

上述的特点综合作用就会产生更好的企业形象、良好的口碑，从而带来更高的顾客满意度、员工满意度，带来更好的企业效益，从另一方面强化培训的效果。

培养骨干是对组织最大的贡献

领导如何才能得到更大的舞台，实现自我价值？那就是自己成为骨干，并培养更多的骨干。让更多的人能够为组织创造价值，你得到提升的几率自然也大了。因为从组织本身讲，一大批骨干的成长是组织竞争力之所在，所以培养骨干是对组织最大的贡献。

孔子讲，君子要“己欲达达人，己欲立立人”。意思是说，你要实现一种欲望，就要先帮助别人实现；你要达到一个目标，就要先帮助别人达到他的目标。

管理者的任务之一，就是培养下属，也包括培养自己。培养下属是实现自己梦想中不可或缺的一个台阶。

国际航空公司总裁李家祥曾当过兵。他说，领导要学会培育方方面面的人才。李家祥甚至认为，培育人才比选拔人才更重要。如何培养好自己的员工队伍是关系到企业发展和管理、产品、服务质量等问题的关键。

培养人才不仅仅包括培养管理人才、技术人才，而且包括培养企业所有员工，只有培养好企业内的每个员工，才能充分提高企业的竞争力。

英国曼联足球队是世界足坛上的一颗明星。打造这颗明星的是苏格兰人弗格森。自从弗格森 1986 年首次接管曼联队，他就意识到需要一个有效地培养后备力量的计划。

他说:“我们必须警惕，那些正在球场上的队员会逐渐衰老，这是我们不可克服的，但是我们需要花费足够的心思来挑选那些符合条件、拥有过硬素质并执着坚持要加入到一线队伍固定位置的年轻力量。”

他明确表示:“我管理一个球队的目标是为一个俱乐部将来几年甚至几十年的成功打下基础。昙花一现的成功永远满足不了我。”

接着，他就着手为俱乐部在未来几年甚至是几十年中取得成功打基础。他重新建立了人才甄别体系，并将其融入了全面、结构化的青年队伍政策中。正是在这样的政策下，诞生了吉格斯、内维尔兄弟、斯科尔斯和大卫·贝克汉姆。

从 1986 年到 2007 年，曼联队在弗格森的带领下共获得包括英超、足总杯、联赛杯、欧洲杯、欧洲优胜者杯、超级杯、俱乐部世界杯（丰田杯）等在内的总共 18 座冠军奖杯。1999 年 6 月，他因率领曼联队在 1998–1999 赛季取得历史性成绩——三冠王而被英国女王授予爵士头衔。同年 12 月，他被法国《世界足球》杂志评为当年世界最佳足球教练。2000 年 12 月，弗格森被英国广播公司授予“终生成就奖”。

弗格森用行动诠释并印证了一种管理理念：人们不会关心你知道什么，他们只知道你关心了什么。他用心展现了自己的领导才能，并且贯彻了自己的理念：持续培养优秀人才，让整个团队不断向前。

用薪水留人不如用培训留人

在一家公司工作的小 A 很有工作能力，有多家公司曾经表示愿意以更高的薪水聘用他，但都被小 A 婉言谢绝了。小 A 表示，他之所以安心工作，就是喜欢这个公司的奖学金制度。小 A 说，很少会有老板愿意出大钱为人才的培训买单，这实在很冒风险，说不定就会给他人做嫁衣。公司这样做，人才更会心存感激、努力工作。即便今后换了工作，也不会忘记以前老板的好。

"人才—服务—利润"的核心理念能让人才感受到公司对下属是多么关心。以心换心，人才就会从内心感到应该把自己的工作做好、做出色。公司把人才看作自身的家庭成员，人才也会把公司看成自己的家，双方都会希望家业兴旺。

当一位成功的民营企业家被问及一个敏感的话题：在激烈的人才竞争中，你们公司是依靠何种方式吸引和留住人才，而保持目前良好的发展态势？民营企业家没有丝毫的回避之意，异常镇定和自信地脱口而出：给人才"奖出路"！看着大家满脸的困惑和不解，他道出了自己公司的具体做法。所谓"奖出路"，就是把那些有上进心、肯吃苦、爱动脑筋又勤奋好学的人才，由企业出资送他们脱产进修。这样既激发了员工学习、钻研业务的热情和积极性，又增强和提高了员工的理论知识水平和技能素质，同时也为企业培养了各种急需的人才，可谓一举多得！再退一步讲，让大家多学点本领，即使公司垮了，员工也可以用所学的知识和技能谋生。

一份调查显示，很多员工一直将培训和职业发展列为雇主应该提供的两种最重要的东西，其热衷程度甚至超过了对薪水和福利的渴求。他们希望自己的职场事业有所发展，更希望能被提升。如果他们看不到近期的前景，那他们就会掉头离开，另找前途。如果某人开始考虑其他机会，那他就不会再全身心地投入，或者已经没有投入工作的感觉了。如果公司以更高薪水来挽留，这个人通常也会在6个月内离开。可见，用薪水留人已经是一种低级的做法了。帮助人才“个人发展”，无疑显得棋高一着，努力培训员工，更容易使其产生归属感和信任感，成为企业留人的最佳方式。

培训员工的误区

企业开始重视员工培训。但从实践来看，真正领悟培训之道者少，“克隆”形式者多。结果，用心良苦的培训并没有得到良好的收益和效果。之所以出现这种情况，是因为企业对员工培训还有些理解和认识上的误区。这些理解和认识上的误区有很多，大体有以下六种：

1. 对培训认识不足

一是不重视培训。不重视培训的表现是多方面的，如：有企业管理者认为，现在的员工想法多，流动性大，花费大量的人力、物力、财力培养了他，但却留不住，为他人做了嫁衣，得不偿失，所以不培训。这种情况在民营企业更为普遍。有些企业认为企业效益还好，员工的素质还可以，能够满足企业当前的需要，暂不培训。有些企业培训了几次员工，就想立竿见影，马上见效，典型的急功近利心态等等。

二是培训“万能论”。一些企业在重视员工培训的同时，又进入一个误区，就是过分强调培训。员工技能不足了，培训；销售业绩下滑了，培训；服务态度不好了，培训……只要有危机，就会想到培训，把培训当成是解决管理问题的万能钥匙。殊不知人是最难培养的，“十年树木，百年树人”，员工成才不仅需要一个过程，还需要有其他许多不确定因素，仅靠几次培训就解决企业问题是远远不够的。

以上两方面都是对员工培训认识不足的表现。

2. 培训只针对员工

有些企业也重视员工培训，却只对基层员工进行培训，忽视了对管理层和决策层领导的培训。这主要与管理层的认识有很大关系。企业高层管理人员认为自己经验丰富、工作忙，不需要培训。实际上，一个企业高层管理人员的素质往往决定着企业的方向和未来。许多企业的领导人都是由昔日的员工逐步成长起来的，他们缺少相应的管理知识和必备的管理技能，他们最需要培训。因此，企业必须高度重视对管理者的培训。恰当的做法是组织领导者进行专题学习，还可以将他们送到产生企业家和经营者的训练基地，或者到国外企业去“挂职”，开阔眼界、拓展思路，使其在决定企业经营方向、生产营销规划、分配制度和人力资源配置等方面发挥重要作用。

3. 轻视培训评估和监督

培训评估是培训效果监督、检验的重要环节，只有对培训进行全面评估，才能改进培训质量，增强培训效果，降低培训成本，提高员工的参与兴趣。在现实中，有些企业很重视培训，并为员工提供了众多的培训机会，但却忽视了培训的后期评估和监督，使许多员工感觉学而无用。有些企业认识到培训评估的重要性，但对评估的投入不够，或者不知道从何处着手进行评估。更多企业的评估仅仅是对培训内容进行考核，并没有深入到员工的工作行为、态度改变、绩效改善、能力提高及为企业带来的效益上，评估工作停留在低水平层次上。还有些企业缺乏对培训评估系统的记录，并没有将评估所用的方法、员工的学习情况、测试情况进行完整的记录和比较，缺乏对培训的专业管理，没有建立完整的培训信息系统。

4. 培训方式过于简单

在培训方式上，许多企业都运用传统的模式进行。有些企业怕麻烦，往往请培训师到企业上课，即采取“培训师讲，学员听”的方式。这种方式举办的少了还可以，时间长了，员工就会感到厌倦，提不起兴趣。因为培训师在培训内容、培训方式上大都千篇一律，即使做了培训前的调查，但实用性的东西很少，即使有，也仅仅是隔靴搔痒、无甚关联。还有些企业采取放录像的方式，认为这样做既降低了企业成本，又可以灵活掌握培训内容，使员工认为“培训就是放录像”。这些方式都很容易使员工对培训产生枯燥、乏味的感觉，使培训效果大打折扣。国外探索出的讨论式、学习式、讲演式、游戏式、案例分析、模块培训、拓展训练等方法值得我国企业借鉴。结合企业实际，将多种培训方式有机结合，会使培训效果更好。

5. 盲目跟风

由于对培训没有做认真的调查与分析，有些企业培训员工没有针对性和实用性，脱离工作实际，盲目跟风。有些企业领导往往根据自己的喜好、判断、经验来设置培训内容。看到别的企业进行“礼仪形象讲座”，自己也办一场；看到别的企业培训“执行力”或“学习型组织”，赶忙邀请有关专家进行辅导，等等。致使员工重复学习或被动学习，既耗费了员工时间，又浪费了企业资源，对企业发展也没有多大帮助。

6. 重视知识技能培训，忽视做人培训

国内的企业一般重视对员工的技能方面的培训，如组织协调能力、管理理论、合作精神、操作技术等，而忽视了对员工思想、人品、道德、为人处世的培训。有些人认为这是员工自己的事情，其实不然。员工的个人修养、谈吐实际上是一个企业的名片和形象，是企业文化中最本质的东西，它从根本上决定着员工的做事态度、工作质量和水平。欧、美、日企业很重视员工的做人培训，把它称为“态度培训”，通过这种培训去提升员工士气，培养员工对组织的忠诚，培养员工应具备的意识和态度。企业是一个大家庭，员工就是这个大家庭的成员。家庭不仅要教育成员成才，还要把员工培养成有理想、有道德、讲信义的人。

不怕下属超过自己

虽然领导者培养自己下属的必要性已经很明了，但在实际执行中，很多领导者还有不少顾虑。作为领导者，应该具有以下正确的认识：

1. 培养下属是“水涨船高”而不是“水落石出”

很多领导者都知道应该培养下属，但有的人会担心：下属培养起来后，是否会取代自己的领导地位？很多领导者正是出于这样的顾虑，停滞了对于下属培养的步伐。实际上，培养自己的下属是一件“水涨船高”的事情。下属的能力强，作为领导者也可以跟着学习新的技能，这其实是一种双赢的结果。

(1)很少有领导因出色地培养下属而被解聘

很少有领导因为出色地培养自己的下属而被解聘。如果你的领导认为你培养了下属已经可以接替你的工作，你就没有什么价值了，那么这种短视的领导也不值得一起去共事。这样做等于给别人树立了一个很坏的样板，别的人肯定再也不敢培养自己的下属了。这对于整个企业来说绝对是一种错误。

(2)下属的绩效直接影响领导者的绩效

领导者如果不想独自承担所有的重任，那么就得造就人才。领导者将所有的事情一起揽过来做是不可能的。领导者要懂得抓大放小，知道什么是20%的问题和20%的目标。领导者的成功其实就在于如何最大限度地利用下属这个资源，利用越充分，领导者的绩效也越大，因为下属的绩效直接影响到领导者的绩效。

(3)领导者获得更多时间学习新技能，下属变得更自信与感激

如果每个下属都完成自己的工作，每个下属都愿意完成领导者的工作中的一部分，那么领导者就会变得相对比较轻松，就可以腾出更多时间来学习知识、技能，学习下一个职位所应该具备的知识技能。这是领导个人往前发展的开始，而下属也会因此变得更有自信，更为感激。所以，不管从哪个角度讲，培养下属对领导者和下属来说都是一件共赢的事情。

2. 不要忘记，领导者自己也曾得到过别人的培养

《根》的作者是美国黑人作家哈利，他曾经在他的办公室挂了一幅画：下面是几个栅栏，有个木桩子戳在那儿，木桩子上面有一只小乌龟。问题是乌龟怎么爬到木桩子上去的。作者说这幅画上的小乌龟就是比喻他自己，他今天之所以有这么高的成就，能够在这小木桩子上待着，那是因为当年有很多的人曾经帮助和支持的缘故。他以这幅画来提醒自己：有了一定成功和地位的时候，也应该以同样的心态来对待年轻人，辅助他们成长是自己的责任，也是对于曾经支持过自己的人最好的回报。

领导者应该培养下属的另外一个原因是领导者也曾经得到过他人的培养而成长。正是因为当初那个领导给了足够的信任和提拔，今天的领导者才有现在的成就。所以，培养下属也是领导者义不容辞的责任。从这个意义上说，领导者要以同样的感恩心态来对待自己的下属，鼓励所有的领导者多培养自己的下属。

和下属一起学习成长

一项调查表明，企业员工的离职原因80%跟他的上级有关，足见上级对下属的影响力。强将手下无弱兵，更无散兵，培训就是你的秘密武器，其实也是常规武器。因为上级始终肩负着培养员工、发展下属的重任，作为你下属的良师益友，至少要扮演四种角色。

1. 教育者

中层干部是企业文化的宣传窗口，上情下达，是管理者的例行性工作。无论是言传身教，还是耳濡目染，你都是下属心中的标杆、眼中的风向标。快乐会传染，消极更会感染，所以管理者要特别注意自己的一言一行、一颦一笑，要以正确的舆论导向教育下属，让下属树立积极的心态和正确的价值观，认真负责并兢兢业业，这就是管理者的教育角色。

作为教育者，管理者必须了解下属的思想动态和行为表现，并找适当的时间、地点、人物及时沟通。如果企业政令不通，互相隔膜，小道消息不断，人云亦云；员工思想混乱、各怀心事、消极怠工、不务正业，在这样的工作氛围中，团队就失去了凝聚力和向心力，个人能力再强，也是散兵游勇，战斗力大打折扣。有一点需要特别指出，教育者，正人先得正己，否则免谈。

2. 培训者

仅统一下属思想还远远不够。想让下属将工作做好，既需要为他们创造条件，更重要的是让他们具备干好工作的能力，用而不教就不是一个合格的管理者。不能经验共享，不能技能互补，这个团队就不是理想的团队。上级的个人能力再强，事无巨细，亲力亲为，甚至鞠躬尽瘁，也不能代替下属完成所有的工作，反而影响了整个组织的业绩。

“木桶理论”告诉我们，只有全员素质技能整体提高了，才能提高整体业绩。所以培训是管理者不可推卸的责任，你的下属需要跟你一起成长。当然，给人一杯，自己要先有一桶。在培训下属前，你自己得先学习，先进步，有备而来，否则你拿什么教人呢？

3. 扶持者

即使对下属进行了充分的培训，也并不能保证他们能够将工作做好。也许他们还不能将理解的东西转化为能力，也许他们遇到了新情况，甚至他们不能学以致用，一边感叹“英雄无用武之地”，私底下就另找识英雄重英雄的人去了。

实践证明，在影响培训效果的人中，不是学员，不是培训师，而是学员的上级。这就需要管理者及时给予支援，简单说是给予扶持。扶持就是给下属提供资源，创造条件，给他实践的机会，让他有发展的空间。“不下水怎么会游泳”而非“不会游泳怎么下水”。扶持也是一种培训，必须有培训师的广阔胸怀和开放心态，不要怕“青出于蓝而胜于蓝”，把自己的水平建立在下属的平庸上只能证明你更平庸。事实上，你带出来的人越多，你的支持者就越多，你才有“脱身”的可能。而一旦你有足够的拥趸，你就无后顾之忧，被顶之虞。

4. 教练员

教练员具有两个方面的责任。根据个体需要和特点分别制定指导方案；对团队需要根据团队目标和个人特点确定其位置、角色：适合打前锋还是后卫？把后卫放在前锋位置，很难找到球门；把前锋放到后卫位置，容易自摆乌龙。合理分工，才不会内耗；人尽其才，方能最大效用。当然，合格的教练员必须具备丰富的实践经验和深厚的理论基础，比队员站得更高看得更远，才能调兵遣将指挥潇洒。若眼光短浅，胸无成竹，失去队员的信任，慢慢就被架空而成了摆设，徒有虚职，不如解甲归田，回家种薯。

师者，传道、授业、解惑也，亦是管理者的职业特点。一起学习，方能共同成长，这也许就是管理者比自由职业者更为人称道的地方。

给下属作出榜样

俗话说“言传不如身教”，其寓意很显然，就是让领导少说、多做。领导是践行者，应该是说到做到、以身作则、以身示范、身体力行、言传和身教同时并举，各方面相辅相成去影响下属，从而带动各项工作的顺利开展。

在通常情况下，下属总会自觉不自觉地模仿自己上司和前辈们的思维方法或行为。从表面看，他们似乎并不在意上司的行为作风，但实际上却时刻都在效法着上司的一切，而且很快就会在接人待物当中将这一切体现出来。这就是常说的“言传身教”的道理所在。

自己认真工作，下属自然会跟着认真工作；自己偷懒，下属也会同样偷懒。下属会认为你的这种做法是合理的。如果你上班总是拖沓、迟到，整个部门也必然会跟着自由散漫起来。总而言之，你就是下属的表率，下属则是你自己的一面镜子。如果我们本身的素质很差，却一味地挑剔下属的缺点，那么在别人看来我们就会显得很可笑。

我们常常会发现这种滑稽的场面：某家长下班回家，先喝上一杯酒，然后就躺在那里欣赏电视节目，自己悠闲自在，却要求同他一起看电视的孩子去学习或早点睡觉。孩子磨磨蹭蹭不肯动弹是很正常的，因为父亲的行为等于在说让他随便玩吧，尤其是经不住诱惑的事是更易效仿的。做家长的如果下班之后都是在读书或查阅资料，孩子也会自然变得与以前不同。

“无论你是干什么工作，不要忘了自己的思想立足点，干事创业要言行一致。”少说多做的确很重要，作为领导层干部，要多说多做，既有布置也有落实，既有深入调查，也敢说敢做敢管，如此，这个单位的工作肯定会蒸蒸日上、完美和谐。

培养下属要做到随时随地培养。不管什么时候，只要看到有问题，都要及时启发、教育。这如同做小学老师，从如何提问、如何拿笔开始。要做到随时随地培养下属，领导必须自觉地、系统地在实践中进行传、帮、带，这是培养下属最好的方法。

重视言传身教也是中国传统教育思想的精华。曾听过这样两个比喻。一个是“从游说”，即老师或长者像一条大鱼，学生就像跟在其身后的一群小鱼，大鱼在前面游，小鱼在后面跟，跟着跟着就学会游水了；另一个是“泡菜说”，即优秀人才周围会形成一个良好氛围，学生在这种氛围中学习生活，潜移默化地受到多方面影响，时间久了，学识、气质便会发生明显变化，就像泡菜坛子里的泡菜一样。这两个比喻讲的实际是同一道理。

要随时随地培养下属，领导必须成为榜样。如果领导只是明确告诉下属干什么，怎样干，干到什么程度，那是不够的，因为没有给下属树立标杆。要随时随地培养下属，领导还要以身作则，让下属可以学着自己的样子干。只有这样，下属才能尽快成长并真心实意地拥护你、爱戴你、追随你，并迅速成长。

“言必行，行必信，信必果，果必硕。”遵循这个原理去开拓工作的人，工作肯定扎实，富有成效。在实际工作中，做到言传和身教并举，一定会收到事半功倍的效果。

所谓教育，不管对自己的儿女也好，还是对下属也好，都是一个道理。希望下属做到的，自己得首先做出个样来，持之以恒的实际行动更甚于多余的说教。在不声不响的努力工作过程中，下属自然会被感化。

培养下属的责任心

员工的责任心就是企业的防火墙。其实许多企业巨人轰然崩塌与员工的责任心缺失有关。而员工的责任心缺失，又与企业各部门领导培养员工责任心的能力有关。

那么究竟该如何培养下属的责任心？

1. 严格流程

要想保证下属尽职尽责，首先要科学设计业务流程、服务流程和管理流程等所有工作流程，从流程上确保工作质量，只有流程上科学合理，才能高效。所有的经营管理事务工作都应流程化、标准化。没有流程化和标准化，就很难统一要求，每个人都由着个人的性子来，企业竞争力也就无从谈起。只要把流程设计得科学合理，做到了标准化，那么所有参与工作的人的岗位责任也就设计进去了；只要照此流程和标准去做，自然也就尽职尽责了。所以流程设计约束的是每个参与工作的人的操作行为。

2. 强化制度监管

我们对下属按照流程和标准进行要求，而要求的内容就是制度。制度是从物质上、精神上等多方面约束，是强迫下属按照流程标准来做、强迫下属尽职尽责的手段。如果说流程是流水的钢管的话，那么制度就是钢管之间的铆钉。企业要通过制度让下属明白违反流程、不尽职的代价是什么。

监管是管理工作所必需的，监管分传统人力上的监管和技术上的监管。随着工作复杂程度的提升，技术监管也越来越重要。制度是死的，是条文性的东西，有了制度没有人监管，等于没有制度。监管者首先自己要遵守应该遵守的制度，其次还要破除情面不徇私情地进行监管，监管同样需要智慧，需要原则和灵活相结合。如果说制度是铆钉，那么监管就是上铆钉的工具，它可以让铆钉紧，也可以让铆钉松动；它可以让管道畅通，也可以让管道堵塞起来。所以监管直接决定着流水的管道、流水的效果。

3. 教化人心

仅有流程制度和监管，下属就一定按流程和标准做了吗？显然未必。那就要通过行为教育来进行。如果说流程和管理工作是硬性的强迫性约束，那么行为教育则是让下属自愿接受约束，起到春风化雨的作用，这就是教化的作用。行为教育分两部分：一部分是对下属进行培训教育，另一部分是领导者的示范作用。

行为教育最好的方式就是领导身体力行。想要下属有责任心，那么作为企业各部门的管理者必须身体力行，起到模范的作用。领导一正能压百邪；领导邪一寸，下属能邪百里。如果只是要求下属如何按照流程和标准来做，要求下属严格按制度办事，而作为领导者超越制度和监管，出了问题，领导率先逃避责任，那么无论怎么培训教育，下属的行为也不会好到哪里去。有些领导爱面子，惩罚自己觉得是丢人的事情，这是不够自信的表现。只有领导敢负责任，下属才能敢负责任。领导都担负不起责任来，下属的肩膀又能扛得住多大的责任重担呢？如果领导敢于担责任，那么下属就会不惧怕犯错误，就会勇于创新，大胆探索，为企业的发展献计献策，尽职尽责，这样企业岂有不发展之理？

4. 点亮下属的心

无论是通过流程设计和强化管理来约束下属岗位尽职尽责，抑或是通过行为教育来让下属主动自愿接受约束，达到岗位尽职尽责的目的，这都是来自下属外部的压力和驱动力，那么要使下属做到自我驱动和远行，必须做好下属的职业生涯规划，点亮下属的心灯。

一般人们会认为下属的职业生涯规划是下属自己的事情，部门领导只是使用和管理下属。这是错误观点。要想开发出下属的最大潜能，使员工最大限度地为企业创造财富，那么就必须从下属的职业生涯上下功夫，真正帮助下属规划好未来的人生蓝图，点燃下属心中的灯火，让灯火照亮下属前进的道路。只有帮助下属做好职业生涯规划，下属才能明确自己的发展目标，才有可能增强自身的责任意识。试想，一名下属对自己都没有责任心的话，那他怎么可能对他人和部门有责任意识呢？所以，只有员工走得远，企业才能走得更远。

让低潜质员工的活力重新焕发

能力差的员工很有可能是放错了位置。领导者在工作中有时会把高能力和高潜力混淆，相应的，也会把低能力和低潜力混淆。低潜力的员工有可能是能力虽高却不适合在更高职位使用。比如有的人执行能力很强，分享传递经验以及与他人沟通的能力也很强，但是把他安排在管理岗位上就很难发挥出其真正的潜力。

领导者往往只垂青于那些才华横溢、有突出成就的人，乐于表扬、提拔他们，而很少注意那些能力低、成绩差的人。这样做实际上是不懂怎样调动人、培养人的主观能动性。在一个团队里，才能出众的毕竟只是少数，才能平庸和低下者居多。如果忽视发挥这些人的潜在能量，整个团队素质就很难得到提升。

有的员工在目前的岗位上表现平平，但是却具备某些特殊的能力。有一个财务助理，管理财务的水平一般，可是在数据分析和制作报表、演讲稿方面的能力却非常突出。后来公司的市场部经理进行了人事调动，安排她做市场分析专员，果然她如鱼得水，发挥所长，取得了不凡的业绩。

职业发展阶梯指的是公司内部是否有不同职位间的能力发展阶梯。很多生产制造型企业的通病是把技术专业做得好的员工提拔为管理人员，可是技术员工和技术主管不一定就能胜任管理者的工作。还有一些销售经理喜欢提拔销售高手成为主管，但是销售员根本不具有管理能力。

低潜力员工并不是块朽木，但是放错了地方，那就会要么物不尽其用，要么另寻适合其发展的“沃土”，从而降低了公司的人才利用率，甚至增加了人才流失率。相对于高潜力员工可以有向上走、向左走、向右走的各种发展途径上的优势，也有不同的途径可以帮助低潜力员工更好地发展。

如果你的员工没有办法进入更高的级别，那就想法让他试试在这一级做到更宽更深。也许从一个项目到几个项目、从中级技术到高级技术都是不错的发展方法。

一个资深客户服务专员已经在公司工作了十多年，职位名称从没改变过。但是她很喜欢学习不同的语言，所以负责的客户从最初的美国慢慢发展到现在的德国、法国和南非等区域，成为大客户的服务专员。

不管员工怎么努力去工作，胜任一个职位的能力总是有限的。所以除了扩大工作范围，还可以给员工不同的工作项目来帮助他们建立更好的人际平台，学习不同的知识，更好地运用自身技能。

例如有些销售人员参与销售的客户拜访，了解客户的反馈和需求；或是销售人员参与到产品创新项目，了解科研人员对产品设计的想法；或是行政人员参与到工会的某个活动项目中去。这些和自身工作不太相关的工作内容，都是帮助员工探索与发展自身能力的良好机会。

在道康宁公司，许多工作超过五六年的员工都在不同的职能部门做过，比如从物流到财务，从科研到销售工程师，从 IT 到财务等等。不仅换了工作，也换了技能应用的环境，这对员工了解公司、了解他人是很有帮助的。员工每到不同的部门，由于没有条条框框，有时还会提出一些非常新鲜、视角独特的建议。

公司的大部分员工在做什么，就决定了公司的基本行为模式。如果员工彼此的经验、体会和想法能够找到一个出口来交流与分享，对员工之间的发展与学习也是很有利的事情。现在有不少的公司在午餐时间、下午茶时间、员工BBS都进行交流，是很有效的。

在一个员工的职业生涯中，有许多对其事业发展起到推动作用的因素，其中有50%来自于他自身的工作与项目；有40%来自于他周围的同事、老板、客户；有10%来自于他所参加的培训、研讨会。

领导者应尝试让低潜质员工每天所做的事情加以变化，把每天接触的人做些调整，把学习的知识技能重新整合，让低潜质员工的活力重新焕发。

给下属更大的空间施展才华

一个人在高山之巅的鹰巢里抓到了一只幼鹰，他把幼鹰带回家，养在鸡笼里。这只幼鹰和鸡一起啄食、嬉闹和休息。它以为自己是一只鸡。

这只鹰渐渐长大，羽翼丰满了，主人想把它训练成猎鹰，可是由于终日和鸡混在一起，它已经变得和鸡完全一样，根本没有飞的愿望了。主人试了各种办法，都毫无效果，最后把它带到山顶上，一把将它扔了出去。这只鹰像块石头似的，直掉下去，慌乱之中它拼命地扑打翅膀，就这样，它终于飞了起来！

每个人都希望用自己的能力来证明自身价值，下属也不例外。给他们更大的空间去施展自己的才华，是对他们最大的尊重和支持。不要害怕他们失败，给予适当的扶持和指点，放开你手中的“雄鹰”，让他们翱翔于更宽阔的天空。是个猴子就给他们座山折腾折腾，是条龙就给他们条大江大河扑腾扑腾。他们的成长将为你的工作带来更大的贡献。他们的成长将促使你更进一步。

所以，对领导而言，要多创造机会给下属。对下属创造性的构思，作为领导仅仅鼓励是不够的，还要有立即把下属的构思付诸于行动。切莫以为这是下属的构想，有损自己领导的面子，或等以后再做。如此，将会失掉大好机会。并且，要让下属成为一个素质全面的真正人才，仅在一个岗位上培养是不行的，必须让他们接受多种岗位的轮番锤炼！

1. 给下属挑战性强的岗位

这样的岗位可大可小，这既可以培养下属坚强的意志品质，也能够培养下属独立工作、驾驭全局的能力。

2. 让下属兼任下一级主要领导职务

有时候把人提上来了，但发现其缺少独立工作能力，或某一重要领域的能力或素质，采用这种办法可以弥补他们的不足。

3. 让下属到多种岗位锻炼

让下属多走几个岗位可以积累多方面的经验，而且每进入一个新的岗位，都可以让下属养成联系群众的作风和开拓创新的精神。

第十四章

既有人治也有法治，管人不能缺少制度与纪律

任何一家企业总要有管理制度和岗位纪律，这是一个企业保持其组织活动正常进行的最基本的东西。作为管理者，最重要的就是要把这些制度与纪律建立起来，并使它成为企业员工的行为准则。依靠制度管人是所有成功领导的特征。用流行的说法，制度就是用法治代替人治。规范与制度是不可缺少的管理软件，也是管理工作得以正常运转的基石。

靠人治还是靠法治

管理应该靠人治还是制度，可能会因为企业的不同发展状况而有所侧重，但综合来看，靠人和靠制度是不能分开的。人治和法治不能被割裂，而应该是辩证统一、相互支持、相互促进的。人治需要在科学法治的前提下进行，法治也需要有效地人治来推行。

1. 人治是走钢丝的艺术

从企业的角度讲，管理本无定式，也没有好坏之分，重点在于其是否适合企业自身。对待管理有一种争论，即“管理是科学的”还是“管理是艺术”，这和法治和人治之争有相似之处。制度制定应该是科学，制度不科学等于没有制度，甚至会危害更大；管理的艺术论相当于“人治”，以人管人是要有艺术性和技巧性的，激励员工、安抚团队、笼络人心也是需要艺术性和技巧性的。

但“人治”就像是走钢丝的艺术，特点是非常“险”，技巧没掌握好敢上吗？天气恶劣敢上吗？那么，“法治”就成了企业管理中的一条“保险绳”。

没有法治，或者制度不科学，仅仅依靠人治是一件十分危险的事情。企业的管理和经营行为完全建立在管理者个人好恶基础上，工作盲目、政策朝令夕改，都会让员工感到无所适从。老板依靠亲情、人情、义气管理员工，可能员工也会跟着干，但是会乱干、瞎干，心情好就干，心情不好就不干。举一个最简单的例子，老板和员工平时挺好，可万一有一天心情不好怎么办？喝醉了酒不能控制自己怎么办？听天由命也许会是个好办法。

2. 法治要“松紧适度”

管理本身就是一门人与人“打交道”的学问，没有“人”这个实体的存在，法治的作用也无从谈起。很多企业并不是没有法、没有制度，恰恰相反的是制度很多、规定也很多。问题是“法”没有得到执行，有法不依才是问题根源。人是“法治”的执行主体，无论是管理者还是被管理者；人是“执法”者，没有人的法就是一纸空文、没有任何作用。举个简单的例子，“公共场合禁止随地吐痰”这条规定尽人皆知，但如果没有执法人员，大街上随地吐痰的人比比皆是。我们开车出门，如需停车办事，尽管街道边设有禁止停车的标志，如果没有警察，禁止停车的制度是没有人执行的。

在企业管理中，有些人是比较迷信“法治”的，称法治代表科学管理，这些人受泰勒思想影响极深，他们完全忽视了人治的重要性，以至于会把人作为机器、工具，认为只要有了科学的制度，严格控制，企业管理就能获得成效。法治像一条保护带“扯”在管理者身上，太紧了就会受到束缚。

科学管理确有其有效性，但也应考虑一些适用范围，它应该更适用于可以进行量化、标准化的工作，比如生产型的工作。而如果对于需要发挥人的主观能动性的工作，比如市场策划，研发等类型的工作，严格的规章制度则可能会阻碍工作、抑制创意。曾经有一家广告公司，像公司的最简单的一条“上班不许迟到”，就很难得到有效地执行。公司为了制止这种现象，制定了多种制度，最后都不了了之。因为有些夜猫子的广告创意人员为了赶创意，通宵达旦，一夜没有睡觉，第二天不可能不迟到。管理需要的是对这些人员进行人性化激励，满足他们的精神需求，使他们具有成就感，才能激发他们的工作积极性。

3. 破窗理论

健全的法制其实是一种理想状态，再好的制度都有漏洞，现实中不存在百分之百健全的制度。有个著名的“破窗理论”是这样说的，说第一个怀有侥幸心理的员工破之，也就是把窗户打破跳了出去，为什么跳出去呀？因为屋子里太闷，他要再不跳出去就会被活活闷死，于是他就跳出去了。跳出去后，如果领导者不能及时采取有力的补救措施，别人就可能受到某些暗示性的纵容，去打坏更多的窗户，破坏更多的制度。假如说是领导者破之，可能就为普通员工打开了一个缺口，大家就会群起仿之，这样久而久之，再完整的各项规章制度也会成为一种摆设。

像“破窗理论”中的情形在企业中并不少见，这种问题的确不好解决。另外，还应认识到，随着知识经济的发展，规范与制度或许还会存在，监控与约束或许还有必要，但其作用将会大大削弱，因为规章制度一是只能对共性的问题进行约束，不能适应瞬息万变的市场经济发展；二是规章制度无助于一个企业抓住稍纵即逝的发展机遇与处理那些不断涌现的新情况、新问题，因为它的等级、程序、过程太复杂了，太复杂了不是一件好事，它会坏事的。

至于说，人治和法治交锋，问题的实质应当是执法水平的问题、有法不依的问题，或者是法治本身科学性的问题。这需要具体问题具体分析，不能一概而论。人、法是不分家的，也不能具体的分隔开来。把人治和法治有效地结合起来才是企业最行之有效的管理方式。

制度管理不可或缺

一个组织要实现组织目标，形成组织管理制度是有力的措施和手段之一。企业制度作为员工的行为规范，可以使企业有序地组织各种活动。战场上，军纪严明之师众志成城，纪律涣散之旅乃乌合之众。同样，有些企业常常绝招频出、点子不断，但缺少了严格的管理制度，再高明的绝招、点子也只是昙花一现。有人认为教育可以代替制度，其实二者是相辅相成的关系。对职工进行教育和培训是必要的，但不是万能的，教育代替不了制度。

制度就是规矩。一些国内外著名的企业几乎都高度重视“法治”，有健全合理的规章制度和执法机制。例如，日本东芝公司的电子产品之所以“容光焕发、姣美可爱”，备受世界欢迎，一个重要的原因就是对超净工作间有苛刻的净化要求：女工严禁搽粉，男工必须刮净胡子，操作时绝对禁止说话、咳嗽、打喷嚏，以防空气振动，扬起尘埃。

美国格利森齿轮机床厂有十分严格的安全制度，只要进入车间，不论是去干活还是路过，都必须佩戴安全眼镜，穿硬底皮鞋，并把领带掖在衬衫里面，如果不遵守安全制度，就要受到很严厉的处罚。

有一个关于“一条鞭子”的故事。故事的大意是说英国古老的剑桥大学有一位著名的校长，治校有方，培养出了很多名满天下的学生，有人问他为何能把学校管理得这么好，这位著名的校长说，那是因为他用“一条鞭子”来惩治那些不听话、不上进的学生，并且奖罚严明，又说，如果给他一把手枪，他会把学校管理得更好，培养出更多的好学生。故事的深刻寓意是不用怀疑的。关于“一条鞭子”的故事在其他许多地方也出现过，可能主角不是剑桥的校长，换成了别人，大抵意思也还是说只要有了严格科学的制度并严格执行，就一定能把学校管理好，培养出好学生。这里的“一条鞭子”就成了能够严格执行的合理制度的代名词了。其实，不单管理学校如此，从某种程度上讲，经营企业也需要这样的“一条鞭子”。

制度或企业制度是什么？一般地说，它是企业一系列成文或不成文的规则，或者说它是企业贴上个性标签的关于经营管理的不同“打法”。制度不仅规范企业中人的行为，为人的行为划出一个合理的受约束的圈，同时也保障和鼓励人在这个圈子里自由地活动；或者更通俗地说，制度是一种标签或符号，它将企业中人的行为区分为“符合企业利益的行为”和“不符合企业利益的行为”。企业的领导者和决策者可以据此采取奖勤罚懒的措施，褒奖“合乎企业利益的行为”，惩罚“不合乎企业利益的行为”，从而有效地刺激企业中的人约束自己，提高组织管理的效率。而在这样的奖罚中，企业的各项规章制度也得以推行和巩固。

企业界流行一个很时髦的说法叫“箱式管理”。什么是箱式管理呢？想一想箱子的结构是什么样的：四面都有隔板，中间是存放空间。这样的结构一方面可以防止箱内的东西突破上、下限越过四周跑到箱子外面去；另一方面箱子里面有一定的空间，是箱内东西的活动范围。箱式管理就如同将公司置于一个箱子中，公司的经理和他的高级管理人员制定一套公司的规章制度、程序、组织结构和价值观，并且把它们用作衡量员工表现的准则。

事实上，每家公司都可以拥有自己的箱子，这种箱子的周围是各项制度，建造箱子可以选用不同的材料，这就是各种制度的严格程度。留出的空间也因此不同，但员工发挥作用的空间一定要充分。

有些公司、企业一向习惯于“人治”不崇尚“法治”，也就是说大小事情都由领导说了算，没有太多的规章可以遵循。而“法治”就是公司制定出一套完整的规章制度，任何事情都有条款可依。规章制度制定出来以后，更重要的环节在于“执法必严”。孙子兵法中指出：要规定明确的法律条文，用严格的训练严整军队，对士兵过于宽松、过于爱怜，结果会导致士兵不能严格执行命令，部队陷入混乱而不能加以约束。现在公司面临的竞争，其残酷程度不亚于战场拼杀，如果做不到纪律严明，令行禁止，是无法获胜的。

古时候，商鞅变法贴出告示：能将这根木头搬到城南门的人可以获得 50 两黄金。当时人们都很怀疑，私下里议论纷纷。这时，人群中站出来一名壮士，扛起木头，运到了南门，商鞅立即将奖赏送给了他，这时人们才意识到商鞅立法的严肃性。从此，人们对法律严厉性的认知也达到了一定的水平。

同样，为了提高营业额，某市某购物中心曾经出台政策重奖销售业绩非常好的职员，当时该中心的员工没有明确地意识到规章的严肃性，当某位员工的业绩远远超出一般职员，而因此获得了 2 万元重奖时，员工才从心里掂量起规章制度的一贯性，从而公司的各项规章成了员工们关注的焦点。员工严格执行规章制度的意识显著增强，整个中心的效益也由此提升。规章的条文不是通过员工的耳朵来听的，而是通过员工用心去体会，去牢记，去执行的。通过一个典型的例子，来向员工灌输公司的规章制度，使他们明辨是非曲直，知道什么可为，什么不可为，这比滔滔不绝地说教更让人信服。可见，制度管理对于管理员工是不可或缺的。

有规矩才能成方圆

著名管理咨询专家刘光起先生说："管理就是管出道理，道理就是规则规范。"这里所讲的规则规范，指的就是管理中的各项规章制度。中国传统文化中"不以规矩，不能成方圆"的思想，也阐释了规章制度的基础性作用。

约翰和亨利到一家公司联系业务。这家公司的办公室在一幢豪华写字楼里，落地玻璃门窗，非常气派。可是由于玻璃过于透明，许多来访客人因不留意，头撞在高大明亮的玻璃大门上。不到一刻钟，竟然有两位客人在同一个地方头撞玻璃。

亨利忍不住笑了，对约翰说："这些人也真是的。走起路来，这么大的玻璃居然看不见。眼睛到哪里去了？"

约翰并不赞同亨利的说法，他说："真正愚蠢的不是撞玻璃门的客人，而是设计者。如果不同的人在同一个地方犯错误，那就证明这个地方确实存在缺陷。应该考虑怎么修正缺陷，而不是嘲笑那些犯错误的人。"

于是亨利向该公司的经理提了意见，在这扇门上贴上一根横标志线，从此再没有来访客人撞到玻璃门了。

这个故事涉及"修路原则"，即当一个人在同一个地方出现两次以上同样的差错，或者两个以上不同的人在同一个地方出现同一差错，那一定不是人有问题，而是这条让他们出差错的"路"有问题。此时，人作为问题的领导，最重要的工作不是管人——要求他不要重犯错误，而是修"路"。

管理进步最快的方法之一就是每次完善一点点，每天进步一点点，每个人每一次都能因不断修“路”而进步一点点。这里所讲的“路”就是制度和规范，“修路”就是指制度建设。

“修路”理论告诉我们，领导工作最重要的不是直接去管人，而是去制定让人各行其职的制度——修筑让人各行其道的路。

绝不能违反制度和纪律

管理学上著名的热炉法则说，制度就像一个很烫的炉子放在那里，只要你一碰到这个炉子，就会尝到它的厉害。热炉法则形象地阐述了管理要依靠制度：热炉火红，不用手摸也知道炉子是热的、能灼伤人的——警告性原则。领导者要经常对下属进行规章制度教育，以警告或劝诫他们不要触犯规章制度，否则就会受到惩处。每当你碰到热炉，肯定会被灼伤。也就是说只要触犯单位的规章制度，就一定会受到惩处。当你碰到热炉时，立即就被灼伤——即时性原则。惩处必须在错误行为发生后立即进行，决不拖泥带水，决不能有时间差，以便达到及时改正错误行为的目的。不管谁碰到热炉，都会被灼伤——公平性原则。

热炉法则的具体应用表现为：每个单位都有自己的“天条”及规章制度，单位的任何人都要去遵守这些制度，否则就要受到惩罚。

柯达全球副总裁叶莺对此有过很形象的比喻，她说，你要到一个日本人家里去的话，就非得脱鞋不可，不管你脚下的鞋有多贵、多新，即使连地都没沾，也还是要脱，这是一个入乡随俗的规矩。针对新员工必须遵守的行为规范问题，这位《财富》500强中首位华人女性副总裁观点鲜明——“你要进入到我柯达的‘新房’，你必须要听我柯达的声音，这是绝对的。”还有一句是：“你要玩我的游戏，当然要跟着我的游戏规则。”

希望集团的治厂方针是“以慈母般的关怀善待员工，用钢铁般的纪律治厂”，一向为外界所称道。总经理陈育新用他近20年的企业管理经验证明：在严厉基础上的宽容效果才好，在宽容之后的严厉才更有力度。他认为：必须让员工明白，宽容是有限度的，并且宽容只会发生在提高认识之后。

到海尔参观过的人都知道，这家企业的员工走路都被要求靠右行，在离开座位时则须将椅子推入桌下，否则都将被课以罚款……企业作这样的规定，用意无非是希望全体员工在心目中形成一种强烈的观念：制度和纪律是一条不可触摸的“高压线”。

古人讲:“不以规矩，不能成方圆。”“不奋发，则心日颓靡；不检束，则心日恣肆。”制度规范作为组织管理过程中约束全体组织成员的行为、确定办事规则、规定工作程序的各种章程、条例、守则、规程、程序、标准、办法，必须严格执行，实施制度化管理，才能使组织步入规范、科学、系统的轨道，形成良性循环。反之，任何有悖于制度规范的行为和个人，都将使组织蒙受损失，发展受到阻碍。为什么有些企业会在经历了辉煌后不幸夭折，究其原因，其中最重要的一条是制度规范的执行不一、朝令夕改，更有甚者将企业领导者的个人权力凌驾于制度规范之上，犯了管理的大忌！现代企业持续经营的秘诀在哪里？——现代企业最终要靠制度管人，而不是靠人管人。

执行制度很重要

执法要令行禁止，社会才能和谐稳定；管理要令行禁止，企业才有生存的希望。令行禁止，法律才有尊严，制度才有效力，管理者才有权威，队伍才有战斗力，才会战无不胜，否则充其量只是一群乌合之众，稍有挫折就会作鸟兽散。

南宋初年的岳家军之所以能成为抗金主力，与其一直执行严明的军纪密不可分，以至于在金军中流传着这样一句话:“撼山易，撼岳家军难。”另外一个典型的例子就是三国时期的诸葛亮挥泪斩马谡的故事。马谡对诸葛亮于公于私关系都很好，但马谡丢失了战略要地街亭，诸葛亮最后还是按军法将其斩首，维护了军心的稳定。

建立一套科学的规章制度是搞好企业生产经营活动的前提，但是有了制度，更重要的是要严格执行这些制度，按章办事。有制度容易，按制度办事难，让每个能人都按制度办事就更难。因此，企业领导者对这些问题要常抓不懈，做到有章可循、违章必究。能不能按章办事决定了领导有没有威信，决定了领导者能否把队伍带好。就每个人而言，要自觉按规章制度来办事。特别要强调的是，领导要带头执行这些规定，率先垂范，以身作则。

在执行规章制度时存在的一个不可忽视的问题是：执行者必须严肃认真。这种态度本身也应当成为一条纪律、一项制度。同时，对制度的执行情况还要定期检查。要使组织的规章制度更好地发挥其管理功效，在执行规章制度时还必须遵循正确的步骤。概括起来，规章制度的执行步骤包括以下几个方面：

1. 提前做好准备工作

准备工作是执行规章制度的前奏，只有做好了准备工作，执行的过程才能顺利且达到预期效果。一般情况下，准备工作包括思想动员和落实要求两个方面。思想动员，主要应该强调执行制度的重要性、必要性，以及执行后所产生的效果。落实要求，主要是落实范围（在什么区域执行）、期限（执行时间）、负责者（谁来执行）。

2. 付诸实施

一般而言，实施前要正确理解制度的内容，然后制定措施，认真贯彻。同时也要注意观察实施过程中的情况，并做好记录和数据收集与管理。

3. 检查执行情况

在实施过程中，要检查各项工作是否按制度要求执行，并找出异常情况及其原因。同时还要检查实施效果，看最终目的是否达到了，要用事实说话，不凭印象办事。

4. 抓好信息反馈

信息反馈是一切经济系统正常运作的一个重要环节。通过信息反馈可以了解规章制度的执行情况，并从信息整理中找出规律，再作出新的规定，这样才能使制度不断完善。

5. 综合考核

一般而言，考核是强化规章制度的一种重要手段。考核的内容包括工作态度、工作能力、技术业务水平和工作业绩等。通过对能人的技术和业务的考核，可以确切地掌握每一位能人的工作状况和业务能力，作为能人定级、降级、提升和授予职称的重要依据。

6. 总结经验

根据检查考核的结果，企业领导者可以把成功的经验和失败的教训加以总结，使其标准化、制度化、规范化。这样，下一次进行相同工作时就不必再重新讨论、研究和请示了，可直接按标准进行，并防止问题再次发生。对于没解决的问题，找出原因后放到下阶段的修订工作中去。

集中精力整肃纪律

不管你要做什么，一旦开始，就要从整肃纪律入手。

战国时期的西门豹是纪律严明的一个代表人物。他性情急躁，射箭射不中靶心，就把靶心捣碎；下围棋输了就把棋子咬碎。魏文侯见他有才能，就派他当邺县县令。留在我们记忆中的西门豹的业绩似乎只有纠治“河伯娶妇”的陋习这一件事上，其实他还在邺县革新吏政，使邺县渐渐富裕兴盛起来。

魏文侯却常听到有人告发西门豹，说邺县官仓无粮，钱库无钱，部队少装备。魏文侯亲自去视察，果然如此。魏文侯很生气，责问西门豹怎么搞的。西门豹说:“王者使人民富裕，霸者使军队强盛，六国之君使国库充足。邺县官仓无粮，因为粮食都积储在百姓家里；钱库无银，因为钱在百姓兜里；武库无兵器，因为邺县全民皆兵，武器都在他们手中。”

说完后，西门豹就上楼敲鼓。第一阵鼓声之后，百姓披盔戴甲，手执兵器赶来集合。第二阵鼓声之后，另一批百姓推着装满粮的车，集合到楼下。魏文侯见识了西门豹的业绩，龙颜大悦，就示意西门豹停止练习。西门豹又不同意，说:“民可信不可欺，今天既然集合起来，就不能随便解散，否则老百姓会有受骗的感受。大王可不能重蹈千金一笑的覆辙。燕国经常侵我疆土，掠我百姓，不如让我去攻打燕国。”魏文侯同意后，西门豹便带兵攻燕，收回了许多失地。

任何公司或组织都需要一套完整的纪律规范。要建立良好的规范，你必须找出某个范围，先集中精力整顿，之后你要做的便是下决心惩罚那些再不遵守公司规定的人。这可以用罚薪或是加班等方式，到必要时你应不惜开除人，只要你能保证绝对公平合理。

在纪律松弛的情况下，操之过急、采取过分强硬的措施可能也会引起下属的怨恨，这种怨恨和不满反而会影响你的领导，引发其他许多问题。总之，这里的关键是把握好一个度的问题。